한국의 포용금융
Inclusive Finance in Korea

지속 가능 성장 전략
Sustainable Growth Strategy

권태율 · 김민정 · 김태은 · 문재남 · 안용섭 · 이정민 · 이창호 · 정은애 · 조성목 共著

사단법인 서민금융연구원

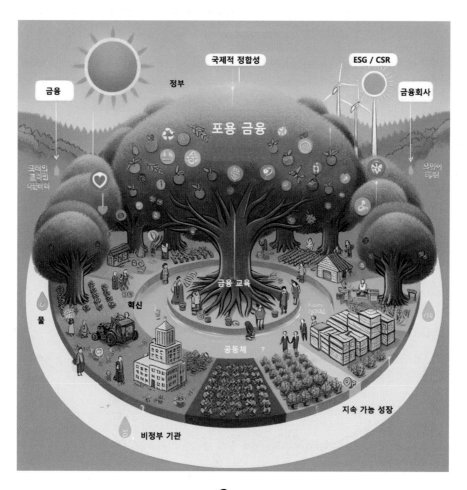

도서출판 행복에너지

한국의 포용금융

초판 1쇄 발행 2024년 11월 18일

지은이	권태율 · 김민정 · 김태은 · 문재남 · 안용섭 · 이정민 · 이창호 · 정은애 · 조성목
발행인	권선복
편집	권보송
디자인	김소영
전자책	서보미
발행처	도서출판 행복에너지
출판등록	제315-2011-000035호
주소	(157-010) 서울특별시 강서구 화곡로 232
전화	0505-613-6133
팩스	0303-0799-1560
홈페이지	www.happybook.or.kr
이메일	ksb6133@naver.com

값 30,000원
ISBN 979-11-93607-64-0 (93320)

도서출판 행복에너지는 독자 여러분의 아이디어와 원고 투고를 기다립니다. 책으로 만들기를 원하는 콘텐츠가 있으신 분은 이메일이나 홈페이지를 통해 간단한 기획서와 기획의도, 연락처 등을 보내주십시오. 행복에너지의 문은 언제나 활짝 열려 있습니다.

목 차

제5편 : 마무리

[표], [그림] 목차

【제1~2편】

서문

안용섭

서민금융연구원장

　코로나19 이후 한국은 경제적, 사회적, 환경적 측면에서 심각한 도전에 직면해 있으며, 그 부담은 심화되고 있습니다. 이를 극복하기 위해 전 정부는 포용국가론을 제시했고, 현 정부는 포용금융특별위원회를 조직해 국민에게 다가가고자 노력하고 있습니다. 그러나 이러한 정책의 효과는 아직 분명하게 드러나지 않은 상황입니다. 이에 서민금융연구원은 본서를 통해 "융합적 포용금융 전략"을 제안하고자 합니다. 이 전략은 2024년 노벨경제학상을 수상한 MIT의 애스모글루 교수의 "포용적 제도가 지속 가능한 성장을 이끈다"는 주장과 일맥상통합니다.

　한국은 지금까지 "서민금융", "상생금융", "사회적 금융", "녹색 금융", "ESG 경영", "CSR" 등 다양한 금융 활동을 통해 사회적 책임과 지속 가능한 발전을 부분적으로 추구해 왔습니다. 본서는 이들 개념을 "광의의 포용금융"으로 포괄하고, 사회적 협력을 촉진하는 첫 시도로서 포용과 혁신 기술의 두 축을 중심으로 다룹니다. 오늘날 혁신 기술은 금융의 지형을 급격히 바꾸고 있으며, 모바일 뱅킹, 디지털 결제 플랫폼, 블록체인 등이 그 중심에 자리 잡고 있습니다. 하지만 이러한 기술 발전은 데이터 보안, 프라이버시 보호, 불평등 심화 등의 문제를 수반하기도 합니다. 이에 따라 빅데이터와 인공지능 기술을 활용하여 금융서비스를 개인화하여 포용성을 강화함과 동시에, 윤리적 지침을 확립하고 정부, 금융기관, 기술기업이 함께 협력하여 문제를 해결해 나가야 합니다.

　포용금융의 발전을 위해서는 금융 이해력 교육과 디지털 문해력이 중요합니다. 단순한 금융 지식을 넘어 경제적 자립을 위한 역량을 키우는 데 초점을 맞추어야 하며, 금융기관과 교육기관은 교육 프로그램을 제공해야 합니다. 금융기관은 또한 지속 가능한 금융 모델을 구축해야 하며, 핀테크와 내재적 금융, 그린 본드와 지속 가능한 투자 펀드를 통해 경제적 이익과 환경 보호의 균형을 추구할 수 있는 방안을 마련해야 합니다. 아울러 지역 사회와 협력하여 지역 경제를 활성화하고, 금융 포용성을 높이는 노력도 기울여야 합니다.

　포용금융의 성장을 위해서는 정책과 규제의 틀이 필요합니다. 정부와 규제 기관은 금융 서비스의 투명성을 보장하고 소외된 계층이 금융 서비스의 혜택을 누릴 수 있도록 도와야 합니다. 이 과정에서 과도한 규제로 인해 금융 혁신을 저해되지 않도록 주의하며, 유연한 정책을 통해 금융기관이 자율적으로 혁신할 수 있도록 지원해야 합니다.

　한국의 포용금융은 글로벌 협력을 통해 더욱 성장할 수 있습니다. 세계은행, IMF, OECD 등 국제기구와 협력하여 각국의 정책, 자원, 기술을 공유함으로써 글로벌 금융 시장의 통합과 지속 가능한 발전을 촉진할 수 있습니다. 포용금융은 지역 커뮤니티와의 협력을 통해 발전할 수 있으며, 지역 특성에 맞는 맞춤형 금융 서비스는 지역 경제를 활성화하고 사회적 불평등을 줄이는 데 기여할 것입니다. 금융기관과 기업은 단순히 이익을 추구하는 것을 넘어, 소외계층을 위한 특화된 금융 서비스를 제공해야 합니다.

　포용금융의 발전에는 혁신, 윤리적 지침, 금융 교육, 정책적 지원, 글로벌 협력, 지역 사회와의 연대, 그리고 사회적 책임이 조화롭게 이루어져야 합니다. 이를 통해 우리는 더 정의롭고 지속 가능한 미래를 맞이할 수 있을 것입니다.

　끝으로, 이 책의 집필을 위해 헌신해 주신 집필진 여러분과 조성목 이사장, 남경현 부원장, 김인호 사무국장, 그리고 후원해 주신 모든 개인과 단체에 깊은 감사의 인사를 드립니다.

추천서(성함 가나다 순)

김용덕

사회연대은행 이사장

   우리 인간에게 '숲'은 자연의 허파일 뿐만 아니라, 휴식과 회복을 제공하는 소중한 공간입니다. 마찬가지로, **'포용금융'은 저소득, 저신용으로 인한 금융 소외 계층에게 기회와 회복의 가능성을 제공하는 중요한 사회안전망입니다.** 숲을 잘 가꾸기 위해서는 수십 년간의 꾸준한 노력과 헌신이 필요하듯, 포용금융 역시 금융소외 문제를 해결하고 누구에게나 공정한 기회를 제공하기 위해서는 끊임없는 노력이 요구됩니다.

   포용금융이라는 개념이 등장한 지가 20년이 넘었고, 그동안 정부와 민간에서 금융 소외 문제를 해결하기 위한 다양한 시도들이 있었습니다. **금번 서민금융연구원에서 포용금융의 발자취를 정리하고 앞으로의 방향을 제시하기 위해 '한국의 포용금융'을 발간하는 것은 매우 시의적절하고 중요한 접근이라고 생각합니다.**

   포용금융은 단순히 금융의 접근성을 높이는 것을 넘어, 경제적 불평등을 해소하고 사회안전망을 구축하는 핵심적인 역할을 담당합니다. 우리나라에서는 2000년대 초반, 사회연대은행과 신나는조합을 중심으로 마이크로크레딧 사업이 최초로 시작되었고, 그 과정에서 한부모 여성가장, 성매매 피해 여성 등 사회의 약자들이 경제적 자립의 희망을 찾을 수 있었습니다. 이러한 새로운 시도와 노력은 2007년 휴면예금법 제정과 미소금융재단의 설립으로 이어졌고, 그 후 서민금융진흥원의 설립으로 발전되었습니다. 이는 오늘날 포용금융의 기반을 마련하는데 크게 기여하였습니다. 이후로도 정부 주도의 서민금융지원 제도가 확대되어 다양한 서민금융 상품이 도입되었고, 금융 취약계층을 위한 많은 노력들이 지속적으로 전개되고 있습니다.

   포용금융의 목적은 누구나가 적기에 필요한 금액을 적정한 조건으로 공적영역이나 민간영역을 통해 융통할 수 있는 건강한 금융 생태계를 조성하는 것입니다. 그러나 아직도 신용도가 낮고 소득이 적으며 담보력이 약한 계층을 위한 금융 접근성 확대는 여전히 해결해야 할 과제입니다. 물론, 우리는 이러한 과제를 해결하기가 얼마나 어려운 일이라는 것을 많은 시간과 경험을 통해 충분히 알고 있습니다. 그럼에도 불구하고 이러한 과제를 해결하기 위한 노력은 포기할 수 없으며, 포기해서도 안된다고 생각합니다. 이러한 사명감 때문에 서민금융연구원을 출범시켰고 이 취지에 공감하는 많은 분들이 문제해결을 위한 노력에 힘을 보태고 있다 하겠습니다.

   사회연대은행도 지난 20년 동안 민간영역에서 금융 소외 계층의 자립을 돕기 위해 다양한 사업을 수행해 왔으며, 포용금융의 새로운 방향을 모색하기 위한 도전을 이어가고 있습니다. 이러한 노력이 포용금융의 숲을 더욱 풍성하게 만드는 데 기여할 것이라 확신합니다. 포용금융의 현재와 미래를 조망하는 이번 도서의 발간을 축하드리며, 이 책이 포용금융의 나아갈 방향을 제시하는 중요한 이정표가 되어, 포용금융의 숲에서 누구도 소외됨이 없이 공정한 기회를 누리며 경제적 자립을 이루는 따뜻한 세상이 오기를 진심으로 기대합니다.

성경륭

상지대학교 총장(전 청와대 정책실장)

포용금융은 경제적 기회를 모든 사회 구성원이 공평하게 누릴 수 있도록 하는 필수적 도구이며, 포용국가를 실현하기 위한 중요한 기반입니다. 포용금융은 금융 서비스에 대한 접근성을 높여 경제적 약자들이 소액 대출, 저축, 보험 등 다양한 금융 상품을 통해 자산을 축적하고 자립할 수 있도록 돕습니다. 이를 통해 사회적 불평등이 완화되고, 경제 성장과 안정에 기여할 수 있습니다. 마치 새벽의 여명이 어둠을 물리치고 세상을 밝히듯, 포용금융은 사회적 약자들이 경제적 자립의 길을 찾는 데 중요한 역할을 합니다.

포용금융이 확산되는 과정은 봄의 도래와 비슷합니다. 따뜻한 봄바람이 나무에 새싹을 틔우듯, 포용금융은 약자들에게 경제적 기회를 제공하며 자립을 돕습니다. 소액 대출, 저축 계좌, 보험 상품 등이 이를 실현하는 수단이며, 금융 이해력을 높이는 교육과 프로그램이 중요한 역할을 합니다. 이는 약자들이 금융 시스템에 쉽게 접근할 수 있도록 돕는 데 기여합니다.

이 책은 포용금융의 개념과 중요성, 그리고 성공 사례와 정책 제언 등을 통해 금융 서비스 접근성을 넓히는 데 큰 역할을 할 것으로 기대합니다. 금융 이해력 교육 자료로 활용되어, 다양한 경제적 배경을 가진 사람들이 금융의 세계에 더 쉽게 진입할 수 있도록 돕는 것입니다. 이 책은 마치 농부가 수확을 준비하는 데 필요한 도구와 지식을 제공하는 것과 같습니다. 금융적 인프라가 확산되면서 지역 경제가 자립하고 사회 전체가 경제적으로 튼튼해질 수 있습니다.

포용금융을 실현하려면 정부의 적극적인 역할이 필요합니다. 소상공인을 위한 소액 대출, 저소득층을 위한 금융 교육, 디지털 금융 기술의 보급 등이 포함된 법적 · 제도적 지원이 요구됩니다. 특히 디지털 격차를 해소하기 위해 고속 인터넷 인프라를 구축하고 디지털 문해력 교육을 제공하는 것이 중요합니다.

또한, 포용금융의 성과는 지속적으로 평가되고 개선되어야 합니다. 이는 농부가 매년 수확물을 분석하고 재배 방법을 개선하는 것과 같은 과정으로, 정책이 현실에 맞게 진화하고 효과적으로 작동하도록 합니다.

결론적으로 **포용금융은 경제적 평등과 사회적 포용을 실현하는 중요한 수단입니다. 이를 통해 사회적 약자들이 자립할 수 있는 기회를 제공하고, 이는 사회 전체의 안정과 번영으로 이어질 것입니다.** 포용금융은 우리 사회에서 가장 어려운 곳에 새로운 희망과 기회를 제공하는 중요한 요소이며, 지속 가능한 사회 발전을 위해 끊임없이 진화해야 할 것입니다.

이 책은 포용금융의 중요성을 널리 알리고, 많은 사람들에게 영감을 줄 것으로 믿습니다. 이는 포용금융을 통해 사회적 약자들이 경제적 자립을 이루고, 더 평등하고 번영하는 사회를 만들기 위한 길을 열어줄 것입니다.

오화경
저축은행중앙회장

한국의 금융 산업은 시대의 흐름에 따라 끊임없이 진화하고 발전해 왔습니다.

특히 저축은행은 지난 반세기 동안 서민과 중소기업의 든든한 금융 파트너로 자리매김하며, 한국 경제의 성장과 안정을 위한 중추적인 역할을 해왔습니다. 그동안 저축은행은 서민의 자산 형성과 중소기업의 성장을 지원하며, 포용 금융의 가치를 실현하기 위해 묵묵히 노력해왔습니다. 이처럼 소외된 이웃과 중소 상공인을 위한 따뜻한 금융의 실천이 있었기에 오늘날 한국의 금융은 더욱 풍성하고 의미 있는 발전을 이룰 수 있었습니다.

이번에 발간된 『한국의 포용금융: 지속가능 성장 전략』은 한국 포용금융의 과거와 현재, 그리고 미래를 조망하는 의미있는 책입니다. 이 책은 우리 금융 산업의 역사 속에서 포용금융이 어떻게 뿌리내리고 성장해 왔는지, 그리고 앞으로 우리가 나아가야 할 방향은 무엇인지에 대한 깊은 통찰을 제공합니다. **금융의 본질이 사람과 사람, 기업과 사회를 잇는 다리 역할에 있다는 점을 상기시키며, 더 많은 이들에게 금융의 혜택이 골고루 돌아갈 수 있도록 새로운 길을 열어가는 데 큰 영감을 줍니다.**

금융의 역할은 단순한 자금의 중개를 넘어, 사회적 가치와 공공성을 실현하는 데 있습니다. 저축은행은 이러한 금융의 본질을 실천하며, 금융 소외 계층에게 기회를 제공하고, 중소기업의 성장을 돕는 등 포용금융의 핵심적인 역할을 수행해왔습니다. 이 책은 저축은행과 서민금융의 역사를 돌아보며, 포용금융이 한국 사회의 안정과 지속가능한 발전에 어떤 기여를 해왔는지를 생생히 전달합니다. 또한, 앞으로도 우리가 나아가야 할 포용금융의 비전을 제시함으로써 금융인에게 깊은 울림을 줍니다.

저는 이 책이 단순히 금융업 종사자들만을 위한 책이 아니라, 우리 사회의 모든 구성원들이 함께 읽고 공감할 수 있는 책이 되기를 기대합니다. 『한국의 포용금융: 지속가능 성장 전략』은 금융이 어떻게 사회적 신뢰와 연대를 구축하고, 경제적 안정과 공동체의 발전을 도모하는지에 대해 진지한 성찰을 담고 있습니다. 이는 금융업에 종사하는 사람들에게는 물론, 금융의 의미와 가치를 이해하고자 하는 이들에게 소중한 길잡이가 되어줄 것입니다.

저축은행중앙회는 이 책의 발간을 진심으로 축하하며, 이 책이 더 많은 사람들에게 포용금융의 중요성과 가치를 알리는 계기가 되기를 바랍니다. 또한, 저축은행도 금융이 더 따뜻하고 올바른 방향으로 발전해 나가도록 포용금융의 정신을 실천하며 우리 사회의 안정과 번영에 기여할 것을 약속드립니다. 『한국의 포용금융: 지속가능 성장 전략』이 금융업계와 우리 사회에 널리 읽히고, 포용금융의 비전을 확산시키는 중요한 전환점이 되기를 진심으로 기원합니다.

유광열

한국녹색금융포럼 대표(전 서울보증보험 대표)

서민금융연구원의 '포용금융' 책자 발간을 축하하며, 이 책은 **서민금융 정책 담당자, 금융회사 임직원, 사회적 단체 종사자, 언론인들이 참고할 만한 중요한 자료**입니다. 서민금융연구원은 2017년 9월 출범 이래 서민금융 정책 방향 설정, 서민 상담 기구 활성화, 전자금융사기 예방 대책 등 서민금융의 발전을 촉진해왔으며, 특히 취약계층을 위한 상담과 금융 교육을 통해 현장에서 따뜻한 이웃이 되기 위한 노력을 지속해 왔습니다.

이번 책자는 포용금융 실천가들이 함께 연대하고 협력해 더 나은 아이디어와 시너지를 창출할 수 있도록 방향을 제시합니다. 특히 금융 소외계층을 위한 금융 시스템 발전에 기여하고자 하는 연구와 정책 제안이 담겨 있습니다.

최근 ESG(환경, 사회, 지배구조) 경영의 중요성이 대두되면서, 금융회사의 역할도 주목받고 있습니다. ESG 경영은 재무적 성과뿐만 아니라 비재무적 요소까지 고려하는 방식으로, 지속 가능성과 사회적 책임을 강조합니다. 금융회사는 자금 공급자로서 환경 보호를 위해 재생 가능 에너지나 친환경 기술에 투자할 수 있으며, 사회적 책임을 다해 고객과 지역 사회의 신뢰를 얻고, 다양성, 포용성, 공정한 근로 환경을 제공하는 데 기여할 수 있습니다. 또한, 지배구조의 투명성을 높임으로써 이해관계자들의 신뢰를 얻고, 장기적인 안정성을 확보할 수 있습니다.

한국의 금융회사들도 ESG 경영을 도입하고 있으며, 친환경 투자와 대출, 그린 펀드 출시 등을 통해 재생 가능 에너지, 전기차, 친환경 건설 분야에 자금을 투입하고 있습니다. 그러나 아직 투자 비중이 충분하지 않다는 지적이 있으며, 사회적 책임을 다하기 위한 포용적 금융 서비스의 강화가 필요합니다. 예를 들어, 저소득층과 장애인을 위한 금융 상품과 서비스가 제공되고 있으며, 내부적으로도 평등한 고용 기회를 제공하고 직원 복지 정책을 강화하고 있습니다.

지배구조 개선 측면에서는 이사회의 다양성 확대, 내부 통제 강화, 윤리 경영을 위한 교육 프로그램 운영 등의 노력이 진행 중입니다. 그러나 여전히 지배구조 개선이 미흡한 기업들이 있어 지속적인 개선이 필요합니다. ESG 경영은 장기적으로 재무적 성과를 높일 뿐만 아니라 금융회사의 리스크를 줄이고 새로운 비즈니스 기회를 창출하며, 이해관계자들과의 신뢰 관계를 강화하는 데 중요한 역할을 합니다.

금융회사의 ESG 경영과 포용금융 철학은 서로 맞닿아 있습니다. ESG 경영이 금융의 사회적 책임성과 공공성을 강조하기 때문에, 금융회사가 사회적 가치를 구현하고 지속 가능성을 추구하는 방향과 일치합니다. 금융회사의 이익을 넘어서 사회적 임팩트를 실현하고자 하는 포용금융과 ESG 경영을 융합하여 연대적 접근을 시도한 서민금융연구원의 노력은 사회적 책임과 지속 가능한 발전을 위한 중요한 한 걸음입니다. 이러한 노력을 통해 한국 금융회사들은 글로벌 경쟁력을 높이고, 사회적 가치와 지속 가능한 미래를 위한 중요한 역할을 수행할 수 있을 것입니다.

윤석헌
전 금융감독원장

　저는 2018년 5월부터 2021년 5월까지 금융감독원장으로 재임하며, 한국 금융시장의 투명성과 공정성을 높이기 위한 다양한 노력을 기울였습니다. 그 중에서도 가장 기억에 남는 일 중 하나는 '포용금융실'의 설립입니다. 이 조직은 저소득층, 청년층, 고령층, 소상공인 등 금융 소외계층의 금융 접근성을 확대하고, 경제적 자립을 돕기 위한 목적으로 만들어졌습니다.

　당시 한국 금융시장은 다양한 계층이 금융 혜택을 공정하게 누리지 못하는 문제가 있었습니다. 이를 해결하기 위해 포용금융의 중요성을 강조하고, 이를 체계적으로 추진할 전담 조직의 필요성을 절감했습니다. 포용금융실은 금융 소외계층이 금융 서비스를 쉽게 이용할 수 있도록 돕고, 금융 교육과 역량 강화를 통해 경제적 안정을 찾을 수 있게 지원하는 역할을 했습니다. 또한 사회적 금융을 활성화하여 지속 가능한 경제 성장을 도모하는 것도 주요 목적이었습니다.

　재임 기간 동안 포용금융실은 저소득층과 소상공인을 위한 소액대출 프로그램을 강화했습니다. 이를 통해 경제적 어려움을 겪는 사람들이 긴급 자금을 조달할 수 있도록 지원했습니다. 또한, 금융 소외계층을 위한 금융 교육 프로그램을 확대하여 연간 약 5,000명 이상의 금융 소외계층이 교육을 통해 혜택을 받았습니다.

　포용금융실은 사회적 금융 활성화를 위해 다양한 정책을 추진했습니다. 사회적 기업과 협동조합을 대상으로 금융 지원을 확대하고, 이들이 지속 가능한 비즈니스 모델을 구축할 수 있도록 도왔습니다. 2018년부터 2021년까지 수백 개의 사회적 기업이 금융 지원을 받았고, 이를 통해 수천 개의 일자리가 창출되었음을 자랑스럽게 생각합니다.

　또한, 불법 금융행위 근절을 위해 고금리 대출, 불법 사금융 등의 불법 행위를 집중 단속했습니다. 금융 소비자 보호를 위한 다양한 정책을 추진하며 안전한 금융 환경 조성에 기여했습니다. 특히 중소기업부와 협력하여 소상공인 지원 정책을 강화했고, 금융기관, 비영리단체, 사회적 기업 등과 협력하여 포용금융 생태계를 구축했습니다. 이를 통해 다양한 주체들이 포용금융 확산에 기여하며 사회적 약자의 경제적 자립을 돕는 데 힘썼습니다.

　국제적으로 포용금융이 거시경제에 미치는 영향에 대한 연구가 활발히 진행되고 있지만, 한국에서는 상대적으로 연구가 부족한 실정입니다. 이런 시점에 서민금융연구원이 포용금융의 다양한 측면을 다루고 방향성을 제시하는 시도는 매우 바람직하다고 생각합니다. 또한, 관련 기관과의 연대를 촉구하며 종합적인 자료를 수집하는 노력 역시 칭찬할 만합니다. 이러한 배경에서 포용금융을 다룬 책자의 발간은 매우 의미 있는 일입니다. 이 책이 포용금융의 미래 방향을 제시하는 등대가 될 것이며, 포용금융을 통한 공정한 경제적 기회를 많은 이들에게 제공하는 데 큰 기여를 할 것으로 기대합니다. 서민금융연구원의 무궁한 발전을 기원하며, 앞으로도 포용금융이 더욱 활성화되기를 바랍니다.

이재연

서민금융진흥원장

서민금융연구원의 "한국의 포용금융 : 지속 가능 성장 전략" 발간을 축하드립니다. 이 책은 **우리나라 금융 역사의 중요한 흐름 중 하나인 포용금융의 여정을 체계적으로 정리한 귀중한 자료입니다.**

포용금융은 금융기관이 소외된 계층에게 금융 서비스를 제공함으로써 경제적 불평등을 해소하고, 모든 국민이 경제 발전의 혜택을 고르게 누릴 수 있도록 하는 데 큰 기여를 해 왔습니다. 이는 단순히 금융 상품을 제공하는 것을 넘어, 국민 모두에게 경제적 기회와 안정성을 제공하는 중요한 정책적 도구입니다. 이 책은 포용금융이 어떻게 우리 사회에서 자리 잡았고, 현재 어떠한 방향으로 발전하고 있는지를 명료하게 설명하며, 미래에 대한 비전까지 제시하고 있습니다.

특히, 한국 포용금융의 발전과정, 즉 과거의 포용금융이 서민경제에 어떠한 긍정적인 영향을 미쳤는지, 그리고 지금의 서민금융제도가 어떻게 변화하고 있는지, 국제적인 동향은 어떠한지 등 서민금융정책의 진화를 한눈에 파악하게 해줍니다.

또한, **현재 한국의 포용금융 시스템에 대한 분석은 매우 인상적입니다.** 다양한 금융 상품과 제도가 운영되고 있지만, 여전히 개선해야 할 부분과 과제가 남아 있습니다. 특히, **코로나19 팬데믹 이후 증가한 경제적 불안정과 금융 취약계층의 문제를 어떻게 해결해 나갈 것인지에 대한 깊은 고민이 담겨 있습니다.** 이 책은 현재 우리가 직면한 문제를 정확히 짚어내고, 이에 대한 해결책을 모색하는 데 있어 중요한 지침서가 될 것입니다. 아울러 4차 산업혁명 시대를 맞아 디지털 금융이 빠르게 확산되고 있는 상황에서, 디지털 포용금융의 가능성을 제시하고 있으며 비대면 금융 서비스, 인공지능(AI)의 발전이 **서민금융에 어떠한 변화를 가져올 것인지에 대한 예측과 제안은 향후 금융정책 수립에 있어 중요한 참고자료가 될 것입니다.**

서민금융진흥원은 그동안 서민들의 경제적 자립과 안정성을 위해 다양한 금융 및 비금융 서비스를 제공해 왔습니다. 서민금융연구원이 발간한 이번 책은 이러한 노력과 맥을 같이 하며, 앞으로도 서민금융 발전을 위한 중요한 학문적 토대가 될 것입니다. 서민금융진흥원 역시 이 책의 내용을 참고하여 보다 효과적인 서민금융 프로그램을 개발해 나갈 것입니다.

포용금융은 단순히 금융 시스템의 일부를 넘어서, 우리 사회의 지속 가능하고 공정한 발전을 위한 핵심적인 요소입니다. 서민금융연구원이 발간한 "한국의 포용금융"은 이러한 포용금융의 가치를 널리 알리고, 보다 많은 사람들이 포용금융의 혜택을 누릴 수 있도록 하는 데 큰 역할을 할 것입니다.

끝으로, 이 책을 통해 많은 사람들이 포용금융의 중요성을 다시 한 번 깨닫고, 이를 바탕으로 더 나은 금융 환경을 만들어 나가기를 기대합니다. 서민금융진흥원은 앞으로도 서민들의 금융 접근성을 높이고, 경제적 자립을 지원하는 데 최선을 다할 것입니다. 서민금융연구원의 지속적인 발전과 이번 책자의 성공적인 발간을 진심으로 기원합니다.

이종욱

서울여자대학교 명예교수(전 국민행복기금 이사장)

세계화와 신자유주의 정책 이후, 소득 불평등과 양극화의 심화가 주요 이슈로 떠오르며, 지구 온난화, 환경오염, 고령화, 금융 소외 문제도 함께 부각되고 있습니다. 이러한 문제들은 현 세대뿐만 아니라 미래 세대에도 영향을 미치기 때문에 이를 해결하기 위해 정부, 국회, 기업, 시민단체의 협력적 노력이 필요합니다.

2008년부터 등장한 지속 성장을 위한 포용적 성장 개념은 이러한 복합적 문제를 해결하기 위한 새로운 해법으로 자리 잡았습니다. 포용적 금융은 사회적 가치를 창출하는 활동에 자본을 투자함으로써 불평등, 양극화를 완화하는 데 기여하는 금융 방식입니다. 전통적인 금융 시스템은 상업적 이익을 기준으로 자금 운용이 이루어지기 때문에, 사회적 가치를 고려한 적극적 자금 배분이 어렵습니다. 기존의 금융 시스템은 사회적 책임 수준에서만 자금을 배분할 수 있으며, 사회적 문제를 해결하기 위한 자금 운용을 할 조직이나 인력이 부족합니다.

이에 따라 포용적 금융 시스템은 사회적 문제 해결을 위해 등장한 새로운 금융 시스템으로, 기존 금융 시스템의 한계를 극복하기 위해 다양한 기관들과 협력하여 시너지를 창출해야 합니다. 포용금융은 사회적 가치를 창출하고 복합적 사회 문제를 해결하는 데 중요한 역할을 합니다. 특히 빈곤, 불평등, 양극화와 같은 시장 실패 영역에 자본을 투자하고, 혁신적인 금융 수단을 통해 문제를 해결할 수 있습니다. 이러한 노력은 선진국에서도 ESG(환경, 사회, 지배구조) 원칙이 강조되면서 활발히 실행되고 있습니다. 포용적 금융이 성공적으로 운용된 사례로는 네덜란드, 독일, 캐나다의 윤리 은행, 그리고 미국과 싱가포르의 사회적 주식 거래소가 있습니다. 이들 국가에서는 일반 개인이나 중소기업이 시장금리 이하의 예금상품을 구입하거나 주식을 매입하여 사회적 기업의 대출 손실을 보전하거나 사업위험을 분담하는 체제를 구축했습니다. 이러한 사례는 포용금융이 사회적 문제 해결에 기여할 수 있는 긍정적 변화를 보여줍니다.

국내외 변화와 복합적 위기 상황을 해결하기 위해 포용적 금융의 중요성이 더욱 강조되고 있습니다. 국회, 정부, 기업, 시민단체가 협력하여 포용적 금융을 실행해야 하는 시대가 도래한 것입니다. 포용적 금융의 성공적 운용은 선진국에서 이미 나타나고 있으며, 이러한 시스템을 통해 사회적 문제를 해결하는 데 있어 긍정적인 성과를 거두고 있습니다. 노벨 경제학상을 수상한 Joseph Stiglitz나 Amartya Sen 같은 학자들도 경제 발전과 포용적 금융의 중요성을 논의한 바 있습니다. 그들은 시장의 한계를 보완하는 정부의 역할을 강조하면서, 포용적 금융 시스템이 사회의 불평등을 줄이고 경제적 기회를 확장하는 데 기여할 수 있다고 주장합니다.

이러한 국제적 및 국내적 흐름 속에서 서민금융연구원의 포용금융 관련 책자 발간은 매우 시의적절하며, 포용금융을 이해하고 이를 통해 문제를 해결하는 데 큰 도움이 될 것으로 기대됩니다. 앞으로도 서민금융연구원의 노력이 지속되길 응원하며, 포용금융의 발전이 한국 사회의 지속 가능한 발전에 기여할 것을 기대합니다.

조성목

서민금융연구원 이사장

    자본주의에서 돈과 금융은 경제 활동의 핵심 역할을 하며 자원의 배분, 혁신, 경제 성장을 촉진하지만, 때로는 불평등을 낳습니다. 이러한 부작용을 해결하기 위해 공동체적 가치를 고려한 포용금융이 중요합니다. 포용금융은 소외된 계층에게 금융 서비스 접근성을 제공하고, 그들의 경제적 자립을 돕는 역할을 합니다. 최근 세계불평등보고서는 COVID-19 팬데믹이 불평등을 더욱 심화시켰음을 보여줍니다. 한국도 예외는 아니며, 금융 접근성과 역량이 취약한 계층의 문제가 부각되고 있습니다. 한국의 지니계수가 0.336으로 나타났으며, 소득 5분위 배율이 5.1로 높은 수준을 기록하고 있습니다.

    포용금융은 시장 실패 영역인 빈곤과 불평등을 해결하는 중요한 도구로, 국제기구와 각국 정부는 이미 2010년부터 포용금융을 위한 다양한 정책을 실천하고 있습니다. G20을 비롯한 UN, OECD, 세계은행 등이 포용금융의 필요성을 강조하고 있으며, 한국도 이러한 흐름에 발맞추어 금융 시스템을 혁신하고 있습니다. 디지털 금융 시대에 금융 거래의 속도가 빨라지고 편리성이 높아졌지만, 동시에 불법 금융 및 금융사기 문제가 더욱 고도화되고 있습니다. AI 보이스 기술과 발신자 전화번호 조작을 활용한 보이스피싱 사례는 피해를 크게 증가시키고 있으며, 이에 대한 대처가 시급합니다.

    서민금융연구원은 포용과 혁신이라는 두 가지 원칙을 기반으로 금융 소외 문제를 해결하고자 합니다. 포용금융정책이 아무리 발전해도 한계가 있으며, 사회 각계각층이 상생의 관점에서 양보와 혁신을 함께 추진해야 합니다. 금융당국과 정부는 상생금융, 포용금융을 통해 **금융의 포용성을 확산하고 기반을 구축하는 데 노력하고 있으며, 이러한 노력이 정치적 성향을 떠나 모든 정치인과 행정가들에게 중요한 과제로 부각되고 있습니다.** 서민금융연구원은 2017년 설립된 이후 금융 취약계층의 경제적 자립과 금융 접근성 향상을 위해 다양한 연구와 정책 제안을 이어왔습니다. 연구원은 서민금융에 관한 데이터 수집과 연구를 통해 정책을 제안하고, 세미나와 포럼을 통해 공공의 인식을 제고하며, 국내외 동향을 모니터링합니다. 이러한 활동을 통해 금융 취약계층의 포용성을 높이고 금융 생태계를 개선하는 데 기여하고 있습니다.

    한국의 금융기관들과 다양한 단체들은 포용금융을 실행하고 있지만, 이제는 국제적 협력을 통해 더욱 강화된 노력이 필요합니다. 서민금융연구원은 이러한 글로벌 트렌드와 연대의 중요성을 강조하며, 포용금융의 다양한 사례를 모아 책자로 발간하여 서민금융의 길라잡이가 되기를 희망하고 있습니다. 이 책자는 금융 소외 문제를 해결하기 위한 혁신적 아이디어와 실천적 방안을 제공하며, 포용금융의 발전에 중요한 역할을 할 것입니다.

포용금융의 숲

"포용금융의 숲"은 포용금융에 대한 자세한 내용을
담고 있는 "한국의 포용금융" 책자의 이해를 돕기
위해 제작한 안내서입니다. "포용금융의 숲"을 먼저
읽고, 관심 분야를 찾아서 읽으시면 됩니다.

들어가며

포용금융은 마치 다양한 나무와 꽃들이 조화롭게 어우러진 정원과 같습니다. 이 정원에는 각기 다른 크기와 모양의 나무들이 자라나며, 나무들의 뿌리는 깊이 뻗어 토양에 단단히 자리 잡습니다. 이 정원의 정원사는 모든 나무가 햇빛을 고르게 받을 수 있도록 세심하게 관리하며, 나무의 뿌리가 건강하게 뻗어나갈 수 있도록 정성스럽게 토양을 가꿉니다. 포용금융의 역할은 이 정원사와도 같습니다. 모든 사람들이 금융이라는 나무의 혜택을 고르게 받을 수 있도록 관리하고, 그들의 재정적 뿌리가 건강하게 자라나도록 돕는 것이 바로 포용금융의 본질입니다.

금융, 포용금융, 서민금융이 무엇이고 왜 필요한지, 경제주체의 의무와 권리는 무엇인지에 대한 종합적 이해가 필요할 때입니다. 금융은 자본주의를 살아가는데 필요한 생필품이며 구명조끼입니다. 많고 적음의 문제를 떠나 지향하는 그 방향이 중요합니다.

포용금융은 무엇인가?

금융은 빛과 그림자와도 같습니다. 밝은 빛은 우리에게 길을 비추고 새로운 기회를 열어주지만, 빛이 너무 강하면 그림자를 만들고, 그림자 속에서 위험이 도사리기도 합니다. 또한 금융은 양날의 칼과 같습니다. 무분별한 대출이나 투자 실패는 그 칼날에 자신을 다치게 하는 결과를 초래할 수 있습니다. 금융이라는 바다를 항해하는 사람들에게 나침반이 잘못된 방향을 가리키면, 그들은 폭풍우 속으로 빠져들게 됩니다. 잘못된 금융 활용은 개인과 사회의 경제적 기반을 흔들고, 불평등과 빈곤을 심화시킬 수 있습니다. 이러한 이유로 금융의 활용에 있어서 신중함과 지혜가 필요하며, 이를 위한 교육과 지원이 필수적입니다. 정원사가 나무에 적절한 양의 물과 햇빛을 제공하여 정원을 가꾸듯이, 우리는 금융을 올바르게 다루어 모두가 함께 성장할 수 있는 환경을 만들어야 합니다.

포용금융은 사회적 안전망입니다. 최소한의 안전이 보장된 운동장에서 우리는 마음껏 뛰고 달릴 수 있습니다. 포용금융의 여러 모습들은 씨앗이 뿌리를 내려 다양한 나무로 성장하듯, 서민금융, 사회적 금융, 그리고 디지털 금융 등으로 확장됩니다. 이 다양한 나무들은 각기 다른 방법으로 정원의 균형을 맞추며, 모든 사람이 금융의 그늘 아래서 편안하게 쉴 수 있도록 돕습니다. 하지만 이 나무들이 언제나 모든 사람에게 충분한 그늘을 제공하는 것은 아니며, 무한정으로 제공되는 빛과 공기와는 달리 금융은 한정적이라는 데 차이가 있음을 알아야 합니다. 따라서 포용금융에도 한계가 있습니다. 그러므로 정원사는 끊임없이 정원을 관찰하고 관리해야 하듯, 포용금융의 지속적인 개선이 필요합니다.

국가적 차원의 포용금융

국가적 차원의 포용금융은 한 국가의 토양을 건강하게 만드는 작업과 같습니다. 금융 불평등 완화는 빈약한 토양을 비옥하게 만들고, 저신용자들이 불법 사금융에 의존하지 않도록 보호하는 것과 같습니다. 건강한 토양에서 자라는 나무들이 더 튼튼해지듯, 금융 불평등이 완화되면 국가 전체의 경제적 안정이 강화됩니다.

금융이해력을 증진하는 것은 바다를 항해하는 선장에게 더 나은 나침반을 제공하는 일과 같습니다. 특히 고령자와 같은 취약한 그룹이 금융지식의 바다에서 길을 잃지 않도록 돕는 것이 중요합니다. 교육과 이해력 증진은 이 항해를 더 안전하게 만드는 방법입니다.

국제적 정합성과 협력 제고는 정원을 둘러싼 외부 환경과의 조화를 뜻합니다. 각 나라의 포용금융 제도를 모범 사례로 삼아, 서로의 경험을 직조하고 캔버스 위에 더 나은 금융 환경을 그려나가는 과정이 필요합니다. 디지털 기술은 이 직조의 실처럼, 금융포용을 위한 도구로 활용될 수 있습니다.

금융회사 차원의 포용금융

금융회사는 정원에 빛과 그림자를 제공하는 큰 나무와도 같습니다. 자본주의의 숲을 조성하는데 지대한 영향력을 발휘할 수 있습니다. 이 나무들이 제공하는 그늘이 너무 짙어지면 다른 작은 나무들이 자라나지 못할 수 있습니다. 따라서 금융위험을 관리하고, 디지털 금융위험을 평가하는 일은 그늘과 빛의 균형을 맞추는 과정입니다.

핀테크는 새로운 나무의 씨앗을 심는 일과도 같습니다. 혁신을 통해 더 많은 사람들이 금융이라는 정원에서 자라나도록 돕는 것이 핀테크의 역할입니다. 다만, 이 씨앗들이 건강하게 자라기 위해서는 적절한 물과 토양, 즉 정책과 지원이 필요합니다.

소상공인을 위한 포용금융은 작은 나무들이 정원에서 자리를 잡을 수 있도록 돕는 것과 같습니다. 이들이 뿌리를 내리고 성장할 수 있도록 지원하는 것은 국가 경제의 전체적인 건강을 유지하는 데 필수적입니다.

비정부기구와 지역 사회와 포용금융

비정부기구와 지역 사회는 정원의 또 다른 중요한 부분입니다. 사회적 금융은 작은 정원에서 시작하여 더 큰 숲으로 확장될 수 있는 힘을 가지고 있습니다. 이들은 마치 정원사처럼, 공동체 내에서 건강한 나무들이 자라날 수 있도록 돕습니다. 기부 문화의 확산은 더불어 살아가는 사람들에게 따뜻한 연대의 씨앗을 뿌리는 행위입니다. 이러한 씨앗들이 자라나면 더 큰 나무가 되고, 그 나무는 다시 다른 나무들에게 영양분을 제공합니다. 포용금융의 성과를 평가하는 것은 정원의 건강 상태를 점검하는 것과 같습니다. 나무들이 잘 자라고 있는지, 뿌리가 건강하게 뻗어나가는지, 정원의 토양이 비옥한지를 평가하는 것이 중요합니다. 이를 위해 각국의 포용금융 성과를 비교하고, 한국적 특성에 맞춘 성과지표를 개발하는 것이 필요합니다. 포용금융은 단순한 금융 서비스 제공이 아니라, 사회 전체가 함께 건강하게 자라나는 정원과 같습니다. 이 정원의 나무들이 더 많은 빛을 받을 수 있도록, 그리고 더 나은 미래를 향해 항해할 수 있도록 경제주체 각각의 역할이 중요합니다.

"한국의 포용금융" 제1편 제1장은 "포용금융의 개념과 필요성"을 설명하며, 사회와 경제에서 포용금융이 어떻게 작용하는지에 대해 서술합니다.

> 포용금융은 다채로운 색깔의 팔레트처럼 다양한 형태로 나타나, 소외된 계층에게 경제적 기회를 제공합니다. 이는 저소득층, 소상공인, 농어민 등에게 맞춤형 금융 상품을 통해 자립을 돕고, 사회적 평등과 지속 가능한 발전을 촉진합니다. 하지만 높은 리스크와 운영 부담 등의 한계가 있으며, 정부와 민간의 협력이 필요합니다. 포용금융은 사회적 책임을 반영한 중요한 도구로, 사회 전체의 발전과 경제적 평등을 이루는 열쇠가 될 수 있습니다.

포용금융 : 우리의 삶에 따뜻한 손길

금융 서비스는 현대 사회에서 필수적인 요소입니다. 마치 공기가 생명체에게 필수적이듯, 금융은 경제 활동에 있어 없어서는 안 되는 중요한 도구입니다. 하지만 여전히 많은 사람들이 금융 서비스에 접근하지 못하고 있습니다. 이러한 이들을 돕는 것이 바로 포용금융입니다.

포용금융은 마치 사회 곳곳에 뿌려진 작은 씨앗과 같습니다. 이 씨앗은 소외된 계층에게 경제적 기회를 제공합니다. 포용금융의 목표는 단순히 금융 서비스를 제공하는 것이 아닙니다. 이들은 저축, 대출, 보험 등 다양한 금융 서비스를 통해 자립의 길을 걷도록 돕습니다. 결국, 포용금융은 개인의 경제적 자립뿐 아니라 사회 전체의 안정과 번영을 촉진하는 역할을 합니다.

포용금융은 마치 어둠 속에서 빛을 비추는 등불과 같습니다. 이 빛이 없는 사회에서는 많은 사람들이 금융 서비스에서 소외될 수 있습니다. 예를 들어, 저소득층, 낮은 문해력자, 장애인 등은 기존 금융 시스템에서 혜택을 받기 어렵습니다. 하지만 포용금융을 통해 그들에게도 빛이 비추어질 수 있습니다. 그들은 금융 서비스를 통해 경제적 자립을 이루고, 더 나아가 자신의 삶을 개선할 수 있습니다.

포용금융의 필요성 : 사회적 책임과 지속 가능성

포용금융은 단순한 금융 서비스 그 이상의 의미를 가집니다. 이는 금융기관의 사회적 책임을 반영한 것으로, 사회적 약자들에게 경제적 기회를 제공하고 이들의 삶을 개선하는 중요한 도구입니다. 이러한 측면에서 포용금융은 경제적 성장과 함께 사회적 안정성을 증진시키는 데 크게 기여할 수 있습니다.

예를 들어, 디지털 금융 서비스의 발전으로 인해 점점 더 많은 사람들이 편리하게 금융에 접근할 수 있게 되었습니다. 이는 포용금융이 저소득층이나 소외 계층에게 제공하는 새로운 기회를 의미합니다. 포용금융은 지속 가능한 발전을 위한 전략 중 하나로, 경제적 불평등을 해소하고, 모든 이들이 공평하게 금융 서비스를 누릴 수 있도록 도와줍니다.

포용금융의 모습들 : 따뜻한 금융의 다양한 형태

포용금융은 다양한 형태로 나타날 수 있습니다. 저소득층을 위한 소액 대출, 소상공인을 위한 창업 자금 지원, 농어민을 위한 맞춤형 금융 상품 등 그 형태는 다양합니다. 이러한 금융 상품들은 단순한 금전적 지원을 넘어, 사회적 가치를 창출하는 데 기여합니다. 이러한 금융 지원은 경제적 자립뿐 아니라, 이들이 사회에 적극적으로 참여할 수 있도록 돕습니다. 마치 겨울이 지나고 따뜻한 봄이 찾아오는 것처럼, 포용금융은 경제적 약자들에게 새로운 희망을 제공합니다.

포용금융의 한계 : 넘어야 할 과제들

물론, 포용금융에도 한계가 존재합니다. 금융 소외 계층을 대상으로 한 금융 상품들은 높은 리스크를 동반할 수 있으며, 이러한 상품들을 운영하는 금융기관에게는 경제적 부담이 될 수 있습니다. 또한, 포용금융이 확대되기 위해서는 정부와 민간이 함께 협력해야 하며, 이를 위한 법적·제도적 기반이 필요합니다.

하지만 이러한 한계에도 불구하고, 포용금융은 앞으로의 사회적 발전과 경제적 평등을 이루는 중요한 열쇠가 될 것입니다. 이 열쇠는 많은 사람들의 삶을 개선하고, 더 나아가 사회 전체를 변화시킬 수 있는 잠재력을 가지고 있습니다.

포용금융을 위한 각자의 역할

포용금융이 사회 곳곳에 뿌리를 내리기 위해서는 직분에 맞는 각자의 역할이 중요합니다. 정부와 금융기관, 기업뿐 아니라 개인도 포용금융의 중요성을 인식하고, 이를 지원하는 다양한 방식으로 참여할 수 있습니다.

마치 정원을 가꾸듯이, 포용금융의 씨앗은 각자의 작은 노력으로 자라나 커다란 나무가 될 것입니다. 이 나무는 많은 사람들에게 그늘을 제공하고, 그들의 삶을 보호하는 역할을 하게 될 것입니다. 포용금융은 우리 모두가 함께 가꾸어 나가야 할 중요한 가치입니다. 이와 같이, 포용금융은 사회적 약자에게 금융 서비스를 제공함으로써 경제적 평등을 이루고, 사회 전체의 발전을 도모하는 중요한 도구입니다. 포용금융을 통해 우리는 더 나은 사회를 만들어 갈 수 있으며, 그 안에서 모두가 함께 성장할 수 있는 기회를 가질 수 있을 것입니다.

"한국의 포용금융" 제1편 2장은 "포용금융의 정치철학적 기반"을 다루고 있습니다. 이 장에서는 포용금융의 근간이 되는 여러 철학적 사조들을 소개하고, 이를 통해 포용금융이 왜 필요한지, 그리고 어떤 방향으로 나아가야 하는지에 대해 성찰합니다.

> 포용금융은 따뜻한 희망의 연대입니다. 존 롤스의 정의론, 벤담의 공리주의, 칸트의 윤리학, 공동체주의, 자유지상주의 등의 철학적 사조를 바탕으로, 사회적 약자에게 금융 기회를 제공하며, 개인의 자립과 공동체의 성장을 동시에 추구합니다. 이는 금융이 단순한 도구를 넘어 사회적 책임과 공공선을 지향하는 연대의 실천입니다. 포용금융은 철학적 사유와 실천이 결합된 사회적 기여로, 경제적 평등과 공동체의 번영을 돕습니다.

포용금융과 롤스의 정의론

포용금융을 설명할 때 가장 먼저 등장하는 철학자는 존 롤스(John Rawls)입니다. 롤스는 그의 저서 "정의론"에서 공정으로서의 정의를 주장하며, "무지의 베일" 개념을 이용하여 "공정한 기회균등의 원칙", "차등의 원칙", "최소 수혜자의 원칙"을 설명했는데, 이를 쉽게 풀어보면 "사회의 혜택이 가장 불리한 사람에게도 공정하게 돌아가야 한다"는 것입니다. 마치 우리가 케이크를 나눌 때, 나누는 역할과 우선 선택 순위를 합리적으로 정하면 누구도 배제되지 않게 정의를 실현할 수 있다는 것입니다. 이 관점에서 포용금융은 금융 서비스에 접근하기 어려운 사람들, 즉 사회적으로 소외된 이들에게 공평한 기회를 주는 것이 중요합니다.

포용금융은 모든 사람이 사회라는 정원에서 각자의 꽃을 피울 수 있도록 물과 햇빛을 공평하게 나누어 주는 것과 같습니다. 롤스의 정의론은 이러한 포용금융의 필요성을 철학적으로 뒷받침해 줍니다.

공리주의와 포용금융

다음으로 제레미 벤담(Jeremy Bentham)의 공리주의가 있습니다. 공리주의는 "최대 다수의 최대 행복"을 목표로 합니다. 금융도 이와 같은 원칙을 따라야 합니다. 즉, 가능한 많은 사람들이 금융 서비스를 통해 혜택을 누려야 한다는 것입니다.

예를 들어, 우리가 한 마을에서 다리를 건설한다고 생각해 봅시다. 그 다리는 마을 사람들 대부분이 이용할 수 있어야 하고, 그 다리 덕분에 사람들의 삶이 더 편리해지고 행복해져야 합니다. 포용금융 역시 이런 다리처럼 많은 사람들에게 혜택을 줘야 한다는 것입니다. 단순히 소수의 사람들에게만 혜택이 돌아가는 금융 시스템이 아니라, 다수의 사람들에게 도움이 되는 시스템이어야 한다는 것이 벤담의 철학입니다.

칸트의 윤리학과 포용금융

임마누엘 칸트(Immanuel Kant)의 윤리학은 "도덕적으로 옳은 일을 해야 한다"는 점을 강조합니다. 칸트는 사람들이 수단이 아니라 목적 자체로 존중받아야 한다고 말했습니다. 이를 금융에 적용하면, 금융기관이 사람들을 단순히 돈을 벌기 위한 도구로만 여겨서는 안 된다는 뜻입니다.

포용금융은 사람들을 단순한 숫자나 통계로 보지 않고, 그들의 삶을 개선하기 위해 필요한 서비스로 봅니다. 칸트의 철학은 금융이 단순히 이익을 추구하는 도구가 아니라, 사람들의 삶을 더 나은 방향으로 이끄는 도덕적 의무임을 상기시켜줍니다.

공동체주의와 포용금융

공동체주의(Communitarianism)는 개인보다 공동체의 가치를 중시합니다. 즉, 개인이 잘되기 위해서는 그가 속한 공동체가 함께 성장하고 발전해야 한다는 것입니다. 포용금융도 이와 같은 원칙을 따릅니다. 개인의 금융적 성공은 그 개인이 속한 공동체 전체의 경제적 안정을 바탕으로 해야 합니다.

이것은 마치 나무 한 그루가 튼튼하게 자라기 위해서는 숲 전체가 건강해야 하는것과 같습니다. 포용금융은 단순히 개개인의 금융적 성공을 돕는 것이 아니라, 그들이 속한 공동체 전체의 번영을 추구합니다. 공동체가 함께 성장할 때, 그 안에서 개개인도 더 나은 삶을 살 수 있다는 철학적 배경이 포용금융의 중요한 기반이 됩니다.

자유지상주의와 포용금융

마지막으로 자유지상주의(Libertarianism)는 개인의 자유를 중시합니다. 각 개인은 자신의 선택에 따라 살아갈 자유가 있어야 한다는 것입니다. 다만, 자산 취득 과정에서 정당성이 있는 경우를 말하며, 이 경우 처분에 있어 독점적인 자유를 가진다고 합니다. 이 때 자유는 남을 해치지 않는 범위 내이며, 사회적 책임과 균형을 이루어야 합니다. 강요할 수는 없지만 많이 가진 자가 자발적인 자유 향유로 부족한 자를 포용한다면 진정한 자유를 누리는 포용금융을 선택한 것입니다.

이것은 마치 배를 타고 바다를 항해할 때, 각자가 원하는 목적지를 향해 나아갈 수 있도록 나침반을 제공하는 것과 비유될 수 있습니다. 포용금융은 개인들이 자신의 경제적 목표를 향해 나아갈 수 있도록 자유를 주면서도, 그 과정에서 필요한 지원을 자발적으로 제공하는 역할을 합니다.

포용금융의 철학적 기반

포용금융의 철학적 기반은 이처럼 여러 가지 사상과 맞닿아 있습니다. 각 사상은 서로 다른 각도에서 포용금융의 필요성을 설명하고, 이를 통해 금융이 단순한 돈의 흐름이 아니라, 사람들의 삶을 변화시키고 공동체를 풍요롭게 하는 도구임을 강조합니다. 롤스와 센델은 지금 나의 상황이 나의 능력에 전적으로 비롯되었다기 보다, 행운에 좌우되는 경우가 많음을 자각하고 교만과 자괴감에 빠지기보다는 공동선을 향한 토론과 열린 마음을 강조합니다. 포용금융은 마치 우리가 함께 살아가는 사회라는 정원에 뿌려진 씨앗과 같습니다. 이 씨앗은 철학적 물을 머금고 자라서, 사회적 책임이라는 햇빛 아래에서 꽃을 피우며, 각 개인과 공동체가 함께 성장하는 아름다운 숲을 이루게 될 것입니다. 이로써 포용금융은 단순한 금융 전략이 아니라, 철학적 사유와 실천이 결합된 사회적 기여라는 점을 강조합니다.

"한국의 포용금융" 제2편 제1장은 "금융 불평등 완화"라는 주제를 다룹니다.

포용금융은 경제의 거친 조각품의 표면을 부드럽게 다듬습니다. 한국의 경제 성장 이면에 존재하는 금융 불평등은 사회적 격차를 심화시켜왔습니다. 포용금융은 금융 접근성이 낮은 계층에게 공정한 금융 서비스를 제공하여, 불평등을 완화하고 경제적 기회를 균등하게 나눕니다. 이는 마치 울퉁불퉁한 조각품을 매끄럽게 다듬어 모두가 평등한 경제적 기회를 누릴 수 있도록 만드는 작업과 같습니다.

불평등의 그림자

한국의 경제는 한강의 기적이라 불릴 만큼 빠른 성장 속도를 자랑해 왔습니다. 하지만 그 이면에는 부와 기회의 분배에 있어 큰 불균형이 자리잡고 있습니다. 마치 기울어진 운동장에서 축구 경기를 하는 것처럼, 불평등은 경기의 시작부터 승패를 어느 정도 결정짓습니다. 특히 금융 분야에서의 불평등은 사회 전반의 불평등을 심화시켜, 경제적 격차를 더욱 벌어지게 하고 있습니다.

금융 불평등의 현주소

금융 불평등은 단순히 돈을 많이 벌고 적게 버는 것 이상의 문제입니다. 부유한 사람들은 더 좋은 금융 서비스와 혜택을 누리지만, 그렇지 않은 사람들은 기회조차 얻기 힘듭니다. 금융 불평등은 소득 불평등, 자산 불평등으로 이어져 결국 사회 전반의 계층 간 격차를 더욱 깊게 만듭니다. 예를 들어, 자산을 많이 가진 사람은 더 낮은 금리로 대출을 받을 수 있는 반면, 그렇지 않은 사람은 높은 금리를 감당해야 하며, 이로 인해 불평등의 고리는 계속 이어집니다.

자산과 소득의 악순환

부유한 가정의 자녀는 더 나은 교육 기회를 얻고, 더 많은 자산을 물려받습니다. 반면, 저소득 가정의 자녀는 이러한 기회에서 소외되어, 사회적 이동성이 제한됩니다. 이는 마치 눈덩이가 굴러가며 점점 커지는 것과 같습니다.

작은 격차가 점점 커지며 결국 거대한 불평등의 벽을 만들어내는 것입니다.

금융 접근성의 문제

모두가 금융 서비스를 이용할 수 있는 것은 아닙니다. 고소득층은 다양한 금융 상품과 서비스를 쉽게 이용할 수 있지만, 저소득층은 기본적인 금융 서비스조차 이용하기 어렵습니다. 이로 인해 저소득층은 불법 사금융을 이용하게 되거나, 높은 금리를 부담하게 됩니다. 마치 목이 마른데 물 한 잔을 구할 수 없는 사막 한가운데 서 있는 것과도 같습니다.

공정한 금융의 실현

금융 불평등을 해소하기 위해서는 공정한 금융 환경을 조성해야 합니다. 이를 위해 정부는 저소득층에게도 금융 서비스를 공평하게 제공할 수 있도록 정책을 마련해야 합니다. 또한 금융 교육을 통해 모든 국민이 금융에 대한 지식을 습득할 수 있도록 도와야 합니다. 이는 단순한 이론적 접근이 아닌, 실제로 실현 가능한 정책적 지원이 필요합니다. 금융 불평등 해소는 마치 울퉁불퉁한 길을 평평하게 고르는 작업과 같습니다. 처음에는 어려울 수 있지만, 꾸준한 노력 끝에 모두가 평등한 길을 걷게 되는 날이 올 것입니다.

희망의 씨앗을 심다

금융 불평등은 한순간에 해결될 수 있는 문제가 아닙니다. 하지만 공정한 금융 환경을 만들어 나간다면, 언젠가는 불평등의 벽을 허물고 모두가 평등한 기회를 누릴 수 있을 것입니다. 이는 씨앗을 심어 꽃을 피우는 일과 같습니다. 처음엔 작은 씨앗일지라도, 시간이 지나면 아름다운 꽃으로 피어날 것입니다. 지금 심는 작은 씨앗이 미래의 큰 변화를 만들어낼 것입니다.

"한국의 포용금융" 제2편 2장은 "금융이해력 증진"에 대한 내용을 다루고 있습니다.

금융교육의 뿌리가 깊어져야 나무가 안정적으로 잘 성장하듯, 금융교육은 사람들에게 필수적인 재정적 안정의 기초를 제공합니다. 금융지식, 태도, 행위는 각각 나무의 줄기, 잎사귀, 열매와 같아 금융교육을 통해 개인과 사회가 건강한 경제적 성장을 이룰 수 있습니다. 특히 디지털 금융 시대에서 금융교육은 소외계층을 보호하고 금융 이해력을 높이는 중요한 역할을 하며, 지속적이고 체계적인 교육이 필요합니다.

금융교육

금융교육은 한 그루의 나무를 키우는 과정과 같습니다. 나무가 튼튼하고 건강하게 자라기 위해서는 깊은 뿌리가 필요하듯, 사람도 올바른 금융 지식을 바탕으로 자신의 삶을 안정적으로 이끌어갈 수 있어야 합니다. 이 장은 그런 뿌리를 내리기 위해 필요한 금융교육에 대해 설명합니다.

금융이해력의 중요성

금융이해력은 단순히 돈을 다루는 능력만을 의미하지 않습니다. 이는 사람들의 삶을 더 나은 방향으로 이끄는 나침반과 같습니다. 이 나침반이 없으면, 복잡한 금융 세상에서 길을 잃고 헤매기 쉽습니다. 예를 들어, 저축을 해야 할 때 소비를 선택하거나, 잘못된 대출을 받게 되는 등의 실수를 하게 됩니다.

금융이해력은 결국 개인의 재정적 안정성을 확보하는 데 큰 역할을 합니다. 금융이해력이 부족한 사람들은 쉽게 금융사기에 노출되거나, 비싼 대출 상품을 선택하는 등 불리한 상황에 빠질 수 있습니다. 따라서, 금융이해력을 높이는 교육은 현대 사회에서 필수적입니다.

포용금융과 금융교육의 관계

포용금융은 모든 사람이 경제적 배경이나 소득에 관계없이 금융 서비스를 공평하게 이용할 수 있게 하는 것입니다. 하지만 금융 소외계층, 즉 금융 시스템에 접근할 기회가 적은 사람들은 충분한 금융교육을 받지 못했기 때문에 금융 서비스를 잘 이해하지 못할 수 있습니다. 이는 그들이 금융 시스템에서 소외되는 주요 원인 중 하나입니다. 따라서 금융교육은 포용금융의 중요한 기둥 중 하나로 작용합니다. 이는 경제적 약자들에게도 금융 서비스를 이용할 수 있는 기회를 열어주고, 그들이 올바른 선택을 할 수 있도록 돕습니다.

금융이해력의 세 가지 요소

- **금융지식** : 이는 기본적인 금융 개념에 대한 이해를 포함합니다. 예를 들어, 이자 개념, 인플레이션의 영향, 위험과 수익의 관계 등을 이해하는 것이 금융지식에 해당합니다. 금융지식은 마치 나무의 줄기와 같아서, 튼튼할수록 더 많은 가지와 잎이 자라날 수 있습니다.
- **금융태도** : 금융태도는 돈에 대한 사람들의 생각과 신념을 반영합니다. 예를 들어, 저축을 중요하게 생각하거나 소비를 선호하는 태도가 이에 해당합니다. 금융태도는 나무의 잎사귀와 같아서, 태도가 긍정적일수록 더 풍성한 삶을 살 수 있습니다.
- **금융행위** : 금융행위는 실제로 사람들이 돈을 어떻게 다루는지를 의미합니다. 이는 저축 습관, 소비 패턴, 대출 관리 등으로 나타납니다. 금융행위는 나무의 열매와 같아서, 좋은 금융행위는 결국 좋은 결과를 가져옵니다.

디지털 금융과 새로운 도전

디지털 금융이 점점 더 확산되면서, 디지털 금융 교육의 중요성도 더욱 커지고 있습니다. 그러나 디지털 금융은 마치 고속도로 위를 달리는 자동차와 같습니다. 빠르고 편리하지만, 운전 방법을 모르면 사고를 당할 위험이 큽니다. 특히 디지털 기술에 익숙하지 않은 고령자나 저소득층은 이 새로운 환경에서 소외될 위험이 높습니다.

따라서 금융교육은 이제 디지털 금융에 대한 이해와 활용 능력까지 포함해야 합니다. 디지털 금융의 안전한 사용법, 개인정보 보호, 온라인 금융 사기 방지 등에 대한 교육이 필수적입니다. 이는 디지털 금융의 빠른 속도에 적응할 수 있는 브레이크와 안전벨트를 제공하는 것과 같습니다.

금융교육의 현재와 미래

금융 교육은 전국적으로 다양한 기관에서 제공되고 있습니다. 정부, 금융기관, 교육기관 등이 협력하여 다양한 연령대와 계층을 대상으로 교육 프로그램을 운영하고 있습니다. 예를 들어, 초등학교에서는 기초적인 저축 개념을, 고등학교에서는 투자와 대출에 대한 심화된 내용을 교육합니다. 성인과 고령자를 대상으로는 디지털 금융 사용법과 금융 사기 예방 교육이 제공됩니다. 앞으로 금융교육은 더 체계적으로 발전해야 합니다. 나무를 잘 가꾸기 위해서는 지속적인 관심과 관리가 필요하듯, 금융교육도 사람들의 일생 동안 계속해서 제공되어야 합니다. 단기적인 교육으로는 충분하지 않으며, 생애주기별 맞춤형 교육이 필요합니다. 금융교육은 개인의 재정적 안정과 사회적 평등을 위한 중요한 도구입니다. 이는 한 그루의 나무가 자라서 숲을 이루는 것처럼, 개인과 사회 전체의 금융 복지를 이루는 데 중요한 역할을 합니다.

"한국의 포용금융" 제2편 3장은 "서민금융지원제도 활성화"에 대해 다뤘습니다.

> "서민의 꿈에 날개를 달아주는 포용금융의 틀을 제대로 만들자"는 서민금융지원제도의 중요성을 비유합니다. 이 제도는 금융 소외계층에게 경제적 자립의 기회를 제공하며, 고금리 대출의 늪에서 벗어나게 돕습니다. 햇살론, 새희망홀씨 대출 등 다양한 서민금융 상품들은 서민들의 경제적 자립을 위한 발판이 됩니다. 그러나 복잡한 절차와 부족한 홍보가 문제점으로 지적되며, 접근성을 높이고 지원을 강화해 서민들의 꿈을 실현하는 날개를 달아주는 것이 필요합니다.

서민금융지원제도의 필요성

왜 서민금융이 중요할까요? 서민들이 경제적 어려움에 처했을 때, 적절한 금융 지원이 없다면 사회적 불평등은 더욱 심화될 수밖에 없습니다. 마치 물이 부족한 논에서 농작물이 말라가는 것처럼, 금융의 손길이 닿지 않으면 서민들은 더 깊은 빈곤에 빠질 수 있습니다.

이 제도는 경제적으로 취약한 계층에게 '기회를 제공'하는 중요한 도구입니다. 돈이 없으면 아무리 좋은 아이디어가 있어도 사업을 시작할 수 없고, 생활비도 감당하기 어렵습니다. 서민금융지원제도는 서민들이 필요한 자금을 얻어 경제적 자립을 도울 수 있도록 고안된 제도입니다.

한국의 서민금융지원제도 역사

한국의 서민금융지원제도는 2008년 글로벌 금융위기 이후 본격적으로 시작되었습니다. 경제적 어려움을 겪는 사람들이 늘어나자 정부는 이들을 돕기 위해 다양한 금융 상품들을 도입했습니다. 그 시작은 '미소금융'으로, 이는 담보나 보증 없이 소상공인이나 창업자들에게 자금을 지원하는 제도입니다. 이후 햇살론, 새희망홀씨 대출, 바꿔드림론 등 다양한 서민금융 상품들이 연이어 도입되었습니다.

마치 가뭄에 단비 같은 이 제도들은 서민들이 고금리 대출의 압박에서 벗어나도록 돕고, 경제적 자립을 이루는 데 큰 역할을 했습니다.

서민금융지원제도의 종류

- **햇살론** : 햇살론은 소득이 적거나 신용이 낮은 사람들이 상대적으로 낮은 금리로 대출을 받을 수 있도록 돕습니다. 이름처럼, 햇살론은 경제적 어둠 속에서 서민들에게 따뜻한 햇빛을 비추는 역할을 합니다.

- **새희망홀씨 대출** : 은행에서 자체적으로 운영하는 서민금융 상품으로, 소득이 낮고 신용이 낮은 사람들에게 생계자금이나 주거자금을 빌려줍니다. 이는 마치 한 가닥의 희망을 붙잡고 살아가는 사람들에게 제공되는 작은 희망의 불씨와도 같습니다.

- **미소금융** : 미소금융은 주로 창업자나 자영업자들을 위한 소액 대출 제도입니다. 이 제도는 담보나 보증 없이도 자금을 지원하므로, 작은 가게를 시작하고자 하는 사람들에게 큰 힘이 됩니다.

- **바꿔드림론** : 고금리 대출로 어려움을 겪는 사람들에게 기존의 대출을 낮은 금리로 바꿀 수 있는 기회를 제공합니다. 고금리 대출의 무거운

짐을 가볍게 덜어주는 제도인 셈이죠.

서민금융지원제도의 문제점

하지만 모든 제도가 그렇듯, 서민금융지원제도에도 문제점이 있습니다. 예를 들어, 많은 서민들이 이러한 제도의 존재를 모르고 있거나, 신청 절차가 너무 복잡해서 제대로 혜택을 받지 못하는 경우가 많습니다. 이는 마치 구명보트가 있는데도 불구하고, 물에 빠진 사람들이 그 존재를 몰라 도움을 받지 못하는 상황과 비슷합니다.

또한, 대출을 받은 이후에도 상환에 어려움을 겪는 서민들이 많습니다. 이는 고금리 대출에서 벗어나기 위해 서민금융을 이용했지만, 결국 또다시 새로운 부채에 시달리게 되는 악순환이 발생할 수 있습니다.

이러한 문제들을 해결하기 위해서는 서민금융지원제도의 접근성을 높이고, 절차를 간소화하는 것이 중요합니다. 서민들이 제도의 존재를 알 수 있도록 적극적인 홍보가 필요하며, 더 많은 서민들이 쉽게 혜택을 받을 수 있도록 심사 기준을 완화해야 합니다.

또한, 대출 상환에 어려움을 겪는 사람들을 위해 맞춤형 상환 계획을 제공하고, 필요한 경우 채무조정 프로그램을 통해 채무 부담을 줄여줄 필요가 있습니다. 마치 어려운 상황에서 친구가 손을 내밀어주는 것처럼, 이 제도도 서민들이 더 이상 빚의 늪에 빠지지 않도록 돕는 역할을 해야 합니다.

서민금융지원제도는 금융의 손길이 필요한 사람들에게 다가가는 따뜻한 제도입니다. 이 제도는 단순히 돈을 빌려주는 것이 아니라, 서민들이 자립할 수 있도록 돕는 중요한 도구입니다. 비록 여러 가지 어려움이 있지만, 이를 개선함으로써 더 많은 서민들이 경제적 어려움을 극복하고, 다시금 사회에 기여할 수 있는 날개를 달 수 있을 것입니다.

마치 한 그루 나무가 처음에는 작은 씨앗에서 시작해 점차 자라나 커다란 그늘을 만들어주듯이, 서민금융지원제도도 서민들이 스스로 경제적 독립을 이룰 수 있도록 든든한 그늘이 되어줄 것입니다.

"한국의 포용금융" 2편 4장은 "국제적 정합성과 협력 제고"에 대해 다뤘습니다.

포용금융은 세계 어느 곳에서 연주해도 악보라는 국제적 언어를 본다. 각국은 다양한 방식으로 포용금융을 실현하지만, 모두 금융 소외 계층을 돕는 공통된 목표를 지향합니다. 미국, 영국, 캐나다, 독일 등 각국의 포용금융 사례는 글로벌 협력의 중요성을 보여줍니다. 국제기구는 이들 국가의 노력을 조율하며, 세계 경제의 다리가 튼튼해지도록 돕습니다. 포용금융은 경제적 평등을 향한 국제적 연대 속에서 발전해야 할 과제입니다.

국제적 정합성과 포용금융 : 금융의 다리 놓기

우리가 살고 있는 세상은 작은 마을처럼 서로 연결되어 있습니다. 특히 금융은 세계 각국을 잇는 거대한 다리와도 같습니다. 이 다리가 얼마나 튼튼하고 넓은지에 따라 세계 경제가 얼마나 원활히 돌아가는지가 결정됩니다. 포용금융은 이 다리 위에서 가장 소외된 사람들도 함께 걷게 하려는 노력입니다. 국제적 정합성은 바로 이 다리를 넓히고, 더 많은 사람들이 걸을 수 있도록 돕는 작업입니다.

세계 각국의 포용금융 사례

포용금융은 어디서나 중요하지만, 그 형태는 나라별로 다릅니다. 마치 다양한 악기가 함께 연주되지만, 모두 같은 악보를 따르는 오케스트라처럼 말이죠. 각국의 금융 정책과 제도는 조금씩 다르지만, 모두가 하나의 목표를 가지고 있습니다. 그 목표는 바로 더 많은 사람이 금융 서비스를 이용할 수 있게 하는 것입니다.

미국의 포용금융

미국은 소수민족과 저소득층을 위한 금융포용 정책을 일찍이 도입한 나라입니다. 이들은 마치 낡은 집을 개조하듯, 차별받던 계층이 금융 서비스에 접근할 수 있도록 법적 기초를 다졌습니다. 이를 통해 저소득층도 경제 활동에 참여할 수 있게 되었고, 소수 민족이 금융의 문을 두드릴 수 있게 되었습니다.

영국의 포용금융

영국은 기본 은행 계좌를 통해 누구나 금융 서비스를 이용할 수 있도록 했습니다. 영국의 금융 정책은 마치 모든 사람에게 문을 열어두고, 그들이 언제든 들어올 수 있도록 하는 열린 집과 같습니다. 이 접근 방식은 정부와 민간 부문이 함께 협력한 결과로, 모든 계층이 금융 서비스를 쉽게 이용할 수 있게 만들었습니다.

캐나다의 포용금융

캐나다는 신용협동조합을 중심으로 소규모 금융 서비스를 제공하여 금융포용성을 높였습니다. 이는 지역 사회가 자율적으로 운영하는 작은 정원과도 같습니다. 이 정원에서는 지역 주민들이 스스로 경제 활동을 할 수 있도록 돕고, 서로를 지지하는 구조를 형성했습니다.

독일의 포용금융

독일은 디지털 기술을 활용한 금융서비스를 제공하며, 이를 통해 더 많은 사람에게 금융 서비스를 열어주고 있습니다. 특히 난민과 같은 소외된 계층을 위한 금융 포용 정책을 통해, 이들이 새로운 땅에서 뿌리를 내릴 수 있도록 돕고 있습니다. 이는 마치 새로운 나라에 정착할 수 있도록 돕는 다정한 손길과도 같습니다.

국제적 협력의 중요성

포용금융은 한 나라만의 문제가 아닙니다. 우리가 사는 이 작은 지구촌에서, 한 국가의 금융 안정은 다른 나라에도 영향을 미칩니다. 그래서 각국은 서로 협력하여 포용금융을 발전시키고 있습니다. 이를 통해 세계 경제의 다리가 더욱 튼튼해지고, 더 많은 사람이 이 다리를 건널 수 있게 됩니다. 국제기구와의 협력도 중요합니다. 세계은행(World Bank), 국제통화기금(IMF) 등은 마치 오케스트라의 지휘자처럼 각국의 포용금융 정책을 조율하고, 그들이 같은 방향으로 나아갈 수 있도록 돕습니다.

포용금융의 미래

포용금융은 아직도 갈 길이 멉니다. 하지만 우리는 이 길을 포기할 수 없습니다. 이 길은 경제적 평등을 향한 길이며, 사회적 안전망을 구축하는 길이기 때문입니다. 마치 한 송이 꽃이 피기 위해 수많은 햇빛과 물이 필요하듯, 포용금융이 꽃피우기 위해서는 국제적인 협력과 노력이 필요합니다.

이제 우리가 해야 할 일은, 이 길을 더 많은 사람이 걸을 수 있도록 넓히는 것입니다. 그 길 위에서 모든 사람이 함께 걸으며, 더 나은 미래를 만들어갈 수 있기를 바랍니다. 국제적 정합성과 협력의 중요성을 다양한 나라의 사례를 통해 이야기하고, 이를 마치 하나의 오케스트라처럼 조화로운 작동이 필요합니다.

"한국의 포용금융" 제3편 제1장은 **"금융위험 관리"**에 대한 주제를 다뤘습니다.

포용금융이 펼쳐지는 곳에는 그림자 경제의 난초가 자라기도 합니다. 디지털 금융의 확장은 금융 서비스 접근성을 높였지만, 동시에 개인정보 유출, 금융사기, 불완전 판매와 같은 새로운 위험도 발생시켰습니다. 특히 고령층과 정보 취약계층은 이러한 금융사기에 더 쉽게 노출될 수 있습니다. 금융위험 관리는 포용금융의 성장을 뒷받침하는 동시에 그림자 경제의 부작용을 줄이기 위해 필수적이며, 금융회사와 개인 모두가 경각심을 가져야 합니다.

금융위험 관리란 무엇일까요?

금융은 마치 우리가 매일 사용하는 물처럼 우리 생활에 필수적입니다. 하지만 물이 너무 많거나 적으면 홍수나 가뭄이 일어나는 것처럼, 금융에도 위험이 존재합니다. 이 장에서는 이러한 금융의 위험을 어떻게 관리할 수 있는지에 대해 이야기해 보겠습니다.

디지털 금융의 시대

디지털 금융은 현대 사회에서 우리가 상상할 수 없을 만큼 빠르게 확장되고 있습니다. 간단한 예로, 우리는 이제 스마트폰 하나로 은행 업무를 보고, 돈을 송금하고, 심지어 주식 투자까지 할 수 있습니다. 디지털 금융의 등장은 우리의 삶을 훨씬 편리하게 만들었지만, 동시에 새로운 위험도 생겨났습니다. 특히 개인 정보 유출이나 신종 금융사기 같은 문제들이 디지털 금융의 그늘에서 발생하고 있습니다.

고령층의 디지털 금융 사용

대한민국의 거의 모든 사람이 인터넷을 사용하고 있습니다. 하지만 나이 든 분들은 디지털 금융에 익숙하지 않아 어려움을 겪는 경우가 많습니다. 이는 마치 우리가 어릴 적 처음 자전거를 배울 때 두려움을 느꼈던 것과 비슷합니다. 디지털 금융 역시 익숙해지기 전까지는 복잡하고 무섭게 느껴질 수 있습니다. 특히 고령층은 인터넷 뱅킹 이용률이 낮고, 디지털 금융 사기에 쉽게 노출될 수 있어 더욱 세심한 관리가 필요합니다.

개인정보 보호와 금융소비자 보호

금융의 디지털화가 빠르게 진행되면서 개인정보 보호는 매우 중요한 이슈가 되었습니다. 예를 들어, 우리가 온라인으로 쇼핑할 때 결제 정보를 입력하는 순간, 그 정보가 안전하게 보호되지 않으면 해킹 당할 위험이 있습니다. 금융회사들은 이러한 위험을 줄이기 위해 개인정보 보호법을 강화하고 있으며, 소비자들에게 더욱 안전한 금융 환경을 제공하려고 노력하고 있습니다. 하지만 법이 아무리 잘 만들어져도 실생활에서 완벽히 적용되기는 어렵습니다. 마치 교통법규가 있어도 교통사고가 일어나는 것처럼, 개인정보 보호 법규에도 빈틈이 있을 수 있습니다. 따라서 금융회사뿐만 아니라 개인도 스스로 자신의 정보를 보호하는 노력이 필요합니다.

불완전 판매와 정보 비대칭

금융상품은 복잡하고 이해하기 어려운 경우가 많습니다. 예를 들어, 어떤 금융상품이 '원금 보장'을 약속했지만 실제로는 위험이 큰 상품일 수 있습니다. 이처럼 금융회사와 소비자 사이의 정보 차이 때문에 발생하는 문제를 '불완전 판매'라고 합니다. 금융회사는 이러한 문제를 방지하기 위해 상품의 위험성에 대해 충분히 설명해야 하며, 소비자도 자신의 투자 성향에 맞는 상품을 선택할 수 있도록 정보를 충분히 이해해야 합니다.

전자금융사기와 보이스피싱

금융사기는 마치 어둠 속에서 기다리고 있는 덫과 같습니다. 우리가 조심하지 않으면 쉽게 빠져들 수 있습니다. 보이스피싱은 대표적인 전자금융사기 중 하나로, 사기범이 전화나 메시지를 통해 피해자의 금융 정보를 빼내는 수법입니다. 최근에는 이러한 사기 수법이 점점 더 교묘해지고 있어, 누구나 피해자가 될 수 있습니다. 정부와 금융기관은 이러한 사기를 막기 위해 다양한 대책을 마련하고 있지만, 무엇보다도 개인이 경계심을 가지고 사기에 대응하는 것이 중요합니다.

금융은 우리의 삶에 깊이 뿌리내리고 있으며, 그 안에는 다양한 위험이 존재합니다. 하지만 이러한 위험을 인식하고 관리하는 방법을 배우면, 금융은 더 이상 두려운 존재가 아닙니다. 금융회사와 정부는 물론, 우리 개개인이 함께 힘을 합쳐 안전한 금융 환경을 만들어 나가야 합니다. 이는 마치 우리가 날씨의 변화를 예측하고 대비하는 것처럼, 금융에서도 변화와 위험에 대비하는 지혜가 필요하다는 의미입니다.

"한국의 포용금융" 제3편 제2장은 **"핀테크를 통한 혁신과 포용"**입니다.

포용금융은 디지털 실 끝에서 시작되는 사회적 직조(織造)입니다. 핀테크는 금융과 기술의 융합으로 금융 접근성을 확대하며, 금융 소외 계층에게 새로운 기회를 제공합니다. 저소득층과 소상공인들은 핀테크를 통해 더 나은 금융 서비스를 이용할 수 있으며, 이는 경제적 불평등을 완화하는 중요한 도구가 됩니다. 그러나 디지털 격차와 보안 문제 등의 과제를 해결해야 합니다. 핀테크는 모두를 위한 금융을 직조하며, 포용금융을 실현하는 중요한 역할을 합니다.

핀테크 : 금융포용의 새로운 바람

핀테크, 즉 금융(Finance)과 기술(Technology)의 융합은 금융 서비스에 혁신을 가져오고 있습니다. 핀테크가 기존의 금융 시스템을 바꾸고 있는 모습은 마치 강물이 자연스럽게 흐르며 새로운 지형을 만들어내는 것과 같습니다. 강물처럼 핀테크는 기술을 통해 금융 서비스를 넓고 고르게 퍼뜨리고 있습니다. 이런 흐름은 전통적인 금융 시스템에서 소외되었던 사람들에게도 다가가고 있습니다. 예를 들어, 모바일 애플리케이션 하나로 은행을 가지 않고도 계좌를 개설하고, 돈을 송금하고, 대출을 받을 수 있는 시대가 열리고 있습니다.

핀테크의 발전은 특히 저소득층, 농촌지역 주민들, 소상공인들에게 큰 혜택을 줍니다. 이들은 과거에 은행 서비스에 접근하기 어려웠으나, 핀테크를 통해 이제는 손쉽게 금융 서비스를 이용할 수 있게 되었습니다. 핀테크의 이러한 변화는 우리가 일상적으로 접하는 스마트폰 애플리케이션과 인터넷의 힘을 빌려 가능해졌습니다.

디지털 전환과 금융포용

코로나19 팬데믹은 디지털 전환의 속도를 가속화시키며 금융 서비스 접근성을 대폭 확대했습니다. 특히 디지털 결제 시스템은 사람들의 일상 속에 깊숙이 자리 잡았으며, 이는 곧 금융포용의 확대로 이어졌습니다. 예를 들어, 디지털 결제는 은행 계좌가 없는 사람들도 금융 서비스를 이용할 수 있게 했습니다. 케냐에서 시작된 M-Pesa와 같은 모바일 결제 시스템은 은행을 이용하기 어려운 지역에서 많은 사람들이 금융 거래를 할 수 있도록 돕고 있습니다.

이러한 변화는 한 송이 꽃처럼 사회 전반에 퍼져나갔습니다. 과거에는 금융 서비스의 문턱이 높아 소외되었던 계층들이 이제는 그 문을 열고 들어갈 수 있게 된 것입니다. 하지만 이러한 디지털 전환의 혜택을 모두가 누리고 있는 것은 아닙니다. 일부 지역에서는 여전히 인터넷 접속이 어려워 디지털 금융 서비스에 접근하지 못하는 사람들이 남아 있습니다. 이는 우리가 해결해야 할 과제입니다.

핀테크의 세 가지 축 : 접근성, 경제적 불평등 해소, 재무적 자율성

핀테크는 세 가지 중요한 역할을 합니다. 첫째, 접근성을 높이는 것입니다. 핀테크는 은행 지점이 없는 외딴 지역에도 금융 서비스를 제공할 수 있게 합니다. 스마트폰만 있으면 금융 서비스에 접근할 수 있기 때문에, 금융 소외 계층이 줄어들고 있습니다. 핀테크는 디지털 플랫폼을 통해 이러한 접근성을 확대하며, 금융의 문턱을 낮추고 있습니다.

둘째, 경제적 불평등을 완화하는 것입니다. 핀테크는 전통적인 금융 서비스보다 저렴한 비용으로 금융 서비스를 제공하여 저소득층도 쉽게 이용할 수 있도록 합니다. 이는 마치 나무 그늘 아래에서 누구나 시원한 바람을 느낄 수 있게 하는 것과 같습니다. 핀테크는 소액 대출부터 시작해 저축과 보험까지 다양한 금융 서비스를 제공하며, 저소득층이 경제적 자립을 할 수 있도록 돕고 있습니다.

셋째, 재무적 자율성을 제공합니다. 핀테크는 개인이 자신의 금융을 더 잘 관리할 수 있도록 돕습니다. 이는 마치 자동차를 스스로 운전하는 것과 같습니다. 로보어드바이저와 같은 인공지능 기반의 서비스는 사람들에게 맞춤형 금융 상담을 제공하고, 더 나은 금융 결정을 내릴 수 있도록 돕습니다. 또한 핀테크 플랫폼은 사용자에게 금융 교육을 제공해 금융 이해도를 높이고, 재정 관리에 도움을 줍니다.

핀테크의 과제

핀테크가 금융포용에 중요한 역할을 하고 있지만, 그 과정에서 해결해야 할 과제들도 있습니다. 먼저, 디지털 격차를 해소해야 합니다. 여전히 인터넷이나 스마트폰에 접근할 수 없는 사람들은 핀테크의 혜택을 누리기 어렵습니다. 이는 마치 강물이 모든 곳에 흘러가지 못하는 것과 같습니다. 따라서 인터넷 인프라를 확충하고, 디지털 금융 교육을 통해 이러한 격차를 줄여야 합니다.

또한 보안 문제도 중요합니다. 핀테크가 확산되면서 사이버 보안에 대한 우려도 커지고 있습니다. 디지털 금융 거래는 해킹이나 개인정보 유출의 위험이 있기 때문에, 이를 예방하기 위한 보안 시스템을 강화해야 합니다. 마치 튼튼한 성벽을 쌓아 성을 보호하듯이, 핀테크 서비스도 철저한 보안 장치가 필요합니다.

모두를 위한 금융

핀테크는 금융포용을 위한 중요한 도구로서, 금융 서비스에 접근하기 어려웠던 사람들에게도 기회를 제공하고 있습니다. 디지털 기술을 활용한 금융 서비스는 이제 더 이상 일부 사람들만의 것이 아닌, 모두를 위한 금융이 되었습니다. 핀테크는 우리의 일상 속에 깊숙이 자리 잡으며, 금융의 경계를 허물고 있습니다. 앞으로 핀테크가 더 많은 사람들에게 혜택을 제공할 수 있도록, 우리는 그 발전을 지켜보며 필요한 지원을 아끼지 않아야 할 것입니다.

핀테크가 만들어낸 이 새로운 금융 세계는 마치 새로운 길을 열어주는 나침반과 같습니다. 모두가 그 길을 따라 더 나은 금융 환경을 만나기를 기대해 봅니다.

"한국의 포용금융" 3편 3장은 "금융소비자보호"이슈를 다뤘습니다.

> 포용금융은 소비자의 피난처, 경제 폭풍 속에서 안식의 그늘입니다. 금융소비자보호는 경제적 위기 속에서 소비자들에게 신뢰할 수 있는 금융서비스와 안전망을 제공합니다. 포용금융과 소비자 보호는 불가분의 관계로, 보호가 없으면 포용의 가치는 감소합니다. 금융소비자보호법과 금융교육은 소비자들이 올바른 금융 결정을 내릴 수 있도록 돕고, 모두가 안전하게 금융시장에 참여할 수 있는 환경을 조성합니다. 이는 경제적 안정을 위한 필수적인 보호막입니다.

금융소비자보호 : 경제적 폭풍 속의 피난처

우리 삶의 바다를 항해할 때, 우리는 때로 예기치 않은 경제적 폭풍우에 맞닥뜨리곤 합니다. 이러한 위기 속에서 금융소비자보호는 마치 안전한 항구와 같은 역할을 합니다. 금융소비자가 신뢰할 수 있는 금융상품과 서비스를 제공받고, 경제적 안정을 유지할 수 있도록 보호해주는 제도적 장치인 것이죠.

금융소비자보호는 단순히 불공정한 거래로부터 소비자를 지키는 것을 넘어서, 금융상품과 서비스를 이해하고, 스스로 선택할 수 있는 힘을 길러주는 것까지 포함됩니다. 이는 마치 바다를 항해하기 전, 배와 장비를 준비하고 항로를 익히는 것과 같습니다.

포용금융과 금융소비자보호의 관계

포용금융은 모든 사람이 금융 시스템에 접근할 수 있도록 도와주는 것을 목표로 합니다. 그러나 아무리 포용적인 금융제도가 있더라도, 소비자가 제대로 보호받지 못한다면 그 가치는 반감될 수밖에 없습니다. 따라서 금융소비자보호는 포용금융과 불가분의 관계에 있습니다. 이는 마치 돛과 바람처럼, 두 요소가 함께해야만 배가 앞으로 나아갈 수 있는 것과 같습니다.

금융소비자보호의 국제적 사례

세계은행과 같은 국제기구들도 금융소비자보호의 중요성을 강조하고 있습니다. 각국은 금융소비자 보호를 위한 법률을 정비하고, 금융소비자가 불이익을 당하지 않도록 규제체계를 마련해 왔습니다. 예를 들어, 영국의 금융행위 감독청(FCA)은 금융회사가 소비자에게 공정하게 대우하고, 소비자에게 좋은 결과를 제공해야 합니다는 원칙을 내세우고 있습니다.

이는 마치 각국이 다양한 바다에서 안전한 항해를 위해 항로를 정비하고, 항구를 강화하는 것과 같습니다. 국제적인 경험을 바탕으로 금융소비자보호는 더 발전해 가고 있습니다.

국내 금융소비자보호의 필요성

한국에서도 금융소비자 보호는 매우 중요한 과제로 다루어지고 있습니다. 특히, 금융위원회는 금융소비자보호법을 통해 금융상품을 판매할 때 소비자에게 충분한 설명을 제공하고, 불공정한 거래를 하지 않도록 규제하고 있습니다. 이 법은 소비자들이 금융상품을 이해하고 신중한 선택을 할 수 있도록 돕는 역할을 합니다. 마치 등대가 바다를 비추어 배들이 안전하게 항해할 수 있도록 돕는 것처럼 말이죠.

금융소비자보호법은 특히 취약계층을 포함한 모든 이들이 금융 서비스를 안전하게 이용할 수 있도록 보장합니다. 이는 불안한 바다에서 작은 배들이 무사히 항해할 수 있도록 돕는 견고한 구조물과 같은 역할을 합니다.

금융교육과 금융소비자보호

금융소비자보호는 단순히 법과 규제에 의존하는 것이 아니라, 금융소비자 스스로가 금융에 대한 지식을 쌓고, 올바른 결정을 내릴 수 있도록 교육하는 것도 포함됩니다. 이는 마치 바다를 떠나기 전에 항해 기술을 배우고, 필요한 장비를 준비하는 과정과 같습니다. 금융교육을 통해 소비자들은 더 나은 결정을 내리고, 금융상품을 현명하게 선택할 수 있는 힘을 얻게 됩니다.

금융소비자보호는 단순한 방어막이 아니라, 금융시장에서 모든 소비자들이 안전하게 참여할 수 있는 환경을 만들어주는 중요한 요소입니다. 이는 바다에서 우리가 만나게 될 수많은 도전과 위험으로부터 보호해주는 피난처와 같은 역할을 합니다. 금융소비자보호가 강화될수록, 우리는 더 안정적이고 신뢰할 수 있는 금융세계를 만들어갈 수 있습니다. 금융소비자보호는 우리 모두가 금융이라는 거대한 바다에서 안전하게 항해할 수 있도록 돕는 지침이자 나침반입니다. 이 보호가 없이는 우리는 혼란에 빠질 수 있지만, 이를 통해 우리는 경제적 안정을 이루고, 더 나은 미래로 나아갈 수 있습니다.

"한국의 포용금융" 3편 4장에서는 "소상공인 포용금융 진흥" 이슈를 다뤘습니다.

> 포용금융은 경제의 정원에서 목마른 식물에게 물을 주는 정원사입니다. 소상공인들은 지역 경제의 핵심이지만, 자금 조달의 어려움과 경제적 충격에 취약합니다. 포용금융은 이들에게 필요한 자금과 지원을 제공하여 경제적 불확실성을 줄이고 자립을 돕습니다. 이는 소상공인들이 경제적 어려움을 극복하고 지역 경제에 긍정적인 영향을 미치도록 돕는 중요한 역할을 합니다.

소상공인 포용금융의 중요성

소상공인은 한국 경제에서 중요한 역할을 합니다. 이들은 지역 경제의 근간을 이루고 고용 시장에서 큰 비중을 차지하며, 경제적 완충지대 역할을 합니다. 특히 구조조정이나 은퇴, 출산, 취업 실패 등의 상황에서 소상공인들은 일자리와 소득의 기회를 제공합니다. 하지만 많은 소상공인은 신용 점수가 낮거나 담보가 부족해 전통적인 금융기관에서 대출을 받기 힘든 상황에 처해 있습니다. 이를 해결하기 위해 소상공인 포용금융이 필요합니다. 소상공인 포용금융은 자금 조달의 어려움을 해소하고, 안정적인 금융 환경을 제공함으로써 경제적 불확실성을 줄이는 역할을 합니다.

소상공인 지원의 필요성

소상공인은 경제 충격에 취약한 경제 주체입니다. 특히 코로나19 팬데믹 같은 외부 충격은 소상공인에게 직접적으로 타격을 줍니다. 이러한 상황에서 소상공인들에게 금융 지원을 제공함으로써 이들이 경제적 어려움을 극복하고 사업을 지속할 수 있도록 돕는 것이 중요합니다. 이는 단순한 비용이 아닌, 경제 회복을 위한 투자로 볼 수 있습니다.

소득 보장 문제

소상공인들이 폐업 후에도 재정적 지원을 받지 못하면 다시 창업을 하거나 저소득층으로 전락할 가능성이 큽니다. 따라서 폐업 후에도 생계를 유지할 수 있도록 사회안전망을 강화하고, 자영업자들을 위한 고용보험이나 공제제도 같은 지원 프로그램을 확대할 필요가 있습니다. 이러한 프로그램은 소상공인들이 사업을 안정적으로 운영할 수 있도록 도와줍니다.

경기 침체기에서의 금융 지원의 필요성

경기 침체기에는 부실 기업에 대한 지원이 고용을 유지하고, 경제적 충격을 완화하는 데 중요한 역할을 할 수 있습니다. 소상공인들은 주로 내수 시장에서 활동하며 지역 경제의 중요한 축을 담당합니다. 따라서 소상공인들에게 금융 지원을 제공함으로써 지역 경제의 안정성을 유지하고, 경기 침체기를 극복하는 데 도움이 될 수 있습니다.

경제적 불평등 완화

대기업과 소상공인 간의 경제적 격차는 시간이 갈수록 확대되고 있습니다. 소상공인들은 경제적 어려움을 겪으며 사업 소득만으로 생계를 유지하기 어려운 상황에 처해 있으며, 이러한 불평등은 사회적 문제로 이어질 수 있습니다. 따라서 사전적 금융 지원을 통해 소상공인들이 경제적 자립을 이룰 수 있도록 돕는 것이 중요합니다.

정책적 대응과 앞으로의 과제

정부는 소상공인들에게 금리 부담을 경감시켜주는 다양한 정책을 도입하고 있습니다. 예를 들어, 이자 환급 프로그램이나 대출 상환 연장 제도, 저금리 대환 프로그램 등이 있습니다. 이러한 프로그램은 소상공인들이 금융 부담을 덜고, 안정적인 경영을 할 수 있도록 돕습니다. 하지만 여전히 소상공인 금융지원에는 많은 과제가 남아 있습니다. 자금 조달 과정에서의 접근성 향상, 금융 시스템의 유연성, 그리고 소상공인들에 대한 정확한 정보 시스템 구축이 필요합니다. 정부와 금융기관의 지속적인 협력과 개선이 소상공인 포용금융의 성공적인 시행을 이끌어낼 것입니다.
이와 같은 소상공인 포용금융 정책은 소상공인들이 경제적 어려움을 극복하고 지역 경제와 국가 경제에 긍정적인 기여를 할 수 있도록 돕는 중요한 수단으로 작용합니다. 이를 통해 소상공인들은 안정적인 금융 환경에서 사업을 운영하고, 경제적 자립을 이루어 낼 수 있을 것입니다.

"한국의 포용금융" 제3편 5장은 "한국의 대안평가 활성화"를 주제로 하였습니다.

> 포용금융은 빅데이터의 바다에서 통계의 나침반으로 항해하며 나아갑니다. 대안 신용평가는 전통적인 금융정보를 넘어 비금융 데이터를 활용하여 금융 소외계층의 신용을 새롭게 평가하는 방식입니다. 이는 금융 거래 이력이 부족한 사람들에게 더 많은 경제적 기회를 제공하고, 사회적 포용성을 증대시킵니다. 머신러닝과 빅데이터 기술의 발전으로 대안 신용평가는 더욱 정교해져, 금융의 새로운 지평을 여는 중요한 열쇠로 작용할 것입니다.

대안 신용평가란 무엇인가?

대안 신용평가란 기존의 금융정보를 넘어서, 비금융 정보를 활용해 개인의 신용도를 평가하는 새로운 방식입니다. 마치 금융이라는 넓은 바다에서 빛나는 별을 찾기 위해 망원경을 사용하는 것처럼, 대안 신용평가는 전통적인 방식으로는 발견하기 힘든 숨겨진 가능성을 찾아냅니다.

예를 들어, 금융거래 이력이 부족한 사람이라도 통신비를 꾸준히 납부하고, 전기 요금이나 공공요금을 제때 납부했다면 그 사람의 경제적 책임감을 보여주는 중요한 정보가 됩니다. 대안 신용평가는 이러한 정보들을 통해 사람들의 신용을 새롭게 조명합니다.

왜 대안 신용평가가 중요한가?

우리 사회에는 금융거래 이력이 부족해 신용을 제대로 평가받지 못하는 사람들이 많습니다. 이들은 마치 소외된 섬처럼 금융 서비스의 혜택에서 멀어져 있죠. 대안 신용평가는 이러한 섬들을 연결해주는 다리 역할을 합니다.

대안 신용평가를 통해 금융 서비스를 받을 수 있게 되면, 사람들이 더 많은 경제적 기회를 얻고, 더 나은 미래를 설계할 수 있게 됩니다. 특히 청년들, 프리랜서, 주부, 소상공인들이 이 혜택을 받을 수 있습니다. 이는 단순히 금융에 대한 접근성을 높이는 것뿐만 아니라, 사회적 포용성을 증대시키는 중요한 도구가 됩니다.

대안 신용평가의 활용 사례

대안 신용평가는 이미 여러 나라에서 성공적으로 활용되고 있습니다. 예를 들어, 미국의 FICO Expansion Score, 중국의 Sesame Credit, 일본의 J.Score 등은 비금융 정보를 활용해 기존 신용평가 시스템의 한계를 넘어서는 방식을 도입했습니다.

한국에서도 다양한 금융기관과 핀테크 기업들이 대안 신용평가를 도입하고 있습니다. 예를 들어, SK 플래닛은 OK캐시백 포인트 적립 및 사용 정보를, 롯데멤버스는 유통 데이터를 활용해 신용평가 모델을 구축했습니다. 이처럼 비금융 정보를 활용해 금융 소외계층의 신용을 새롭게 평가하고 있습니다. 현재 한국에서 금융위로부터 대안신용평가 전문회사로 인가를 받아 활동하고 있는 업체는 크레파스 솔루션과 EQUAL(통신대안평가 전문기관)이 있습니다.

대안 신용평가의 미래

대안 신용평가는 마치 깊은 바다 속 숨겨진 보석을 찾는 작업과도 같습니다. 비금융 정보라는 넓고 복잡한 데이터를 분석해, 기존 신용평가 모델이 발견하지 못한 가능성을 찾아내는 것이죠. 앞으로 인공지능, 머신러닝, 빅데이터 기술의 발전과 함께 대안 신용평가는 더욱 정교하고 정확해질 것입니다.

예를 들어, 머신러닝 알고리즘을 통해 개인의 SNS 활동, 모바일 사용 패턴, 온라인 쇼핑 기록 등을 분석해 그 사람의 경제적 책임감과 신용도를 평가할 수 있게 될 것입니다. 이는 기존의 전통적인 신용평가 모델이 간과했던 부분들을 보완해 줄 것입니다. 대안 신용평가는 금융의 새로운 지평을 여는 열쇠입니다. 이 열쇠를 통해 더 많은 사람들이 금융의 혜택을 누리고, 더 나은 경제적 기회를 얻을 수 있게 될 것입니다. 이는 단순히 금융 서비스의 문제를 넘어서, 우리 사회가 더 포용적이고 공정한 사회로 나아가는 데 중요한 역할을 할 것입니다. 마치 바다 위에 떠 있는 배가 나침반을 통해 항로를 찾듯, 대안 신용평가는 금융의 미래를 향한 새로운 항로를 제시하고 있습니다. 이 항로는 모두가 함께 나아가는 길이며, 그 길 위에서 우리는 더 큰 희망과 가능성을 발견하게 될 것입니다.

"한국의 포용금융" 3편 6장은 "건전 대부금융 육성"을 다뤘습니다.

> 포용금융은 경제의 강에서 제도적 물꼬를 트듯, 수로를 정비하여 기회의 흐름을 이끕니다. 건전 대부금융은 자금 조달이 어려운 서민들에게 금융 서비스의 마지막 보루 역할을 합니다. 정부의 서민금융 우수 대부업자 제도는 저신용자들에게 더 나은 금융 서비스를 제공하도록 수로를 정비하는 역할을 하며, 금융 접근성을 높입니다. 하지만 제도의 한계와 대부업자들의 어려움을 해결하기 위한 지속적인 지원과 제도 개선이 필요합니다.

건전 대부금융의 여명 : 서민들의 마지막 보루

우리 사회에는 강물처럼 흐르는 다양한 금융 서비스들이 있습니다. 그중 서민들이 가장 필요로 하는 곳은 자칫 넘칠 수 있는 물결에서 자신을 보호해줄 수 있는 견고한 둑입니다. 바로 건전한 대부금융이 그 둑의 역할을 합니다. 그러나 이 둑이 허물어지면 서민들은 금융 서비스에서 밀려나 불법 사금융의 급류에 휩쓸릴 수 있습니다.

변화의 물결 속에서

대부금융 시장은 2015년 법정 최고금리가 34.9%로 설정된 이후 꾸준한 변화를 겪어왔습니다. 당시 대부 이용자는 268만 명에 달했지만, 2023년 6월 말에는 84만 명으로 줄었습니다. 이는 대부업 이용자 수가 68.4%나 감소했다는 것을 의미하며, 금융시장의 지속적인 최고금리 인하와 관련이 깊습니다. 마치 강물이 꾸준히 수위를 낮추듯, 최고금리가 낮아지며 대부업자들의 역할도 축소되고 있습니다.

그러나 중요한 질문이 남습니다. 이러한 최고금리 인하가 과연 효과적이었을까요? 저신용자들이 신용 공급을 받을 수 있는 기회는 충분했을까요? 또한, 이들이 제도권 금융에서 밀려나 불법 사금융으로 내몰리지는 않았을까요?

새로운 대안 : 서민금융 우수 대부업자 제도

정부는 서민들의 금융 접근성을 개선하기 위해 2021년 7월에 "서민금융 우수 대부업자" 제도를 도입했습니다. 이 제도는 마치 수로를 정비하여 물의 흐름을 유도하듯, 대부업자들이 저신용자들에게 더 나은 금융 서비스를 제공할 수 있도록 돕는 것입니다. 우수 대부업자들은 은행에서 자금을 차입할 수 있는 기회를 제공받고, 온라인 대출 플랫폼을 통해 더 많은 사람들에게 접근할 수 있게 됩니다.

하지만 이 제도도 한계가 있습니다. 우수 대부업자로 선정되기 위해서는 저신용자에게 제공하는 신용대출 비율과 금액을 일정 수준 이상 유지해야 합니다. 이는 마치 물길을 따라 흐르는 물이 일정량 이상이어야 둑이 유지되는 것처럼 중요한 조건입니다. 그러나 대부업자들에게도 이러한 조건을 유지하는 것이 쉬운 일은 아닙니다. 그들의 경영환경이 악화되면, 서민들에게 필요한 자금 흐름도 막힐 수밖에 없습니다.

금융의 파도와 함께 : 대부업자들의 고민

우수 대부업자들은 신용대출을 제공하는 과정에서 많은 어려움을 겪고 있습니다. 최고금리가 인하되면서 이자 수익이 줄어들고, 그로 인해 손실이 발생할 위험이 높아졌습니다. 마치 파도가 높아지면서 배를 운항하기 어려워지는 것처럼, 대부업자들은 수익성을 유지하기 위해 대출 승인율을 줄이거나 우량 고객에게만 집중하는 전략을 취하고 있습니다.

하지만 이러한 전략은 서민들에게 더 많은 금융 서비스를 제공하려는 포용금융의 목표와는 상충됩니다. 정부와 금융당국은 우수 대부업자들이 서민들에게 지속적으로 신용을 공급할 수 있도록 더 나은 지원책을 마련해야 합니다. 그렇지 않으면 서민들은 다시 불법 사금융의 파도 속으로 빠져들 위험이 있습니다.

새로운 길을 찾아서

우수 대부업자 제도가 성공적으로 자리 잡기 위해서는 더 많은 지원과 개선이 필요합니다. 정부는 은행과의 협력을 통해 우수 대부업자들이 더 낮은 금리로 자금을 조달할 수 있도록 해야 합니다. 또한, 온라인 대출 플랫폼을 통해 더 많은 서민들이 금융 서비스에 접근할 수 있는 환경을 조성해야 합니다. 이는 마치 다양한 물길을 열어 물이 널리 퍼질 수 있도록 하는 것과 같습니다.

무엇보다 중요한 것은 우수 대부업자들이 서민 금융의 중요한 축으로 자리 잡을 수 있도록 제도의 유연성을 강화하는 것입니다. 선정 요건을 완화하고, 유지 요건을 현실화하여 더 많은 대부업자들이 서민들에게 금융 서비스를 제공할 수 있도록 하는 것이 필요합니다.

대부업, 변화를 맞이합니다

대부업계는 이제 중요한 기로에 서 있습니다. 금융시장에서 대부업은 서민들에게 마지막 보루 역할을 해왔지만, 이제는 더 큰 변화가 필요합니다. 금융 불평등 해소와 포용 금융의 확대를 위해 대부업자들이 더 많은 역할을 할 수 있도록 지원해야 합니다. 이는 마치 물길을 따라 흘러가는 물이 서민들에게 희망의 씨앗을 뿌리도록 돕는 것과 같습니다.

결론적으로, 대부업은 변화의 기로에 서 있으며, 이 변화가 서민들에게 더 나은 금융 환경을 제공할 수 있도록 정부와 사회가 함께 노력해야 합니다. 금융의 강은 계속 흐르고 있으며, 서민들의 삶에 풍요로움을 더할 수 있도록 더욱 넓은 수로를 마련해야 합니다.

"한국의 포용금융" 4편 1장은 "사회적 금융 활성화" 주제를 다뤘습니다.

> 포용금융은 경제의 캔버스에 사회적 정의의 물감을 그리는 예술가와 같습니다. 사회적 금융은 단순한 이익 추구를 넘어, 사회적 가치를 창출하는 금융으로 경제적 불평등을 완화하고 사회적 문제를 해결하는 데 중점을 둡니다. 소액 대출, 사회적 성과보상채권 등 다양한 형태로 사회적 변화를 추구하며, 정부와 금융기관의 협력을 통해 더욱 활성화됩니다. 이를 통해 포용금융은 사회적 정의를 실현하고 지속 가능한 발전을 촉진하는 중요한 도구가 됩니다.

사회적 금융이란?

사회적 금융은 마치 세상의 균형을 맞추려는 무게추와 같습니다. 사회적 가치를 추구하면서도 동시에 금융을 통해 수익을 창출하려는 접근 방식입니다. 기존의 금융이 이익을 추구하는 데 초점을 맞췄다면, 사회적 금융은 그 이익이 사회와 사람들에게 어떻게 다시 흘러가는지에 중점을 둡니다. 이는 단순히 돈을 빌려주는 행위가 아니라, 그 돈이 사회의 어떤 부분을 개선하고, 어떤 변화를 만들어낼지를 고민하는 방식입니다.

사회적 금융은 이익과 사회적 가치를 함께 고려하는 새로운 금융의 방식입니다. 마치 심장을 두 개 가진 존재처럼, 하나의 심장은 수익을 향해 뛰고, 다른 하나는 사회적 책임을 위해 뛰는 것입니다. 이 개념은 전 세계적으로 주목받고 있으며, 단순히 이익만을 추구하지 않고, 지속 가능한 발전을 위한 자금 지원을 목표로 합니다.

사회적 금융의 중요성

경제적 불평등이 심화되면서 금융의 역할이 단순한 이익 추구에서 벗어나 사회 문제를 해결하는 방향으로 변해야 합니다는 필요성이 제기되었습니다. 예를 들어, 대출을 통해 소외된 계층이 다시 일어설 수 있도록 돕는 것처럼, 사회적 금융은 사회의 균형을 맞추는 중요한 역할을 합니다.

사회적 금융의 유형

1. 사회적 가치 투자

사회적 가치 투자(Social Impact Investment)는 마치 씨앗을 심어 나무를 키우는 것과 같습니다. 이 투자는 단기적인 이익보다 장기적인 사회적 변화를 목표로 합니다. 예를 들어, 환경을 보호하는 기업에 투자하거나, 저소득층에게 도움을 주는 사업을 지원하는 방식입니다.

2. 사회적 성과보상채권

사회적 성과보상채권(Social Impact Bond)은 결과에 따라 보상이 이루어지는 투자 방식입니다. 예를 들어, 노숙자 문제를 해결하는 프로그램에 투자하고, 그 결과로 사회적 비용이 절감되면, 그에 대한 보상을 받는 형태입니다. 이는 마치 목표를 설정하고 그 목표에 도달할 때까지 노력하는 과정과 비슷합니다.

3. 사회적 금융 전문은행

사회적 금융 전문은행은 전통적인 은행과는 다르게, 사회적 가치를 중심으로 운영됩니다. 이 은행들은 이익뿐만 아니라, 그 이익이 사회에 어떻게 기여할지를 항상 고려합니다. 예를 들어, 지역사회의 소상공인을 지원하는 금융 서비스를 제공하는 것이 그들의 주요 목표입니다. 대표적으로 우리나라에는 "사회연대은행"이 있습니다

4. 소액 대출

소액 대출(Microcredit)은 작은 물방울이 모여 강을 이루듯이, 작은 자금을 통해 큰 변화를 이끌어내는 방식입니다. 빈곤층이나 저소득층에게 소액의 자금을 대출해 주어, 그들이 자립할 수 있도록 돕는 것이 핵심입니다.

정부의 역할

한국 정부는 사회적 금융 활성화를 위해 다양한 노력을 기울이고 있습니다. 특히, 사회적 금융을 통해 사회적 기업이나 비영리 단체에 자금을 지원하며, 이들이 사회적 가치를 창출할 수 있도록 돕고 있습니다. 이는 마치 정부가 가난한 땅에 비옥한 토양을 제공해주는 것과 같습니다.

사회적 금융 활성화를 위한 개선 방안

1. 사회적 금융 인프라 구축

사회적 금융을 더욱 활성화하기 위해서는 전용 펀드나 은행을 설립하는 것이 중요합니다. 이를 통해 자금이 체계적으로 관리되고, 필요한 곳에 효율적으로 전달될 수 있습니다.

2. 인센티브 제공

사회적 금융에 투자하는 개인이나 기업에게 세제 혜택을 제공하는 등의 인센티브를 도입해 더 많은 참여를 유도해야 합니다. 이는 마치 고마운 일을 한 사람에게 보상을 주는 것과 같습니다.

3. 교육 및 홍보 강화

사회적 금융의 중요성을 알리기 위해서는 교육 프로그램과 홍보 활동이 필요합니다. 사람들이 이 금융의 가치를 이해하고 참여할 수 있도록 돕는 것이 중요합니다.

4. 국제 협력

　글로벌 스탠다드를 도입하고, 해외 투자자와의 협력을 강화해 국내 사회적 금융이 더욱 성장할 수 있도록 해야 합니다. 이는 마치 여러 나라가 함께 협력해 더 큰 목표를 이루는 것과 같습니다.

　사회적 금융은 사회적 문제를 해결하고, 지속 가능한 경제를 만들어가는 중요한 도구입니다. 마치 물이 흘러 강을 이루고, 강이 흘러 바다로 나아가는 것처럼, 사회적 금융은 사회의 곳곳에 긍정적인 변화를 만들어갈 것입니다. "사회연대은행 '은 20여년 동안 꾸준히 이를 실행하고 있는 한국의 대표적인 사회적 금융 기관입니다.

　"한국의 포용금융" 제4편 2장은 "포용금융 발전을 위한 거시경제적 연구의 필요성" 을 다뤘습니다.

> 포용금융은 경제의 토양을 기름지게 하여 모든 사람이 성장할 수 있는 씨앗이 됩니다. 포용금융은 사회적 약자들에게 경제적 기회를 제공하여 경제 성장을 촉진하고 빈곤을 감소시킵니다. 디지털 금융의 확산은 금융 접근성을 높이며, 포용금융은 경제적 불평등을 줄이고 지속 가능한 발전을 도모합니다. 이는 경제적 안정과 성장을 지원하는 중요한 도구로, 모든 사람이 경제 활동에 참여할 수 있는 토대를 마련합니다.

포용금융의 힘, 씨앗이 되어 싹을 틔우다

　포용금융은 마치 모든 이에게 공평하게 나눠주는 비옥한 흙과 같습니다. 이 흙 위에서 다양한 씨앗들이 자라나며, 그 중에는 사회의 약자들이 뿌린 작은 씨앗들도 포함되어 있습니다. 포용금융은 경제라는 토양을 풍성하게 만들어, 누구나 자신의 싹을 틔우고 성장할 수 있는 기회를 제공합니다. 이는 단순한 경제적 지원이 아닌, 우리 사회 전체의 건강과 안녕을 위한 중요한 기초입니다.

글로벌 관점에서 본 포용금융의 영향

포용금융이 경제성장에 미치는 영향은 세계 각국에서 연구되어 왔습니다. 한 연구에 따르면, 포용금융이 활성화된 지역에서는 경제성장이 촉진되고, 빈곤율이 감소하는 경향이 뚜렷하게 나타났습니다. 이는 마치 잘 정비된 도로가 물류의 흐름을 원활하게 만들어주는 것과 비슷합니다. 금융 서비스에 대한 접근성이 높아질수록 사람들은 경제적 기회를 얻고, 이러한 기회들은 국가 전체의 성장으로 이어집니다.

서브 사하라 아프리카의 사례

서브 사하라 아프리카 사례에서는 포용금융이 경제 성장과 금융 안정성에 긍정적인 영향을 미친다는 연구 결과가 있습니다. 포용금융이 부족한 자금 흐름을 원활하게 만들어 경제를 활성화시킨다는 결과입니다. 포용금융은 단지 개인의 생존을 넘어, 지역사와 국가 경제를 지탱하는 기둥 역할을 합니다.

G20 국가에서의 포용금융의 영향 연구

G20 국가에서도 포용금융은 경제 성장과 빈곤 감소에 기여하는 중요한 요소로 작용하고 있다는 연구 결과가 있습니다. 특히 장기적인 관점에서 포용금융은 경제의 안정성과 지속 가능성을 높여줍니다. 포용금융을 통해 많은 사람들이 경제 활동에 참여하고, 그 결과 전체 경제가 튼튼하게 성장할 수 있다는 것입니다.

포용금융과 디지털화

디지털 금융 서비스의 확산은 포용금융의 새로운 장을 열어주었습니다. 이제는 먼 산골짜기나 오지에서도 스마트폰 하나만 있으면 금융 서비스에 접근할 수 있습니다. 이는 마치 인터넷이 전 세계를 하나로 연결해준 것처럼, 디지털 금융이 금융 소외를 해소하고 경제적 기회를 확대하는 데 중요한 역할을 하고 있습니다. 이러한 기술적 진보는 경제 성장뿐만 아니라 금융의 효율성과 접근성을 높여줍니다.

장기적인 경제적 효과

포용금융의 장기적인 효과는 무엇일까요? 포용금융은 경제 성장을 촉진할 뿐만 아니라, 사회적 불평등을 줄이고, 더 많은 사람들이 경제 활동에 참여할 수 있는 기회를 제공합니다. 이는 단순히 경제 수치를 개선하는 것 이상으로, 사회 전체의 건강과 안녕을 지키는 중요한 요소입니다. 마치 건강한 나무가 오랜 세월 후에도 여전히 열매를 맺듯이, 포용금융은 지속 가능한 경제 성장을 위한 필수 요소입니다.

포용금융의 중요성

포용금융은 경제적 안정과 성장을 촉진하는 데 중요한 역할을 하며, 이를 통해 사회 전반의 포용성을 강화하고 지속 가능한 발전을 도모할 수 있습니다. 이는 단순히 금전적인 지원을 넘어, 모든 사람이 경제 활동에 참여할 수 있도록 돕는 중요한 도구입니다. 포용금융을 통해 더 많은 사람들이 경제의 일원으로 참여하고, 이를 통해 전체 사회가 더 나은 방향으로 나아갈 수 있습니다.

외국에서 포용금융이 경제 성장과 빈곤 감소에 긍정적인 영향을 미친다는 연구가 다수 발표되고 있습니다. 서브 사하라 아프리카 사례, G20 국가 사례 등이 좋은 예입니다. 한국에서도 포용금융의 거시경제적 효과에 대한 연구의 필요성이 요구됩니다.

포용금융이 경제 성장에 미치는 긍정적인 영향과 사회적 불평등 해소에 기여할 수 있다는 점에서, 정부와 학계가 협력하여 관련 연구를 더욱 활성화할 필요가 있습니다.

"한국의 포용금융" 제4편 제3장은 "따뜻한 금융, 착한 금융, 기부문화 확산" 주제를 다뤘습니다.

포용금융은 따뜻한 담요같이 차가운 시장에서 모두를 보듬습니다. "따뜻한 금융"은 사회적 책임을 다하는 금융으로, 저소득층에게 무이자 대출과 복지 지원을 제공하며 새로운 기회를 열어줍니다. "더불어사는 사람들"과 같은 대안대출 단체는 신뢰를 바탕으로 비대면 대출을 도입해 금융 소외 계층을 돕고 있으며, 이를 통해 사람들에게 희망을 심어줍니다. 기부와 금융의 조화는 차가운 자본주의 속에서 사회적 책임을 실현하는 중요한 수단이 됩니다.

따뜻한 금융, 밑지는 금융이란 무엇인가?

포용금융은 차가운 시장 경제 속에서, 마치 한겨울의 차가운 바람을 막아주는 따뜻한 담요처럼 사람들을 감싸주는 역할을 합니다. 이 장에서는 따뜻한 금융이 어떻게 그 역할을 하는지, 그리고 사회에서 기부문화와 착한 금융이 왜 중요한지를 다룹니다. 이러한 금융은 단순한 경제적 지원을 넘어선, 사회적 책임과 인간애를 실현하는 하나의 수단입니다.

착한 대출, 따뜻한 금융의 시작

"더불어사는사람들"이라는 단체는 포용금융의 전형적인 예로, 2011년에 시작되었습니다. 이들은 저소득층에게 무이자, 무담보, 무보증 대출을 제공합니다. 이를 통해 경제적으로 어려운 사람들이 최소한의 자립 기반을 마련할 수 있도록 돕고 있습니다. 금융기관이 일반적으로 추구하는 이익보다는 사람의 신뢰를 바탕으로 금융을 운영하고 있으며, 그 덕분에 많은 이들이 도움을 받고 있습니다.

예를 들어, 한 자영업자가 채무불이행 상태로 제도권 금융에서 대출이 불가했지만, 이 단체의 도움으로 사업에 필요한 소형 트럭을 구입할 수 있었습니다. 이러한 형태의 금융 지원은 단순한 금전적인 도움이 아닌, 사람들에게 새로운 기회를 제공하는 것입니다.

비대면 대출의 도입

"더불어사는사람들"은 비대면 대출을 도입함으로써 사람들에게 더 쉽게 다가갔습니다. 이를 통해 얼굴을 보지 않고도 전화나 온라인으로 대출을 신청할 수 있게 되었으며, 이 과정에서 신용 등급조차 중요하지 않았습니다. 이 대출 방식은 신뢰를 기반으로 하며, 예전의 외상 거래처럼 서로 믿고 대출이 이루어졌습니다. 비대면 대출의 상환율은 약 90%에 달해, 신용 사회를 형성하는 데 기여하고 있습니다.

금융과 복지의 연결

금융과 일상생활은 결코 분리될 수 없습니다. 일상생활의 어려움이 금융문제로 이어지기도 하고, 반대로 금융 문제가 일상생활에 영향을 미치기도 합니다. "더불어사는사람들"은 이러한 점을 인식하고, 대출뿐만 아니라 치과 치료, 생활 용품 지원 등 다양한 복지 지원을 연계하여 제공하고 있습니다. 이는 사람들에게 단순한 금전적 지원을 넘어, 실질적인 생활의 변화를 도모하는 것입니다.

기부와 금융의 조화

기부는 단순한 금전적인 도움이 아니라, 사람들에게 희망과 위로를 주는 역할을 합니다. "더불어사는사람들"의 활동은 단순히 돈을 빌려주는 것을 넘어, 사람들에게 신뢰를 심어주고 그들의 삶을 회복시키는 것입니다. 이러한 기부와 금융의 조화는 사람들이 어려운 상황에서도 새로운 희망을 찾을 수 있도록 돕습니다.

기부문화는 특히 자본주의 사회에서 더욱 중요합니다. 돈을 차갑게 벌되, 뜨겁게 써야 합니다는 원칙은 여기서도 적용됩니다. 사회적 책임을 다하는 기부와 착한 금융은 우리 사회를 더 나은 방향으로 이끄는 데 필수적인 요소입니다.

"따뜻한 금융"은 단순한 금융 서비스를 넘어, 사람들에게 새로운 기회를 제공하고 그들의 삶을 바꾸는 역할을 합니다. 이 장에서는 "더불어사는사람들"의 사례를 통해 이러한 따뜻한 금융의 의미와 중요성을 설명하며, 이를 통해 사회적 책임과 기부문화의 확산이 어떻게 이루어질 수 있는지를 살펴보았습니다.

"한국의 포용금융" 제5편 1장은 "포용금융성과 성과평가와 성과지표"에 관하여 다룹니다.

> 포용금융은 성과의 아틀라스를 펼치듯, 지도 위에 금융의 진로를 그리며 의지를 모은다. 포용금융의 성공을 위해서는 꾸준한 성과평가와 합리적인 지표가 필수적입니다. 이를 통해 금융이 사회적 변화에 미치는 긍정적 영향을 평가하고, 다양한 이해관계자들이 협력하여 지속 가능한 성과를 이루어야 합니다. 정확한 평가 기준과 인센티브는 포용금융의 실천을 독려하며, 제도적 장치로 사회 전반의 안정과 성장을 도모하는 역할을 합니다.

　　포용금융의 실천이 단순한 정책이나 제도에 그치지 않고, 사회적으로 지속 가능한 변화로 이어지기 위해서는 평가와 지표가 반드시 필요합니다. 우리가 나무를 심는 것만큼이나 중요한 것이, 그 나무가 건강하게 자라서 열매를 맺도록 꾸준히 돌보고 가꾸는 일입니다. 이처럼 포용금융도 꾸준한 점검과 평가가 필요합니다. 이 과정에서 정확하고 합리적인 평가 기준을 마련하고, 그것을 바탕으로 다양한 기관들이 꾸준히 실천하고 독려하는 것이 무엇보다 중요합니다.

성과평가의 필요성

　　포용금융은 단순한 경제적 지원 이상의 의미를 지니고 있습니다. 그것은 사회의 약자들이 경제적으로 자립할 수 있도록 돕고, 궁극적으로는 사회 전체의 안정과 번영을 도모하는 중요한 수단입니다. 하지만, 그 효과를 제대로 보려면 성과를 평가하는 과정이 필수적입니다. 마치 농부가 매년 농작물의 성과를 분석하고, 재배 방법을 개선하는 것처럼, 포용금융도 그 성과를 평가하고 개선해야 합니다.

　　이러한 성과평가는 단순히 숫자로만 나타내는 것이 아니라, 사회적 변화와 개인의 삶에 미친 긍정적 영향까지도 포함해야 합니다. 평가가 없으면, 포용금융이 제대로 작동하고 있는지, 아니면 개선이 필요한지 알 수 없습니다. 마치 나침반 없이 항해하는 것과 같을 것입니다.

정확하고 합리적인 평가 기준의 중요성

평가는 제대로 된 기준이 있어야 그 의미를 가질 수 있습니다. 마치 시험에 공정한 채점 기준이 있는 것처럼, 포용금융의 성과를 평가하기 위해서는 정확하고 합리적인 기준이 필요합니다. 그 기준은 정부, 금융기관, 비영리단체 등 다양한 이해관계자들이 함께 합의하고, 이를 통해 실천해야 합니다.

여기서 중요한 것은 이 기준이 현실적이어야 합니다는 점입니다. 지나치게 이상적인 기준은 실제 적용이 어렵고, 오히려 포용금융의 효과를 떨어뜨릴 수 있습니다. 반면, 너무 느슨한 기준은 성과를 제대로 측정하지 못할 것입니다. 따라서 평가 기준은 균형 잡힌 관점에서, 실제 현장에서 적용 가능한 방식으로 설정되어야 합니다.

꾸준한 실천과 독려의 필요성

포용금융의 성공은 한두 번의 시도나 단기적인 노력으로 이루어지지 않습니다. 꾸준한 실천과 독려가 필요합니다. 이것은 마치 장기적인 마라톤과도 같습니다. 금융기관과 정부는 물론, 비영리단체, 언론기관들도 포용금융의 필요성을 끊임없이 알리고, 실천을 독려해야 합니다. 이를 위해 인센티브 제도를 도입하는 것도 좋은 방법입니다.

인센티브는 사람들이 더 나은 방향으로 움직이도록 동기를 부여하는 중요한 장치입니다. 포용금융을 실천하는 금융기관들이 더 많은 혜택을 얻을 수 있도록 인센티브를 제공하는 것은 그들의 참여를 독려할 수 있는 좋은 방법입니다. 이처럼 인센티브는 포용금융이 지속적으로 추진되도록 하는 데 큰 역할을 할 수 있습니다.

"한국의 포용금융" 5편 제2장은 마지막 **"포용금융의 미래"** 를 다뤘습니다.

포용금융의 내일은 함께 심은 희망의 씨앗을 꽃피울 것입니다. 포용금융은 정부, 금융기관, 비정부기구, 지역 사회가 협력하여 금융 소외 계층에게 기회를 제공하고, 사회적 변화를 이끌어내는 중요한 도구입니다. 각 주체들이 역할을 충실히 수행하며 협력할 때, 포용금융은 지속 가능한 성장을 이루고 경제적 불평등을 해소할 수 있습니다. 포용금융은 사회적 포용을 확대하고 모두가 경제적 기회를 공평하게 누릴 수 있는 미래를 만들어갑니다.

서론: 포용금융, 함께하는 여정

포용금융은 단순히 금융 서비스 제공을 넘어, 우리 사회의 경제적 약자들이 경제적 자립을 이룰 수 있도록 돕는 중요한 사회적 기제입니다. 이 과정은 한 조직이나 단체가 홀로 이끌어갈 수 있는 것이 아닙니다. 마치 복잡한 기계가 여러 부품의 정확한 맞물림으로 작동하듯, 포용금융이 성공적으로 자리 잡기 위해서는 정부, 금융기관, 비정부기구(NGO), 지역 사회가 각자의 역할을 충실히 수행하며 협력해야 합니다. 이러한 협력 속에서 우리는 더 평등하고 포용적인 사회로 나아갈 수 있습니다. 이 장에서는 포용금융의 미래를 실현하기 위해 각 주체가 맡아야 할 역할과, 이들이 어떻게 협력해야 하는지에 대해 다시 한번 정리해 줍니다.

1. 정부의 역할 : 길을 열어주는 가이드

정부는 포용금융의 길을 열어주는 중요한 가이드 역할을 합니다. 정부의 가장 중요한 역할 중 하나는 금융 소외 계층이 경제적 자립을 이룰 수 있도록 지원하는 제도적 기반을 마련하는 것입니다. 이는 마치 도로를 닦는 것과 같습니다. 정부가 먼저 포용금융의 기초 인프라를 구축하고, 법적 및 제도적 지원을 통해 금융 소외 계층이 경제 활동에 참여할 수 있는 길을 열어줘야 합니다.

정부는 특히 저소득층, 청년층, 중소기업을 위한 특별 대출 프로그램과 보증제도를 운영함으로써 이들이 경제적 기회를 누릴 수 있도록 돕습니다. 예를 들어, 저소득층을 위한 소액대출 프로그램은 그들이 급박한 상황에서 고리 사채에 의존하지 않고, 보다 합리적인 금융 서비스를 이용할 수 있도록 합니다. 중소기업 보증제도는 신용이 낮아 대출받기 어려운 중소기업들이 필요한 자금을 확보해 사업을 유지하고 성장할 수 있는 기회를 제공합니다.

또한, 정부는 디지털 금융 인프라를 확충해야 합니다. 디지털 금융 서비스는 포용금융의 새로운 지평을 열어줄 수 있는 중요한 도구로, 원격지나 소외된 지역에서도 금융 서비스에 접근할 수 있게 합니다. 이를 위해 정부는 공공 자금을 투입하여 인터넷 보급률을 높이고, 디지털 금융 인프라를 구축함으로써 더 많은 이들이 금융 서비스의 혜택을 누릴 수 있도록 해야 합니다. 이는 단순히 기술적인 문제를 넘어, 사회적 불평등을 줄이고 경제적 기회를 평등하게 나누기 위한 필수적인 과제입니다.

2. 금융기관의 역할 : 포용금융의 엔진

금융기관은 포용금융의 주요 실행 주체로, 이를 구체적으로 실현하는 엔진 역할을 합니다. 금융기관은 다양한 계층을 대상으로 맞춤형 금융 상품을 개발하고, 이를 통해 새로운 시장을 개척할 수 있습니다. 이는 포용금융이 실제로 사회 전반에 긍정적인 영향을 미치게 하는 핵심 요소입니다.

대표적인 사례로, 저소득층을 위한 서민금융 상품은 그들이 고금리 대출이나 사채에 의존하지 않고, 합리적인 금리로 필요한 자금을 조달할 수 있도록 돕습니다. 이러한 금융 상품은 단순히 일시적인 자금 지원을 넘어, 장기적으로 저소득층이 경제적 자립을 이룰 수 있도록 돕는 중요한 도구가 됩니다. 이를 통해 금융기관은 단순한 금융 서비스 제공을 넘어, 사회적 책임을 다하면서도 장기적으로는 더 많은 고객을 확보하고 신뢰도를 높일 수 있습니다.

또한, 금융기관은 핀테크 기술을 활용해 더 많은 이들에게 금융 서비스를 제공할 수 있는 방법을 모색해야 합니다. 모바일 뱅킹이나 디지털 결제 시스템은 지역적 한계를 넘어서 금융 서비스의 접근성을 극대화할 수 있는 수단이 됩니다. 특히, 금융 소외 지역이나 경제적 약자들에게 이러한 기술을 통해 금융 서비스를 제공함으로써, 포용금융의 범위를 넓혀갈 수 있습니다. 이러한 과정에서 금융기관은 단순한 돈을 빌려주는 기관이 아닌, 사람들의 경제적 자립을 돕는 파트너로서 역할을 다해야 합니다.

3. 비정부기구와 지역사회의 역할 : 연결과 지원

비정부기구(NGO)와 지역 사회는 포용금융이 필요한 사람들에게 직접적으로 다가가 그들이 금융 서비스에 접근할 수 있도록 지원하는 중요한 역할을 합니다. 이들은 현지의 문제를 직접적으로 이해하고, 이를 해결하기 위해 다양한 프로그램을 실행합니다. 특히, 금융 접근성이 낮은 지역에서는 이러한 단체들이 현지 주민들과 밀접하게 협력하여, 그들이 금융 서비스의 혜택을 누릴 수 있도록 돕습니다.

예를 들어, 농어촌 지역 주민들을 위한 맞춤형 금융 서비스나 교육 프로그램은 이들이 금융 지식을 습득하고, 실질적인 금융 서비스를 이용할 수 있도록 돕습니다. 이러한 교육 프로그램은 단순히 금융 상품을 설명하는 것을 넘어서, 경제적 자립을 이루기 위한 기본적인 재정 관리 능력을 키워주는 데 중점을 둡니다. 이로 인해 지역 주민들은 보다 자립적으로 경제 활동에 참여할 수 있게 되며, 궁극적으로는 지역 경제 전체가 활성화되는 효과를 얻을 수 있습니다.

비정부기구와 지역 사회는 또한 기술 혁신을 활용하여 포용금융의 범위를 넓히는 데 기여할 수 있습니다. 모바일 금융 서비스나 블록체인 기술을 통해 원격지에서도 안전하고 효율적인 금융 거래가 가능하게 됩니다. 이는 금융 접근성이 낮은 지역에 사는 사람들도 금융 서비스의 혜택을 누릴 수 있게 함으로써, 지역 사회의 경제적 자립을 돕고, 더 나아가 국가 전체의 경제 성장에 기여할 수 있는 기반을 마련합니다.

4. 협력의 중요성 : 연대의 힘

포용금융의 성공은 다양한 주체들의 협력 없이는 불가능합니다. 정부, 금융기관, 비정부기구, 그리고 지역 사회가 각자의 역할을 충실히 하면서도 서로 협력할 때, 포용금융의 진정한 힘이 발휘됩니다. 이러한 협력은 마치 나무의 뿌리가 서로 얽혀 튼튼하게 자라나듯, 각 주체들이 서로 연결되어 연대할 때 건강한 포용금융의 나무가 자라날 수 있습니다.

협력의 중요성은 단순히 경제적 이익을 넘어섭니다. 협력은 사회적 안정을 도모하고, 경제적 불평등을 해소하는 데 중요한 역할을 합니다. 예를 들어, 정부는 포용금융의 정책적 틀을 제공하고, 금융기관은 이 틀 안에서 혁신적인 금융 상품을 개발하며, 비정부기구와 지역 사회는 이를 실제로 필요한 사람들에게 전달하는 역할을 합니다. 이러한 협력은 포용금융이 단순한 개념에서 실제로 실현될 수 있도록 하는 핵심 요소입니다.

포용금융의 성공은 다양한 이해관계자들이 서로의 역할을 인식하고, 그 역할을 충실히 이행하면서도 상호 보완적인 협력을 이루어낼 때 비로소 가능해집니다. 이는 단순히 제도적 장치나 금융 상품의 개발에 그치지 않고, 사회적 연대를 통해 경제적 포용을 이루어내는 중요한 과정입니다.

결론 : 한국 포용금융의 미래와 비전

포용금융은 단순히 경제적 약자들에게 금융 서비스를 제공하는 것을 넘어, 우리 사회 전체의 경제적 포용과 지속 가능한 발전을 실현하는 중요한 도구입니다. 이를 통해 모든 계층이 경제적 기회를 공평하게 누릴 수 있도록 하는 것이 포용금융의 핵심 목표입니다.

  앞으로 한국에서 포용금융은 정부, 금융기관, 비정부기구, 지역 사회의 협력을 바탕으로 더욱 발전해 나갈 것입니다. 기술 발전에 따라 디지털 금융 서비스의 접근성이 확대되고, 이를 통해 더 많은 사람들이 금융 서비스에 접근할 수 있을 것입니다. 또한, 지속 가능한 발전과 금융 포용 사이의 상호작용을 이해하고, 이를 지원하는 정책과 프로그램이 강화될 것입니다.

  결론적으로, 포용금융은 단순한 금융 접근성을 넘어, 사회적, 경제적 포용을 실현하는 중요한 도구입니다. 이를 통해 우리 사회는 더 평등하고 지속 가능한 방향으로 나아갈 수 있습니다. 포용금융의 여정은 우리가 함께 걸어가야 할 길이며, 이 길을 통해 더 나은 미래를 만들어 나갈 수 있을 것입니다. 모든 이해관계자들이 손을 맞잡고, 더 나은 미래를 향해 함께 나아가야 할 때입니다.(『포용금융의 숲』, 끝)

제1편

포용금융
개념과 필요성

제1장 포용금융이란?

포용금융은 다채로운 색깔의 팔레트이다.

Ⅰ.금융, 포용금융, 이웃 개념들

1. 포용금융 개념

경제수준이 높아지고 금융산업이 발전하면서 우리 생활에서 금융서비스는 우리 생활에서 매우 밀접하고 중요해졌다. 효율적인 생산 활동을 위해서는 생산요소와 자본 간 결합이 필요해 금융서비스는 생애주기 단계에서 필수적인 요소이다. 그러나 우리 사회는 현재 소득불평등, 양극화 심화, 금융소외, 지역불균형 및 기후변화 등 다양한 문제가 복합적으로 발생하고 있다. 그렇다 보니 금융서비스에서 소외된 계층은 경제적으로 낙오될 가능성이 크다. 다양한 금융서비스에 대한 접근 및 이용에서 배제되거나 어려움을 겪는 경우를 **금융소외**(Financial Exclusion)라고 한다. 금융소외는 저축 계좌, 대출, 현금 없는 거래, 신용 및 기타 은행 서비스에서 발생할 수 있는데, 금융소외자들이 사회·경제적 지위와 금융회사의 요구사항을 충족할 수 없기 때문이다.[1] 금융소외자들에게 금융서비스를 효과적으로 접근할 수 있도록 도와주는 과정을 전통적 의미의 포용금융이라고 할 수 있다.

포용금융(Financial Inclusion)은 세계적으로 소외계층의 금융접근성 문제를 해소하고 경제활동을 지원하는 것을 목적으로 하는 것으로 전세계적으로 중요한 의제이다. 과거부터 포용금융에 대한 중요성이 강조되고 있었으나 최근 COVID-19등 팬더믹 시대와 맞물려 더욱 더 강조되고 있다. UN은 포용금융에 대해 건전하고 지속가능한 다양한 금융회사들이 제공하는 광범위한 금융서비스를 합리적인 비용으로 보편적으로 이용할 수 있는 것이라고 말한다.[2]

---

1) FINCA 홈페이지, [https://finca.org/blogs/what-is-financial-exclusion]
2) UnitedNations 홈페이지,
   [https://www.un.org/esa/ffd/topics/inclusive-local-finance/inclusive-finance.html]

포용금융의 확산을 위한 국가적인 노력은 필수인데, 포용금융정책과 관련해서는 공급측면의 접근방식과 수요측면의 접근방식이 있다. 양측 방식이 균형있게 발전할 때 포용금융이 지향하는 금융접근성을 향상시킬 수 있다. **공급 측면 접근방식**은 공급자 입장에서 양적·질적으로 금융서비스를 확대하는 것으로 금융회사 점포수 확대, 취약계층을 위한 새로운 금융상품 개발 등이 있다. **수요 측면의 정책**은 수요자 입장에서 금융접근을 저해하는 요인을 없애는 것으로 금융교육, 재무상담을 예로 들 수 있다.[3] 이처럼 포용금융은 저소득층이나 금융접근성이 낮은 사람들의 금융적 기회와 자율성을 높이고 사회적 배제와 차별을 해소함으로써 중장기적으로 경제적·사회적 복지를 향상시키는 등 불평등을 조정하고 국가의 지속적인 발전을 도모할 수 있을 것이다.

세계은행은 포용금융을 '개인과 기업이 책임감 있고 지속가능한 방식으로 그들의 요구를 충족 시켜줄 알맞은 금융상품과 혜택의 접근을 가져오는 것'이라고 정의하였다.[4] **OECD 국제금융교육연합체/INFE)**는 포용금융을 '경제적·사회적 포용과 금융복지를 증진시킨다는 관점에서 사회 전 분야에 혁신적인 접근 방식의 맞춤형 금융을 확대시키는 것'으로 정의하였다.[5][6] 세계 각국과 우리나라 학자들의 포용금융의 효용적 관점에서의 정의를 살펴보자. **CBS 교수인 Thorsten Beck**[7]는 포용금융을 금융 자원의 가용성(Availability)과 사용성(Usability)이라는 개념을 통해 정의하며, 이를 통해 경제적 불평등을 줄이고 경제 성장을 촉진할 수 있다고 주장한다. 또한 인도

---

3) 한국은행 홈페이지,
   [https://www.bok.or.kr/portal/bbs/B0000218/view.do?nttId=10017499&menuNo=200147]
4) WorldBank 홈페이지, [https://www.worldbank.org/en/topic/financialinclusion/overview]
5) OECD. *Financial inclusion and consumer empowerment in Southeast Asia*, 2018, p.9.
6) OECD 국제 금융교육 연합체(The OECD International Network on Financial Education (OECD/INFE))는 2008년 창립부터 포용금융의 수요자적인 측면에서 노력한 연합체로, 금융혜택의 전자화에 초점을 맞춘 취약계층의 금융 문맹률 해소를 통한 금융 포용을 지원하는 연구, 정책, 지침 등을 개발함(OECD. Financial inclusion and consumer empowerment in Southeast Asia, 2018, p.3.).
7) 런던에 위치한 Cass Business School의 금융학 교수이자, 유럽중앙은행의 금융 안정성 부서에서 수석 경제학자

네시아 중앙은행의 경제학자인 **M. S. Sarma**는 포용금융을 금융 침투도, 가용성, 사용성의 세 가지 차원으로 구성된 포괄적인 지수로 정의하며 금융서비스가 보다 널리 제공되어야 하며, 이를 통해 경제적 불평등이 줄어들고 경제 성장이 촉진될 수 있다고 주장한다.

한국의 포용금융을 정의한 주요 학자들로는 전 금감원장을 역임한 **윤석헌 교수**를 들 수 있는 데, 포용금융을 "우리 사회의 다양한 소망을 실현해 내일을 만들어가는 것"으로 정의한다. 그는 금융 서비스가 담보액, 수익, 이자 등 철저히 숫자로 계산되는 차가운 속성을 지니지만, 이를 통해 자영업자와 중소기업 등 소외된 계층에게 안정적인 자금을 공급하는 따뜻한 금융의 역할이 중요하다고 강조한다.

서울대학교 **이인호 교수**[8]는 포용금융을 "모든 계층과 집단이 금융 서비스에 접근할 수 있도록 하는 것"으로 정의한다. 그는 금융 서비스의 접근성을 높여 경제적 불평등을 줄이고, 특히 저소득층과 소외 계층이 금융서비스를 통해 경제적 자립을 할 수 있도록 돕는 것을 강조한다.

남유선·김정주는 "포용금융의 관점에서 바라본 국내 자본시장 재편정책의 바람직한 추진방향"에서 포용금융에 대해 '통상적으로 경제주체를 다양한 제도권 금융서비스에 효과적이면서도 안전하게 접근할 수 있도록 하는 과정'이라고 정의하며, 포용금융을 단순히 금융소외계층에 대한 신용 확대로 이해할 경우 포용금융이 가진 다양한 특성을 간과할 수 있다고 지적하였다.[9]

이와 같은 학자들은 포용금융이 경제적 불평등을 줄이고 사회적 포용성을 높이는 데 중요한 역할을 한다고 강조하며, 이를 실현하기 위한 다양한 정책과 전략을 제안하고 있다. 그들의 연구는 특히 디지털 금융 기술을 활용하여 금융 서비스의 접근성을 높이는 방안을 탐구하고 있으며, 이를 통해 지속 가능한 경제 성장을 도모하고 있다.

---

8) 그의 주요 연구 분야는 금융경제학, 경제개발, 그리고 포용금융성이다. 이 교수는 한국 경제의 금융 포용성 향상을 위해 다양한 연구를 수행해 왔다.
9) 남유선·김정주, "포용금융의 관점에서 바라본 국내 자본시장 재편정책의 바람직한 추진방향", 금융소비자연구 제3권 제2호, 한국금융소비자학회, 2013, 52면, 54면.

2. 이웃 개념과의 비교

이 책에서 사용하는 "포용금융" 개념은 맥락에 따라 **"협의(狹義)의 포용금융"**을 의미하기도 하고 **"광의(廣義)의 포용금융"**을 전제하기도 한다. **"광의의 포용금융"**은 **"협의의 포용금융"**, **"서민금융"**, **"상생금융"**, **"사회적 금융"**, **"녹색 금융"**, **"ESG 경영"**, **"사회공헌활동(CSR)"** 등을 **포함한다.** 이 책 제목인 "한국의 포용금융"에서의 "포용금융"은 금융의 경제적, 사회적, 환경적 가치 창출을 포함하는 광의(廣義)의 포용금융 개념을 상정하고 있다.

가. 협의의 포용금융(Narrow Definition of Inclusive Finance)

협의의 포용금융은 주로 금융 소외 계층의 금융 접근성을 확대하여 경제적 기회를 제공하는 것을 목표로 한다. 저소득층, 소외 계층, 여성, 청년 등이 금융 서비스를 쉽게 이용할 수 있도록 금융 접근성을 높이는 데 중점을 두고 있다. 그 예로는 소액 대출, 저소득층 대상 금융 교육, 소액 보험, 핀테크 등이 있으며, 이러한 활동은 경제적 포용과 불평등 해소 같은 사회적 가치를 실현하는 데 기여한다.

나. 서민금융(庶民金融)

포용금융과 서민금융은 모두 금융 접근성이 낮은 계층을 위한 금융 서비스와 정책을 포함하지만, 그 범위와 목표에 차이가 있다. 포용금융(Inclusive Finance)은 국제적으로 통용되는 개념이며 포용금융은 서민금융을 포용하는 개념이라고 할 수 있다. 다만, 한국에서 서민금융이란 용어가 포용금융과 같이 통용되는 것은 정부가 저소득층과 신용이 낮은 서민층을 대상으로 맞춤형 정책을 실시하기 위해 서민금융진흥원을 설립·운영한 데 그 이유가 있다고 본다. 서민금융 개념은 현재 명확히 정립되어 있지 않다. 다만 일부 학자들의 논문 등을 통해 정리해 본다.

손상호[10] · **이재연**[11](2013)은 서민금융의 개념을 소득 또는 재산이 일정 수준 이하인 서민들에게 제공되는 금융서비스로 정의하면서 정부가 저소득층, 영세사업자, 취약계층, 무주택자, 저소득여성 등을 대상으로 하는 서민정책 수혜대상자와는 구분하고 있다. 또 상업금융기관의 관행은 소득이나 재산이 아니라 신용등급을 기준으로 저신용등급자에 대한 대출을 서민금융의 일부로 취급하고 있다고 보고 있다.

박덕배[12](2017)는 서민금융의 영역에는 정책성 서민금융뿐만 아니라 제도권 금융기관이나 대부업도 한 축을 담당하고 있기에 서민금융은 일반금융의 금융적 지원 뿐만 아니라 신용회복, 금융교육 및 건전한 금융생활 등까지도 포함하는 광범위한 영역이라는 특징이 있다고 하고 있어 가장 광의적 의미로 정의한다.

한국 특유의 상황에서 형성된 "서민금융" 개념은 서민층, 즉 저소득층 및 신용등급이 낮은 서민층에 대한 실제적 금융공급과 서비스를 모두 포함하며 **협의의 포용금융**과 유사성이 있다고 할 수 있다.

다. 상생금융(Mutual Growth Finance)

상생금융은 대기업과 중소기업, 금융기관과 기업 간의 협력을 통해 상호 발전을 도모하는 것을 목표로 한다. 중소기업과 대기업 간의 금융적 지원과 협력을 통해 상호 이익을 추구하며, 중소기업이 안정적으로 성장할 수 있도록 금융적 도움을 제공한다. 예시로는 상생 펀드, 중소기업 대출, 대기업과 중소기업 간 협력 프로젝트 등이 있으며, 경제적 공동 번영과 기업 간 상호 발전을 통한 사회적 가치를 실현한다.

라. 사회적 금융(Social Finance)

사회적 금융은 사회적 문제 해결을 위해 금융 자원을 투입하여, 사회적 가치와 재무적 성과를 동시에 추구하는 것을 목표로 한다. 빈곤, 교육, 의

---

10) 전 한국금융연구원 원장
11) 서민금융진흥원 원장
12) 금융의 창 대표, 서민금융연구원 이사

료, 환경 등 사회적 문제를 해결하는 기업이나 프로젝트에 자금을 지원하며, 그 예로 임팩트 투자, 사회적 채권, 사회적 기업 지원 펀드 등이 있다. 이를 통해 사회적 문제 해결, 사회적 가치 창출, 경제적 기회 확대를 가능하게 한다.

마. 녹색 금융(Green Finance)

녹색 금융은 환경 보호와 기후 변화 대응을 위한 자금 지원을 목표로 한다. 재생 가능 에너지, 탄소 배출 저감 프로젝트, 친환경 기술 개발 등에 자금을 투입하여 지속 가능한 발전을 도모한다. 그 예로는 녹색 채권 발행, 친환경 기술 개발 펀드, 재생 에너지 투자 등이 있으며, 이러한 활동은 환경 보호, 지속 가능한 사회, 기후 변화 대응을 위한 사회적 가치를 실현한다.

바. ESG 경영(Environmental, Social, Governance)

ESG 경영은 기업의 지속 가능한 경영을 위해 환경(E), 사회(S), 지배구조(G)를 종합적으로 관리하는 것을 목표로 한다. 구체적인 실천 예로는 환경(E)은 친환경 경영, 탄소 배출 감소, 사회(S)는 근로자 권리 보호, 다양성 증진, 지역사회 기여, 지배구조(G)는 윤리적 경영, 투명한 이사회 운영 등이다.

사. CSR(Corporate Social Responsibility)

CSR은 기업의 사회적 책임을 말하는데 기업이 이윤 추구를 넘어 사회적 책임을 다하여, 지역사회와 환경에 기여하는 것을 목표로 한다. 기업이 소비자를 위해 본연의 업무를 신의성실하게 이행하는 것을 포함하여 기부, 자원봉사, 사회적 캠페인 참여, 지역사회 프로젝트 후원 등 자발적으로 사회적 책임을 다하고, 사회적 문제 해결을 위해 기여하는 활동을 포함한다.

각각의 개념은 고유한 특성과 활동 전략을 가지고 있으며, 그에 따라 사회적 책임을 실천하는 방식이 다르다. **협의의 포용금융**은 금융 소외 계층의 금융 접근성을 확대하는 데 초점을 두고, **서민금융**은 저소득층 및 서민층의 생활 안정과 경제적 자립을 지원한다. **상생금융**은 기업 간 협력을, 사회적 금융은 사회적 문제 해결을 위한 금융 지원에 중점을 둔다. **녹색금융**은 환경적 지속 가능성을 강조하며, **ESG 경영**은 기업의 환경, 사회, 지배구조의 균형 있는 관리를 목표로 한다. CSR은 기업의 자발적 사회적 기여 활동을 통해 사회적 책임을 실현한다.

[표 1] 비슷한 개념들 상호 비교

구분	협의의 포용금융	광의의 포용금융					
		서민금융	상생금융	사회적 금융	녹색 금융	ESG 경영	CSR
주요 목표	금융소외 계층의 경제적 포용	서민층을 위한 금융 지원	중소기업 과 대기업 간의 상호 발전	사회적 문 제 해결을 위한 자금 지원	환경 보호 와 지속 가능한 발 전	기업의 지속가능 경영실현	기업의 자 발적 사회 적 책임 실천
핵심 내용	소외계층 의 금융 접근성 확대	저소득층 대상 금융 상품 및 서 비스 제공	대기업-중 소기업 간 금융적 협 력	사회적 문 제 해결을 위한 자금 투입	환경 프 로젝트에 자금지원	환경,사회, 지배구조 의 균형적 경영관리	자 발 적 사 회 적 기여활동
예시	소액대출, 저소득층 금융교육	서민 대상 저리 대출, 신용 회복 지원	상생펀드, 중소기업 대상대출	임팩트투 자, 사회적 채권 발행	재생에너 지 투자, 친환경기 술 개발	친환경 경 영, 투명 한 이사회 운영	기부, 자 원봉사, 지역사회 후원
가치	경제적 평등증대	생활 안정, 경제적 자립	경제적 공동번영	사회적문제 해결, 사회 적 가치창출	환경 보 호, 지속 가능한 발전	지속가능 성,투명한 경영	사 회 적 기여,지역 사회발전
전략	⇒ 지속 가능한 포용금융 전략 불평등 완화, 금융이해력 제고, 디지털 혁신, 불법금융 예방, 건전대부 육성 국제적 정합성 및 협력 제고, 소상공인 포용, 금융소비자보호 대안평가 활성화, 성과평가와 인센티브, 포용금융 연구 활성화 등						

이러한 금융과 경영 개념들을 **광의의 포용금융으로 범주화한 이유**는, 첫째로 **모든 개념들이 사회적 책임과 지속 가능한 발전을 강조하는 공통점**이 있기 때문이다. 둘째로, 이러한 개념들이 연대하여 함께 실천할 때, 각 개념이 개별적으로 작동하는 것보다 더 큰 사회적 가치를 창출할 수 있다. 이러한 포괄적 접근을 통해 경제적 평등, 기업 간 상생, 환경 보호, 사회적 책임이 강화되고, 이를 통해 사회 전체의 지속 가능한 성장과 포용적 금융 시스템이 효율적으로 실현될 것이다. 각 개념과 활동은 상호보완적으로 작용하며, 금융과 기업 활동을 통해 사회적 가치와 경제적 목표를 동시에 달성할 수 있는 지속 가능한 미래를 설계하는 데 기여할 것이다.

Ⅱ. 포용금융의 필요성(포용금융에 대한 기대)

1. 지속 가능한 발전 방안으로서의 포용금융

포용금융은 지속 가능한 발전 목표(SDGs) 달성에도 기여한다. 경제 성장, 산업 혁신 및 인프라 개발, 불평등 감소와 같은 목표는 포용금융의 원칙과 밀접하게 연결되어 있다. 금융 포용성을 통해 더 많은 사람들이 경제적 기회를 활용하고, 그 결과로 전체 사회의 발전을 이룰 수 있다. 포용금융은 단순히 금융의 접근성을 넓히는 것을 넘어 사회 전체의 경제적, 사회적 포용성을 증진하는 강력한 도구이다. 그것은 모든 사람이 자신의 잠재력을 최대로 발휘하고, 더 나은 미래를 구축할 수 있는 기회를 제공한다. 이러한 금융 포용은 개인의 생활뿐만 아니라 전체 경제에 긍정적인 영향을 미치며, 장기적으로는 더욱 공정하고 지속 가능한 세계를 형성하는 데 기여한다.

2. 사회적 가치 창출로서의 포용금융

사회적으로 금융 포용의 가치를 인식하는 것도 중요하다. 금융 포용이 단지 경제적 성장에만 기여하는 것이 아니라, 교육, 건강, 성평등과 같은 다양한 사회적 이슈와 밀접하게 연결되어 있음을 이해하는 것은, 정책 입안자, 금융기관, 그리고 일반 대중의 지지를 얻는 데 중요하다. 이러한 인식 확산은 금융 포용에 대한 투자와 관심을 증가시키고, 궁극적으로는 보다 포괄적이고 지속 가능한 사회로의 전환을 가속화하는 데 기여할 수 있다.

금융 포용은 경제적 기회의 평등을 넘어서 사회적 통합을 증진시키는 데도 중요한 역할을 한다. 금융 서비스에 대한 접근성을 높임으로써, 소외된 집단이 사회의 주류 경제에 참여하고, 그들의 목소리가 사회적 대화에 반영될 수 있는 기회를 제공한다. 이것은 사회적 결속력을 강화하고, 다양성과 포용성이 사회 전반에 걸쳐 증진되는 결과를 가져올 수 있다. 포용금융의 확대를 위해서는 다양한 부문 간의 협력이 필수적이다. 금융기관, 기술 회사, 정부, 비정부 기구, 교육 기관 등이 협력하여 포괄적 금융 서비스와 교육의 제공을 강화해야 한다. 이를 통해 금융의 장벽을 허물고, 더 많은 사람들이 금융의 혜택을 누릴 수 있도록 해야 한다.

Ⅲ. 포용금융의 여러 모습들

포용금융이 구현되는 형식과 모습에 대해 살펴보자.

1. 마이크로파이낸스(Microfinance)

포용금융은 마이크로파이낸스로부터 시작되었다. 마이크로파이낸스는 소액 대출, 저축, 보험 및 기타 서비스를 저소득층에 제공하는 것을 포함한다. 이는 전통적인 은행 시스템에서 소외된 사람들에게 금융 접근성을 제공하며, 그들이 자신의 사업을 시작하거나 확장할 수 있는 기회를 제공한다.

2. 모바일 뱅킹 및 디지털 금융 서비스

모바일 기기를 활용한 금융 서비스는 접근성이 낮은 지역의 사람들에게도 금융 서비스를 제공하는 효과적인 방법이다. 모바일 뱅킹, 전자 지갑, 온라인 결제 시스템 등이 있으며 사용자가 언제 어디서나 금융 거래를 할 수 있도록 한다. 블록체인, 인공지능, 빅데이터 등의 기술은 금융 서비스의 배달 방식을 혁신적으로 변화시키고 있다. 예를 들어, 블록체인 기술을 활용한 분산원장은 금융 거래의 투명성을 높이고, 사기를 방지하는 데 기여하며, 소액대출과 개인 간(P2P) 대출에서 중요한 역할을 한다. 이러한 기술들은 금융 서비스의 비용을 절감하고, 보다 많은 사람들에게 고품질의 서비스를 제공할 수 있는 가능성을 열어준다.

3. 금융교육 및 금융맹 퇴치

금융 포용성을 높이는 데 있어 금융 교육은 필수적이다. 이는 개인이 금융 상품을 이해하고, 현명한 금융 결정을 내릴 수 있도록 돕다. 많은 금융기관과 비영리 단체가 금융 교육 프로그램을 제공하여 금융 이해력(literacy)를 향상시키고 있다.

4. 소셜 임팩트 투자(임팩트금융)

소셜 임팩트 투자는 투자 결정 시 사회적, 환경적 영향을 중시하는 금융 투자 방식이다. 이 투자는 단순히 재정적 수익을 넘어 사회적 가치를 창출하며, 종종 사회적 기업, 지속 가능한 개발 프로젝트, 재생 가능 에너지, 교육 및 건강 관련 사업 등에 자본을 제공한다. 투자자들은 사회적 기업이 성장할 수 있도록 필요한 자금을 지원하며, 이를 통해 저소득 지역 사회의 경제 개발과 개인의 삶의 질 개선을 목표로 한다.

5. 사회적 채권과 투자 펀드

사회적 채권이나 투자 펀드는 특정 사회적 목적을 달성하기 위해 자금을 모집하고 운용한다. 이러한 금융 도구는 투자자들에게 재정적 수익뿐만 아니라 사회적 가치 창출을 목표로 하며, 교육, 건강, 저소득 주거지 개선, 환경 보호 등 다양한 분야에서 긍정적인 사회 변화를 촉진한다.

6. 크라우드펀딩

크라우드펀딩 플랫폼은 사람들이 소액의 자금을 모아 특정 프로젝트나 사업에 투자할 수 있는 기회를 제공한다. 이는 창업자나 소규모 기업들이 자본을 확보할 수 있는 대안적 방법을 제공하며, 투자자들은 자신이 지원하고 싶은 프로젝트를 직접 선택할 수 있는 자율성을 갖는다.

Ⅳ. 포용금융의 한계

포용금융이 중요해짐에 따라 국내에서도 서민·취약계층의 금융접근성을 높이기 위한 노력을 하고 있다. 문재인 정부 시절에는 당시 100대 국정과제로 '사회적 경제 활성화' 정책을 추진하면서 2017년부터 사회적 경제 및 사회적 금융 활성화를 위해 노력하였다. 2018년 2월 금융위원회가 **'사회적 금융 활성화 방안'**을 발표하여 포용금융·공정금융을 위한 정책들을 마련하였다.13) 관련하여 금융위원회는 추진상황을 점검하고 추

---

13) 관계부처 합동, "사회적경제 활성화 방안", 2017.10, 관계부처 합동, "사회적금융 활성화 방안", 2018.2.

진과정에서의 애로사항 등을 청취하고자 2018년부터 2021년 12월까지 '사회적금융협의회'를 개최하여 운영하였다.

현 정부에서는 사회적 금융이라는 용어 대신 포용금융이라는 용어의 초점을 맞추어 대통령 직속 국민통합위원회에서 **'포용금융으로 다가서기'**라는 슬로건 아래 포용금융특별위원회를 2024년 1월 출범하여 운영중에 있다. **취약계층의 금융 접근성 제고, 민간의 포용금융 역할 강화, 금융소비자 보호, 포용금융 기반 강화** 등 4가지 전략을 기초로 하여 국가적 정책으로 포용금융을 위해 노력하고 있다.[14]

금융위원회, 한국은행 등 정부부처와 공공기관에서 적극적으로 포용금융정책을 펼치고 있으나, 정부정책을 넘어 민간의 포용금융시장을 확대하는 것이 중요하지만 아직 관련 연구가 미흡한 상황이다. 정부의 정책에 따라 공공부문과 시중은행에서는 3년이 넘는 기간 동안 사회적 경제의 자금을 공급하여 양적 성장을 이루었으나 정책에 의해 운영되는 자금 공급이다보니 매년 예산이 달라 지속적으로 확대되기 어렵다. 또한 정책이 변경될 경우 자금 공급이 중단될 수 있어 금융취약계층, 금융소외계층들의 안정적인 금융접근성을 담보하지 못하는 상황이다. 또한 정권이 바뀌면서 정책의 방향이 바뀌다보니 포용금융이 지속가능한 금융으로 이어지기 위해서는 일관된 체계와 연구가 필요한 실정이다.

포용금융은 취약계층의 금융접근성을 넘어 사회적경제기업의 금융접근성 확대 등을 통해 지역 주도의 자립적 성장기반을 마련하는 것도 중요하다. 또한 향후 취약계층의 신용회복을 위한 컨설팅 지원을 강화하고 자립청년 등 청년, 취약계층 등을 대상으로 하는 맞춤형 금융지원 프로그램이 필요하다. 나아가 영세·중소기업의 성장을 위한 포용금융 확대를 위한 지속적인 연구가 필요하나 관련 연구 및 지원이 부족한 상황이다.

또한 블록체인, 핀테크, 빅데이터 등 금융분야에 신기술이 도입됨에 따라 금융서비스에 다양한 변화가 발생하고 있으므로, 이런 변화에 맞춘 포용금융의 정책이 필요하다.

---

14) 대한민국 정책브리핑, "국민통합위원회 포용금융 특위 출범식 사전 브리핑", [https://www.korea.kr/briefing/policyBriefingView.do?newsId=156611058&pWise=mSub&pWiseSub=C8goList]

포용금융을 논함에 있어 다양한 의견이 있을 수 있다. 다만 포용금융이라고 해서 무조건 일방적인 시혜성, 복지라는 개념과는 차이를 두고 싶다. 포용금융에 대한 무조건 기대가 커질 때 그 효과도 제한적이다. 따라서 혁신을 동반한 포용금융, 자립적인 의지를 독려하는 포용금융, 생산적 포용금융에 대해서 더 많이 논의 되어야 한다고 생각한다. 복지 정책과 시너지를 더할 때 포용금융의 효과가 고양(Aufheben)될 것이다. 포용금융도 공공적 차원의 가치가 고려되어야 한다.

Ⅴ. 선행 연구 및 활동

1. 포용금융에 대한 해외 동향

G20은 2010년 '포용금융 전문가단체'(Financial Inclusion Experts Group: FIEG)를 시작으로 금융개혁을 위한 의제를 제안하였고 이 단체가 지속가능할 수 있도록 '포용금융을 위한 글로벌 파트너쉽'(Global Partnership for Financial Inclusion: GPFI)를 구축하였다.15)

2010년 G20은 GPFI 구축과 금융소외계층을 위한 기금 모금 등 포용금융을 목적으로 하는 7가지 활동 영역을 제안하는 첫 '포용금융 행동강령'(Financial Inclusion Action Plan : FIAP)을 마련하였다.16) 이후 2014년과 2017년 2020년까지 개정이 이루어졌는데 금융접근성 향상을 통해 소외계층 및 기업에 대한 금융기회를 확대함으로써 전세계적으로 포용금융성을 높이기 위한 노력을 하고 있다.17)

UN과 OECD, 세계은행(World Bank), 아시아개발은행(Asian Development Bank: ADB) 등 다양한 국제기구 및 국제은행에서 이미 포용금융의 필요성에 대해 인식하며 포용금융 관련 정책을 제안하여 실천하고 있다.

세계은행(World Bank)은 COVID-19와 우크라이나 전쟁으로 인해 불평등, 양극화가 심화되어 포용금융정책이 필요함을 연구하였다.18) 세계은행은

---

15) GPFI 홈페이지, [https://www.gpfi.org/about-gpfi]
16) GPFI, *G20 Financial Inclusion Action Plan Progress Report 2010-2014*, 2 Mar. 2015, p.2.
17) GPFI, "G20 Financial Inclusion Action Plan", 2020.10.
18) World Bank Group, Poverty and Shared Prosperity 2022: Correcting Course, 2022.

COVID-19로 인해 세계 극빈곤율은 2019년 8.4%에서 2020년 9.3%로 증가하였다고 발표하였다.[19] 이에 따라 회복을 위한 포용금융정책이 필요함을 강조하고 있으며 구체적으로 디지털 포용금융의 필요성을 강조하였다.[20] 세계은행은 금융접근성 향상은 금융소비자들이 예금, 투자를 넘어 신용 및 보험과 같은 금융서비스를 사용하여 사업을 시작 및 확장하고 교육 또는 건강에 투자하여 삶의 전반적인 질을 향상시킬 수 있다고 주장하였다.[21]

'빈곤퇴치를 위한 협의체'(Consultative Group to Assist the Poor:CGAP)는 포용금융을 통해 취약계층 및 여성의 삶을 향상시키기 위해 노력하는 연합체로 30개 이상의 주요 개발조직의 글로벌 파트너십이며.[22] 연구를 통해 취약계층에 경제적 기회를 확인하고 필수서비스에 접근할 수 있도록 포용적이고 책임 있는 금융시스템을 구축하는 것을 목표로 하고 있다. CGAP는 2018년부터 2023년까지 5개년 전략을 발굴하여 가난한 사람들이 자신의 필요에 맞는 금융 서비스를 이용할 수 있도록 연구를 수행함. 소득 창출, 필수 서비스 및 기본 생활 수준 보호라는 세 가지 영역에 중점을 두고 포용적인 금융정책을 통해 취약계층의 금융접근성을 향상시키는 것은 전체적인 소득과 소비를 개선시켜 지속가능한 경제를 이끌 수 있다고 보았다.[23]

2. 포용금융에 대한 국내 동향

국내에서도 **금융당국과 정부**에서 적극적으로 **포용금융, 공정금융**을 강조하며 금융의 포용성 확산과 기반 구축을 위해 노력하고 있다.

2021년 정책서민금융을 10조원으로 공급확대하며, 법정 최고금리를 20%까지 인하하고 연체가산금리를 3% 이내로 인하하는 등 서민층 금융부담을 완화하고자 노력하였고.[24] 소멸시효완성채권 및 장기소액연체채권을 정리하고, 채무조정 활성화 등을 통해 연체차주의 신속한 경제적 재기를 지원하였다.[25]

---

19) World Bank Group, Poverty and Shared Prosperity 2022: Correcting Course, 2022.
20) World Bank 홈페이지, [https://www.worldbank.org/en/topic/financialinclusion/overview]
21) World Bank 홈페이지, [https://www.worldbank.org/en/topic/financialinclusion/overview]
22) CGAP 홈페이지, [https://www.cgap.org/about]
23) CGAP 홈페이지, [https://www.cgap.org/about]
24) 금융위원회, "2022년 금융위원회 업무계획", 2021.12.22., 5면.

그 외에도 「금융소비자보호법」 제정·시행으로 금융상품 판매원칙, 피해 방지, 사후구제 등을 종합규율하는 체계를 마련하였으며. 이를 통해 금융회사 책임성을 높이고, 소비자 권익을 보호하고자 하였다. 예를 들어 카드포인트 현금화, 금리인하요구권 제도화, 숨은 금융자산 찾기 등 국민체감도가 높은 금융서비스 등을 발굴 및 시행하여 국민들의 금융서비스 이용편익을 증진한 것이 그 사례이다.

국내에서도 COVID-19로 인한 민간부채 증가세가 심화되고 금융 불균형이 확대되는 상황을 우려하고 하고 있다. 또한 금융상품구조가 복잡해지고 판매채널이 다변화되는 여건 하에서 금융소비자 피해 재발 소지를 차단할 소비자 보호조치를 검토할 필요 있음을 강조하였다.[26]

최근 정부가 은행권의 고금리 이자수익으로 인해 **'상생금융'** 정책을 강조함에 따라 주요 시중은행도 사회적 가치를 제고하기 위한 노력을 하고 있다. 사회공헌 프로젝트와 함께 각종 수수료 면제 혜택 확대와 금리 인하 등 포용금융정책을 진행 중이다. 지속적인 활동으로 **은행엽합회**가 **'은행 사회공헌협의회'**를 통하여 수행하는 사회공헌활동이 대표적이다. 은행의 사회공헌활동은 기후 및 생태환경, 사회책임금융, 문화가치 확산, 금융교육, 상생금융 등 형태로 수행하고 있으며 규모는 2022년 1조 2,380억으로 전년에 비해 16.6% 증가하였다.[27]

은행별로 살펴 보면 **우리금융그룹**은 '우리상생금융 3·3 패키지'를 발표하였으며, KB국민은행, 하나은행, 신한은행 등도 상생금융확대방안을 마련하여 발표하였다.[28]

---

25) 금융위원회, 위의 자료, 5면.
26) 금융위원회, 위의 자료, 6면.
27) 전국은행연합회 홈페이지 www.kfb.or.kr 참조
28) 우리금융그룹 보도자료, "우리금융/은행, 전체 고객 연간 2,050억원 금융비용 줄어든다", 2023.03.30., [https://www.woorifg.com/kor/pr/news/view.do?seq=509&f=&q=%EC%83%81%EC%83%9D%EA%B8%88%EC%9C%B5], 파이낸셜신문, "KB국민은행, 상생 금융확대 방안 마련...금감원장 "고객과 상생 노력 필요"", 2023.03.09., [http://www.efnews.co.kr/news/articleView.html?idxno=102081], 파이낸셜투데이, "신한은행, '상생금융 확대 종합지원' 방안 발표···연간 1623억원 금융비용 절감", 2023.03.24., [http://www.ftoday.co.kr/news/articleView.html?idxno=252687], 세계일보, "하나은행 "중소기업과의 상생 위해 총 2300억원 규모 금융지원 실시", 2023.01.27., [https://www.segye.com/newsView/20230126507197?OutUrl=naver]

하나은행은 새희망홀씨대출 상품의 신규 취급 적용금리를 최대 1% 인하하고, '햇살론15' 고객을 대상으로 대출잔액의 1%를 캐시백해주는 프로그램도 출시하였고 그 외 중소기업·소상공인을 대상으로 고정금리 대출을 확대하기 위한 안심 고정금리 특판대출을 발표하였다.[29]

KB국민은행은 중소기업 대출 기한 연장 시 금리가 7%를 초과할 경우 최대 2% 인하하고 소상공인, 자영업자를 위한 지원을 발표하였으며, 신한은행은 희망홀씨 대출의 신규금리를 1% 인하하였다.[30]

신한은행도 소상공인·중소기업 고객 중 코로나19 이차보전 대출 이용 고객을 대상으로 이차보전 기간 종료에 따라 금리가 인상될 대출에 대해 자체적으로 기간을 연장하고 신용보증기금 매출채권보험 지자체 협약상품을 이용하는 소상공인·중소기업 고객의 보험료도 지원하고 있다.[31]

서민과 중소기업의 금융편의를 도모하기 위하여 설립된 **서민금융기관인 저축은행**은 그 역사를 바탕으로 지역과 상생과 나눔의 정신으로 사회공헌 활동을 실행하고 있으며 꾸준히 증가하고 있는 추세이다. 2023년 사회공헌 활동은 241회로 전년에 비해 50%이상 증가하였고 취약계층 지원, 지역사회 발전, 환경·교육·문화 등 다양한 형태로 이루어지고 있다.

카드업계의 포용금융은 생활과 밀접한 특성에 따라 시대적 상생과제를 신속하게 실행하고 있으며 공헌활동도 활발하게 이루어지고 있다. **2023년 우리카드** 2200억 원, **현대카드** 6000억 원, **롯데카드** 3100억 원, **신한카드** 4000억 원 등 카드사들은 총 1조5300억 원 규모의 상생 금융 방안을 발표했다.

사회적 금융과도 연결되어 사회적금융 활성화를 위한 정책들도 시행중에 있다. 금융위원회는 2018년부터 2021년 12월까지 '**사회적금융협의회**'를 개최하여 운영하여 사회적경제가 포용성장의 주역으로 성장할 수 있도록 인프라 구축 및 사회적경제 파급효과가 큰 분야를 집중 육성할 것

---

29) 한국금융, "시중은행장들, '포용금융' 방점 취약층 지원 앞장 [은행 상생경영 방향은]", 2023.03.27., [https://m.fntimes.com/html/view.php?ud=20230325201855386dd55077bc2_18]
30) 위의 기사.
31) 위의 기사.

을 발표하였다.[32]

국내에서의 포용금융의 효과에 대한 연구를 일부 소개한다. **이지은과 박성균**이 공동 연구한 "포용금융과 경제성장"[33]에서 저자는 포용금융이 단순히 경제적 소외 계층을 지원하는 것을 넘어서, 전체 경제의 성장과 안정을 도모하는 중요한 수단이 될 수 있다고 주장한다.

포용금융과 금융안정성 간의 연관 연구인 **최정호와 박지영** 발표 "포용금융과 금융 안정성"[34]에서 포용금융이 단순히 경제적 소외 계층의 지원에 머무르지 않고, 전체 금융시스템의 안정성과 지속 가능성을 강화하는 중요한 역할을 한다고 주장한다. 금융 안정성과 포용금융의 상관관계에 대해서 포용금융은 위기 완화 기능, 리스크 분산 효과, 경제적 충격 흡수 능력 강화하여 금융 시스템 전체의 안정성에도 긍정적인 영향을 미친다고 주장한다.

경제 성장에 긍정적인 영향을 미치며, 금융 접근성 확대가 소득 불평등을 줄이고 전체 경제성장을 촉진할 수 있다고 주장한다. 저자들은 포용금융 정책이 경제적 포용성을 높여 장기적인 경제 성장과 안정을 도모할 수 있음을 강조한다.

이외에도 현재 국내에서 진행된 연구는 ESG 금융에 대한 연구가 대부분이며, 포용금융에 대한 연구의 경우 포용금융을 금융복지 차원으로 한정하거나 이를 **전문적으로 검토한 연구는 부족한 상황**이다. 해외 ESG 현황 등에 대한 연구는 있으나 포용금융에 대한 해외 사례를 연구한 경우는 거의 없는 실정이다.[35]

---

32) 관계부처 합동, "사회적경제 활성화 방안", 2017.10.
33) 이지은, 박성균, "포용금융과 경제성장 : 한국의 경험과 시사점",금융경제연구, 2019년, 제36권 제4호, pp. 211-235
34) 최정호, 박지영, "포용금융과 금융 안정성 : 한국의 정책적 접근",한국금융학회 학술지, 2018년, 제45권 제3호, pp. 102-128
35) (연구보고서)
- **한국농촌경제연구원**, "농촌의 포용성장과 사회혁신을 위한 사회적 경제 전략- 지역 단위 사회적 금융 활성화 방안 연구", 2022.10.
- **한국지방행정연구원**, "사회적경제 활성화를 위한 지역금융기관의 역할 - 새마을금고를 중심으로 -", 2020.12.
(논문)
- **신의수, 한재경**, "금융상품의 그린워싱 규제에 관한 연구", 법학논총 제55호, 숭실대학

제2장 포용금융에 대한 정치철학적 기반

포용금융은 따뜻한 희망의 연대이다.

정치철학(Political Philosophy)은 보통 권력, 정부, 법, 자유, 정의, 권리, 그리고 시민과 국가의 관계를 탐구하는 철학의 한 분야이다. 이는 정치적 체계와 구조, 정치적 권위와 정당성, 공정한 분배, 사회 계약, 민주주의, 평등, 그리고 시민의 의무와 권리에 대해 이론적 질문과 대답을 탐구한다. 정치철학은 플라톤, 아리스토텔레스, 마키아벨리, 홉스, 로크, 루소, 마르크스, 롤스, 센델[36] 등 많은 사상가들에 의해 발전되어 왔으며, 현대 사회의 정치적 문제들을 이해하고 해결하는 데 중요한 이론적 틀을 제공한다. 여기에서는 자유·정의·공평·분배에 대하여 대표적인 정치철학적 입장에서 포용금융의 연결성을 찾아본다.

교 법학연구소, 2023.01
- **윤상용**, "서민금융기관의 지점수 감소가 지역의 포용금융과 기관의 경영효율에 미치는 영향", 지역개발연구 제54권 제3호, 지역개발연구소, 2022.12
- **정준혁**, "ESG와 금융법의 과제", 증권법연구 제23권 제3호, 한국증권법학회, 2022.12
- **윤상용, 김진희, 박순홍**, "지역 포용금융 수준이 새마을금고의 경영지표에 미치는 영향", 아태비즈니스연구 제13권 제4호, 경영경제연구소, 2022.12
- **황정훈**, "ESG 경영을 활용한 핀테크 기업의 포용금융 강화방안에 대한 검토-코로나 팬데믹 이후 심화된 소득불균형에 대한 개선방안을 중심으로-", 지급결제학회지 제14권 제2호, 한국지급결제학회, 2022.12
- **최유경, 조아영**, "유럽연합의 ESG 법제화 현황 및 쟁점", 법학연구 제30권 제1호, 경상국립대학교 법학연구소, 2022.01
- **이우식**, "EU의 ESG 관련 법제화와 은행의 대응 방향", 경제법연구 제20권 제3호, 한국경제법학회, 2021.12
- **이정민**, "사회적 금융 전문 거래시장 활성화를 위한 사회적 금융 전문 증권거래소 설립 검토", 법학논총 제45권 제4호, 단국대학교 법학연구소, 2021.12
- **이숙현, 석희정**, "효과적인 서민금융상품 개발을 위한 탐색적 연구 : 이해당사자 집단 심층면접(FGI)을 중심으로", GRI연구논총 제23권 제4호, 재단법인 경기연구원, 2021.11
- **안수현**, "ESG(Environmental, Social and Governance)경영관련 국내 법제 현황 분석과 향후 과제-21대 국회 상정법안을 소재로", 경제법연구 제20권 제2호,한국경제법학회, 2021.08
- **차상휘**, "금융소비자 보호를 위한 금융연체채무자의 방어권 강화에 관한 연구", 소비자문제연구 제52권 제2호, 한국소비자원, 2021.08
- **이정민**, "사회적 금융 전문 금융기관 설립을 위한 법적 검토", 원광법학 제36권 제4호, 원광대학교 법학연구소, 2020.12
- **최철**, "포용금융과 최고금리 규제의 역설", 소비자문제연구 제51권 제3호, 한국소비자원, 2020.12.
36) 마이클 센델, 정의란 무엇인가, 감수 김선욱, 번역 김명철, 2014.11, (주)미애엔

Ⅰ. 존 롤스의 정의론과 포용금융

존 롤스는 그의 저서 "정의론(A Theory of Justice)"37)에서 "공정으로서의 정의"를 주장하며, 원초적 입장과 무지의 베일이라는 개념을 통해 정의로운 사회를 설계하려 했다. 이 관점에서 국가의 정책은 가장 약한 구성원들의 상황을 개선하는 방향으로 설계되어야 한다고 주장한다. 롤스의 차등의 원칙에 따라, 사회적 및 경제적 불평등은 가장 불리한 입장에 있는 사람들에게 최대한의 이익을 줄 때만 정당화된다. "정의론(A Theory of Justice)"에서 국가와 공동체가 서민, 취약계층, 약자를 위해 마련해야 할 원칙과 정책 담당자가 유념해야 할 사항은 다음과 같다

1. 차등의 원칙 (Difference Principle)

롤스는 사회적 및 경제적 불평등이 허용될 수 있는 조건으로, 이러한 불평등이 가장 불리한 위치에 있는 사람들에게 최대의 이익을 제공해야 한다고 주장한다. 이를 위해 국가는 사회적 약자와 취약계층이 실질적인 기회를 갖고 경제적으로 향상될 수 있도록 하는 정책을 시행해야 한다. 이에 정책 담당자들은 소득 재분배 정책, 누진세 제도, 기본 소득 보장, 교육 및 직업 훈련 프로그램, 공공 주택 제공, 포용금융을 통한 정책 결정과 재배분 등을 통해 서민과 취약계층의 경제적 지위를 개선할 수 있다.

2. 공정한 기회 균등의 원칙 (Fair Equality of Opportunity Principle)

롤스는 모든 사람이 출발선에서 동등한 기회를 가져야 한다고 주장한다. 이는 출신 배경이나 경제적 상황에 관계없이 모든 사람이 교육과 직업 기회를 동등하게 누릴 수 있어야 하며 취약계층에게도 포용금융을 통해 자활의 기회를 동등하게 주어야 한다. 이에 정책 담당자들은 교육의

---

37) 번역.....

평등한 접근성 보장, 장학금 제도 확대, 취업 기회 균등을 위한 차별 금지 정책, 공공 의료 서비스 강화, 금융의 공평한 접근성과 회복탄력성 등을 통해 모든 사람이 동등한 기회를 누릴 수 있도록 해야 한다.

3. 최소 수혜자 원칙 (Maximin Principle)

최소 수혜자 보호: 롤스는 무지의 베일(veil of ignorance)이라는 개념을 통해, 정책 결정자가 자신이 어떤 위치에 있을지 모르는 상태에서 사회적 계약을 체결한다고 상정한다. 이는 사회가 가장 약한 구성원을 보호하는 방향으로 설계되어야 함을 의미한다. 따라서 최고금리 인하정책의 시행에 따른 전·후 연구를 통하여 정책효과에 대한 충분한 검증이 있어야 한다. 이에 정책 담당자들은 사회 안전망 강화, 빈곤층 지원 프로그램, 장애인 복지 정책, 노인 및 어린이를 위한 보호 정책 등을 통해 가장 취약한 구성원을 보호할 수 있다.

4. 기본 권리와 자유의 보장 (Basic Rights and Liberties)

평등한 자유: 롤스는 모든 사람이 기본적인 권리와 자유를 평등하게 보장받아야 한다고 주장한다. 이는 정치적 자유, 표현의 자유, 종교의 자유 등 기본적인 시민권이 포함된다. 이에 정책 담당자들은 인권 보호 법안, 표현의 자유 보장, 공정한 법률 시스템, 시민 참여를 촉진하는 제도 등을 통해 모든 시민이 기본 권리와 자유를 누릴 수 있도록 해야 한다.

이러한 롤스의 원칙들을 바탕으로, 국가와 공동체는 서민과 취약계층, 약자를 위한 구체적인 대책을 마련할 수 있다. 이는 금융·경제적 지원, 교육 기회의 평등, 사회 안전망 강화, 기본 권리와 자유 보장 등의 다양한 정책을 포함하며, 이를 통해 공정하고 정의로운 사회를 실현할 수 있다.

Ⅱ 제레미 벤담과 포용금융

벤담의 저서 "도덕 및 입법 원리 서론(An Introduction to the Principles of Morals and Legislation)"에서 제시된 공리주의 원칙을 바탕으로, 국가와 공동체가 서민, 취약계층, 약자를 위한 대책을 어떻게 마련해야 하는지에 대해 추론해 볼 수 있다. 벤담의 공리주의는 "최대 다수의 최대 행복"이라는 원칙을 기반으로 하며, 이는 정책이 최대한 많은 사람들의 행복을 증진시키는 방향으로 설계되어야 함을 의미한다.

1. 최대 다수의 최대 행복

벤담의 공리주의 원칙에 따르면, 정책은 사회 구성원 전체의 행복을 최대화하는 방향으로 설계되어야 한다. 이는 특히 취약계층의 행복을 증진시키는 정책이 사회 전체의 행복에 기여할 수 있음을 의미한다. 따라서 정책 담당자는 기본 소득 보장, 의료 서비스 확대, 교육 기회 제공, 주거 지원 프로그램 등을 통해 서민과 취약계층의 삶의 질을 향상시켜야 한다.

2. 고통의 최소화

벤담은 고통을 최소화하는 것이 행복을 증진하는 것만큼 중요하다고 보았다. 이는 취약계층이 겪는 경제적, 사회적 고통을 줄이기 위한 정책이 필요함을 의미한다. 이에 정책 담당자는 빈곤층 지원 프로그램, 실업급여 및 재취업 지원, 차별 방지, 금융접근성 향상 정책 등을 통해 취약계층이 겪는 고통을 줄여야 한다.

3. 공리 계산(Utility Calculation)

벤담은 정책 결정에서 공리 계산을 통해 자원이 가장 효과적으로 사용될 수 있는 방법을 찾는 것이 중요하다고 주장했다. 이는 제한된 자원을 가장 큰 행복을 창출할 수 있는 방식으로 배분해야 함을 의미한다. 이에 정책 담당자는 공공 예산의 효율적 사용, 복지 예산 확대, 교육 및 건강에 대한 투자 등을 통해 최대의 행복을 창출할 수 있는 방식으로 자원을 배분해야 한다.

4. 사회적 연대와 책임

공동체의 역할: 벤담은 개인의 행복이 공동체의 행복과 밀접하게 연관되어 있음을 강조한다. 이는 공동체가 서민과 취약계층을 지원하는 데 적극적인 역할을 해야 함을 의미한다. 이에 정책 담당자는 지역 사회 프로그램, 비영리 단체 지원, 자원 봉사 활동 촉진 등을 통해 공동체가 직접적으로 서민과 취약계층을 지원할 수 있는 방안을 마련해야 한다.

5. 공리주의의 보완

제레미 벤담의 공리주의는 최대 다수의 최대 행복을 목표로 하며, 이는 때때로 소수의 희생을 정당화할 수 있다는 비판을 받는다. 때로는 양적 공리를 계산함에 있어 정책 담당자들은 주로 긍적적인 효과만을 부각하고 부작용과 단점을 최소화하려는 경향이 있다. 서민금융 정책의 시행에 있어서도 상대적으로 소득이 높거나 다수의 혜택에만 단순 계산하여 정책을 시행하는 경우가 있다. 즉 공리주의를 활용하는 정책 담당자는 사회 전체의 총행복을 극대화하려는 경향이 있다. 이는 소수의 고통이나 희생이 다수의 이익으로 상쇄될 수 있음을 의미할 수 있다. 예를 들어, 사회 전체의 생산성을 높이기 위해 약자를 희생하는 정책이 도덕적으로 정당화될 위험이 있다.

또한 공리주의는 다수의 행복을 중시하기 때문에, 소수자의 권리와 복지가 간과될 수 있다. 이는 사회적 약자나 취약계층이 공리주의적 정책 하에서 불리한 위치에 놓일 가능성을 높이다. 그러므로 정책 담당자는 정책을 입안하고 시행함에 있어 다음과 같은 철학적 고려가 있어야 한다.

존 스튜어트 밀은 벤담의 양적 공리주의를 보완하기 위해 질적 공리주의를 제안했다. 그는 단순한 쾌락의 양뿐만 아니라 쾌락의 질도 고려해야 한다고 주장했다. 이는 더 높은 차원의 쾌락과 행복을 중시하여 소수자의 희생을 최소화하려는 시도이다. 공리주의와는 별도로, 인간의 기본 권리와 존엄성을 보호하는 접근이 필요한다. 이는 헌법적 권리, 국제 인권 조약 등을 통해 소수자의 권리를 보장하고, 다수의 이익에 의해 침해되지 않도록 하는 것이다.

칸트는 인간을 목적으로 대우해야 하며, 수단으로 삼아서는 안 된다고 주장했다. 이는 공리주의의 한계를 보완하기 위한 윤리적 접근으로, 모든 사람의 존엄성과 권리를 중시한다.

공리주의는 최대 다수의 최대 행복을 추구하는 유용한 도덕 철학이지만, 약자를 희생할 위험이 있는 한계가 있다. 이를 보완하기 위해 질적 공리주의, 권리기반 접근, 그리고 롤스의 차등의 원칙과 같은 대안적 접근이 필요하다. 이러한 접근들은 소수자의 권리와 복지를 보호하면서도 사회 전체의 행복을 증진시키는 방향으로 정책을 설계할 수 있는 틀을 제공한다.

Ⅲ. 임마누엘 칸트와 포용금융

우선 칸트의 윤리관, 정의관, 철학, 사상을 바탕으로 국가와 공동체가 서민, 취약계층, 약자를 위한 대책을 마련하는 방법을 추론할 수 있다. 칸트는 인간의 존엄성과 자율성을 중시하며, 모든 사람을 목적으로 대우해야 한다는 윤리적 원칙을 제시했다.

칸트의 사상은 인간의 존엄성과 자율성을 중시하며, 모든 사람을 목적으로 대우해야 한다고 주장한다. 윤리적 행위가 보편적 도덕 법칙에 따라 이루어져야 한다는 철학이므로 국가가 서민과 취약계층을 포용해야 한다는 주장은 모든 국민이 존엄성과 자율성을 누릴 권리가 있다는 칸트의 사상에 기반할 수 있다. GNP와 1인당 GNP의 증가는 자율성과 합리성을 존중하는 방식으로 이루어져야 한다. 칸트주의적 관점에서 경제 성장은 인간을 수단이 아닌 목적으로 대하는 것을 전제로 한다. 칸트주의는 경제적 목표가 아니라 도덕적 원칙을 우선시한다. 따라서 GNP 증가가 도덕적 의무와 일치하는 방식으로 추진되어야 하며, 사람들을 단순히 경제적 성과를 위한 도구로 사용해서는 안 된다. 또한, 성장 과정에서 인간 존엄성과 권리가 철저히 존중되어야 한다.

GNP의 양적 성장뿐만 아니라 내용적 성장, 즉 복지(GWP, General Welfare Product)를 강조하는 사람들에 대한 평가와 입장에서는 복지 정책이 도덕적 의무와 일치하고 인간의 존엄성을 존중하는 방식으로 이루어진다면 지지할 것이다. 예를 들어, 모든 사람이 인간다운 삶을 살 수 있도록 지원하는 포용금융과 복지 정책은 칸트주의적 원칙에 부합한다.

1. 칸트의 기본 원칙

인간 존엄성 (Human Dignity) : 칸트는 인간이 스스로의 의지에 따라 행동하는 자율적인 존재라고 보았다. 모든 사람은 자율성을 지닌 주체로 존중받아야 한다. 칸트는 인간을 단순한 수단이 아닌 목적 그 자체로 대우해야 한다고 주장했다. 또한 칸트의 윤리학은 의무론적 윤리 (Deontological Ethics)으로 결과보다는 행위의 도덕적 원칙에 중점을 둔다. 이는 도덕적 의무와 규칙을 따르는 것이 중요함을 강조한다.

칸트는 우리가 따르는 도덕적 규칙이 보편적 도덕 법칙 (Categorical Imperative)이 되어야 주장했다. 이는 특정 상황에서 적용되는 규칙이 모든 사람에게 동일하게 적용될 수 있어야 함을 의미한다.

2. 칸트의 사상을 바탕으로 한 대책

칸트의 주장에 따르면 국가는 국민의 기본적인 권리와 존엄성을 보호하는 법적 장치를 마련해야 한다. 또한 칸트는 모든 사람이 동등한 교육과 취업 기회를 가질 수 있도록 해야 한다고 하고 출신 배경이나 경제적 상황에 관계없이 모든 국민이 자율적으로 자신의 삶을 개척할 수 있는 기반을 마련하는 것을 의미한다. 그의 주장에 따른 정부는 정책적 무상 교육, 성인 교육 프로그램, 직업 훈련, 차별 금지 정책 등을 통해 서민과 취약계층이 평등한 기회를 가질 수 있도록 해야 한다.

또한 정부는 서민과 취약계층이 경제적 어려움이나 사회적 불평등으로부터 보호받을 수 있는 사회적 안전망을 구축해야 하며 기본 소득 보장, 건강보험 확대, 공공 주택 제공, 실업 급여 등을 통해 사회적 약자를 보호할 수 있어야 한다.

칸트의 윤리관과 정의관을 바탕으로 한 국가와 공동체의 서민, 취약계층, 약자를 위한 대책은 인간의 존엄성과 자율성을 보호하고, 모든 사람이 평등한 기회를 누리며, 사회적 안전망을 통해 보호받을 수 있는 환경을 조성하는 것이다. 이러한 대책은 도덕적 의무를 다하고, 모든 국민이 동등하게 대우받는 정의로운 사회를 만드는 데 기여할 것이다.

Ⅳ. 공동체주의와 포용금융

공동체주의(Communitarianism)는 개인의 권리보다 공동체의 가치와 사회적 책임을 강조하는 정치 철학이다. 포용금융(Inclusive Finance)에 대한 공동체주의적 접근은 개인이 아닌 공동체 전체의 복지와 번영을 고려하는 방식으로 이루어진다.

1. 사회적 연대와 협력

공동체주의는 개인의 경제적 행위가 공동체 전체의 복지에 기여해야 한다고 본다. 포용금융은 모든 사람들이 금융 서비스에 접근할 수 있도록 함으로써 사회적 연대와 협력을 강화하는 데 중요한 역할을 한다. 예를 들어, 마이크로크레디트나 소액 대출 프로그램을 통해 빈곤층이나 금융 서비스에 접근하기 어려운 사람들이 경제 활동에 참여할 수 있게 함으로써, 공동체 전체의 경제적 안정을 도모할 수 있다.

2. 공동체의 책임

공동체주의자들은 금융 서비스의 접근성을 보장하는 것이 공동체의 책임이라고 본다. 이는 특히 약자와 소외된 사람들을 지원하는 역할을 포함한다. 공공 및 민간 금융 기관이 협력하여 포용금융을 촉진하고, 이를 통해 공동체 구성원들이 경제적 기회를 공평하게 누릴 수 있도록 해야 한다.

포용금융은 공동체의 공동선을 추구하는 데 기여할 수 있다. 모든 사람이 금융 서비스에 접근할 수 있게 함으로써 경제적 불평등을 줄이고, 공동체 구성원들의 삶의 질을 향상시킬 수 있다. 이는 교육, 의료, 주거 등 다양한 분야에서의 경제적 기회를 확대하는 데 중요한 역할을 한다.

3. 기부에 대한 공동체주의의 입장

공동체주의는 기부와 자선을 개인의 도덕적 의무뿐만 아니라 공동체 전체의 복지를 위한 중요한 수단으로 본다. 개인이 자신의 부를 공동체와 나누는 것이 도덕적 의무라고 본다. 이는 사회적 연대와 책임감을 강화하는 방식이며 기부는 단순히 개인적인 선행을 넘어서, 공동체의 결속력과 신뢰를 강화하는 역할을 한다.

공동체주의적 관점에서 기부는 공동체의 필요에 맞추어 이루어져야 한다. 이는 개별적인 기부가 아니라, 공동체의 복지를 증진시키기 위한 조직적이고 체계적인 자선 활동을 지향한다. 예를 들어, 지역 사회의 교육, 의료, 주거 문제를 해결하기 위한 기금 마련과 같은 활동이 포함된다.

종합적으로, 공동체주의적 관점에서는 포용금융과 기부가 개인의 경제적 자유와 권리뿐만 아니라 공동체의 전체적 복지를 증진시키는 중요한 도구로 간주된다. 이는 사회적 연대와 책임을 강화하고, 공동체의 결속력을 높이며, 지속 가능한 지원을 통해 공동체 전체의 번영을 도모하는 데 기여한다고 주장한다.

[마이클 샌델의 공동체주의적 접근]

샌델의 주장으로 추론해 보면 공동체의 연대감을 강화하고, 모두가 함께 번영할 수 있는 사회를 만들기 위한 포용정책을 추진해야 한다. 이러한 철학적 근거들을 바탕으로, 샌델 교수의 입장에서 국가는 서민과 취약계층을 위한 포용정책을 적극적으로 추진해야 한다는 입장을 추론할 수 있다. 샌델 교수의 저서 "정의란 무엇인가(Justice: What's the Right Thing to Do?)"에서 그는 여러 철학적 접근을 통해 정의와 도덕적 판단에 대해 탐구한다. 샌델의 주요 주장은 다양한 철학적 관점을 통합하여 현대 사회에서 정의로운 사회를 구성하는 요소들을 분석하는 것이다. 그의 견해를 바탕으로 국가가 서민과 취약계층에 대한 포용을 어떻게 해야 하는지 추론할 수 있다.

Ⅴ. 자유지상주의와 포용금융

자유지상주의(Libertarianism)는 개인의 자유와 자율성을 최우선으로 하는 정치철학이다. 이는 경제적, 사회적 자유를 강조하며, 국가의 개입을 최소화하려는 입장을 취한다.

1. 자유지상주의의 기본 입장

자유지상주의자들은 개인의 자유를 중시하기 때문에, 금융 서비스에 대한 접근권도 개인의 자유와 선택에 맡겨야 한다고 본다. 그들은 정부가 금융 시장에 과도하게 개입하는 것을 반대하며, 금융 서비스의 접근성을 향상시키기 위해 규제를 완화하고, 경쟁을 촉진하는 것이 중요하다고 믿는다.

자유지상주의자들은 개인이 스스로의 금융 선택을 할 수 있는 자유를 강조한다. 이는 금융 서비스에 대한 접근성 또한 개인의 선택과 시장의 자율적인 기능에 맡겨야 한다는 것을 의미한다. 규제 완화에 대해서는 금융 산업에 대한 정부의 규제를 최소화하고, 자유 시장의 경쟁을 통해 금융 서비스의 다양성과 접근성을 높이는 것이 중요하다고 주장한다. 이를 통해 자연스럽게 포용금융이 실현될 수 있다는 입장이다. 자유지상주의자들은 비정부 조직이나 민간 기업이 자발적으로 포용금융을 촉진하는 역할을 해야 한다고 믿는다. 예를 들어, 마이크로파이낸스나 핀테크 기업들이 기술을 이용해 금융 서비스의 접근성을 높이는 것을 지지한다. 포용적 금융(Inclusive Finance)은 모든 사람, 특히 금융 서비스에 접근하기 어려운 사회적 약자들이 금융 서비스에 쉽게 접근할 수 있도록 하는 것을 목표로 한다. 따라서 자유지상주의자들은 이러한 개념에 여러 가지 이유로 반대할 수 있으며 긍정적인 측면도 적지 않다.

2. 포용금융에 대한 태도

자유지상주의는 원칙적으로 정부의 개입을 반대한다. 자유지상주의자들은 정부가 금융 서비스에 개입하면 시장의 자연스러운 경쟁과 효율성을 왜곡할 수 있다고 믿는다. 이들은 금융 서비스의 접근성 문제도 시장의 자율적인 조정을 통해 해결되어야 한다고 본다. 즉 정부 주도의 포용적 금융 정책이 비효율적일 수 있으며, 자원이 잘못 배분될 가능성이 있다고 주장한다. 시장이 자율적으로 기능할 때 더 효과적으로 자원이 배분될 것이라고 믿는다.

자유지상주의자들은 개인의 경제적 결정과 책임을 중요하게 여긴다. 금융 서비스에 접근하는 것도 개인의 선택과 노력에 따른 결과로 보아야 하며, 정부가 이를 인위적으로 조정하는 것은 개인의 자유와 책임을 침해한다고 생각한다. 또한 정부의 포용적 금융 정책이 개인의 자립을 저해하고, 정부에 대한 의존성을 증가시킬 수 있다고 본다. 이는 개인의 자율성을 약화시키는 결과를 초래할 수 있다는 것이다.

따라서 자유지상주의자들은 자유 시장의 경쟁과 혁신이 금융 서비스의 접근성을 자연스럽게 개선할 것이라고 믿는다. 핀테크 기업이나 마이크로파이낸스 등 민간의 자발적 혁신이 포용적 금융을 달성하는 더 효과적인 방법이라고 주장한다. 시장 참여자들이 자율적으로 금융 접근성 문제를 해결할 수 있으며, 정부의 개입 없이도 다양한 금융 서비스가 개발되고 확산될 수 있다고 본다.

자유지상주의자들은 포용적 금융이 개인의 자유와 시장의 자율성을 침해한다고 보아 반대하는 경향이 있다. 그들은 정부의 개입 없이 자유 시장의 경쟁과 혁신을 통해 금융 서비스의 접근성이 자연스럽게 개선될 것이라고 믿는다. 또한, 개인의 경제적 결정과 책임을 중시하며, 정부 주도의 포용적 금융이 이러한 원칙에 반한다고 생각한다.

3. 기부에 대한 입장

기부에 대해서도 자유지상주의자들은 개인의 자율성과 선택을 강조한다. 그들은 기부가 자발적인 행위여야 하며, 강제적이거나 정부 주도의 복지 시스템을 통해 이루어지는 것을 반대한다. 기부는 개인의 자발적인 선택이어야 한다고 본다. 이는 개인이 자신의 재산을 어떻게 사용할지에 대한 권리가 있으며, 기부는 그 선택의 일부로 존중되어야 한다는 입장이다. 따라서 그들은 세금이나 정부의 강제적인 재분배 정책을 통해 이루어지는 기부나 복지를 반대한다. 이러한 강제적 재분배는 개인의 자유를 침해한다고 믿기 때문이다. 민간 자선에 있어서도 자유지상주의자들은 민간 자선 단체와 비정부 조직이 자발적인 기부를 통해 사회적 약자를 돕는 역할을 해야 한다고 본다. 이는 개인의 자유를 침해하지 않으면서도, 사회적 문제를 해결할 수 있는 방법이라고 생각한다.

종합적으로, 자유지상주의자들은 포용금융과 기부 모두에서 개인의 자유와 자율성을 강조한다. 그들은 정부의 개입을 최소화하고, 자유 시장과 자발적인 행위를 통해 사회적 문제를 해결하는 것을 지지한다.

제2편

한국의 포용금융 : 정부의 현황과 미래

제1장 금융 불평등 완화

> 포용금융은 경제의 거친
> 조각품의 표면을 부드럽게 한다.

I. 서론

사이먼 쿠츠네츠[38]가 1950년대 제안하였던 가설, "경제 성장 초기에 소득 불평등이 증가하지만, 경제가 성숙하고 발전할수록 불평등이 감소한다"는 주장은 현대에 와서 모든 국가나 모든 상황에 적용되지 않는다는 비판을 받고 있다. 소위 쿠츠네츠 곡선(Kuznets Curve)[그림1]과 토마 피케티[39] 곡선[그림2]은 그래프에서 보듯이 경제성장에 따른 불평등도 분석에 있어 대조적인 결과를 보여주고 있다.

[그림1] 쿠츠네스곡선

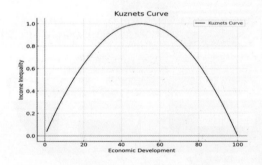

[그림 2] 피케티 곡선

---

38) 쿠츠네츠(Kuznets)는 특히 "쿠츠네츠 곡선(Kuznets Curve)"으로 잘 알려져 있으며 경제 발전과 소득 분배의 관계를 설명하는 이론이다. 쿠츠네츠 곡선은 경제 성장 초기에는 소득 불평등이 증가하지만, 경제가 성숙하고 발전할수록 불평등이 감소하는 경향이 있다는 가설을 제시한다. 이 곡선은 종종 그래프로 표현되며, 일반적으로 뒤집힌 U자 형태를 가지고 있다. 산업화와 경제 성장 초기에는 자원이 특정 그룹이나 지역에 집중되기 때문에 소득 불평등이 증가한다. 경제가 발전하면서 더 많은 사람들이 산업 활동에 참여하고, 교육과 기술이 보편화되면서 소득 불평등이 감소한다. 경제가 성숙하고 고도화되면서 소득 분배가 더 균등해지고, 불평등이 감소하는 경향을 보인다고 주장한다. 쿠츠네츠의 연구는 1955년에 발표되었으며, 그의 분석은 19세기 후반에서 20세기 초반까지의 데이터에 기반을 두고 있다.

39) 토마 피케티(Thomas Piketty)는 프랑스의 경제학자로, 2013년에 출간한 "21세기 자본"에서 현대 경제의 불평등 문제를 분석하면서 주목을 받았다. r] g 불평등 공식(r=자본으로부터 얻는 이익률, g=경제 성장률) 대표적인 주장이다.

한국 사회는 자본주의 도입으로 급격한 경제 성장과 함께 다양한 사회적 변화를 겪어왔다. 그러나 이러한 발전에도 불구하고 불평등 결과는 쿠츠네츠보다는 피케티에 더 가깝다고 할 수 있다. 불평등은 심화되고 있으며 소득 불평등, 자산 불평등, 금융 접근성의 격차 등 다양한 형태로 나타나며, 이는 사회적 갈등을 야기하는 원인으로 작용하고 있다. 본 글에서는 불평등의 주요 원인을 살펴보고 파급효과가 큰 금융 불평등 문제에 집중하여 이해하고, 해결하기 위한 방안을 모색하고자 한다.

Ⅱ. 한국의 불평등 상황

김용하는 그의 논문 "금융화와 소득불평등 : 한국 사례 연구"[40]에서 금융 자산의 불균등한 소유와 금융 시장의 확대가 고소득층에 유리하게 작용함으로써 소득 격차가 심화된다고 주장한다. 금융화는 경제 전반에 과도하게 영향력을 가짐으로써 자산 가격 상승, 자산 소유 여부에 따른 계층 간 불평등이 심화로 이어진다고 보았다. 금융화는 1990년대 이후 한국은 급격한 경제 성장과 함께 금융화가 빠르게 진행되었다고 분석하였다.

이승현와 박정훈가 공동으로 발표한 "금융 자산 격차와 자산소득의 불평등"[41]이라는 논문에서 가계 데이터를 통해 금융 자산 격차가 자산 소득 불평등에 미치는 영향을 분석하였다. 저자들은 금융 자산의 소유가 매우 불균등하게 분포되어 있으며, 이는 자산 소득의 불평등을 초래하는 주요 요인이라고 주장한다. 특히, 고소득층은 금융 자산에서 더 많은 수익을 창출할 수 있어 자산 불평등이 소득 불평등으로 이어진다고 설명하며 금융 자산의 평등한 분배를 촉진하기 위한 정책적 개입이 필요함을 강조하였다.

금융 자산의 불평등이 소득 불평등을 악화시키는 주요 경로는 ① 자본

---

40) 김용하(2018년), 금융화와 소득불평등 : 한국 사례 연구, 사회경제평론, 제30권 제1호, pp. 101-125
41) 이승현, 박정훈(2017년), 금융 자산 격차와 자산소득의 불평등, 금융경제연구, 제34권 제4호, pp. 155-180

소득 집중화 → ② 자산 가격 상승 → ③ 금융 시장 접근성의 차이 심화로 고소득층은 금융 시장에 더 쉽게 접근할 수 있으며, 이들이 더 나은 금융 상품과 투자 기회를 통해 추가적인 소득을 창출할 수 있는 데 반해 저소득층은 금융 시장에 접근하는 데 제약이 있으며, 이는 소득 불평등을 더욱 심화시키는 요인으로 작용한다고 주장한다.

한국의 소득불평등과 금융불평등을 다루는 그 밖의 다수 연구[42]들은 한국의 불평등 상황은 소득, 자산, 금융, 교육, 지역 등 다양한 영역에서 심화되고 있으며, 이는 각종 통계를 통해서도 확인된다.

1. 소득 불평등

소득 불평등은 금융 불평등의 근본 원인 중 하나이다. 소득의 격차는 금융 자산 축적의 차이를 초래하며, 이는 다시 금융 불평등을 심화시킨다.

소득 불평등을 나타내는 대표적인 지표로 지니계수(균등화 처분가능소득 기준)와 소득 5분위 배율이 있다. 한국의 지니계수는 2021년 0.333으로 OECD 평균(0.317)보다 높으며.(출처: 통계청, OECD), 소득 상위 20% 가구의 평균 소득을 하위 20% 가구의 평균 소득으로 나눈 배율(소득 5분위 배율)은 2021년 5.34배로, 2017년(4.61배)에 비해 크게 증가했다.(출처: 통계청)

2. 자산 불평등

자산 불평등은 소득 불평등을 넘어서는 더 큰 문제이다. 자산은 단순한 소득 이상으로 경제적 안전망과 미래의 경제적 기회를 제공하기 때문이다.

한국자산 불평등도 심각한 수준이다. 2020년 기준 순자산 지니계수는

---

42) 김소영, 김상균(2020년). 한국의 소득 불평등 변화와 요인 분석. 한국경제학회 경제학 연구. 제68권 제3호, pp. 203-232
   그 외, 이경민(2019년). 한국의 소득 불평등 결정 요인. 경제발전연구. 제24권 제2호, pp. 77-105
      정우성(2021년). 가계 부채와 금융 불평등. 사회과학연구. 제39권 제1호, pp. 45-70

0.595로 OECD 국가 중 매우 높은 편이며(출처: OECD), 상위 10%가 전체 토지 자산의 68.3%를 소유하고 있는 반면, 하위 50%는 2.5%만을 소유하고 있어(출처: 국토교통부) 부동산 자산 격차가 특히 심각하다.

3. 금융 접근성의 격차

금융 접근성의 격차는 개인이나 가구가 금융 서비스를 이용하는 데 있어 겪는 차이이다. 이는 금융 교육의 부족, 금융 인프라의 불균형, 금융 상품의 접근성 제한 등에서 기인한다. 2020년 한국인터넷진흥원 자료에 따르면, 고소득 가구의 95% 이상이 인터넷 뱅킹을 이용할 수 있는 반면, 저소득 가구의 인터넷 뱅킹 이용률은 70%에 불과하며 한국개발연구원(KDI)에 따르면, 저소득층의 금융 문해율은 고소득층에 비해 약 40% 낮다. 다만, 통장보유율, ATM보유 비율 등의 접근성은 다른 나라에 비하여 상대적으로 높은 수준이다(출처 : 월드뱅크)

4. 교육 불평등[43)

금융 교육의 부족은 금융 불평등의 중요한 원인 중 하나이다. 금융 지식의 부족은 잘못된 금융 결정과 과도한 부채를 초래할 수 있다. 한국은행 조사에 따르면, 성인의 50% 이상이 기본적인 금융 지식이 부족하다고 응답했으며 저소득층과 고령층의 금융 문해율은 평균보다 현저히 낮다. 고소득층 자녀의 대학 진학률은 저소득층 자녀에 비해 현저히 높아 2021년 기준 고소득층 자녀의 대학 진학률은 79.6%인 반면, 저소득층 자녀는 55.6%에 불과하며.(출처: 통계청) 고소득층 자녀의 사교육 참여율은 저소득층 자녀에 비해 2배 이상 높다.(출처: 교육부)

5. 지역 불균형

---

43) 제6장 참조

한국은 수도권 집중 현상이 심각하며, 이는 지역 간 불균형을 심화시키는 요인으로 작용한다. 수도권에 인구, 자본, 기업 등이 집중되면서 지역경제는 더욱 어려움을 겪고 있다.(출처: 통계청)

한국의 불평등은 단순한 사회 문제를 넘어 경제 성장을 저해하고 사회통합을 저해하는 심각한 문제로 인식되고 있다. 정부는 소득 불균형 완화, 자산 격차 해소, 교육 기회 균등, 지역 균형 발전 등 다양한 정책을 통해 불평등 해소에 노력해야 한다. 특히 자본주의 사회에서 기회의 원천이 되는 금융 불평등은 이러한 사회 불평등에 직간접으로 영향을 미치고 금융 불평등은 사회적 불평층과 격차에 상호영향을 주기에 금융 불평등에 대한 연구는 불평등 해소의 출발점이다.

Ⅲ. 한국의 금융 불평등 상황

2000년대 들어 한국의 경제적 불평등이 심화되어, 많은 서민들이 금융서비스 접근성이 악화되었다. 특히 신용이 낮거나 소득이 불안정한 사람들은 합리적인 수준의 금리로 대출을 받기 어려워졌다. 또한 금융권 밖에서 고금리나 불법 사채를 이용하는 서민들이 많아지면서[44], 이들로 인한 부채 문제와 함께 사회적 문제도 크게 늘어났다. 이에 따라 정부는 서민들의 금융 접근성을 높이기 위해 다양한 정책을 추진해 왔고, 이를 촉진하기 위하여 2016년 9월 서민금융진흥원을 설립하였다.

서민금융진흥원은 기존에 운영되었던 다양한 서민금융 지원 프로그램과 제도를 하나로 통합하여 효율성을 높이고자 '서민의 금융생활 지원에 관한 법률'에 그 근거를 두고 있다. 이는 서민금융 지원을 위한 체계적인 운영과 지속 가능한 관리가 가능하도록 하기 위한 조치로 서민들에게 저금리 대출, 채무 조정, 금융 교육 및 상담, 자산 형성 지원 등이다. 이를 통해 서민들의 경제적 자립을 돕고, 전반적인 금융 복지를 향상시키는 것을 목표로 하고 있다. 새희망홀씨, 햇살론, 미소금융 제도를 통하여 서민들에게 많은 서민들이 금융 어려움을 덜어 주고 있다. 그럼에도 불구하고

---

44) 서민금융연구원(2018~2024년). 대부업·사금융이용자 및 업계동향 조사분석

소득 양극화와 금융 양극화가 가중되어 서민들의 금융애로는 좀처럼 개선될 기미가 보이지 않고 있다.

[표 2]의 가계금융복지조사에 따르면 소득 1분위의 가구당 금융부채 점유율은 4%수준인데 비하여, 4분위, 5분위 점유율은 각각 약 24%, 45% 수준으로 저신용자의 금융이용 접근성 격차가 매우 큰 수준임을 알 수 있다.

[표 2] 소득 5분위별 가구당 금융부채 보유액 및 점유율

(단위:만원,%,%p)

구 분		전체	1분위	2분위	3분위	4분위	5분위
평균	2019년	7,910	1,610	3,735	6,653	9,838	17,712
	2020년	8,256	1,752	4,056	6,851	9,975	18,645
	증감률	4.4	8.8	8.6	3.0	1.4	5.3
점유율	2019년	100.0	4.1	9.4	16.8	24.9	44.8
	2020년	100.0	4.2	9.7	16.6	24.2	45.2
	전년차		0.2	0.4	-0.2	-0.7	0.4

자료 : 통계청, 한국은행, 금융감독원 "가계금융복지조사"

소득 분위별 금융부채 보유 가구 비율을 통해서도 접근성을 살펴 보면 소득 1분위는 가구의 27.4%만 대출을 이용하지만, 4분위, 5분위는 각각 71.9%, 71.5%로 역시 접근성에 있어 심한 격차가 있음을 알 수 있다.

[표 3] 소득 5분위별 금융부채 보유 비율

(단위: %)

분 위	1분위	2분위	3분위	4분위	5분위
비율	27.4	52.4	65.4	71.9	71.4

자료 : 통계청, 한국은행, 금융감독원 "가계금융복지조사"

금융안정보고서를 보면 2020년 3/4분기 저신용자는 가계대출의 4.7%를 이용하는데 비하여, 4등급 고신용자는 76.8%를 차지하여 그 격차는 과거에 비해 점점 더 벌어지고 있음을 알 수 있다.

[표 4] 신용등급별 가계대출 구성비

(단위:,%)

	신용등급별		
	고신용	중신용	저신용
2016	65.7	27.2	7.1
2017	68.7	25.0	6.3
2018	70.8	23.3	5.9
2019	74.9	19.9	5.1
2020.3/4	76.8	18.5	4.7

자료 : 한국은행, "금융안정보고서"

서민금융연구원의 조사에 따르면 펜데믹 이후 고물가, 고금리로 인해 연체발생자가 늘고(2백만명(22년)→ 2.5백만명(23년)) 불법사금융 이용자도 100만명(서민금융연구원 6년간 대부조사 누적수)을 넘어서고 1년 이상의 장기 연체자들도 200만 명이 넘는 것으로 조사되고 있다.

1. 2007년~2015년 업권별 저신용자 금융 접근성[45]

한국의 민간서민금융기관들은 은행, 저축은행. 상호금융, 여신금융회사. 신용카드사 등 중층구조를 형성하고 있어 외형적으로는 서민금융공급에 문제가 없어 보인다. 그러나 신용대출보다는 담보대출을 지나치게 의존하고, 신용등급보다 높은 대출이자를 부과하는 등 실제 금융약자가 필요로 하는 금융공급은 충분치 못하다.[46]

금융시장에서 신용이 낮다고 해서 금융서비스를 이용하지 못하거나 지나치게 높은 금리를 부과한다면 저신용자들은 생존가능성은 낮고, 사회적으로 불안정 요인으로 작용하게 된다. 2007년 글로벌 금융위기 이후 전체 가계대출에 대한 충격은 일시적이었으나 저신용자에 대한 충격은 장기화. 고착화되어 민간 금융시장의 이용이 더욱 힘들어지거나 고금리대출을 이용할 수 밖에 없는 상황에 직면하고 있는 것으로 나타났다.

전체 금융기관 신용등급별 대출 추이를 살펴보면 금융위기 이전 2007년에 비해 총대출은 증가하였으나 저신용 등급(7~10등급)에 대한 대출은 규모

---

45) 요약 : 남주하외 3인(2017.11.). 포용금융과 금융약자를 위한 미래. 무역경영사
46) ibid.

자체도 감소((123조 원 → 67조 원)했을 뿐더러 비중도 2007년의 19%에서 2015년에는 7%로 크게 축소되었다. 반면 고신용 등급(1~3등급)은 2007년의 311조에서 2015년에는 621조 원으로 2배 증가하였고, 비중도 48%에서 65%로 17%p 증가하여 위기 이후 대부분 금융기관들이 상환가능성이 높은 우량신용 등급에 치중하여 대출을 운용하는 것으로 나타났다.

[그림 3] '07.6~'15 신용등급별 대출 변동

[그림 4] '07.6~'15 신용등급별 대출 비중 변동

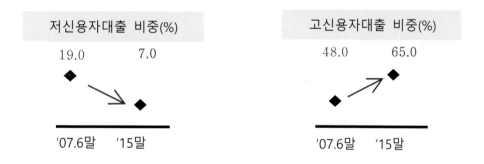

전 국민 등급별 인원 비중 추이를 보면 신용등급의 전반적인 상향조정이 있다고 하더라도 그 비중에 큰 변화가 있었다. 저신용자의 대출비중은 2007년 23%에서 11%로 크게 낮아진 반면, 고신용자는 31%에서 46%로 크게 높아졌다.

[그림 5] 07.6~'15 신용등급별 차주수 비중 변동

저신용자 인원 비중(%)

23.0   11.0

'07말   '15말

고신용자 인원 비중(%)

31.0   46.2

'07말   '15말

경기변동 및 신용등급 기준 변화가 저신용자[47]들에 미치는 충격이 금융기관별로 다르게 나타나고 있다. 먼저 저신용대출의 전체 증가율은 2008년 이후 2015년까지 7년 동안 40% 감소하였으며 평균적으로 매년 7% 감소율을 보였다.

금융기관별 신용대출 감소율을 살펴보면 저축은행이 누적 ▽16%(연평균 ▽2%)로 감소 정도가 가장 적은 것으로 나타났으며, 그 다음이 신협으로 누적 ▽28%(연평균 ▽4%), 은행과 새마을금고는 누적 ▽32%(연평균 ▽5%) 순이었다. 저신용자에 대한 신용공급축소가 가장 심한 금융기관은 단위조합으로 누적 ▽53%(연평균 ▽10%)로, 카드사로 누적 ▽49%(연평균 ▽8%)의 감소가 이루어졌다. 결론적으로 서민금융기관이라고 할 수 있는 단위조합과 카드사의 저신용자에 대한 대출 축소가 상대적으로 크고 그중에서 저축은행은 상대적으로 가장 작았다.

[그림 6] '08~'15 권역별 저신용자 대출 감소율   (단위: %)

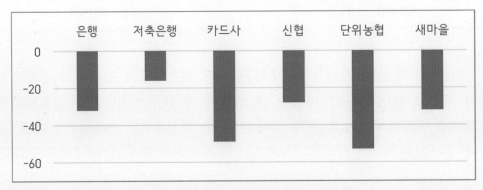

---

47) 과거의 신용등급평가 10단계의 7~10등급 신용자

'07.6월~ '15년, 약 8년간 추이를 구체적으로 보면 은행권은 5%p(9% →4%) 소폭 감소한 반면, 카드대출은 31%p(47% → 16%), 신협은 30%p(45% → 15%), 새마을금고는 25%p(37% → 12%), 저축은행은 24%p(68% → 44%), 단위조합은 24%p(36% → 12%) 순으로 감소 폭이 큰 것으로 나타났다. 각 금융기관별 저신용자 대출 비중의 추이에 의하면 전체적으로 그 비중이 축소되었다. 처음부터 저신용자 비중이 적은 은행은 상대적으로 비중 축소가 작았으나 은행 외 금융기관들 특히 카드사, 신협의 저신용자 대출 비중 축소가 매우 큰 것으로 나타났다. 권역별 저신용자 취급 비중은 2008년 저축은행>카드사>신협>새마을금고>단위조합>은행 순이며 2015년에도 순위에는 변화가 없다. 저축은행이 서민금융기관으로서의 역할을 지속저으로 수행하고 있는 것으로 나타났다.

[그림 7] '08~'15 권역별 저신용자 대출 비중 변동   (단위: %)

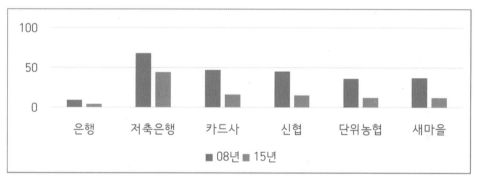

반면, 고신용 등급의 권역별 비중 추이에 의하면 저축은행을 제외하고는 모든 기관들에서 고신용 동급의 비중이 상승한 것으로 나타나고 있어 글로벌 금융위기 이후 위험이 낮은 고신용 등급에 대한 대출을 확대한 것으로 나타났다. 고신용 등급의 금융기관별 추이를 살펴보면 저축은행은 9%p 감소한 반면(13% → 2%), 신협은 28%p(21% → 39%). 새마을금고는 28%p(21% → 49%), 은행은 18%p(59% → 77%), 단위조합은 18%p(28% → 46%), 카드대출은 15%p(4% → 19%) 순으로 증가한 것으로 나타났다.

[그림 8] '08~'15 권역별 고신용자 대출 비중 변동

(단위: %)

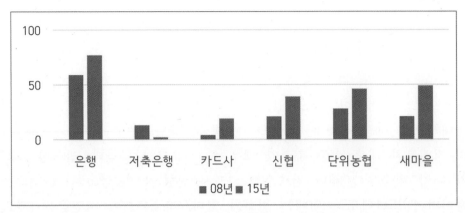

전체적으로 요약하면 서민대상 신용대출이 감소하여 서민들의 돈 빌리기가 더욱 어려워지고 있음을 알 수 있다. 은행의 경우에는 저신용 서민대출이 원래 적은데다 그 비중의 변화가 없었으나, 서민금융기관이라 불리는 상호금융권에서는 서민금융 공급이 크게 감소한 것으로 나타났다. 그나마 저축은행에서는 신협이나 새마을금고와 달리 신용등급 7~8 등급에 대해서도 대출을 실행하고 있는 것으로 나타나 상대적으로 서민금융기관으로서의 역할을 수행하고 있는 것으로 나타났다.

2. 최근(2022년 ~ 2023년)의 권역별 등급별 대출 추이

[저신용자에 대한 금융소외 현상 심화]

펜데믹 이후 금융접근성을 보면, 2023년 금융회사의 신용대출 총액은 126조 원으로 전년 131조 원에 비해 소폭(▽4.1%) 감소하였다. 등급별로 보면 저신용자(CB평점 하위 20% 이하)의 신용대출 2023년 15조 4천억 원으로 전년 24조 3천억 원에 비해 크게 감소(▽36.6%)한 반면, 고신용자(CB평점 상위 20% 이상) 신용대출은 2022년 18조 8천억 원에서 2023년 23조 9천 억원으로 크게 증가(△27.1%)하였다. 2007년 ~ 2015년 상황과 달라지지 않았으며 금융 불평등도는 더 심해지고 있다고 평가할 수 있다.

[그림 9] '22~ '23 등급별 신규 신용대출 추이

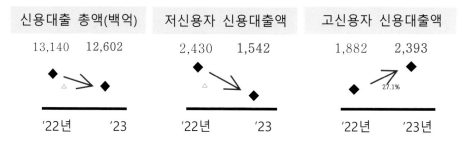

신용대출 총액(백억)	저신용자 신용대출액	고신용자 신용대출액
13,140 12,602	2,430 1,542	1,882 2,393

'22년   '23   '22년   '23   '22년   '23년

권역별로 살펴보면 그동안 저신용자 대출에 있어 중요한 비중을 차지하였던 저축은행의 저신용자 신규 신용대출 금액 감소가 두드러진다. 2022년 9조 2천억원에서 2023년 5조 2천억 원으로 42.8% 감소하여 평균 감소율(▽ 36.6%) 상회하였다. 다음으로 카드사가 2022년 6조 3천억 원에서 2023년 5조 원으로 20.9% 감소하였고 서민금융의 마지막 보루라고 여겨지는 대부업마저 2022년 2조 6천억 원에서 7천억원으로 71% 감소하여 경기가 어려워질수록 저신용자의 금융접근성이 훨씬 더 악화된다는 사실을 보여주었다.

[그림 10] '22~ '23 권역별 저신용자 신규 신용대출 변동

(단위:백억원)

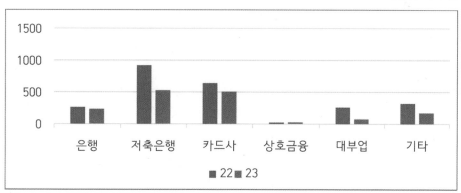

권역별 저신용자에 대한 대출 비중을 살펴보면 저축은행이 34.2%로 여전히 서민금융기관으로서 서민의 금융접근성에 크게 기여하고 있으며, 그 다음으로는 카드32.8%, 은행 15.1 대부업 10.8% 순이다. 상호금융의 저신

용자에 대한 대출 비중이 2023년 1.8%에 불과하여 서민에 대한 포용금융을 높여야 한다고 생각한다. 2023년 저신용자에 대한 전체 대출 비중은 12.2%로 전년에 비해 6.3%p 축소되었다. 권엽별로는 대부업 및 저축은행이 전년에 비해 각각 5.9%p, 3.7%p 축소된 반면, 카드사 및 은행은 각각 6.5%p, 4.2%p 확대되었다.

[그림 11] '22~ '23 권역별 저신용자 신규 신용대출 비중

(단위:%)

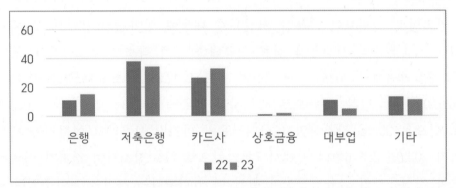

반면, 고신용자에 대한 권역별 신규 신용대출 추이를 살펴보면 은행의 고신용자 대출의 증가세가 두드러진다. 2022년 13조 5천억 원에서 2023년 17조 5천억 원으로 전년대비 4조 원이 증가하였다. 다음으로 카드사가 2022년 2조 7천억 원에서 2023년 3조 3천억원으로 20.8% 증가하였다. 고신용자에 대한 신용대출 비중은 은행이 70% 이상을 차지하고 있으며 카드사 13.9%, 상호금융 7.4% 순이다.

[그림 12] '22~ '23 권역별 고신용자 신규 신용대출 변동

(단위:백억원)

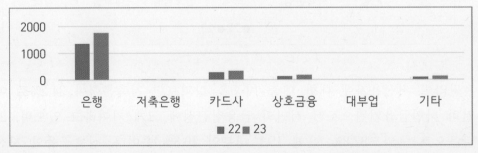

[그림 13] ‘22~ ‘23 권역별 고신용자 신규 신용대출 비중

(단위: %)

* 권역별 상위 20% 이상 신용대출 금액/상위 20% 이상 신용대출 총 금액)x100

2023년 금융회사의 신규 신용대출 차주는 751만명으로 전년 801만명에 비해 소폭(▽6.4%) 감소하였다. 등급별로 보면 저신용자(CB평점 하위 20% 이하)의 신용대출 차주는 2023년 141만명으로 전년 178만명에 비해 감소 (▽20.9%)한 반면 고신용자(CB평점 상위 20% 이상)는 2022년 64만명에서 2023년 74만명으로 증가(△15.2%)하여 대조적인 현상을 보여 주었다.

[그림 14] ‘22~ ‘23 등급별 신규 신용대출 차주수 추이

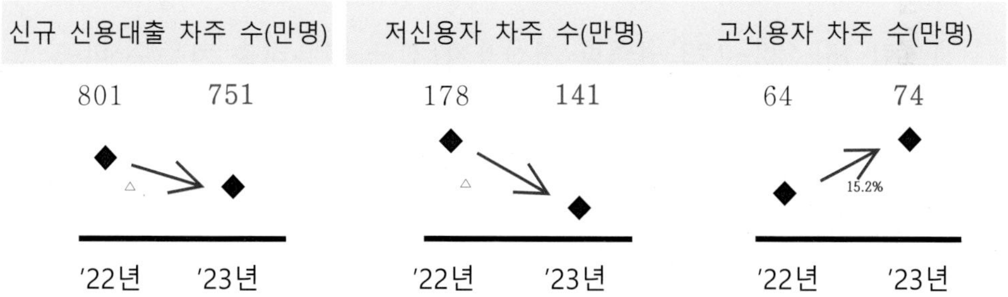

신규 신용대출 차주 수(만명)	저신용자 차주 수(만명)	고신용자 차주 수(만명)
801 751	178 141	64 74
'22년 '23년	'22년 '23년	'22년 '23년

권역별로 살펴보면 그동안 저신용자 이용 비중이 높았던 카드사는 2022년 75만명 수준에서 58만명 수준으로 17만명이 감소(▽23.5%)하였고, 저축은행은 2022년 49만명에서 2023년 34만명 수준으로 15만명이 감소(▽30.0%)하였다. 서민금융의 최후 보루라고 여겨지는 대부업 이용자도 2022년 14만명에서 6만명으로 축소되어 불법사금융으로 내몰린 저신용자도 상당수 될 것으로 추정된다.

[그림 15] '22~ '23 권역별 저신용자 신규 차주수 변동

(단위:천명)

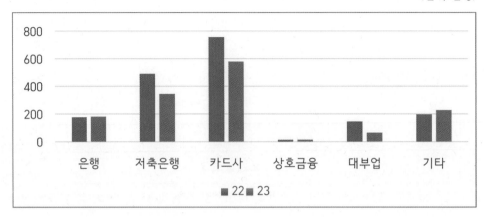

권역별 저신용자에 대한 대출 비중을 살펴 보면 카드사>저축은행>은행>대
부업>상호금융의 순이다. 권역별 저신용자에 대한 접근성 기여도를 비교해
보면 전년에 비해 다소 줄어 들기는 했지만, 카드사가 신규 신용대출시 저신
용자 차주의 41.1%(2022년 42.5%)를 공급하고 있으며 저축은행이 24.4%(2022
년 27.5%), 은행이 12.8%(2022년 9.9%) 순이다. 서민금융기관으로서의 상호금
융의 서민금융 포용도는 1% 미만으로 적극적인 확대 정책이 요구된다.

[그림 16] '22~ '23 권역별 저신용자 신규 신용대출 차주수 비중

(단위: %)

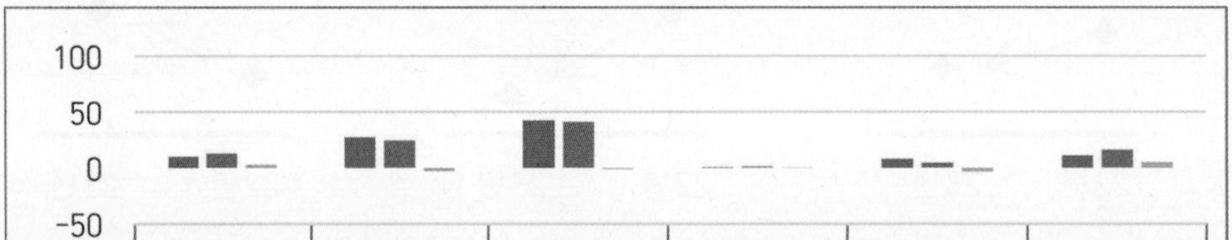

	은행	저축은행	카드사	상호금융	대부업	기타
■ 22	9.9	27.6	42.5	0.7	8.1	11.1
■ 23	12.8	24.4	41.1	0.9	4.6	16.2
■증감	2.9	-3.2	-1.4	0.2	-3.5	5.1

■ 22 ■ 23 ■ 증감

반면, 고신용자에 대한 권역별 신규 신용대출 차주수를 살펴보면 2023년 은행의 고신용자 차주수는 44만명으로 전년에 비해 5만 9천명(15.4%), 카드사가 20만 6천명으로 전년 17만 4천명대비 3만 2천명(18.3%), 상호금융은 4만 8천명으로 전년 4만 3천명에 비해 5천명(11.6%) 증가하였다. 고신용자에 대한 신용대출 차주 비중은 은행 59.7%]카드사 27.8%] 상호금융 6.5% 순이다.

[그림 17] '22~ '23 권역별 고신용자 신규 차주수 변동

(단위:천명)

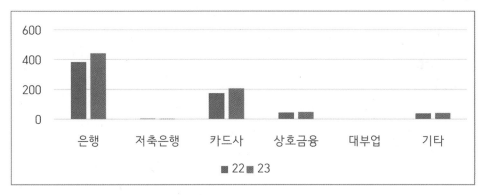

[그림 18] '22~ '23 권역별 고신용자 신규 신용대출 차주수 비중

(단위: %)

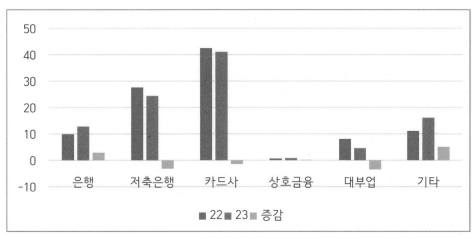

[표 5] '22~ '23 권역별·등급별 신규 신용대출

(단위 : 천명)

CB평점	은행		카드사		저축은행		상호금융		대부업		기타		계	
	'22	'23	'22	'23	'22	'23	'22	'23	'22	'23	'22	'23	'22	'23
상위10%이상	573	745	135	164	5	5	60	83	0	0	48	55	823	1,052
상위10~20%	779	1,010	143	172	12	8	71	95	1	0	53	57	1,059	1,341
상위20~30%	216	279	126	133	7	5	19	24	0	0	33	32	402	473
상위30~40%	888	1,035	244	260	24	14	90	105	2	0	80	72	1,327	1,487
상위40~50%	538	682	346	349	28	17	48	56	2	1	79	73	1,041	1,178
하위40~50%	913	1,071	972	971	104	77	77	81	11	4	229	191	2,305	2,395
하위30~40%	416	401	1,018	957	259	214	33	38	23	9	266	187	2,015	1,807
하위20~30%	245	202	770	657	418	291	15	16	42	14	248	148	1,738	1,328
하위10~20%	103	79	313	246	286	184	7	8	36	11	125	70	870	598
하위10%이하	161	154	326	260	634	343	17	20	226	65	196	103	1,560	944
총합계	4,834	5,657	4,392	4,170	1,777	1,156	437	526	342	104	1,358	988	13,140	12,602

[표 6] '22~ '23 권역별·등급별 신규 신용차주수 추이

(단위 : 천명)

CB평점	은행		카드사		저축은행		상호금융		대부업		기타		계	
	'22	'23	'22	'23	'22	'23	'22	'23	'22	'23	'22	'23	'22	'23
상위10%이상	154	180	81	96	1	1	19	22	-	-	17	19	272	318
상위10~20%	229	262	93	110	3	2	24	26	-	-	21	22	370	422
상위20~30%	81	92	87	93	2	1	7	7	-	-	13	14	190	207
상위30~40%	314	331	185	197	8	5	39	33	-	-	34	32	580	598
상위40~50%	246	275	266	269	10	7	22	19	1	-	38	35	583	605
하위40~50%	490	534	785	784	54	49	41	34	9	4	123	105	1,502	1,510
하위30~40%	270	271	877	828	133	128	18	17	18	8	146	113	1,462	1,365
하위20~30%	164	156	720	618	210	179	9	8	31	14	142	101	1,276	1,076
하위10~20%	70	66	363	280	164	128	4	4	26	11	81	61	708	550
하위10%이하	107	114	393	299	327	216	9	9	119	54	117	167	1,072	859
총합계	2,125	2,281	3,850	3,574	912	716	192	179	204	91	732	669	8,015	7,510

Ⅳ. 저신용자의 불법 사금융 이동 규모 추정

다음 조사는 개인신용평점이 하위 10%에 해당하는 저신용자 중 등록 대부업체의 대출 거절로 불법사금융으로 내몰린 이용자 수와 불법사금융 이용 규모에 대해 서민금융연구원의 추정 결과이다.[48] 이는 제도권 금융 기관의 금융배제로 인하여 배제된 저신용자들의 규모 및 상황을 추정하는 의미가 있으며 금융 불평등 심화로 인한 서민의 경제적 부담이 어는 정도 인가를 추정할 수 있다.

1. 불법 사금융 이동 규모 추정

NICE신용평가 자료를 활용하여 대부업 신규 총 이용자 중 2022년, 2023년 개인신용평점이 하위 10%에 해당하는 대부이용자를 동일 기준으로 구분하였고, 조회 건수와 승인 건수로 대출 승인율을 추정하였으며 이용자 설문조사 결과 추정된 1인당 불법 사금융 계좌수, 대부 거절율, 불법 사금융 이동율을 활용, 조정하는 방식으로 그 규모를 산출하였다.

2. 불법 사금융 이동 규모

2023년 등록대부업자 중 NICE의 회원수는 51개로 대부 승인자 수는 총 98천명이며 전년에 비해 △60.8%(인원수 △152천명) 크게 감소하였다.[49]

2023년 대부업 이용 저신용자의 불법사금융 이동은 4.8~8.3만명으로 전년(2022년 3.9~7.1만명)에 비해 최소 9천명, 최대 4만4천명이 증가한 수치이다.[50] 금감원의 불법 사금융 실태조사에 따라 산출된 1인당 불법 사금융 이용 금액은 13.0백만원을 가정하여 추정하면 불법 사금융 이용금액을 추정하면 2023년 약 6.2~10.7천억원(2022년 약 5.1~9.2천억원)으로 추정된다.

---

48) (NICE평가정보 기준으로는 개인신용평점 하위 10%는 평점 최대 724점 이하에 해당한 다.

49) 대부 승인자수 추이(천명) : (2023) 98 (2022) 250 (2021) 308 (2020) 327

50) 불법채권추심 관련 피해상담·신고 건수(자료 : 금감원)
['21.1~2월] 111건(연간 867건) → ['22.1~2월] 127건(연간 1,109건) → ['23.1~2월] 271건

2023년 불법 사금융이동 인원과 이동금액이 전년보다 증가한 것은 저신용자의 신규 대출자[51)]가 58.6% 감소('22년 140천명 → '23년 58천명)한 데다 대출승인율이 전년에 비해 절반 정도('22년 10.4% → '23년 5.4%) 줄어 들었고, 불법 사금융 이동률도 증가('22년 7.8% → '23년 10.4%) 하는 등의 요인이 복합적으로 작용했기 때문이라고 분석된다.

[표 7] 대부업자 대출승인율 비교

신용평점	'21년	'22년	'23년
상위 90%	13.4%	10.7%	4.2%
하위 10%	11.8%	10.4%	5.4%
평 균	12.3%	10.5%	4.9%

자료 : NICE평가정보(신용정보 조회건수 대비 승인건수)

[표 8] 불법 사금융 이동률 및 이동금액 추정

구 분	2022년	2023년
연중 신규 대출자[1)] [a]	140천명	58천명
대출승인 계좌비율[2)] [b]	10.4%	5.4%
대출거절 계좌비율 [c=100%-b]	89.6%	94.6%
대출거절 계좌비율 조정[3)] [d] (1인당 불법 사금융이용 업자수 평균)	2.4개	2.2개
조정후 대출거절 계좌비율 [e](=c/d)	37.3%	43.0%
대출거절 비율[4)] [f]	68.0%	74.1%
대부대출 거절고객수 추정[g](=(a/b)e) (조정후 대출거절 계좌비율 반영)	502천명	464천명
대부대출 거절고객수 추정 [h](=(a/b)f) (설문의 대출거절 비율 반영)	915천명	795천명
설문의 불법 사금융 이동률[5)] [i]	7.8%	10.4%
불법 사금융 이동인원 [j](=(gi)~(hi))	3.9~7.1만명	4.8~8.3만명
1인당 불법 사금융 이용액[6)] [k]	1,300만원	1,300만원
불법 사금융시장 이동금액[l](=jk) (대부업 신청자 중 6등급 이하만)	5.1~9.2천억원	6.2~10.7천억원
금리상한	2021.7월~24% → 20%	

주 : 1) NICE평가정보(대부업 이용자 하위 10% 1분위)
　　2) NICE평가정보 자료를 이용 산출 : 승인 건수/신용조회 건수
　　　(대부업 이용자 하위 10% 1분위)
　　3) 설문조사 결과 1인당 불법 사금융이용 업자수 평균(2022년 이용자 설문 8)
　　4) 설문조사 결과 대부업자 대출 신청후 거절 비율(2022년 이용자 설문 5)
　　5) 설문결과에서 나타난 불법 사금융 이동률(2023년 이용자 설문)
　　6) 금융위의 불법 사금융 실태조사('19년)

---

51) 대부 신규 대출자 추이(천명) : (2023) 58 (2022) 140 (2021) 179

3. 법정최고금리 인하와 불법사금융 이용

금융감독원이 한국갤럽 등에 의뢰하여 2017년~2022년 조사한 불법사금융 시장 이용 실태조사에 따르면 법정금리인하에 따라 불법사금융 이용금융은 2017년 6.8조 원에서 2022년 10.4조 원으로 증가하였고 이용자도 30만명이 증가한 것으로 조사되었다.

[표 9] '17~'22년 불법사금융시장 실태조사

(단위:조원/만명)

	2017년	2018년	2019년	2020년	2021년	2022년
이용규모	6.8	7.1	8.4	9.5	10.2	10.4
이용자수	52	41	56	71	76	82
표본수	5000명	5000명	1만명	5000명	5000명	5000명

(조사기관 : 한국갤럽, 2019년 충북대+한국갤럽)　　　　　　　　　　　　(금융감독원)

V. 금융 불평등 문제 상황 인식

이러한 금융 불평등과 금융 소외는 어떠한 문제점이 있을까? 금융소외를 방치하면 사회적·경제적인 악영향이 우려된다. 먼저 사회적으로 금융소외 심화는 채무재조정 등을 통해 어느 정도의 금융지원으로 구제될 수 있는 예비 금융연체자를 신용불량자 지위로 전락시킨다. 이는 곧 제도권 금융기관에서 퇴출되는 서민을 양산하고 이들이 고리의 불법사금융 시장으로 유입되면서 생존 위험에 직면하게 된다.

불법 사채업자들에 의한 불법 추심행위가 일어나거나 채무상환을 위한 범법 행위가 일어날 경우 사회문제로 비화될 가능성도 크다. 이러한 사회 불안은 결국 사회통합에 치명적인 저해요소로 작용한다. 금융소외는 궁극적으로 그 사회의 내적 갈등을 의미하며 장기화 할 경우 사회적 불안정성이 집단화되는 양상으로 나타난다.

일반적으로 사회적 충돌 가능성은 집단 내의 동질성이 강할수록, 집단 간의 이질성이 클수록, 그리고 상당한 규모를 갖춘 그룹의 수가 적을수록 커지는데 금융양극화의 정도가 심할수록 집단간 충돌 가능성이 커지는 것이다. 현재 진행되는 민간 금융기관을 통한 금융격차 확대는 더욱 심화되는 금융소외를 불러오고 있으며, 이러한 현상이 머지않은 미래에 가져올 사회적 갈등과 사회통합의 저해를 결코 간과해서는 안 된다. 사회계층 간에 갈등이 증폭되고 사회적 합의가 저해되면 일본과 같이 극단적인 이념 그룹의 출현도 배제할 수 없다. 이른바 '격차사회'로 불리는 심각한 사회양극화 현상이 일본의 국민에게 강한 국가를 지향하는 국수주의적 주장을 긍정적으로 평가하는 여론을 확산하고 있는 것이다. 한편 경제적으로 금융소외 증대는 실물 경제 회복을 지연시키는 동시에 지속성장 기반도 위축시킨다.

지속성 장의 측면에서 금융소외 문제는 민간소비의 위축을 초래하고 소비 진작 정책의 효과를 반감시켜 결국 실물경제 회복이 지연될 수밖에 없다. 과거 2003년 신용카드 사태 당시 수많은 신용불량자들이 경제활동 에 제약을 받음으로써 민간소비의 위축이 발생하고, 투자가 활성화 되지 못하는 경기침체 현상을 겪어야 했다.

이와 같이 금융소외는 이와 같이 소비자의 유동성 제약으로 소비 계층이 약화되고 소비의 변동성이 확대되어 민간소비를 진작시키는 정책의 효과가 떨어지면서 실물경제 회복이 지연된다. 특히 예비 신용불량자 중에는 국가의 성장 기반인 20대 청년들이 가장 큰 비중을 차지하고 있음을 주목해야 한다. 이는 바로 국가 전체로 봤을 때 지속 가능한 성장기반에 매우 중요한 인적 자원의 손실이다.

VI. 금융 불평등 개선 방안

1. 금융 정책 일반

금융회사들이 대출 및 금융서비스를 제공할 때 고신용자에게 집중하는 경향이 강한다. 이는 금융회사의 리스크 관리 측면에서 이해할 수 있지만, 중저신용자 및 소상공인은 금융 접근성이 떨어져 경제적 기회가 제한되는 문제가 발생한다. 특히, 중저신용자나 소상공인은 대출이 필요함에도 불구하고 높은 금리나 엄격한 조건 때문에 금융 서비스를 이용하지 못하는 경우가 많다. 이는 사회 전반의 경제적 불평등을 심화시키고, 경제의 지속 가능한 발전을 저해한다. 이러한 문제점을 개선하기 위해서는 다음과 같은 방법을 강구할 수 있다.

가. 정부의 리스크 분담 및 보증 제도 강화 : 중저신용자 및 소상공인에 대한 대출 리스크를 정부가 분담하거나 보증하는 제도를 강화한다. 이는 금융회사들이 리스크 부담을 덜고 보다 적극적으로 중저신용자 및 소상공인에게 대출을 제공할 수 있게 한다. 예를 들어, 정부가 일정 비율의 대출 금액을 보증해주는 방식으로, 금융회사의 손실 위험을 낮추고, 이를 통해 중저신용자 및 소상공인에게 더 많은 대출이 이루어질 수 있다.

나. 공적 금융기관의 역할 확대 : 신용보증기금, 기술보증기금 등의 공적 금융기관의 역할을 확대하여 중저신용자와 소상공인에게 금융 접근성을 높인다. 이들 기관이 직접 대출을 제공하거나 보증을 통해 민간 금융회사의 대출을 촉진할 수 있다. 특히, 소상공인에게 필요한 자금을 적시에 공급할 수 있도록 공적 금융기관의 대출 절차를 간소화하고, 신속한 심사를 통해 자금 조달 시간을 단축해야 한다.

다. 금융상품 다변화 : 중저신용자 및 소상공인을 위한 맞춤형 금융상품을 개발한다. 예를 들어, 상환능력 평가 시 전통적인 신용점수 외에도 다양한 데이터를 활용하여 보다 정교한 평가 모델을 적용한다. 소상공인을 위한 매출 연계 대출상품, 중저신용자를 위한 장기 저리 대출상품 등 다양한 금융상품을 개발하여 금융 접근성을 높인다.

라. 금융 교육 및 상담 서비스 강화 : 중저신용자 및 소상공인이 금융 서비스를 올바르게 이용할 수 있도록 금융 교육과 상담 서비스를 강화한다. 이를 통해 금융 지식이 부족한 계층도 효과적으로 금융 서비스를 활용할 수 있다. 금융 교육 프로그램을 확대하고, 금융 상담 센터를 통해 개인의 상황에 맞는 맞춤형 상담을 제공한다.

마. 디지털 금융 활용 : 핀테크 기술을 활용하여 중저신용자 및 소상공인이 더 쉽게 금융 서비스에 접근할 수 있도록 한다. 디지털 플랫폼을 통해 보다

간편하게 대출을 신청하고, 심사받을 수 있는 시스템을 구축한다. 예를 들어, 모바일 애플리케이션을 통해 대출 신청, 심사, 승인 과정을 간소화하여 중저 신용자와 소상공인의 접근성을 높힌다.

　바. 정책적 인센티브 제공 : 중저신용자 및 소상공인 대출을 적극적으로 제공하는 금융회사에 대한 정책적 인센티브를 마련한다. 예를 들어, 대출 성과에 따라 세제 혜택을 제공하거나, 정부 보조금을 지원한다. 금융회사의 사회적 책임을 강조하고, 공익적인 금융 서비스 제공에 대한 평가지표를 마련하여 금융회사의 참여를 유도한다.

2. 공정금융 및 불법금융 근절

　공정한 금융 환경의 조성과 불법금융의 근절은 금융시장 신뢰 회복과 소비자 보호를 위해 필수적이다. 불법 금융 행위는 금융 소비자에게 큰 피해를 주고, 금융 시스템 전반의 신뢰를 훼손한다. 이러한 문제를 해결하기 위해서는 철저한 감독과 단속, 소비자 보호 강화, 금융 교육 등이 필요하다.

　가. 강력한 법적 제재와 단속 : 불법 금융 행위에 대한 강력한 법적 제재와 단속이 필요하다. 금융 사기, 고리대금, 불법 대출 알선 등 불법 금융 행위를 철저히 조사하고, 관련자에게 엄중한 처벌을 부과한다. 금융 당국은 정기적인 감사를 실시하고, 불법 행위 적발 시 즉각적인 조치를 취한다. 이를 통해 금융시장의 투명성과 신뢰성을 높힌다.

　나. 금융 소비자 보호 강화 : 금융 소비자 보호를 위해 법적 보호 장치를 강화해야 한다. 금융상품의 정보 공개를 투명하게 하고, 소비자가 이해하기 쉽게 설명하는 의무를 부과한다. 금융 소비자가 피해를 입었을 때 신속히 구제받을 수 있도록 피해 구제 절차를 간소화하고, 금융 소비자 보호 기구를 활성화한다.

　다. 금융 범죄 신고 시스템 강화 : 금융 범죄를 신속하게 신고하고 처리할 수 있는 시스템을 강화한다. 금융 소비자가 불법 금융 행위를 쉽게 신고할 수 있도록 온라인 플랫폼을 구축하고, 신고자의 신원을 보호한다. 금융 범죄 신고 포상제를 도입하여, 금융 범죄 신고를 장려하고, 신고자의 안전을 보장한다.

라. **금융 교육 및 인식 제고** : 금융 소비자가 불법 금융 행위를 사전에 인지하고 피할 수 있도록 금융 교육을 강화한다. 학교, 직장, 지역사회 등 다양한 곳에서 금융 교육 프로그램을 운영하여 금융 지식을 널리 보급한다. 금융 범죄 사례를 적극적으로 공유하고, 금융 소비자가 주의해야 할 사항을 지속적으로 교육하여 인식을 높인다.

마. **금융 상품의 공정성 검토** : 모든 금융 상품에 대해 공정성을 검토하고, 불공정한 약관이나 계약 조건이 있는지 철저히 조사한다. 불공정한 조건이 발견되면 즉시 수정하고, 소비자에게 공정한 금융 서비스를 제공한다. 금융 상품 출시 전에 금융 당국의 검토를 거치도록 하여, 소비자에게 불리한 조건이 포함되지 않도록 한다.

바. **금융기관의 책임성 강화** : 금융기관의 책임성을 강화하여 불법 금융 행위가 발생하지 않도록 내부 통제를 강화한다. 금융기관 내부에 준법감시 부서를 운영하고, 정기적으로 직원 교육을 실시하여 불법 행위를 예방한다. 금융기관이 불법 행위에 연루되었을 경우, 강력한 제재를 가하여 재발 방지를 촉구한다.

사. **금융기술(핀테크) 활용** : 핀테크 기술을 활용하여 불법 금융 행위를 감시하고 예방한다. 빅데이터 분석, 인공지능(AI) 등의 기술을 활용하여 금융 거래를 실시간으로 모니터링하고, 의심스러운 거래를 즉각적으로 탐지한다. 금융 소비자가 핀테크 서비스를 통해 안전하게 금융 거래를 할 수 있도록 보안 시스템을 강화한다.

3. 지역 금융 활성화

지역 금융은 지역 경제 발전과 주민들의 금융 접근성을 높이는 데 중요한 역할을 한다. 그러나 현재 한국의 지역 금융은 대도시 중심의 금융 시스템에 비해 상대적으로 미흡한 상황이다. 지역 금융 활성화는 지역 주민들의 경제적 안정을 유지하고, 지역 경제를 활성화하는 데 필수적이다. 이를 위해 다양한 정책적 노력이 필요하다.

가. 지역 특화 금융기관 설립 : 특정 지역의 경제 활동(예: 농업, 어업)에 특화된 금융기관을 설립하고 지원하여, 해당 분야에 필요한 금융 지원을 제공한다. 지원 강화: 지역 주민들이 쉽게 접근할 수 있는 금융 서비스를 제공하고, 지역 경제 특수성을 반영한 맞춤형 금융 상품을 개발한다.

나. 협동조합 시스템 구축 : 지역 주민들이 자발적으로 참여하는 금융 협동조합을 활성화하여 자금 조달을 돕고 경제적 자립을 지원한다. 서비스 다양화: 저금리 대출, 공동 구매, 공동 마케팅 등의 서비스를 제공한다.

다. 지역 금융상품 개발 및 보급 : 지역 경제 특성을 반영한 금융상품을 개발하여, 지역 주민들의 자금 조달, 저축, 투자 등의 필요를 충족시킨다. 예를 들면: 농업 지역에서는 농기계 구입 자금 대출, 어업 지역에서는 어선 구입 자금 대출 등을 제공한다.

라. 금융 이해력 향상 : 지역 주민들에게 금융 교육과 상담 서비스를 제공하여 금융 이해력을 높이고, 올바른 금융 의사결정을 지원한다. 교육 프로그램: 지역 커뮤니티 센터나 도서관에서 정기적인 금융 교육 프로그램을 운영하고, 전문가 상담 서비스를 제공한다.

마. 지역 금융기관과의 협력 강화 : 지방자치단체, 지역 기업, 비영리 단체와 협력하여 지역 경제 활성화를 위한 공동 프로젝트를 추진한다. 지원 펀드 조성: 지역 중소기업 지원 펀드를 조성하여 중소기업의 성장을 지원한다.

바. 지역 금융 인프라 확충 : 금융기관의 지점 확대, ATM 설치, 모바일 금융 서비스 도입 등을 통해 금융 접근성을 높인다. 모바일 금융 차량: 농어촌 지역에 모바일 금융 차량을 운영하여 현장 금융 서비스를 제공한다.

제2장 금융이해력 증진

금융교육의 뿌리가 깊어져야
나무가 안정적으로 잘 성장한다.

I. 서 론

금융 산업의 서비스와 상품이용은 금융소비자 모두에게 고른 기회가 주어지는 것은 아니다. 소득이 낮고, 신용이 낮은 경우 대출 등의 이용 기회가 제한되거나 배제되고 있다. 1990년대부터 포용금융에 대한 관심이 시작되었고, 2008년 글로벌 금융 위기를 통해 중요성이 더욱 커졌다(노영은, 2021). 포용금융이란 제도권 금융상품 및 서비스를 개인이 출신이나 소득에 관계없이 유용하고 저렴하게 접근할 수 있는 능력이라고 볼 수 있다. 이와 반대로 금융소외란 제도권 금융상품 및 서비스로부터 배제된 상태를 의미한다.

자발적으로 배제한 경우를 제외한 비자발적 배제는 소득이 너무 적거나 너무 고위험인 소비자인 경우, 차별 등으로 배제되는 경우, 정보의 비대칭성에 의해 배제되는 경우, 가격이 너무 높아 배제되는 경우로 나눌 수 있다.[52]

차별로 인한 경우는 더 큰 대의로 접근해야 하고, 금융상품과 서비스의 가격이 너무 높은 경우는 정부 정책적으로, 소득이 너무 적거나 고위험으로 제도권 금융에 접근이 어려운 경우는 복지로 접근이 가능하다. 정보의 비대칭성에 의해 비자발적으로 배제된 경우에는 금융교육으로 일부 해결이 가능하다. 정보의 비대칭성으로 인한 금융소외를 줄이기 위해 어떤 노력을 하고 있는지 현황을 살펴보고자 한다.

---

[52] World Bank(2008). Finance for All? Policies and Pitfalls in Expanding Access

[표 10] 비자발적으로 금융 상품과 서비스에서 배제된 경우와 해결방안

비자발적·배제	해결방안
차별로 인한 경우	인종, 종교적 차이로 인한 사회적 문제로 접근
소득이 너무 적거나 너무 고위험인 경우	복지로 접근
가격이 너무 높아 배제되는 경우	정책으로 접근
정보의 비대칭성에 의한 경우	소비자측에서 정보 열위에 있는 경우, 광고 사전 규제, 금융교육 강화로 접근

Ⅱ. 금융이해력 정의

2010년 G20 서울 정상회의 후속조치로 금융소외계층 포용과 관련한 문제를 다루는 포럼인 포용금융 글로벌파트너십(GPFI)이 출범했다. G20 회의에서 포용금융이 의제로 채택되었고, 혁신적 금융포용 원칙53)을 발표하였다. 이중 금융소외계층에 대한 수요자 관점에서의 원칙과 내용은 **다양성, 혁신, 보호, 역량 강화**이다. 이중 역량 강화는 금융이해력과 역량 개발을 의미한다.

1. 기본적 금융이해력

금융역량은 금융소비자가 전 생애에 걸친 효율적인 경제생활을 위해 올바른 재무의사결정을 내리는데 필요한 지식, 태도, 기능의 총체라 할 수 있다. 여기서 지식은 특정 영역에 대하여 잘 알고 이해하는가를, 태도는 특정 영역에 있어서 준비된 마음가짐을, 기능은 태도와 지식을 적용하는 것과 관련한 실천적 영역을 의미한다(김정연, 2011). 즉 금융을 단순 지식인 아는 수준에서 사용하는 실행력 수준을 포함하는 용어로 금융역량(financial capability)이라는 용어를 쓰는데 최근에는 금융이해력(financial literacy)이라는 용어가 주로 사용되고 있다.

---

53) 9개 원칙은 리더십, 다양성, 혁신, 보호, 역량강화, 협력, 지식, 비례성, 규칙 체계이다.

우리나라는 2016년부터 OECD/INFE(International Network on Financial Education)에서 제정한 표준방법론에 따라 통계청 승인을 얻어 2년 주기로 한국은행과 금융감독원이 공동으로 전국민(만 18-79세 성인대상) 금융이해력 조사를 실시하고 있다. 그리고, 그 결과를 INFE에 제출하고 있다. 금융이해력(financial literacy)은 갈수록 복잡해지는 금융상품 및 서비스에 직면하게 됨으로써 금융문제를 이해하는 것이 중요하다고 보고 금융이해력을 높이는 것을 목표로 하고 있다.(OECD, 2014). 기본적으로 측정하는 OECD의 금융이해력 측정 항목은 [표11]와 같다.

[표 11] 금융이해력 측정 항목

구분	세부내용
금융지식	인플레이션과 구매력, 이자 개념의 이해, 단리 계산, 복리 개념, 위험과 수익간 관계, 인플레이션 의미 및 분산투자 개념
금융태도	저축보다 소비 선호, 미래보다 현재 선호, 돈은 쓰기 위해 존재
금융행위	가계예산 관리, 적극적인 저축활동, 신중한 구매, 청구대금 적기 지급, 평소 재무상황 점검, 장기 재무목표 설정, 정보에 입각한 금융상품 선택 및 가계수지 적자 해소

2. 금융이해력 조사결과

2022년에 조사한 우리나라 성인의 금융이해력 조사결과를 살펴보면 연령별로는 70대, 60대 순으로 총합계 점수가 낮게 나타났다. 또한 소득이 낮고, 학력이 낮을수록 금융이해력 점수가 낮게 나타났다.

세부 영역별로 살펴보면, **금융지식**의 경우 70대, 60대 순으로 금융지식 점수가 낮았다. 소득이 낮을수록, 학력이 낮을수록 금융지식 점수가 낮게 나타났다.

금융태도의 경우, 소비와 저축, 현재와 미래, 돈의 존재가치 등에 대한 선호를 측정한다. 저축이나 미래를 선호할수록 평가 점수가 높아진다. 연령대가 높을수록 금융태도 점수가 대체로 높아지는 경향을 보인다. 소득계층별로는 고소득층의 금융태도가 가장 낮게 나타났고, 학력이 높을수록 금융태도 점수가 낮게 나타났다.

금융행위는 재무계획, 예산관리, 금융상품 선택 등 금융과 관련하여 소비자가 하는 행위에 대한 점수로 70대, 60대 순으로 금융실천력 점수가 낮았다. 소득이 낮을수록, 학력이 낮을수록 금융 행위점수가 낮은 것으로 나타났다.

[표 12] 금융이해력 조사결과

응답자특성		금융지식	금융태도	금융행위
연령	20대	74.9	48.9	66.2
	30대	78.2	50.9	70.0
	40대	79.3	53.0	67.8
	50대	77.2	52.6	65.6
	60대	72.8	53.8	62.5
	70대	65.5	57.6	59.2
소득계층	저소득	70.2	52.5	62.5
	중소득	77.5	52.6	67.5
	고소득	81.0	47.8	68.4
학력	고졸미만	63.8	56.8	57.0
	고졸	74.9	52.3	63.9
	대졸이상	78.2	51.6	68.8
총합		75.5	52.4	65.8

윤희정, 김홍배(2021)의 연구에서는 금융이해력 중 금융행위에서는 결혼을 하였고, 학력이 높으며, 사전 금융교육 경험이 있을수록 금융행위 점수가 높았다. 금융태도는 남성이 금융태도가 더 놓았으며, 금융관련 피해 또는 사기 경험자는 종합적 금융이해력 수준이 좋지 않았다. 이는 금융에서 배제되고 있는 계층들과 유사하다. 즉, 윤희정, 김홍배(2021)의 연구결과처럼 금융피해경험자, 저학력자, 미혼자, 금융교육 무경험자, 여성등에 초점을 맞추면 금융교육의 효과를 기대할 수 있다.

3. 디지털 금융이해력 (Digital Financial Literacy)

디지털 기술과 핀테크의 발전으로 금융상품 및 서비스가 폭발적으로 늘어나고 있다. 다양한 금융상품과 서비스는 장점이지만 점점 금융은 복잡해지고, 새로운 위험도 등장하기 시작하였다. 기존의 금융이해력은 저축, 예산, 대출 등의 금융을 이야기 하지만, 디지털 금융은 새로운 금융사기나, 정보유출, 과도한 대출, 과소비등 기존에 없었던 문제를 내포한다. 또한 디지털 역량이 부족하여 디지털 금융을 활용하지 못하는 문제도 발생하고 있다. 디지털 금융이해력(Digital Financial Literacy)은 개인이 디지털 금융 서비스를 잘 사용함으로써 개인의 금융복지를 달성할 수 있도록 하는 역량이다(박소정, 2024). [표13]에서처럼 디지털 금융이해력이란 기본적 재무에 디지털에 대한 지식과 기술, 인식, 능력과 개인을 보호할 수 있는 능력까지를 포함한다.

[표 13] 금융이해력, 디지털 문해력, 디지털금융 이해력과의 비교

차원	금융이해력	디지털이해력	디지털금융이해력[54]
기본적 지식과 기술	기본적인 재무개념 (산술, 복리, 인플레이션, 위험분산 등)	기본적인 디지털 기술 (디지털 기기를 사용할 수 있는 지식과 기술)	기본적인 재무+디지털에 대한 지식과 기술
인식	금융상품과 서비스 존재에 대한 인식 (지급결제, 저축, 위험관리와 보험, 투자)과 긍정적인 금융태도와 행동 (예산, 저축, 대출, 위기상황, 은퇴준비)	사용가능한 디지털 솔루션과 앱 등에 대한 인지 (온라인 정보검색, 커뮤니케이션 툴, 동영상, 전자상거래, 비대면교육, 비대면 의료서비스 등 유용한 디지털 툴에 대한 인식)	디지털 금융 서비스에 대한 인식 (디지털 지급결제, 디지털 지갑, 모바일뱅킹, P2P대출 등 각종 디지털 금융 서비스와 긍정적인 금융 태도 및 행동)
실무적 노하우	금융서비스를 사용할 수 있는 능력 (지불방법, 계좌개설, 보험가입 등을 할 수 있는 능력)	디지털 솔루션이나 앱, 플랫폼, 소프트웨어 등을 사용할 수 있는 능력 (정보검색능력, 이메일, 메신저, 눈, 음악, 동영상 등 다운로드, 온라인 교육, 쇼핑등 사용할 수 있는 능력)	디지털 금융 거래를 할 수 있는 능력 (모바일뱅킹 앱을 설치, 실행, 메뉴선택,거래할 수 있는능력, 실수를 바로잡을 수 있는 능력 등)
의사 결정	올바른 금융태도와 행동을 바탕으로 금융관련 의사결정을 할 수 있는 능력 (입출금계좌, 예적금 계좌 활용, 올바른 대출선택, 투자 포트폴리오 구성, 보험가입 등)	올바른 행동과 태도를 가지고 디지털 상에서의 의사결정을 내릴 수 있는 능력 (지식 향상을 위해서, 사업이나 사회활동 등을 위해 어떠한 디지털 툴을 적절하게 선택, 활용하고 소통할 수 있는가)	디지털 금융서비스를 활용하여, 올바른 금융태도와 행동으로 적절한 재무 의사결정을 할 수 있는 능력 (디지털 채널로 송금하고, 저렴한 대출 받고, 금리 높은 예적금 상품에 가입하고, 포트폴리오를 조정하는 등 적절한 디지털금융상품을 잘 활용하는 의사결정 역량)
개인 보호	잘못된 금융정보, 조언, 금융사기 등으로부터 스스로를 보호할 수 있는 능력	개인정보와 디지털 기기들을 보호할 수 있는 능력	디지털 금융상품 및 서비스와 관련된 스캠과 금융사기를 피할 수 있는 능력

※ 우리나라도 2022 금융이해력 조사 시 OECD에서 개발한 설문을 활용하여
[표 14] 디지털 금융 이해력 10문항을 추가 조사하였다.

---

54) 박소정(2024). 디지털 금융이해력 (digital financial literacy)에 관한 연구 p7재인용.

[표 14] 디지털 금융이해력 문항

구분	내용
디지털 금융지식	1. 디지털 금융계약은 서면 계약서상 서명이 있어야 유효한 것으로 간주된다. 2. 내가 온라인상에서 공유한 개인정보는 개인 맞춤광고나 금융상품 제안 등을 통해 나를 표적화 하는데 사용될 수 있다. 3. 암호화폐는 지폐나 동전과 같은 법정화폐이다.
디지털 금융행위	4. 나는 은행계좌의 비밀번호나 PIN을 친한 친구와 공유한다. 5. 온라인으로 금융상품을 구매하기 전에 해당 업체가 우리나라에서 규제를 받는 업체인지 확인한다. 6. 나는 내 개인정보를 SNS와 같은 온라인에 공유한다. 7. 나는 온라인 쇼핑과 개인 금융에 사용하는 웹사이트의 비밀번호를 정기적으로 변경한다.
디지털 금융태도	8. 나는 공공 Wi-Fi 네트워크를 사용하여 온라인 쇼핑을 하는 것이 안전하다고 생각한다. 9. 온라인에서 거래하기 전에 웹사이트의 보안에 주의를 기울이는 것이 중요하다고 생각한다. 10. 나는 온라인에서 물건을 살 때 이용약관을 읽는 것은 중요하지 않다고 생각한다.

4. 디지털 금융이해력 조사결과

2022년에 조사한 우리나라 성인의 금융이해력 조사결과 [표15]과 같이 특히 70대 고령층, 저소득층, 고졸 미만에서 디지털 금융이해도가 낮은 것으로 조사되었다.

[표 15] 디지털 금융이해력 결과

연령별						소득계층			학력		
20대[1]	30대	40대	50대	60대	70대	저소득	중소득	고소득	고졸미만	고졸	대졸[3]이상
44.7	45.0	44.2	43.1	41.1	36.0	39.4	44.0	48.8	35.9	41.2	45.5

박소정(2024)의 인구특성별 디지털금융이해력 세부항목 응답결과[55]를

---

55) 표값은 해당 집단의 평균 이해력값과 전체 평균 차이로, 진한 색은 평균보다 5점이상 점수가 높고, 흰색은 평균보다 5점 이상 낮은 집단.

살펴보면, 고소득층은 대체로 높은 점수를 보이고 있다. 70대, 고졸미만에서 특히 디지털 금융이해력이 낮게 나타났다.

디지털 금융이해력과 관련하여 Morgan and Trinh(2019)의 연구에서도 금융이해력이 높은 사람들이 디지털 금융을 더 잘 인식하고 있음을 보였다. 최근에는 금융이해력 뿐만 아니라 디지털 금융에 대한 이해와 활용이 금융복지 향상에 더 큰 영향을 미친다는 연구결과가 많다(박소정, 2024).

[표 16] 각 변수별 디지털 금융이해력 문항 결과

	연령대						소득계층			학력			성별	
	20대	30대	40대	50대	60대	70대	저소득층	중산층	고소득층	고졸미만	고졸	대졸이상	남성	여성
디지털금융계약서 서면계약서 서명	1.9	2.9	1.1	-0.3	-2.7	-5.5	-1.9	0.3	-3.7	-5.0	-3.6	3.8	2.1	-2.2
온라인공유 개인정보의 활용	2.2	-0.9	5.6	-0.6	-0.3	-12.4	-5.9	3.7	10.4	-13.4	-0.5	3.2	1.9	-1.9
암호화폐가 법화인지	1.6	2.7	0.0	3.3	-2.2	-11.4	-5.4	1.1	-0.7	-10.3	-0.3	2.3	1.2	-1.2
비밀번호 공유	0.2	3.0	2.7	0.3	-5.5	-1.5	-3.8	0.1	7.5	-3.1	-3.7	3.4	-0.1	0.2
온라인상품구매시 규제여부 점검	-2.3	4.8	3.5	-0.2	-3.2	-5.2	-3.7	1.1	10.1	-7.6	-0.2	1.7	0.1	-0.1
재무정보 온라인 공유	2.5	2.7	-1.0	-1.1	-2.0	-2.0	-0.3	-1.0	5.6	-1.0	-3.5	3.0	1.8	-1.8
웹사이트비밀번호 정기변경	6.1	3.7	0.7	-0.1	-6.3	-8.3	-5.8	1.8	16.4	-6.5	-2.9	3.4	0.5	-0.5
공유Wifi이용한 쇼핑	-3.4	-4.5	-2.4	2.4	9.2	-3.2	2.0	0.7	-1.6	4.1	2.1	-2.1	0.8	-0.9
온라인거래시 웹사이트보안	10.6	9.1	-1.4	1.2	-7.1	-23.9	-9.6	1.5	11.4	-17.6	-4.6	6.8	0.7	-0.7
온라인구매시 이용약관 확인	-1.6	-2.6	4.3	-3.2	1.9	3.0	-1.3	1.9	3.6	0.5	0.0	0.2	-1.5	1.7

즉, 포용금융에서는 금융이해력과 디지털 금융이해력이 낮은 집단은 결국 고령층, 저소득층, 저학력자이다. 특히 이 집단들의 금융이해력, 디지털금융이해력에 대한 개선없이는 포용금융은 역차별을 가지고 온다. 또한, 디지털 금융이 확대되면서 심각한 사회문제가 되는 금융사기 등에 더 큰 위험요인이 될 수 있다. 저소득, 저학력은 금융 복지도 결합되어야 하기 때문에, 금융이해력과 디지털 금융이해력을 높이기 위해서는 결국 고령층에 대한 교육이 주가 되어야 하겠다.

Ⅲ. 고령자 이해

고령자의 연령 기준은 지난 1950년 UN의 1950-2050 세계인구고령화 보고서에서 65세 이상으로 논의된 이후 대부분 65세 이상을 말하고 있다. 최근에는 몇 세부터를 고령자로 볼 것인가에 대한 다양한 논의가 있고, 최근 연령이 상향되는 움직임이 있다. 노인 관련법에서는 노인, 고령자, 장년, 중년 등의 다양한 용어로 지칭되고 있으며 시작 연령대도 각기 다르다. 고령층은 신체능력이 저하되면서 다양한 금융상품에 대한 자료를 수집하고 비교하는 것이 어렵게 느껴질 수 있다. 또한, 1인 고령자가구 증가로 사회적 고립이 증가하면서 더욱더 금융피해에 취약해지는 모습을 보인다(김정희, 2022).

그 외에도 경제적, 인지적으로 취약해지면서 금융소외나 금융피해 가능성이 높아진다. OECD(2020)에서는 고령자가 금융활동에서 소외될 가능성이 크거나 금융피해를 볼 경우가 많아지는 이유를 낮은 금융역량, 낮은 금융이해력, 인지능력 저하, 신체능력 저하, 사회적 고립, 연금 등 한정된 수입, 다른 가족구성원에 대한 높은 의존도, 금융상담을 받기 어려움, 고령자 맞춤형 금융상품 부족, 금융전문가에 대한 높은의존도 10가지로 제시하였다.

따라서, 고령자는 신체적으로 노화의 증상이 뚜렷한 연령대이므로, 디지털 금융을 포함한 금융거래에서 피해를 알아차리는 시점도 늦고, 이들의 정보 이해능력 및 표현능력도 떨어지므로 이들의 인지적 취약성을 반드시 고려해야 한다.

1. 금융사기 피해

2024년 3월 금융감독원의 2023 보이스피싱 피해현황 분석을 살펴보면, 2023년 보이스 피싱 피해액은 1,965억원으로 전년(1,451억원)보다 514억원이 증가하였다. 피해자 수는 감소하였으나 1천만원 이상 고액 피해사례가 증가하였다. 주요 사기 유형별 비중은 대출빙자형(35.2%), 가족, 지인 사칭형 메신저피싱 (33.7%), 정부기관 사칭형 (31.1%)로 나타났다. [표17]의 연평별 보이스피싱 피해금액 현황을 살펴보면, 60대 이상의 보이스피싱 피해금액이 가장 많았다. 피해자수로 보면, 대출빙자형은 50대가 가장 많았고, 메신저피싱은 60대 이상이 가장 많았다. 20대 이하의 경우 기관사칭형이 타연령대보다 피해자수가 두드러지게 높았다는 것도 주목해야 한다.

[표 17] 연령별, 유형별 보이스피싱 피해금액, 피해자수 현황

(단위:억원,%,%p)

구 분[56]		2023년				
		금액	(비중)[57]	피해자수	(비중)	인당 피해금액
20대 이하	대출빙자형(a)	39	(16.9)	252	(13.6)	16
	사칭형(b=c+d)	192	(83.1)	1,601	(86.4)	12
	메신저피싱(c)	2	(1.0)	22	(1.2)	10
	기관사칭(d)	190	(82.1)	1,579	(85.2)	12
30대	대출빙자형(a)	109	(58.1)	514	(62.9)	21
	사칭형(b=c+d)	79	(41.9)	303	(37.1)	26
	메신저피싱(c)	4	(2.4)	34	(4.2)	13
	기관사칭(d)	74	(39.5)	269	(32.9)	28
40대	대출빙자형(a)	179	(72.2)	867	(69.1)	21
	사칭형(b=c+d)	69	(27.8)	387	(30.9)	18
	메신저피싱(c)	29	(11.6)	215	(17.1)	13
	기관사칭(d)	40	(16.3)	172	(13.7)	24
50대	대출빙자형(a)	227	(40.6)	1,035	(30.5)	22
	사칭형(b=c+d)	333	(59.4)	2,355	(69.5)	14
	메신저피싱(c)	257	(45.8)	1,976	(58.3)	13
	기관사칭(d)	76	(13.6)	379	(11.2)	20
60대 이상	대출빙자형(a)	127	(18.1)	586	(14.8)	22
	사칭형(b=c+d)	576	(81.9)	3,384	(85.2)	17
	메신저피싱(c)	359	(51.0)	3,000	(75.6)	12
	기관사칭(d)	218	(30.9)	384	(9.7)	57
합계		1,931	100.0	11,284	100.0	17

DeLiema and Deevy (2016)의 연구에 의하면 타인에 대한 높은 신뢰감, 감퇴된 인지능력, 사회적으로 격리된 상황, 상대적으로 많은 재산으로 고령층이 금융사기에 노출될 가능성이 높은 것으로 나타났다. 사회적 격리가 될수록 조언이나 자문을 받기 어려워 금융사기 대처에 더욱더 어려움을 겪게된다.

---

56) 대출빙자형:신규대출 또는 저금리 전환대출이 가능하다고 현혹하여 대출금 또는 수수료를 편취
기관사칭형: 검찰, 경찰, 금감원 등을 사칭하거나, SNS 메신저를 통해 지인등으로 가장하여 금전을 편취
57) 피해구제신청접수(1차 계좌) 기준(법인 피해자 제외)
각 연령별 피해금액/피해자 내 비중

2. 디지털 소외현상

Dainnow(2016)는 정보기술 사용격차로 인해 생기는 낯설음, 무력감 등의 부정적인 감정이 디지털 소외감이라고 정의하였다. 스마트 기기로 모든 것이 연결되는 초연결 시대라고 하지만, 변화를 좇아오지 못하고, 익숙해지지 못하는 고령층의 디지털 소외현상이 두드러지고 있다. 고령층은 노화로 인해 시각, 청력 기능 등 지각 능력의 저하, 운동기능의 느려짐과 부정확성, 작업 기억의 저하 및 주의 분산, 정보처리 능력 저하, 근력성과 민첩성 감소로 디지털 기기나 서비스 사용시 글자나 버튼이 너무 작아 접근성이 저해되거나, 사용경험이 적어서 익숙하지 않은 점 등이 고령자의 디지털 역량을 낮추는 원인이 되고 있다(송하연, 이충헌 2023 재인용)

LIU QINGSHUANG(2023)의 고령자의 디지털 정보 활용 능력이 삶의 만족에 미치는 영향을 조사한 연구에서는 디지털 정보활용 능력이 높아질수록 삶의 만족도가 높아지는 것으로 나타났다. 사회적 지지가 낮을수록, 남성의경우 디지털 소외감에 미치는 영향력이 더 높았다.

Ⅳ. 금융교육 현황

금융소비자보호법의 시행에 따라 금융교육협의회에서 금융교육 정책을 심의, 의결을 한다. 2023년 금융교육 추진방향은 금융소비자의 생애주기별 특성 및 핵심 금융역량을 고려하여 금융소비자에게 필요한 금융교육 콘텐츠를 개발하고, 금융소비자에게 적합한 방식으로 전달, 실시하여 금융소비자의 금융웰빙(financial wellbeing)을 증진하는데 있다. 아동,청소년/청년/ 중,장년/ 고령/ 특수계층으로 나누어 세부 주력내용과 교육 방식등을 정하고 있다.

고령층의 경우 금융피해예방, 디지털 역량강화 내용으로 직접 찾아가는 교육 방식을 세부내용으로 한다. 금융교육 학습효과를 높이기 위해 교육

기관간 연계를 통해 합동 교육을 실시하고 연극, 체험활동등을 통해 전달력을 높인다. 노년기의 금융교육 총괄 기관은 예금보험공사이며, 금융감독원, 서민금융진흥원, 신용회복위원회, 시니어금융교육협의회, 신협중앙회, 주택금융공사58)를 협업기관으로 두고 있다.

금융교육 협의회의 고령층 금융교육 현황과 각 금융기관별 금융교육 현황을 각각 살펴보겠다.

1. 금융교육협의회 고령층 금융교육 현황

금융감독원의 2024 교육방향은 청년층이 주력이다. 2023년도 고령층 금융교육 추진방향을 살펴보면, 찾아가는 합동교육을 추진하며, 보이스 피싱 등 금융피해 예방교육과 더불어 착오송금 반환제도, 상속채무 해결방법, 채무자구제제도등의 신용교육을 실시한다. 아울러 디지털 금융소외를 예방하기 위한 키오스크 이용법, 온라인 모바일 뱅킹 활용법 등 디지털 역량강화 교육도 병행한다. 금융감독원의 교육방법은 공공기관과 금융사와의 협업을 통하여 강사를 지원받아 찾아가는 교육을 실시하고 있다. 또한, 연극 체험활동을 통해 전달력을 높이는 방식을 취하고 있다. 고령층 포함 일반인 전체로 통계를 내고 있는데, 2023년에는 13만명 정도가 금융교육을 받았다.

[표 18] 금융감독원 2023 고령층 금융교육 추진방향

교육내용	교육방법	횟수,인원
-보이스피싱등 금융피해예방 -착오송금 반환제도 -상속채무 해결방법 -채무자 구제제도 -디지털 역량강화 교육 (키오스크 이용법 온라인 뱅킹 활용법등)	연극, 체험활동, 도서산간지역등은 금융사랑방버스 활용. 금융사,공공기관활용 찾아가는 교육	일반인 전체 통계로 제시함. 2023년 1,627회 131,327명

---

58) 신협중앙회와, 주택금융공사 은퇴금융아카데미.

예금보험공사는 청소년과 노인을 대상으로 '찾아가는 생활금융교육'을 2010년부터 실시하고 있다. 어르신 금융교육의 경우, 연금, 신용, 상속, 개인정보와 금융사기, 예금자보호 제도등의 주제로 찾아가는 교육을 실시하고 있다. 미래금융소비자(초중고,군인)과 취약계층(어르신등) 으로 교육통계를 집계하고 있다. 2023년의 경우 미래금융소비자의 금융교육은 122회 6,243명이고, 금융취약계층은 1,091회 25,025명[59]이다. 청소년, 청년보다 사회취약계층의 교육을 더 많이 하고 있다.

[표 19] 예금보험공사 어르신 금융교육

교육내용	교육 시간	교육 방법	횟수,인원				
행복의 조건 금융자산관리 연금제도 예금자보호제도 신용카드,신용관리 상속제도 개인정보와 금융사기	1-2시간	찾 아 가 는 교육		미래금융소비자		금융취약계층등	
				실시횟수	참여자	실시횟수	참여자
			2019	573	48,052	926	36,846
			2020	54	3,088	631	9,708
			2021	91	5,852	754	9,022
			2022	96	6,184	1,077	24,209
			2023	122	6,243	1,091	25,025

서민금융진흥원과 신용회복위원회의 교육대상자는 청소년, 일반인도 많지만, 다른 기관에 비하여 서민금융 이용 대상자인 경우가 많다. 소비, 저축도 있지만, 부채, 신용관리의 내용으로 특화가 되어있고, 금융사기 등도 다루고 있다. 서민금융진흥원은 온라인, 방문교육등의 형태로 진행되고 있으며, 온라인 교육의 증가로 2023년 교육 이수자는 994,042명이었다. 신용회복위원회는 채무조정을 진행하는 경우 필수로 확정자 교육을 실시하고 있으며, 그 외에도 온라인교육과 현장 교육을 진행하고 있다. 2023년의 경우 채무조정 확정자는 지속적으로 늘어 322,216명이 신용교육을 받았으며, 방문교육은 110,665명, 온라인 교육은 336,624명으로 해마다 교육인원이 증가하고 있다.

---

59) 공공데이터포털 data.go.kr 자료 참고.

[표 20] 서민금융진흥원, 신용회복위원회 금융교육 현황

	교육내용	교육 시간	교육 방법	횟수,인원	
서민 금융 진흥 원	1. 재무설계 2. 저축과 소비 3. 부채관리 4. 신용관리 5. 금융사기예방 6. 서민금융의 이해 7. 생활,복지 8. 창업금융 9. 청소년금융생활 10.디지털금융교육 11.시니어대상체험형 12.발달장애인대상	1-2 시간	온 라 인 교육 방문교육 온 텍 트 교육	년도 / 교육이수자 2016 / 13,200 2017 / 45,531 2018 / 71,471 2019 / 139,427 2020 / 271,730 2021 / 429,126 2022 / 702,249 2023 / 994,042	
신용 회복 위원 회	1.생애재무설계 2.합리적소비와저축 3.부채관리 4.신용관리 5.금융사기피해예방 6.채무자구제제도	1-2 시간	온라인/ 방문교육	년도 / 채무조정확정자 / 오프라인교육 / 온라인교육 2020 / 265,000 / 77,000 / 139,000 2021 / 245,000 / 41,000 / 276,000 2022 / 235,000 / 70,000 / 290,000 2023 / 322,216 / 110,665 / 336,624	

시니어금융교육협의회는 2018년 3월 금융위원회 비영리 사단법인으로 허가된 단체이다. 각 금융기관들의 업무협약 및 후원으로, 시니어를 위한 포용금융으로서 필요한 디지털 금융, 금융사기등 가장 활발하게 고령자 대상 금융교육이 이루어지고 있다. 시니어 금융사기 예방 뮤지컬 '금사방네' 공연으로 금융사기 교육도 실시하고 있다. 시니어금융교육 협의회에서 이루어지고 있는 교육 프로그램은 [표21]와 같다.

[표 21] 시니어금융교육협의회의 시니어 금융교육 현황

	교육내용	교육시간	교육방법
시니어 디지털 금융교육	1. 이제는 디지털금융이 대세다 2. 스마트 라이프를 이용한 앱다운하기 3. 편리하게 스마트폰으로 예약하기	2주 4강 총 8시간	방문교육

	4. 간편하게 스마트폰으로 결제하기		
	5. 스마트폰으로 금융사기를 친다고?		
	6. 스마트폰으로 스마트하게 은행거래 하기		
	7. 간편하게 스마트폰으로 송금하기		
	8. 스마트폰으로 스마트하게 금융거래 하기		
	9. 지로 요금 스마트폰으로 납부하기		
	10. 내모든 금융정보 한눈에 조회하기		
금융사기 예방교육	1.금융사기,금융범죄의 이해 2.대출사기의 유형과 피해예방방법 3.다단계, 유사수신 투자사기의 유형과 피해 방방법 4. 명의대여, 대포통장 위험성과 피해예 방방법 5. 보이스피싱, 파밍,스미싱의 유형과 피해예방방법	90분/	방문교육
	상황극 네놈 목소리	60분	방문공연
은퇴교육	1. 재무관리 2. 위험관리 3. 투자관리 4. 세금관리 5. 시니어 삶의 변화 6. 시니어 건강 7. 시니어 일자리 8. 시니어 주거공간 9. 시니어 재산정리 10. 시니어 웰다잉	5주 10강 (주2회 2시간)	방문교육

주택금융공사는 은퇴금융 아카데미를 운영하면서 은퇴준비에 관심있는 전 국민을 대상으로 은퇴관련 지식과 정보를 제공하는 교육 프로그램을 운영하고 있다. 주로 노인복지관을 찾아가서 교육을 실시한다.

2. 개별 금융기관 금융교육 사례

가. 시중은행

가장 대표적으로 금융교육을 실시하고 있는 곳이 국민은행과 신한은행이다. 이중 시니어 교육 부분만 떼어 살펴보겠다.

국민은행은 2019년부터 시니어금융교육협의회와 협력을 통해 고령층 비대면 금융활용 능력향상과 디지털 금융사기 피해 예방을 목적으로 시니어 디지털 금융교육을 실시하고 있다. 주로 노인복지관, 시니어클럽 등을 방문하여 찾아가는 교육을 실시하고 있다. 총 110회에 걸쳐 실시하며, 국민은행에서 자체 제작한 교재를 바탕으로 모바일뱅킹 활용방법, 계좌정보 통합관리방법, 금융사기 및 사례소개, 보이스피싱 차단앱 설치 방법등에 대해 교육한다.

신한은행의 경우 연 50회에 걸쳐 회차별 20명 내외, 1,000여명의 어르신 대상으로 직접 찾아가는 현장 교육을 진행하고 있다. 디지털 금융환경의 이해, 모바일뱅킹, 시니어 ATM이용 실습, 금융사기예방의 내용으로 진행된다. 실제 모바일 뱅킹과 같은 교육용 웹페이지 edusol을 통해 실습을 병행하여 교육 효과를 높이고 있다. 또한 인천에 복합교육센터 신한 학이재를 개관하여, 교육용 신분증과 통장 등을 활용한 디지털 금융 기기 체험, 교육용 태블릿을 통한 모바일 앱 쏠(SOL) 체험 , 음식점, 기차역 등 일상 곳곳에서 접할 수 있는 생활형 키오스크 체험 등을 할 수 있도록 사회공헌 차원에서 실시하고 있다.

우리은행은 시니어 세대 디지털 소외 문제를 해결하고 디지털 금융 접근성 향상을 목적으로 시니어 디지털 특화 교육사업인 WOORI 어르신 IT 행복배움교실 운영을 시작했다. 서울시내 6개 종합사회복지관에서 실시하며, 기초 IT 기기 사용법부터 모바일뱅킹 활용 디지털 금융의 이해, 금융사기 예방법과 구글 어시스턴트럴 활용한 스마트폰 비서 만들기, 인공지능 Chat-GPT 활용법 등을 배운다. 교육 종료 이후에는 '도전! 시니어 금융 골든벨'을 개최해, 우수한 성적을 기록한 수강생에게 포상금도 전달한다. 우리금융미래재단은 우수 수강생들에게 다음번 'IT 행복 배움교실' 수업에 보조강사로 참여할 기회도 제공해 시니어 일자리 창출에도 기여할 계획이다.

하나은행은 시니어특화점포에 디지털 금융사기 예방교육 콘텐츠, 디지털 기기 실습 프로그램을 담고, 국가평생교육진흥원과 함께 만든 시청각 자료도 제공한다.

나. 지방은행

광주은행은 2023년 3월 광주 동구청과 '어르신 금융사기 예방교육' 업무 협약을 맺었다. 동구 관내 65세 이상 어르신을 대상으로 금융사기 피해 사례 안내와 보이스피싱 피해 예방을 위한 주의사항, 금융앱(APP) 사용방법에 대한 교육을 분기마다 실시하고 있다.

전북은행은 JB희망의 공부방, JB멘토링 문화체험, JB커리어캠프 등 금융경제교육뿐 아니라 다양한 분야의 교육사업을 실시하고 있다. 2024년 서민금융 공급 면에서 은행권 전체 2위의 실적을 달성하였고 매년 당기순이익의 10% 이상을 금융교육 등 사회공헌활동에 투입하고 있다.

제주은행은 2023년 시니어 디지털 금융교육을 5회정도 실시하였으며, △모바일뱅킹의 쉬운 사용 방법 △키오스크 이용 방법 △금융사기의 다양한 사례 및 피해 예방 방법 등을 중심으로 실제 어르신들이 어려워하는 부분들은 직접 체험해 보는 실습 위주로 진행하고 있다.

부산은행은 2024년 3월 지역내 어르신 대상 금융교육 지원사업을 위해 부산시 종합복지관협회와 업무협약을 맺고, 노인복지관을 방문해 어르신을 대상으로 금융사기 피해 예방 등을 위한 교육을 진행했다. 부산은행은 부산 지역 노인복지관을 방문해 관련 교육을 이어가고 참가자에게 보이스피싱 피해 시 최고 500만원까지 보장하는 금융안심보험을 무료로 제공한다.

경남은행은 창원복지재단과 협약을 맺고, 상생금융실천과 지역사회 발전을 위한 협약에 따라, 지역 어르신을 대상으로 노후자산관리와 실버아카데미 보이스피싱 예방교육을 진행하고 있다.

대구은행은 DGB금융체험파크를 통해 어르신을 대상으로 정기 금융교육 프로그램을 운영하고, 복지관과 노인대학을 찾아 예방과 대처법 교육을 진행하고 있다. 전북은행도 금융사기에 현명하게 대처하는 금융사기 피해 예방 캠페인과 금융교육을 실시한바 있다.

다. 특수은행

산업은행은 금융감독원과 금융거래를 쉽고 안전하게 익힐수 있도록 연습하는 스마트시니어 앱을 개발하였다. 실제 모바일 금융앱과 동일한 화면으로 계좌조회, 이체등을 연습할 수 있는 앱이다. 금융사랑방버스내 태블릿 PC에 설치하여 고령층 디지털 금융교육 실습에 활용한다.

수협은행은 어업인과 고령어르신을 위해 무료 한방봉사와 보이스피싱 예방교육을 진행하기도 하였다. 가족·지인 사칭, 정부기관·택배사 사칭, 카드사 콜센터 사칭, 저금리 대환대출 빙자형 사기 등 다양한 보이스피싱 수법과 피해 사례 등을 소개하였다.

농협은행은 행복채움 금융교실에서 맞춤별 금융교육을 실시하고 있고, 이중 시니어도 교육을 진행하고 있다.

라. 인터넷 은행

토스뱅크는 고령층 위한 찾아가는 금융교육으로 뱅킹서비스 및 금융사기 예방법교육으로 큰 글씨보기, 간편 홈보기 사용방법과 인증서 발급 등의 내용과, 전화, 문자메시지를 통한 금융사기 사례를 통한 교육을 진행한바 있다.

카카오뱅크는 시니어금융교육 협의회를 후원하며 임직원이 보이스피싱 예방 교육을 하며, 책임분담제도도 알리고 있다.

정리하면, 일부 메이저 은행들은 체계적으로 지속적으로 금융교육을 실시하고 있었다. 일부 은행들의 경우에는 노인 전용 센터나 교육 센터를 만들어 상시 어르신 체험 금융교육이 될 수 있도록 진행하고 있다. 또한, 앱개발을 통해 실제적인 교육을 시도하고 있었다. 고령층 금융교육의 내용은 거의 대부분의 은행에서 디지털 교육과 금융사기 예방교육의 내용으로 실시하였고, 최근에는 금융교육에 금융사기발생시 기업의 책임분담제도 내용을 추가하고 있는 경우가 늘어나고 있다. 다만, 대부분의 은행들은 일회성 교육이 대부분이었다.

3. 교재 개발

고령층을 위한 금융교육 교재를 개발하여 보급하고 있는 대표 기관으로는 **금융감독원**을 들 수 있다. [표22]과 같이 은퇴 후 생활, 노후자금관리를 위한 금융상품 활용법, 금융사기예방, 생애 마지막 준비, 디지털 금융의 내용이 들어있는 교재이다. 사이트에서 누구나 다운받아 이용이 가능하다.

또한, [표23]의 국가평생교육진흥원 금융문해교육 교과서도 참고할 만하다. 국가평생교육진흥원은 평생교육법에 의해 성인문해교육 지원사업 선정 기관의 문해학습자를 대상으로 강의를 실시하고 있다. (참고로 성인문해교육 지원 사업은 「평생교육법」 제39조에 따라 비문해·저학력 성인을 대상으로 성인문해교육 프로그램 운영 지원하며, 초등·중학 학력인정제도 구축 등을 통해 사회통합 실현을 위한 교육기회를 제공한다.)

[표 22] 금융감독원- 반짝반짝 은빛 노후를 위한 금융가이드 목차

Ⅰ.탄탄한 노후를 위한 금융생활 설계	
PART 1. 은퇴 후 생활꾸리기 제 1장 노후준비와 은퇴 후 소득활동 1. 노후준비의 시작 2. 은퇴 후 소득활동	제2장. 금융투자 1. 금융투자의 개요 2. 주식투자 3. 펀드 제3장 대출과 신용

[표 23] 국가평생교육진흥원- 금융문해교육 교과서 목차

I. 현명한 금융생활	- 금융거래정보 활용하기 - 금융거래와 약관 이해하기
II. 편리한 금융생활	- 은행 창구 이용하기 - 현금자동입출금기 이용하기 - 공과금 납부하기 - 인터넷 뱅킹 이용하기 - 신용카드 관리하기
III. 안전한 금융생활	- 개인정보 및 신용관리하기 - 금융사기 예방하기

금융문해교육 교과서[60]

V. 개선방안

금융이해력과 디지털 금융이해력이 낮은 집단은 공통적으로 고령자, 저소득, 저학력 집단이다. 저소득층의 경우에는 금융복지가 결합되어야 하므로, 고령자를 대상으로 한 금융이해력과 디지털 금융이해력을 높이기 위한 금융교육이 필요하다. 금융소비자보호법의 시행에 따라 금융교육협의회에서는 생애주기별 특성 및 핵심 금융역량을 고려하여 고령층의 경우 금융피해예방, 디지털 역량강화 내용으로 직접 찾아가는 교육 방식으로 진행하고 있었다. 지역사회와의 연계, 금융기관과 정부의 협업, 취약 계층 대상 맞춤형 교육 프로그램 제공하고, 무엇보다 빠른 발전에 따른 교육 프로그램의 업데이트로 최신 정보를 제공하는 것도 중요하겠다. 교육내용은 대부분 디지털 금융역량과 금융사기 예방 포함하고 있었다. 일부 기관에서 실제처럼 앱을 만들어 실용성을 가미한 경우가 있어 의미가 있다. 단순 지식나열이 아닌 태도, 실천력을 높일 수 있는 프로그램 기획이 고

---

60) 국가평생교육진흥원 금융문해교육 교과서 링크 https://www.le.or.kr/edu/livEbook2Fi.do

령층에서는 더욱 중요하겠다.

　　금융교육협의회 소속 기관과 금융기관이 대부분 일회성 금융교육이 많은 것도 사실이다. 일부 금융기관은 사회공헌과 금융소비자를 위한 지속적, 체계적 교육을 실시하는 것은 매우 의미가 있다.

　　디지털 환경에서 취약한 소비자를 위한 본질적인 서비스가 중요하다. 그러나, 금융교육을 통하여 디지털 환경에서 편리함과 더 많은 선택을 통해 금융소비자의 금융이해력을 높이고, 재정적 안정을 도모하며, 경제적 불평등을 해소하고 포용금융에 기여할 수 있을 것이다.

제3장 서민금융지원제도

서민의 꿈에 날개를 달아주는
포용금융의 틀을 제대로 만들자.

Ⅰ. 정책 서민금융지원제도

(서민금융진흥원 홈페이지 www.kinfa.or.kr 참조)

[표 24] 정책 서민금융지원제도(요약)

	소액생계비	미소금융	근로자햇살론		햇살론15	최저신용자 특례보증	햇살론유스	햇살론카드
지원 대상	신용평점 하위 20% 이하이면서 연소득 3,500만원 이하	신용평점 하위 20% 이하, 기초생활수급자 및 차상위 이하, 근로장려금 수급자	연소득 3,500만원 이하(신용평점 무관) 또는 신용평점 하위 20% 이하이면서 연소득 4,500만원 이하		연소득 4천5백만원 이하 및 신용평점 하위 10% + 햇살론15 거절자 (최근 3개월 이내)	만 34세 이하이면서 연소득 3천5백만원 이하의 취업준비생 및 사회초년생	신용평점 하위 20% 이하 + 가처분소득 6백만원 이상
			근로자	근로자, 자영업자, 프리랜서 등				
지원 한도	최대 1백만원 (최초 50만원 이내)	창업 7천만원 운영 2천만원 긴급 1천만원 등	15백만원 (23년까지 한시 확대로 최대 2천만원)	2천만원	1천만원 (최초 5백만원 이내)	1천 2백만원 (1회 3백~9백만원)	2백만원
지원 기간	만기 1년 최장 5년 (만기일시상환)	거치 6~12개월 상환 3~5년 (원리금균등)	3년 또는 5년 (원금균등)	3년 또는 5년 (원금균등)	거치 최대 1년, 상환 3년 또는 5년 (원리금균등)	거치 최대 8년 상환 최대 7년 (원리금균등)	최대 5년
금리	15.9%	2% ~ 4.5%	11.5% 이하 (보증료 별도)	15.9%	15.9%	연 3.6% ~ 4.5%	-

※ 대출가능금액은 한도 내에서 개인별 신용도 등에 따라 상이하며,
  자세한 내용은 서민금융콜센터(1397) 또는 서민금융통합지원센터 방문상담을 통해 문의하시기 바랍니다.

Ⅱ. 서민금융지원제도 운영 상황

1. 서민금융지원제도의 전반적인 상황

서민금융지원제도는 많은 성과를 거두었지만, 여전히 여러 가지 개선할 여지가 있다. 몇 가지를 제시하면

가. 낮은 인지도 : 서민금융지원제도의 존재를 모르는 서민들이 여전히 많다. 특히 정보 접근성이 낮은 계층이나 고령층은 제도의 혜택을 받지

못하는 경우가 많다. 이러한 문제는 제도의 실효성을 떨어뜨리는 요인으로 작용하며, 실제로 필요한 사람들이 제도를 이용하지 못하는 상황을 초래한다.

나. 복잡한 절차와 엄격한 심사 : 서민금융지원제도의 신청 절차는 비교적 복잡하며, 대출 심사 과정에서 엄격한 기준이 적용된다. 이는 특히 신용도가 낮거나 소득이 불안정한 서민들이 대출을 받기 어려운 상황을 만들고 있으며, 제도가 본래 목표로 하는 금융 소외계층에게 충분한 혜택이 돌아가지 못하는 결과를 초래하고 있다.

다. 상환 부담과 채무 악순환 : 서민금융지원제도를 통해 대출을 받은 서민들이 이후 상환에 어려움을 겪는 경우가 많다. 특히 생계비나 긴급 자금으로 대출을 받은 경우, 상환 능력이 충분하지 않아 다시 고금리 대출로 이어지는 악순환이 발생할 수 있다. 이는 금융 취약계층이 오히려 더 큰 채무 부담에 시달리게 만드는 문제를 야기한다.

라. 지원 범위의 한계 : 정책 서민금융지원제도는 특정 조건을 충족하는 서민들에게만 제공되기 때문에, 일부 취약계층은 여전히 지원을 받지 못하고 있다. 예를 들어, 과거 연체 기록이 있거나 소득이 없는 경우 정책 서민금융상품을 이용하기 어려운 현실이 있다. 이는 대부업체나 불법 사금융 이용을 유도할 수 있다.

2. 서민금융지원제도의 구조적 문제

서민금융지원제도는 저소득층과 저신용자를 지원하기 위한 정책적 도구로서 중요한 역할을 하고 있지만, 제도의 운영과정에서 구조적인 문제점이 나타나고 있다. 특히 정책 서민금융상품들이 여러 기관에서 분리되어 운영되다 보니, 종합적인 관리와 감독이 어렵다. 각 기관들이 별도의 재원을 운영하면서 일관된 전략이나 방향성 없이 개별적으로 운영되다 보니, 중복되는 부분이 많고 비효율적으로 자원이 사용되기도 한다.

또한, 정책 서민금융의 재원도 대부분 한시적 출연금이나 기금으로 운영되고 있어 장기적인 지속 가능성에 대한 불안감이 존재한다. 예를 들어,

햇살론은 복권기금을 주요 재원으로 사용하며 한시적으로 운영되고 있는데, 향후 재원 확보가 어려워질 경우 제도의 지속성이 흔들릴 수 있는데, 향후 재원 확보가 어려워질 경우 제도의 지속성이 흔들릴 수 있다.

이러한 문제는 서민금융지원제도의 효과성과 효율성을 떨어뜨리는 요인으로 작용하며, 서민들에게 일관된 지원을 제공하지 못하게 만드는 결과를 초래하고 있다.

3. 채무조정 프로그램의 문제점

채무조정 프로그램은 서민들이 과다한 채무 부담에서 벗어날 수 있도록 돕는 중요한 제도이지만, 실질적으로 많은 문제점이 존재한다. 예를 들어, 채무조정을 신청하고 승인을 받기까지의 절차가 복잡하고 시간이 오래 걸리며, 이에 따라 채무자들이 조정을 받기 전에 추가적인 금융 부담에 직면할 수 있다. 또한, 채무조정 대상에 대한 조건이 엄격하여 일부 서민들은 이 제도의 혜택을 받지 못하는 경우도 많다.

채무조정 이후에도 문제는 여전히 존재한다. 많은 서민들이 채무조정 후에도 상환 능력이 부족하여 다시 연체에 빠지거나, 새로운 고금리 대출을 받아 채무의 악순환에 빠지는 경우가 많다. 이는 채무조정 제도가 단기적으로는 채무 부담을 줄여줄 수 있지만, 장기적으로는 서민들이 자립할 수 있는 근본적인 해결책을 제공하지 못한다는 한계를 보여준다.

4. 정보 접근성의 문제

서민금융지원제도는 서민들이 직접 신청하고 이용해야 하는데, 문제는 많은 서민들이 이 제도의 존재를 잘 모르거나, 제도에 대한 정보를 제대로 알지 못한다는 점이다. 특히 정보 접근성이 낮은 고령층이나 디지털 금융에 익숙하지 않은 사람들은 제도에 대해 잘 모르고, 설령 알더라도 신청 과정에서 어려움을 겪는 경우가 많다.

Ⅲ. 개선방안

서민금융은 경제적 취약 계층의 자금 조달을 돕고 이들의 경제적 자립을 지원하는 중요한 역할을 한다. 그러나 현재의 서민금융 공급기관은 기능이 제대로 작동하지 않거나 효율성이 떨어지는 경우가 많다.

가. 서민금융기관의 기능 강화 : 서민금융기관의 본래 기능을 활성화하기 위해 인력과 자원을 강화한다. 서민금융기관의 직원들에게 전문 교육을 제공하고 최신 금융 기술을 도입하여 서비스 품질을 높힌다.

나. 서민금융 상품의 다양화 및 맞춤형 서비스 제공 : 서민금융 상품을 다양화하여 소액 대출, 저금리 대출, 창업 자금 지원 등 다양한 금융 수요를 충족시킨다. 맞춤형 서비스를 제공하여 창업 준비, 가계 재정 관리 등에 필요한 자금과 컨설팅을 지원한다.

다. 서민금융 이용 절차의 간소화 : 서민금융 이용 절차를 간소화하여 더 많은 서민들이 쉽게 금융 서비스를 이용할 수 있도록 한다. 복잡한 서류 절차를 줄이고 신청과 승인 과정을 신속하게 처리한다. 온라인 플랫폼을 통해 간편하게 대출 신청을 할 수 있도록 하고, 필요 서류를 디지털로 제출할 수 있는 시스템을 구축한다.

라. 금융 교육 및 재정 상담 서비스 강화 : 서민금융 이용자들에게 금융 교육과 재정 상담 서비스를 강화하여 금융 지식을 습득하고 올바르게 금융 서비스를 이용할 수 있도록 지원한다. 정기적인 금융 교육 프로그램과 맞춤형 재정 상담을 제공한다.

마. 지역사회와의 연계 강화 : 서민금융기관이 지역사회와 긴밀히 협력하여 지역 특성에 맞는 금융 서비스를 제공한다. 지방자치단체, 지역 기업, 비영리 단체 등과 협력하여 지역 내 소상공인을 위한 맞춤형 대출 프로그램을 개발하고, 지역 축제나 행사와 연계한 서민금융 홍보 및 교육 활동을 진행한다.

바. 정부의 정책적 지원 강화 : 정부는 서민금융 활성화를 위해 재정적 지원, 세제 혜택, 법적 보호 등을 강화한다. 서민금융기관에 대한 정부 보조금을 확대하고 서민금융 대출에 대한 세제 혜택을 제공하여 금융기관의 참여를 유도한다.

사. 서민금융 성과지표 도입 및 평가 : 서민금융정책의 성과를 평가할 수 있는 객관적이고 정량적인 성과지표를 개발한다. 서민금융 이용률, 대출 상환율, 고객 만족도 등을 성과지표로 설정한다. 서민금융정책의 성과

를 정기적으로 평가하고, 이를 바탕으로 정책을 개선한다.

아. 제도에 대한 인식 제고와 홍보 강화 : 서민금융지원제도의 인지도를 높이기 위해 정부와 금융기관은 더욱 적극적으로 홍보 활동을 전개해야 한다. 특히 정보 접근성이 낮은 계층, 예를 들어 고령층이나 저소득층을 대상으로 한 맞춤형 홍보가 필요하다. 디지털 금융 기술을 활용한 정보 제공도 필요하다. 모바일 앱이나 웹사이트를 통해 서민들이 쉽게 제도에 대한 정보를 얻고, 신청 과정을 진행할 수 있도록 해야 한다. 또한, 각종 대면 상담과 교육 프로그램을 확대하여 서민들이 직접적으로 제도를 이해하고 이용할 수 있도록 지원해야 한다.

자. 맞춤형 상환 계획 제공 및 채무조정 프로그램 개선 : 서민들이 대출을 받은 후 상환 과정에서 어려움을 겪지 않도록 맞춤형 상환 계획을 제공하는 것이 중요하다. 대출 심사 단계에서부터 서민의 상환 능력을 정확히 파악하고, 그에 맞는 상환 계획을 제시하는 시스템을 구축해야 한다. 또한, 상환에 어려움을 겪는 경우에는 채무조정 프로그램을 통해 조기에 대처할 수 있도록 해야 한다. 채무조정 프로그램의 접근성을 확대하고, 절차를 간소화하여 더 많은 서민들이 혜택을 받을 수 있도록 해야 한다. 또한, 채무조정 후에도 지속적인 관리와 재정 교육을 통해 서민들이 다시 채무의 악순환에 빠지지 않도록 지원해야 한다. 이를 위해 채무조정 프로그램과 함께 금융 교육 및 상담 프로그램을 연계하여 제공하는 것이 필요하다.

차. 안정적인 재원 확보 및 운영 개선 : 정책 서민금융지원제도의 재원은 대부분 한시적 출연금이나 기금으로 운영되기 때문에, 장기적인 지속 가능성이 불안정한 상황이다. 따라서 안정적인 재원 기반을 마련하는 것이 필요하다. 정부의 직접적인 출연을 통해 서민금융지원제도의 재원을 안정적으로 확보하고, 이를 통해 지속 가능한 지원을 제공해야 한다. 또한, 각 정책 서민금융상품들이 별도로 운영되는 구조를 개선하여 종합적으로 관리할 수 있는 시스템을 구축하는 것이 필요하다. 이를 통해 자원의 중복 사용을 방지하고, 서민들에게 일관된 지원을 제공할 수 있도록 해야 한다. 정책 서민금융지원제도가 체계적으로 운영되기 위해서는 정부와 금융기관 간의 긴밀한 협력이 필수적이다.

카. 금융·복지·고용 연계 지원 확대 : 서민금융지원제도는 단순히 대출을 제공하는 것을 넘어, 서민들이 경제적으로 자립할 수 있도록 금융, 복지, 고용의 연계를 강화해야 한다. 금융 지원뿐만 아니라 고용 지원, 재정 교육, 복지 서비스와의 연계를 통해 서민들이 채무에서 벗어나 자립할 수 있는 종합적인 지원 체계를 구축해야 한다. 예를 들어, 채무조정 프로그램과 고용 지원 프로그램을 연계하여 서민들이 채무를 상환하면서도 안정적인 소득을 얻을 수 있도록 돕는 것이 필요하다. 또한, 복지 서비스와의 연계를 통해 서민들이 필요한 복지 혜택을 누릴 수도록 지원해야 한다. 금융, 고용, 복지가 연계된 통합적 지원 시스템은 단순한 대출 지원을 넘어서 서민들의 경제적 자립과 삶의 질 향상에 기여할 수 있는 중요한 수단이다. 이 부분에 대해 금융위원회와 서민금융진흥원은 정확한 방향성을 가지고 정책을 시행 중에 있다.

제4장 국제적 정합성과 협력 제고

포용금융은 세계 어느 곳에서 연주해도
악보라는 국제적 언어를 본다.

Ⅰ. 서론

금융포용성은 현대 경제의 중요한 요소로, 경제적 성장과 사회적 안정성을 촉진하는 데 핵심적인 역할을 한다. 금융서비스에 대한 접근성을 높이면 저소득층과 소외된 계층이 경제 활동에 참여할 수 있게 되어 경제적 기회가 확대되고, 이는 소득 불평등을 줄이고 경제적 안정을 도모하는 데 기여한다. 금융포용성은 또한 사회적 안전망을 강화하여 빈곤을 감소시키고, 긴급 상황에 대비할 수 있는 재정적 기반을 마련하는 데 도움을 준다.

이하에서는 주요국의 포용금융 제도와 모범 사례를 분석하여 금융포용성을 증진시키기 위한 다양한 접근법과 정책을 탐구하고자 한다. 이를 위해 미국, 영국, 캐나다를 비롯한 여러 국가의 금융포용 정책과 이니셔티브를 살펴보고, 각국의 성공 사례와 그로부터 얻을 수 있는 교훈을 도출할 것이다. 특히, 소수 민족과 저소득층을 대상으로 한 금융서비스의 접근성 향상, 주택 및 소액 대출에 대한 접근성 증대, 그리고 혁신적인 금융 상품과 서비스의 도입을 중심으로 논의하고자 한다.

이 글은 이러한 주요국의 포용금융 제도와 모범 사례를 비교 분석하여 이를 통한 시사점을 얻고자 한다.

Ⅱ. 주요국의 포용금융 제도

1. 미국

미국의 금융 포용 역사는 소수 민족과 저소득 그룹에 대한 대출에서 시작되었다. 역사적으로, 소수 민족과 저소득층은 인종, 출신, 거주지역 등의 이유로 주택 취득 및 융자에서 차별을 받았으며, 이러한 차별을 해소하기 위해 여러 법적 조치가 취해 졌다. 1948년 미국 대법원은 주법원이 인종 차별적 특약을 인정한 것에 대하여 위헌으로 판단했다. 이어서 1968년 제정된 Fair Housing Act는 인종, 출신, 종교에 의한 주택 차별을 금지하였고, 1974년의 Equal Credit Opportunity Act는 개인의 신용도 이외의 속성(인종, 종교, 국적, 성별, 혼인 상황, 연령 등)에 따른 불평등한 대출을 금지했다.[61]

1977년 제정된 지역재투자법(CRA)은 소수 민족 및 저소득층 대상의 대출에 대하여 금융기관의 책임을 강조했다. CRA는 특히 저·중소득층 거주 지역(LMI 커뮤니티)의 자금 순환을 촉진하고, 이를 금융기관의 사회적 의무로 규정했다.[62] 1989년 FIRREA에 의해 CRA는 더욱 강화되었고, 당국이 금융기관의 CRA 대응을 검사하여 등급으로 공표하는 제도가 도입되었다. 1995년에는 소규모 은행의 심사 프로세스가 간소화되었고, 2005년에는 중소 규모의 은행과 지역개발의 정의가 확대되었다.[63]

1999년에는 Gramm-Leach-Bliley 법이 통과되어 금융지주회사의 설립과 상업은행, 투자은행, 증권, 보험 등의 통합이 허용되었다. 이때 금융지주회사의 설립 등에는 CRA의 기준에 따른 평가를 받아야 한다.[64] 최근 연준은 소수민족 예탁기관(MDI), 지역사회개발금융기관(CDFI), 여성 소유 금융기관 및 저소득 신용조합을 지원하며, CRA 자격 요건의 완화를 포함한 CRA 현대화를 추진하고 있다.[65]

---

61) Federal Reserve History, Community Reinvestment Act of 1977.
[https://web.archive.org/ web/20080916032800/
http://www.fdic.gov/regulations/laws/rules/6500-2515.htmlfdic6500hcda1977] (2024.8.11.일 검색]
62) 中本悟(2013.3),
アメリカにおける低所得コミュニティの開発と金融―CRA（1977年），CDFI
ファンド（1994年），NMTC（2000年）を中心に―(下), 立命館経済学 61(6),
183-184面.
63) FRB, History of the CRA.
[https://www.federalreserve.gov/consumerscommunities/cra_history.htm] (2024.8.11.일 검색)
64) 野々口秀樹·武田洋子(2000.1), 米国における金融制度改革法の概要, 日本銀行調査月報
2000年1月号. 1面.
65) Brainard. L., (2020.9), Strengthening the CRA to Meet the Challenges of Our Time.

2006년 FDIC는 경제적 포용에 관한 자문 위원회의 설립을 승인하였으며, 경제적 포용을 '모든 소비자가 안전하고 저렴한 금융 상품 및 서비스에 대한 접근'으로 정의하고 있다.[66] 동 위원회는 FDIC가 보증하는 금융기관과 거래 계좌를 보유하는 것을 포용 과제의 첫 번째 목표로 삼고 있다. 또한 2009년 최초로 포용금융 관련 설문조사를 실시하였으며, 이후 인종, 소득 수준, 교육 수준 및 기타 요인에 따른 금융 접근성 및 사용 등에 대해 2년마다 실시하고 있다.

FDIC 조사에 따르면 2021년 현재 전체 가구의 4.5%가 은행 계좌를 이용하지 않고 있다. FDIC가 조사를 시작한 2009년 7.6%였던 은행 계좌가 없는 가구의 비율은 2011년 8.2%로 증가하다가 이후 2013년 7.7%, 2015년 7.0%, 2017년 6.5%, 2019년 5.4%, 2021년 4.5%로 감소하였으며 역대 최저치를 기록했다. 이러한 조사 결과를 바탕으로 FDIC는 금융 포용성 확대를 위해 다양한 이니셔티브를 시행하고 있으며, 그중 중요한 정책으로 '저비용으로 안전한 결제 계좌에 대한 접근성'을 제시한다.[67]

FDIC는 경제포용전략계획(Economic Inclusion Strategic Plan)에서 AEI 네트워크 및 CFEF 등과의 협력을 통해 은행 계좌가 없는 소비자에 대한 접근을 강화하고 있으며 동 전략계획에 따라 다음과 같은 금융포용 프로그램을 시행하고 있다.[68]

첫째, Money Smart 프로그램은 FDIC가 주관하는 금융교육 프로그램으로 모든 연령대의 금융 지식 보급과 금융기관 이용 교육을 통해 금융기관 이용의 어려움을 해소하는 것을 목표로 하고 있다.

둘째, Youth Banking Network 프로그램은 학령기 아동에게 저축 계좌

[https://www.federalreserve.gov/newsevents/speech/brainard20200921a.htm] (2024.8.11.일 검색]

66) Jones, D. H., & Bovenzi, E. F. (2006.11). Establishment of FDIC Advisory Committee on Economic Inclusion, Fdic Memorandum. Federal Deposit Insurance Corporation. [https://www.fdic.gov/ news/board-matters/2006/nov067memo.pdf](2024.8.11.일 검색)

67) Gruenberg, M. J. (2017.11). Financial inclusion - Expanding economic opportunity. Remarks presented at the Local Initiatives Support Corporation.

68) Consumer Resource Center (2024.4). Economic Inclusion. [https://www.fdic.gov/consumers/ community/inclusion.html](2024.8.11.일 검색)

이용 기회를 제공하고, FDIC는 교육 도구 및 콘텐츠 개발, 교육과정 강화 등에 힘쓰고 있다.

셋째, Youth Empowerment Resource Center 프로그램은 고용 프로그램에 참여하는 청년들을 위한 금융 교육 및 FDIC 보증 금융기관 계좌 개설을 지원하며, 노동부로부터 재정 지원을 받고 있다.

넷째, Alliance for Economic Inclusion(AEI) 프로그램은 각 지역의 금융기관, 소비자, 지역사회, 지방정부가 회원으로 참여하고 있다. 소비자의 경제적 안정과 자산 형성을 위해 예금보험 대상 금융기관에서 안전하고 저렴하며 지속 가능한 금융상품의 제공 및 소비자의 이용 촉진을 목표로 한다. FDIC는 미국 전역에 11개의 AEI를 지원하고 있으며, 중저소득층, LMI 커뮤니티, 신생 중소기업 지원에 주력하고 있다.

다섯째, Affordable Mortgage Lending Center 프로그램은 정보제공 프로그램으로, FDIC는 커뮤니티 은행의 저금리 주택담보대출 제공 활성화하기 위한 상품 및 서비스에 대한 정보 공유, 연방정부 및 정부계 기업이 제공하는 대출 확대를 위한 보증 및 보조금 등에 대한 정보를 제공한다.

2. 영국

영국에서 '금융포용(financial inclusion) 또는 배제(exclusion)'라는 용어는 1990년대 초에 사용되기 시작했다. 영국 정부는 '금융 포용'을 개인이 출신이나 소득과 관계없이 유용하고 저렴한 금융 상품 및 서비스에 접근할 수 있는 상황으로 정의하며, '금융 배제'는 금융 상품 및 서비스에 접근할 수 없는 상황으로 정의한다.[69] 이러한 영국의 '금융 포용 또는 배제' 문제는 1997년 취임한 토니 블레어 행정부에서 다루기 시작하였으며, 1999년 관련 보고서를 발표했다.[70] 동 보고서에서는 금융 배제 문

---

69) UK Parliament. Tackling financial exclusion.
[https://committees.parliament.uk/documents] (2024.8.11.일 검색)
70) HM Treasury Policy Action Team(1999.11). Access To Financial Services. Report of PAT14.
[http://web.archive.org/web/20131220163526/http:/www.savingfrompoverty.org.uk/

제를 해결하기 위해 신용조합의 활용, 보험의 확대, 기본 은행 계좌의 확산을 제안하였다. 초기에 '금융배제'는 초기에 빈곤을 주요 원인으로 하는 '사회적 배제' 문제의 일부로 취급되었다.[71] 그러나 최근에는 금융규제의 강화가 결과적으로 금융 배제를 야기하는 경우가 있다.[72] 또한 인구의 고령화와 디지털 네트워크와의 단절을 '금융 배제'의 배경으로 간주한다.

영국 국민은 2003년 4월까지는 우체국에서 '기본 은행 계좌'와 연금 및 세금 공제를 받을 수 있는 '우체국 카드 계좌(POCA)' 개설할 수 있었다. 이 계좌는 수수료와 최소 예치금 의무가 없는 계좌로, 원칙적으로 송금이나 당좌 대월은 할 수 없다는 특징이 있다. 그러나 2020년 5월 노동연금부 장관은 의회에서 신규 POCA 개설을 중단한다고 발표하였는데, 이는 신규 계좌 수가 매우 적었고 많은 POCA 사용자가 이미 은행 계좌를 가지고 있어 정부 보조금으로 POCA를 유지할 필요성이 없었다는 데 기인한다.[73]

금융배제 문제 해결을 위해 2017년 3월에 22개의 권고안이 포함된 최종 보고서가 제출되었다.[74] 권고사항의 내용으로는 금융포용 문제를 전문적으로 전담할 새로운 *금융포용 장관*의 신설, 연 1회 의회에 대한 보고 의

---

documents/HMTreasuryPolicyActionTaskforce14FinancialExclusionNov1999.pdf]

71) Edmonds. T.(2017.12). Financial Inclusion (Exclusion). Briefing Paper No.01397. House of Commons Library.
[http://researchbriefings.files.parliament.uk/documents/SN03197/SN03197.pdf](2024.8.11.일 검색)

72) 예를 들어, EU 자금세탁방지지침에 근거한 각국의 법률에서 본인 확인 서류 등의 필요로 계좌 개설이 불가능하여 금융배제가 발생하는 경우가 있다. European Commission(2017.9). Financial Services Provision and Prevention of Financial Exclusion. [https://www.fi-compass.eu/library/other/financial-services-provision-and-prevention-financial-exclusion](2024.8.11.일 검색)

73) Department for Work and Pensions, & Coffey, T. (2020.5). DWP's response to coronavirus (COVID-19). Houses of Parliament.
[https://www.gov.uk/government/speeches/dwps-response-to-coronavirus-covid-19](2024.8.11.일 검색)

74) House of Lords(2017.3). Tackling financial Exclusion: A country that works for everyone?. Select Committee on Financial Exclusion. Report of Session 2016-17. [https://publications.parliament.uk /pa/ld201617/ldselect/ldfinexcl/132/132.pdf](2024.8.11.일 검색)

무, FCA의 법적 역할에서 금융 포용을 확대하는 것 등이 있다. 이 보고서는 또한 금융서비스 접근에서 우체국의 역할을 확대하기 위한 권장 사항으로 제시하였다. 금융기관의 지점 수가 감소함에 따라 실물 금융서비스의 접근 지점으로서 우체국의 중요성이 커지고 있기 때문이다. 그러나 많은 고객이 우체국에서 이용할 수 있는 금융서비스에 대해 충분히 인식하지 못하고 있다는 지적이 있다.[75]

2018.3월 영국 금융 및 우체국 회사는 지역 우체국의 금융서비스 가용성에 대한 인식을 높이기 위한 포괄적인 실행 계획을 발표하였다.

이 종합 실행 계획에는 5가지의 주요 실행 계획을 제시하였다. 그 내용으로는 (1) 지역의 주요 언론 매체를 대상으로 홍보 활동을 실시하고, (2) 금융 기관이 자주 문을 닫는 지역 등 특정 지역에 대하여 은행과 우체국이 공동으로 지원하고, (3) 은행 서면, 웹 및 전화 등 다양한 채널을 통해 우체국에서 금융 거래를 확대하고, (4) 취약 소비자에 대한 지원을 강화한다. (5) 우체국 창구 서비스의 지속적인 모니터링을 통해 인식을 제고하고 신뢰를 구축한다는 것이 주요내용이다.[76]

영국에는 개인과 소기업(250명 미만)에 소액 금융을 제공하는 지역사회 개발 금융 기관(CDFI)과 저개발 지역의 지역 활성화 프로젝트가 있다. 또한, 2002년 금융법(Finance Act 2002)에 의해 지역사회 투자세 감면(Community Investment Tax Relief, CITR) 제도가 도입되어 CDFI에 투자하는 투자자는 투자 개시일로부터 최대 5년 동안 매년 투자액의 최대 25%에 해당하는 세액 공제를 받을 수 있다.[77]

CDFI를 통한 자금 조달 외에도 크라우드 펀딩과 P2P 대출이 새로운 비즈니스 자금 조달 수단으로 주목받게 되자 FCA(Financial Conduct

---

75) House of Lords(2017.3). Tackling financial Exclusion: A country that works for everyone?. paragraph 230.
76) UK Finance. Banks and Post Office to raise greater awareness of banking services available in local post office branche.
[https://www.ukfinance.org.uk/banks-and-post-office-raise-greater-awareness-banking-services-available-local-post-office-branches] (2024.8.11.일 검색)
77) HM Revenue & Customs (2023.2). Community Investment Tax Relief.
[https://www.gov.uk/guidance/community-investment-tax-relief] (2024.8.11.일 검색)

Authority)는 2014.3월 크라우드 펀딩 및 P2P 대출에 대한 규정을 발표하였다. 이 규정은 2014년 4월에 투자자에게 위험을 명확히 경고하고 차주가 상환할 수 없는 때를 대비한 안전망을 제공하는 것을 주요 내용으로 한다.

영국에서는 금융포용의 일환으로 인식하도록 은행 등의 기관이 기본 계좌를 제공한다. 기본 계좌는 개인 당좌예금 계좌와 같은 일반 은행 계좌를 개설하기 어려운 사람들을 위한 계좌이다. 2014년 7월 EU에서 지급결제계좌지침이 채택된 것을 계기로 영국 금융당국과 금융기관 간에 협정이 체결되어 기본계좌 제공이 시작되었다.

지급결제계좌지침(PAD:Payment Account Directive)은 지급계좌 수수료의 투명성과 비교가능성을 높여 경쟁을 확대하고, 최소 기준 제정을 통해 계좌 전환을 장려하며, 기본계좌에 대한 접근성을 개선하고, 경제적, 사회적 배제를 줄이는 것을 목표로 한다. PAD는 모든 금융기관이 기본계좌를 제공하도록 요구하지 않았기 때문에 2014년 협정은 개인 당좌예금시장에서 1% 이상의 점유율을 가진 금융기관과 전체의 90% 이상을 차지하는 9개 은행을 대상으로 하였다. 2015년 지급계좌 규정이 시행된 이듬해인 2017년 6월 말 기준 기본계좌 수는 약 480만 건에서 2018년 746만 건으로 증가했으나 2019년과 2020년에는 소폭 감소, 2021년과 2022년에는 소폭 증가했다.

3. 캐나다

캐나다의 금융 포용성은 상대적으로 높은 수준이다. 세계은행(World Bank)에 따르면 2021년 15세 이상 인구의 99.63%가 금융 기관 또는 모바일 서비스 제공업체에 계좌를 가지고 있다.[78] 캐나다의 경우 성인 10만 명당 설치된 ATM 수는 212대(2021년)로 고소득 국가 평균(63대)에 비해 매우 높

---

78) World Bank. (2022). The Global Findex Database 2021: Financial Inclusion, Digital Payments, and Resilience in the Age of COVID-19.
[https://www.worldbank.org/en/publication/globalfindex] (2024.8.11.일 검색)

으며, 신용협동조합의 존재를 감안할 때 캐나다의 금융서비스 접근성은 충분히 높다고 할 수 있다.[79) 다만, 주요 금융기관의 서비스에서 배제된 저소득층이 적정한 금융서비스를 제공받지 못하는 사례가 있다.

캐나다에서는 이러한 금융에서 소외된 사람들에 대해 더 나은 금융서비스를 제공하기 위해서 2016년 캐나다 정부는 금융부문의 규제개혁에 대한 의견서를 제출하였다.[80) 동 의견서에는 현행의 제도가 저소득층과 빈곤층이 적절한 금융서비스를 제공 받는데 불충분하다고 주장하며 주요 금융기관들은 소액, 단기 대출 및 자산 계좌와 같은 서비스를 제공할 필요가 있다는 의견을 제시하였다.[81)

캐나다에서는 신용협동조합이 주도하는 소규모 금융서비스가 오랫동안 뿌리를 내리고 있다. 반면에, 최근 몇 년 동안 개발도상국과 다른 국가에서 발전한 집단 연대 대출과 같은 소액금융 메커니즘은 널리 사용되지 않았다. 실제로 1990년대에 칼메도우 재단(Calmeadow Foundation)이라는 비영리 단체가 공동 대출 형태의 소액금융을 개발했지만 도시 지역으로 확대하지 못하고 1999년에 파산하였다.[82) 신용협동조합 외에도 소액금융을 담당하는 회사로는 Royal Bank of Canada, Community Futures Development Corporation (CFDC) 및 캘거리 지역 경제 개발을 위한 지역 개발 공사(Regional Development Corporation)의 RBC Social Finance Initiative[83)가 있으며, Momentum[84)이라는 비영리 단체는 소액금융을 담당하고 있다.

---

79) Ibid.
80) Buckland, J., & Henderson, G. E. (2016.11). Re: Review of the Federal Financial Framework. [https://www.fin.gc.ca/consultresp/pdf-ssge-sefc/ssge-sefc-26.pdf] (2024.8.11.일 검색)
81) Ibid.
82) The GLOBE AND MAIL (2012.1). Can microcredit work in Canada?.[https://beta.theglobeandmail. com/life/giving/can-microcredit-work-in-canada/article1360187/?ref=] (2024.8.11.일 검색)
83) Royal Bank of Canada, Sustainable Finance Solutions. [https://www.rbccm.com/en/expertise/ sustainable-finance.page1](2024.8.11.일 검색)
84) Momentum. What We Do, [https://momentum.org/who-we-are/what-we-do/](2024.8.11.일 검색)

Community Futures는 신용이 낮아 사업을 시작하거나 사업운영에 어려움이 있는 중소기업에 자금을 제공한다.[85] 은행과 달리 Community Futures는 다양한 대출 기준을 활용하여 농촌 개발에 초점을 맞추고 소규모 지역 기업에 사업 자금을 제공한다.[86] 또한 다른 대출기관, 교육기관, 비영리 단체 및 지역 정부와 협력하여 지역 경제의 성장을 도모한다.[87] Community Futures는 대출 자격을 갖춘 개인[88]에 대하여 고정금리 12%로 200~10,000달러의 소액소상공인대출(Business Loans & Development Micro Loans)을 제공한다.[89] 모든 대출금을 변제하는 경우 기 지급한 이자의 25%를 감면한다.[90] 신용점수가 좋지 않은 대출은 신청할 수 있다는 장점이 있다.[91]

캐나다에서 소액 대출 서비스는 주로 민간 소비자 금융 기관에서 제공한다. 예를 들어, Alterna Savings는 토론토 및 오타와 지역의 지역 사회 단체와 협력하여 소액대출을 포함한 소액 금융 프로그램을 제공하고 있다.

4. 독일

EU에서는 소액금융이 활발하게 이루어지고 있으며, 2007년 유럽연합 집행위원회(European Commission)는 '성장과 고용을 지원하는 소액신용대출을 위한 유럽 이니셔티브'를 발표하였다.[92] 독일에서도 상대적으로 소

---

85) Community Futures(2019.4). Community Futures Micro Loans - Boundary Region [https://www2. gov.bc.ca/gov/content/employment-business/economic-development/funding-and-grants/community-futures-micro-loans]
86) Ibid.
87) Ibid.
88) 자격요건은 19세 이상, 캐나다에서 합법적으로 근로할 수 있는 자격, 경계지역 거주자, 전통적 금융기관에서 대출받을 수 없을 것 등을 요건으로 한다. Community Futures(2019.4). Ibid.
89) Community Futures(2019.4). Ibid.
90) Ibid.
91) Ibid.
92) Commission of the European Communities(2007.11). A European Initiative for the development of micro-credit in support of growth and employment.[https://eur-lex.europa.eu/

액 신용대출이 활발하게 진행되고 있는데 은행 인허가가 없는 기관은 돈
을 빌려줄 수 없으므로, 주로 은행이 다른 지원 기관과 협력하여 소액 신
용을 제공한다.[93] 또한 DMI(Deutsches Mikrofinanz Institut e. V.)는 소액
금융기관을 인증하는 등록 협회로 DMI는 인증을 수여할 뿐만 아니라 소
액 금융기관에 다양한 교육 프로그램을 제공하고 있다.[94]

한편, 독일 연방 경제기술부는 유럽회복 프로그램(European Recovery
Program)과 유럽사회기금(European Social Fund)의 자금 지원을 받아 출
범한 독일 마이크로 메자닌 펀드(Mikromezzaninfonds Deutschland)를 운용
하고 있다.[95]

독일에서는 자금결제, 직불 카드 및 신용 카드를 사용하기 위해서는 이
체 계좌가 필요하다. 독일연방은행의 2021년 조사에 따르면 18세 이상의
98%가 자신의 이름으로 이체계좌를 보유하고 있는데, 계좌 보유율이 높은
이유 중 하나는 공익을 중시하는 저축은행과 신용협동조합의 비중이 높기
때문이다.[96] 계좌 이용 방식에 대하여 응답자의 75%가 온라인 뱅킹을 사
용하며, 그중 70%는 은행 웹사이트, 58%는 은행 앱, 5%는 타사 앱을 통
해 사용한다고 응답하였다.[97]

1958년 독일 저축은행협회(Deutscher Sparkassen- und Giroverband
e.V., DSGV)은 소비자에게 금융 자문을 제공하는 자문기구인 Geld und
Haushalt를 설립하였다. Geld und Haushalt는 DSGV의 사회적 이니셔티브

LexUriServ/LexUriServ.do?uri=COM:2007:0708:FIN:EN:PDF]
93) 重頭ユカリ(2015.12). EUにおけるマイクロクレジットの動向 -
    マイクロクレジットへのEUの 支援策と新しい取組事例 , 農林金融, 7面.
    [https://www.nochuri.co.jp/report/pdf/ n1512re1.pdf]
94) Deutsches Mikrofinanz Institut. Qualitätssicherer der Deutschen Mikrofinanzwirtschaft.
    [http://www. mikrofinanz.net] (2024.8.11.일 검색)
95) Mikromezzaninfonds Deutschland. Fragen zum Förderprogramm.
    [https://www.mikromezzaninfonds -deutschland.de/start.htmlprogramm] (2024.8.11.일
    검색)
96) Deutsche Bundesbank(2022.7). Payment behaviour in Germany in 2021.
    [https://www.bundesbank.de/
    resource/blob/894118/6c67bcce826d5ab16a837bbea31a1aa9/mL/zahlungsverhalten-in-deut
    schland-2021-data.pdf]
97) Ibid.

의 일환으로 금융이해력 향상을 목표로 저축계획, 보험 및 대출과 같은 광범위한 주제에 대한 무료 강의와 교육 자료를 제공한다.[98]

2016년는 시행된 지급계좌법(Zahlungskontengesetz, ZKG)에 따르면[99] 지급계좌법(ZKG)은 은행 수수료의 투명성을 높이고 은행 간 경쟁을 촉진하고 계좌 보유가 어려운 사람들에게 은행이 계좌를 보유하도록 하는 것을 목표로 하였다.[100]

독일의 금융 포용 수준은 높지만 실업자, 빈곤층, 채무자는 배제되는 경향이 있다. 중동 및 아프리카 출신 난민을 대상으로 한 설문조사에 따르면, 난민들은 금융거래와 저축이 주로 현금으로 이루어지고, 복잡한 금융상품과 보험에 대한 접근성이 낮으며, 금융이해력이 거의 없기 때문에 금융포용에서 제외되는 것으로 나타난다.[101] 특히, 난민에 대한 금융포용을 위해서는 언어적, 사회적 장애물이 선결적으로 해결되어야 한다.[102] 2022.10월 독일의 금융문해력에 대한 설문조사 결과에 따르면 금융서비스의 온라인 제공이 증가하는 최근에는 디지털 문해력을 포함하여 금융문해력을 더 넓게 정의할 필요가 있으며, 학교에서 실용적이며 실제적인 금융교육을 실시해야 한다고 지적하고 있다.[103]

5. 소결

---

98) https://www.geldundhaushalt.de/ueber-uns/ (2024.8.11.일 검색)

99) 2014년 EU에서는 결제계좌 수수료의 비교가능성, 결제계좌의 변경, 기본 기능을 가진 결제 계좌의 이용에 관한 지침(Directive 2014/92/EU)이 제정되어 이에 따라 제정되었다.

100) Huneke, A. H., & Gondert, F. (2016.7). Payment Accounts Act: New rights for consumers - basic payment account, account switching help and fee transparency. BaFin. [https://www.bafin.de/SharedDocs/Veroeffentlichungen/EN/Fachartikel/2016/fa_bj_1606_zahlungskontengesetz_en.html] (2024.8.11.일 검색)

101) Schuhen, M., & et al. (2022.11). Financial literacy of adults in Germany FILSA study results. Journal of Risk and Financial Management, 15(11), p.488

102) Arnold, E. A., Neuberger, D., Seukwa, L. H., & Ulbricht, D. (2018.2). Finanzielle Allgemeinbildung Geflüchteter in Deutschland: Eine qualitative Pilotstudie, No. 153. Thünen-Series of Applied Economic Theory-Working Paper. [https://www.econstor.eu/bitstream/10419/174509/1/ 1013727088.pd](2024.8.11.일 검색)

103) Schuhen, M., & et al. (2022.11). Ibid.

금융포용성은 경제적 성장과 사회적 안정성을 촉진하는 중요한 요소로, 전 세계 여러 국가에서 다양한 정책과 제도를 통해 이를 증진하기 위한 노력이 이어지고 있다. 본 논문에서는 미국, 영국, 캐나다, 독일에서 시행되고 있는 포용금융 제도와 모범 사례를 살펴보았다. 이들 국가의 사례는 금융포용성을 높이기 위한 다양한 접근법과 정책이 어떻게 효과적으로 작동할 수 있는지를 보여준다.

　　미국의 지역재투자법(Community Reinvestment Act, CRA)은 금융기관이 저소득층과 소수 민족을 포함한 다양한 계층에 공정하게 금융서비스를 제공하도록 유도하는 중요한 법적 기반을 마련하였다. 이 법은 금융기관이 지역사회 내에서 자금을 순환시키고, 경제적 기회를 공평하게 나누는 데 기여하였다. 또한, FDIC의 다양한 프로그램은 금융포용성을 촉진하는 데 중요한 역할을 하였다.

　　영국은 기본 은행 계좌 등을 통하여 금융서비스의 접근성을 높이고 있으며, 금융포용정책포럼을 통해 다양한 정책을 추진하고 있다. 이러한 접근법은 정부와 민간 부문이 협력하여 금융포용성을 증진시키는 데 중요한 교훈을 제공한다. 특히, 기본 은행 계좌와 같은 접근 가능한 금융상품은 금융서비스의 문턱을 낮추는 데 효과적이다.

　　캐나다는 신용협동조합과 같은 소규모 금융서비스를 통해 금융포용성을 증진시키고 있으며, 최근에는 우체국을 통한 소액 대출 서비스도 도입하였다. 캐나다의 사례는 지역 사회 기반의 금융기관이 금융포용성을 높이는 데 중요한 역할을 할 수 있음을 보여준다. 신용협동조합과 같은 기관은 지역 사회의 특성과 필요에 맞춘 금융서비스를 제공하여, 금융서비스의 접근성을 높이는 데 기여한다.

　　이들 국가의 사례를 통해 우리는 금융포용성을 제고하기 위한 몇 가지 중요한 전략을 도출할 수 있다. 첫째, 법적 및 규제적 기반을 강화하여 금융기관이 사회적 책임을 다하도록 유도하는 것이 중요하다. 둘째, 정부와 민간 부문이 협력하여 다양한 금융 상품과 서비스를 제공함으로써 금융서비스의 접근성을 높여야 한다. 셋째, 지역 사회 기반의 금융기관을 육성하여 지역 사회의 특성과 필요에 맞춘 금융서비스를 제공하는 것이 필요하다.

주요국의 포용금융 제도를 통해 얻은 교훈을 바탕으로, 우리는 금융포용성을 높이는 데 효과적인 정책과 전략을 개발하고 실행할 필요가 있다.

Ⅲ. 금융포용의 모범 사례

1. 인도의 PMJDY(Pradhan Mantri Jan Dhan Yojana)

인도의 PMJDY(Pradhan Mantri Jan Dhan Yojana)는 2014년 인도 정부가 시작한 금융포용 프로젝트로, 모든 국민이 은행 계좌를 개설하고 금융서비스에 접근할 수 있도록 하는 것을 목표로 한다. 이 계획은 특히 시골 지역과 저소득층을 대상으로 하며, 주요 목표는 모든 가구가 은행 계좌를 갖도록 하여 금융 접근성을 높이고, 저축 계좌 개설을 통해 저소득층의 저축을 촉진하며, 보험 및 연금 서비스를 제공하여 사회적 안전망을 강화하는 것이다. 또한, 디지털 금융서비스를 도입해 금융서비스 접근성을 높이고 거래 비용을 절감하는 것을 포함한다.

PMJDY는 시행 초기부터 큰 성과를 거두었다. 은행 계좌 개설이 급증하여 금융포용성을 확대하였으며, 시골 지역과 저소득층을 중심으로 수백만 개의 새로운 은행 계좌가 개설되었다. 이를 통해 저소득층의 저축이 크게 증가해 경제적 안정을 도모하고 긴급 상황에 대비할 수 있는 재정적 기반을 마련하는 데 기여했다. 또한, 보험 및 연금 서비스 이용이 증가하여 사회적 안전망을 강화하였고, 모바일 결제 시스템 등의 디지털 금융서비스 도입으로 금융서비스의 접근성을 높이고 거래 비용을 절감하는 데도 기여했다.

그러나 PMJDY는 시행 과정에서 몇 가지 문제점도 직면했다. 시골 지역에서는 여전히 금융 인프라가 부족해 금융서비스의 접근성이 제한적이며, 은행 지점이나 ATM이 부족해 금융서비스 이용이 어려웠다. 디지털 금융서비스의 도입에도 불구하고 인터넷 접근성과 디지털 기기 보급률이 낮아 디지털 금융서비스 이용이 제한적이었다. 또한, 저소득층과 시골 지역 주민들은 금융 이해력이 낮아 금융서비스를 효과적으로 이용하는 데 어려움을 겪고 있고, 금융기관에 대한 신뢰 부족도 서비스 이용을 저해하는 요인입니다. 특히, 시골 지역 주민들은 금융기관에 대한 신뢰가 낮아 금융서비스 이용을 꺼리는 경우가 많았다.

PMJDY의 성공 요인으로는 인도 정부의 강력한 의지와 정책의 일관성, 다양한 금융 기관, NGO, 민간 기업 등과의 협력을 통한 포괄적인 접근 방식에 있다. 이를 통해 금융서비스 접근성을 높이고 다양한 계층에게 혜택을 제공하는 데 기여했다. 또한, 디지털 금융서비스의 도입을 통해 서비스의 다양성을 높이고 사용자 친화적인 서비스를 제공하는 데 주력했다. 저소득층과 시골 지역 주민들의 금융 이해도를 높이기 위한 금융이해력 교육도 중요한 역할을 했다. 이러한 노력은 PMJDY 계획이 여러 어려움에도 불구하고 금융포용성을 높이고 사회적 안전망을 강화하는 데 성공적으로 기여한 요인이다.

2. 키바(Kiva)

Kiva는 2005년 미국 샌프란시스코에서 설립된 국제 비영리 단체로, 전 세계적으로 포용금융을 실천하며 개인과 소규모 사업자에게 소액 대출을 제공하는 마이크로파이낸스 플랫폼이다. 이 단체는 금융소외 계층이 경제적 자립을 이루고 지속 가능한 발전을 가능하게 하는 것을 목표로 한다. Kiva는 사용자, 기업 및 국가 기관의 보조금과 대출로 받은 자금을 소액 금융기관 및 사회 공헌 기업 등에 분배하며, 직접적인 대출을 제공하지 않는다.

Kiva는 인터넷을 통한 크라우드펀딩 대출 플랫폼을 통해 80개국 이상의 저소득 기업가와 학생에게 자금을 연결해주는 혁신적인 모델을 운영하고 있다. 대출자들은 Kiva 웹사이트를 통해 최소 25달러부터 대출에 참여할 수 있으며, 이 자금은 Kiva 협력 기관을 통해 대출 형태로 차용인에게 전달된다. 협력 기관은 대출 관리비용을 충당하기 위해 차용인에게 이자를 부과할 수 있으며, 대출금이 상환되면 그 자금을 다시 순환시켜 지속적인 영향을 만들어낸다.

Kiva는 다양한 대출 프로그램을 운영하고 있다. 여성 소유 기업 지원 프로그램은 전체 대출의 81%가 여성에게 이루어질 정도로 여성 기업가에 집중하고 있다. 녹색 대출 프로그램은 친환경 에너지와 재활용 분야를 지원하며, 고등교육 지원 프로그램을 통해 학생들에게 학비 마련을 돕는다. 또한 의료 대출을 통해 의료 접근성을 높이고, 난민 지원 프로그램을 통해 세계 난민을 위한 금융 기회를 제공한다.

Kiva의 특징은 전통적인 금융 기관이 제공하지 못하는 기회를 제공한다는 점이다. 대출은 단순한 금전 거래가 아니라 사람들 간의 연결을 만드는 수단으로 사용되며, 개인의 신용도를 사회적 평판을 통해 평가하는 '사회적 인수' 방식을 활용합니다. 또한, 기술을 활용하여 디지털 금융 포용성을 확대하고 있다.

Kiva는 혁신적인 모델로 금융 포용성을 확대하고 있지만, 현지 파트너에 대한 모니터링과 투명성 제고 등의 개선이 필요하다. 취약계층, 특히 여성 기업가 지원에 주력해 이들의 경제적 자립에 기여할 것으로 기대된다.

3. 그라민 은행(Grameen Bank)

그라민 은행은 빈곤층이 잠재력을 실현하고 빈곤의 악순환에서 벗어날 수 있도록 포괄적인 금융서비스를 제공하는 것을 목표로 한다. 이를 통해 지속 가능하고 포용적인 농촌 경제 발전을 촉진하고 있다. 주요 업무는 주로 빈곤층, 특히 여성에게 무담보 소액 대출을 제공하는 것이다. 2024년 5월 기준으로 그라민 은행은 방글라데시의 94%에 해당하는 81,678개 마을에 진출하여 1,058만 명의 대출 회원을 보유하고 있으며, 4,500만 명에게 서비스를 제공하고 있다. 그라민 은행은 2006년 노벨 평화상을 수상하며 국제적인 인정을 받았다. 지금까지 총 375.8억 달러의 무담보 대출을 제공하였으며, 기후 변화 대응을 위해 2023년 9월까지 총 2억 669만 그루의 나무를 심는 등 환경보호에 앞장서고 있다. 은행은 혁신적인 접근을 통해 서비스의 질을 향상시키고 있으며, 월별 할부 방식의 새로운 대출 프로그램, 인적 자원 개발, 디지털화 등의 다양한 이니셔티브를 추진하고 있다. 이를 위해 직원들을 위한 최첨단 교육 기관을 개선하고 컴퓨터 실습실을 설치하여 디지털 커뮤니케이션 능력을 향상시키고 있다.

미래 전망에 있어 그라민 은행은 방글라데시의 빈곤층 퇴치와 경제 발전에 지속적으로 전념할 계획이다. 디지털 기술을 활용한 금융서비스 혁신을 통해 더 많은 사람들에게 도움을 줄 수 있도록 서비스를 확장하고 개선할 예정이다. 또한 환경 보호를 위한 노력을 계속해 나가며, 이러한 노력은 방글라데시뿐만 아니라 전 세계적으로 빈곤 퇴치와 지속 가능한 발전에 기여할 것으로 기대된다. 이러한 지속적인 노력은 그라민 은행이 지역사회와 전 세계의 빈곤 문제를 해결하고 지속 가능한 경제 발전을 촉진하는 데 핵심적인 역할을 할 것임을 보여준다.

Ⅳ. 디지털 기술을 활용한 금융포용 모범 사례

1. CNote : 온라인 대출중개서비스(P2P)

CNote는 금융혁신을 통해 모든 사람을 위한 더 포용적인 경제를 구축하는 것을 사명으로 하고 있다.[104] CNote는 지역사회 투자, 소외계층 지원, 투자자에 대한 안정적 수익제공 등으로 소외된 지역사회의 자본 접근성과 경제 활동을 증가시키는 것을 목표로 한다.[105] CNote는 여성이 주도하는 플랫폼으로, IT 기술을 활용하여 다양한 지역사회 투자를 통해 경제적 이동성과 금융 포용성을 제고하고 있다.[106] 또한 연방 정부가 인증한

---

104) CNote. Invest in an economy that works for everyone. [https://www.mycnote.com/] (2024.8.11.검색)
105) CNote. CNote is a women-led impact platform that uses technology to unlock diversified community investments to increase economic mobility and financial inclusion. [https://www. mycnote. com/about-us/] (2024.8.11.검색)
106) Ibid.

지역사회 대출 기관들과 협력하여 저소득 개인, 기업들의 자금을 지원해 주는 역할을 한다.107)

CNote 플랫폼의 경우 투자자들이 온라인으로 등록하고 몇 분 만에 재무부의 지역사회 개발 금융기관 기금(CDFI Fund)이 인증한 CDFI에 투자를 시작할 수 있다.108) 이 플랫폼은 투자자의 수요에 대응하여 인종 평등, 성 평등 등의 주제 및 지역적 선호도에 따른 임팩트 투자를 제공한다.109) CNote는 투자 플랫폼을 통해 상당한 성과와 기여를 보여주고 있다. 2022년에는 CNote 플랫폼에서 3억 달러 이상의 자본이 운용되었으며,110) CNote를 통해 투자된 자본의 50% 이상이 유색인종이 주도하는 소기업에 투자되었으며, 40% 이상이 여성이 주도하는 소기업에 투자되었다.111)

나아가 CNote는 기업 및 기관들과 협력하여 자원이 부족한 지역사회에 대규모로 투자할 수 있도록 지원한다.112) 예를 들어, 글로벌 물 기술 제공업체인 Xylem은 CNote 플랫폼을 통해 미국 전역의 소외된 지역사회의 지역 금융기관에 700만 달러를 투자했다.113)

CNote의 기술과 지역사회 파트너 네트워크는 기업가들을 지원하고 투자를 통해 경제적, 인종적 정의를 추구하는데 도움을 주고 있다.114) CNote의 기술은 기관들이 자신들의 예금과 투자를 지역사회 내에서 연계할 수 있게 함으로써, 임팩트 투자 솔루션과 지역사회 파트너십에 기여하고 있다.115)

---

107) Thomas.G. (2021.5). CNote: Connecting Investors with CDFIs to Support Community Impact, [https://www.cdfifund.gov/impact/86] (2024.8.11.검색)

108) Ibid.

109) Ibid.

110) Gonzales. B. (2023.8). From Wall Street to Main Street: Inside the FinTech Helping Companies Invest in Communities, [https://nextcity.org/urbanist-news/wall-street-to-main-street-fintech-helping-companies-invest-in-communities] (2024.8.11.검색)

111) Ibid.

112) CNote. Invest in an economy that works for everyone. [https://www.mycnote.com/] (2024.8.11.검색)

113) Gonzales. B. (2023.8). Ibid.

114) CNote. CNote Helps Institutions Invest in Under-Served Communities. [https://www.mycnote.com/] (2024.8.11.검색)

115) CNote. Invest in an economy that works for everyone. [https://www.mycnote.com/]

2. Chime : 임베디드 뱅킹(내재화 은행)

Chime은 미국에서 무료 모바일 뱅킹 서비스를 제공하는 핀테크업체로[116] Chime은 전통적인 금융시스템에서 소외되기 쉬운 사용자들에게 금융에 쉽게 접근하여 자신의 재정 상황을 통제할 수 있도록 하는 것을 목표로 하고 있다.[117] Chime은 은행은 아니며 The Bancorp Bank, N.A. 또는 Stride Bank, N.A.와 같은 파트너 은행을 통해 은행 업무, 신용 및 직불 카드를 제공한다.[118] Chime은 주로 개인, 학생, 프리랜서, 군인, 소규모 비즈니스를 대상으로 수수료가 없는 저축 계좌, 직불 카드 등의 금융서비스를 제공한다.[119] Chime의 서비스는 사용자 친화적인 모바일 앱을 통해 접근할 수 있으며, 수수료 무료, 조기급여 입금, 자동 저축 기능, 신용기록 개선 서비스 등을 제공한다.[120] 주요 서비스는 SpotMe라는 서비스로, 최대 200달러까지 무료로 단기 대출서비스를 제공한다.[121]

Chime은 지속적인 성장을 보이고 있으며, 2022년 기준으로 1,450만 명 이상의 고객을 확보했다.[122] 2023년에는 10억 달러의 수익을 창출했다.[123] Chime은 또한 사회적 영향력에도 주력하고 있다. 예를 들어, COVID-19 팬데믹 기간 동안 Chime은 Give2SF와 Project100에 15만 달러를 기부했으며, 회원들에게 정부의 경기 부양 지원금을 미리 받을 수 있는 기회를 제

---

116) Daniel Pereira. D. (2023.4), Chime Business Model,
   [https://businessmodelanalyst.com/chime- business-model/] (2024.8.11.검색)
117) Chime. Welcome to Chime, [https://careers.chime.com/en/working-at-chime/]
   (2024.8.11.검색)
118) Ibid.
119) Daniel Pereira. D. (2023.4), Ibid.
120) Ibid.
121) Beltran. L,. (2024.1), Chime was once valued at $25 billion. The CEO says the
   fintech darling is 'IPO ready,' but investors want to know: What is it worth
   now?. [https://fortune.
   com/2024/01/26/chime-25-billion-ceo-ipo-ready-fintech-valuations-venture-capital/]
   (2024.8.11.검색)
122) Ibid.
123) Ibid.

공했다.[124] Chime은 새로운 제품 출시를 통해 지속적인 성장을 도모하고 있어, 향후 핀테크 분야에서 선도적인 역할을 할 것으로 기대된다.

3. Ripple : 블록체인 기술

Ripple은 블록체인 기술을 활용하여 국경 간 결제 효율화, 송금수수료 절감 등을 통해 포용적이고 확장 가능한 금융시스템에 대한 접근성을 높이는 데 중점을 둔다.[125] 이 프로그램은 암호화폐(XRP)와 블록체인 기술의 채택을 통해 전 세계적으로 수십억 명의 금융소외 계층과 은행 서비스 이용이 제한된 사람들의 경제 참여와 기회, 그리고 복원력을 크게 증가시키는 데 초점을 맞추고 있다.[126]

이를 위해 주요 기관들과 파트너십을 맺어 협력하며, 혁신적인 금융서비스 솔루션을 개발하고 구현한다.[127] Ripple의 Mercy Corps Ventures와의 파트너십을 통하여 2023년 중 6개의 초기 단계 기업에 새로운 투자를 하고 5개의 파일럿 프로그램을 진행했으며, 이를 통해 300만 명 이상의 소외계층에게 혁신적인 제품과 서비스를 제공했다.[128]

Ripple은 실제 활용 가능한 사례에 중점을 두고 있으며, 블록체인과 암호화폐 같은 혁신적인 기술을 사용하여 금융서비스를 개선하고 있다. 예를 들어, 국경 간 결제와 같은 비즈니스에 실질적인 가치를 창출하는 사

---

124) Medium(2020.6), Giving back in a time of need: How Chime is supporting our members and communities during COVID-19.
[https://medium.com/life-at-chime/giving-back-in-a-time-of
-need-how-chime-is-supporting-our-members-and-communities-during-covid-19-3bb7
a169047a] (2024.8.11.검색)
125) Ripple. Global collaboration for a more equitable, sustainable and inclusive economy.
[https://ripple.com/impact/:~:text=Financial%20inclusion%20is,human%20right]
(2024.8.11.검색)
126) Ibid.
127) Mojaloop Foundation, 캘리포니아 대학 버클리 캠퍼스의 Lab for Inclusive Fintech 등과 파트너십을 맺어 개발도상국의 금융서비스 접근성 확대를 위한 파일럿 프로그램과 연구를 지원하고 있다. Ripple(2004.6). Building Global Financial & Climate Resilience. [https://ripple.com/ impact/impact-report/] (2024.8.11.검색)
128) Ripple(2003). Building Global Financial & Climate Resilience.
[https://ripple.com/impact/impact- report/]

용 사례에 집중하고 있다.[129] Ripple은 금융 포용뿐만 아니라 지속 가능성에도 중점을 두고 있다. XRP Ledger를 활용하여 지속 가능한 암호화폐 솔루션을 제공하고, 기후변화에 대응하여 탄소 시장을 지원하고 있다.[130]

Ⅴ. 나가며

금융포용성은 경제적 성장과 사회적 안정성을 촉진하는 중요한 요소로, 전 세계 여러 국가에서 다양한 정책과 제도를 통해 이를 제고하기 위한 노력이 이어지고 있다. 이 글에서는 금융포용성을 높이기 위한 다양한 접근법과 사례를 살펴보았다.

법적 및 규제적 기반의 강화, 정부와 민간의 협력, 지역사회 기반 금융기관의 육성, 디지털 기술의 활용, 금융 교육의 강화, 혁신적 플랫폼의 활용 등은 금융포용성을 제고하는 데 중요한 요소이다.

미국의 CRA와 같은 법률을 통해 금융기관의 사회적 책임을 강화하고 포용적 금융서비스 제공을 유도할 수 있으며, 영국의 사례처럼 정부 기관과 민간 부문이 협력하여 다양한 금융 상품과 서비스를 제공함으로써 금융 접근성을 높일 수 있다. 캐나다의 신용협동조합 사례는 지역 특성에 맞는 맞춤형 금융서비스 제공의 중요성을 보여준다.

다양한 사례를 통하여 금융포용에 있어서 디지털기술 활용의 중요성이 점점 높아지고 있다. 인도의 PMJDY와 케냐의 M-Pesa 사례는 디지털 및 모바일 기술을 활용한 혁신적 금융서비스가 금융포용성 증진에 크게 기여하고 있다. 또한 Kiva와 같은 크라우드펀딩 플랫폼은 전통적 금융에서 소외된 계층에게 새로운 기회를 제공할 수 있다. 최근의 블록체인 및 인공지능 기술도 금융포용을 증가하는 데 혁신적 변화를 불러올 것이다.

---

129) Leadersinpayments.com(2022.10). Financial Inclusion: Ken Weber, Head of Ripple Impact, VP of Social Impact & Sustainability.
[https://leadersinpayments.com/2022/10/18/financial-inclusion
-ken-weber-head-of-ripple-impact-vp-of-social-impact-sustainability-episode-190]
130) Ripple Impact. Our business is to help your business succeed.
[https://rippleimpact.co/]

이러한 다양한 접근법과 정책을 종합적으로 고려하여 각국의 상황에 맞는 금융포용 전략을 수립하고 실행하는 것이 중요하다. 금융포용성 증진을 통해 경제적 기회를 확대하고 사회적 안전망을 강화함으로써 더 포용적이고 지속 가능한 경제 발전을 이룰 수 있을 것이다.

[국제적 정합성 제고 방안]

글로벌화된 금융 환경에서 각국의 금융정책은 상호 영향을 미치며, 포용금융 활성화의 전제조건으로 국제적 정합성을 유지하고 협력을 제고하는 것이 중요하다. 국제적 정합성은 금융 시스템의 안정성을 강화하고, 국제 금융 거래의 효율성을 높이며, 글로벌 경제 성장에 기여할 수 있다. 한국의 금융정책도 국제적 기준과 조화를 이루어야 하며, 이를 통해 글로벌 금융시장에서 경쟁력을 확보하고, 안정성을 유지할 필요가 있다.

가. 국제 금융 규제 기준 준수 : 한국의 금융정책은 국제 금융규제 기준을 준수하여 글로벌 금융시장에서의 신뢰성을 높인다. 바젤 III 준수: 바젤 III와 같은 국제 금융 규제 기준을 준수하여 은행의 자본 건전성을 강화하고, 시스템 리스크를 관리한다.

나. 국제 금융 기구와의 협력 강화 : 국제 통화 기금(IMF), 세계은행(World Bank), 국제결제은행(BIS) 등 국제 금융 기구와의 협력을 강화하여 글로벌 금융정책과 조화를 이룬다. 공동 연구 및 프로그램 참여: 국제 금융 기구와 공동 연구를 진행하고, 글로벌 금융 안정화 프로그램에 참여하여 국제 금융시장의 동향을 파악하고 대응한다.

다. 국제적 모범 사례 벤치마킹 : 해외의 성공적인 금융정책과 제도를 벤치마킹하여 한국의 금융 시스템에 적용한다. 유럽 및 미국 사례 적용: 유럽의 금융 소비자 보호 제도나 미국의 금융 혁신 정책을 연구하여 한국의 금융정책에 반영한다.

라. 금융 기술의 국제적 표준화 : 금융 기술(핀테크)의 발전에 따라 국

제적 표준화를 추진하여 기술의 상호 운용성을 높인다. 블록체인 표준 마련: 국제 표준화 기구(ISO)와 협력하여 블록체인 기술의 표준을 마련하고, 글로벌 금융 거래의 효율성을 높인다.

　마. **국제 금융 교육 및 역량 강화** : 국제 금융 교육 프로그램을 운영하여 금융 전문가들의 역량을 강화한다. 해외 연수 및 교육 과정: 금융기관의 직원들을 대상으로 국제 금융 교육 과정을 운영하고, 해외 연수를 통해 글로벌 금융시장의 최신 트렌드를 학습한다.

　바. **국제 금융 거래의 투명성 강화** : 국제 금융 거래의 투명성을 강화하여 글로벌 금융시장의 신뢰를 높인다. 자금세탁방지 시스템 강화: 국제 자금세탁방지(FATF) 기준을 준수하고, 의심 거래 보고 의무를 철저히 이행하여 금융 거래의 투명성을 확보한다.

　사. **국제 금융 협력 네트워크 구축** : 국제 금융 협력 네트워크를 구축하여 글로벌 금융시장의 안정성을 도모한다. 국제 금융 포럼 참여: 아시아 개발은행(ADB)과 협력하여 아시아 지역의 금융 안정성을 강화하고, 국제 금융 포럼에서 한국의 금융정책을 소개하고 협력을 모색한다.

　아. **국제 금융 연구 및 정보 공유** : 국제 금융 연구를 강화하고, 글로벌 금융시장의 동향을 파악하여 정책에 반영한다. 정기 보고서 발간: 국제 금융 연구 보고서를 정기적으로 발간하고, 글로벌 금융시장의 최신 동향을 분석하여 정책적 시사점을 도출한다.

제3편

한국의 포용금융 :
금융회사의 현황과 미래

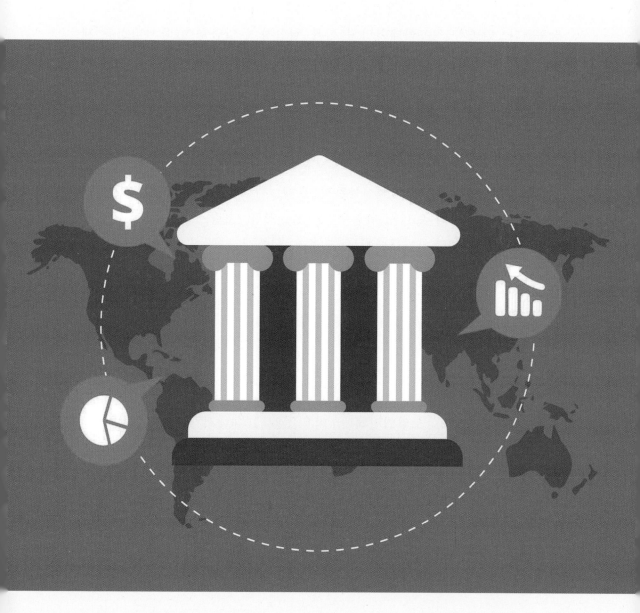

제1장 금융위험 관리

포용금융이 펼쳐지는 곳에는
그림자 경제의 난초가 자라기도 한다.

I. 서 론

디지털 금융은 지급결제서비스, 오픈뱅킹, 인공지능, 블록체인, 가상자산등 다양한 범위에서 진행되고 점점 확장되고 있다. 대표적으로 지급결제 서비스는 결제송금의 간편화, 본인 인증기술 발전이 합쳐져서 크게 성장하였다. 인공지능은 빅데이터 분석과 결합하여 맞춤형 금융서비스를 제공하고 있다.(윤지훈 2023), 디지털 금융의 발전은 금융서비스의 접근이 확대되고, 보다 편리하고 안전하고 저렴한 거래를 가능하게 하고, 개인의 요구에 맞춰진 서비스를 제공할 수 있는 장점이 있다. (OECD, 2022) 그러나, 전통적 대면방식의 금융제공형태와 다른 디지털 금융으로의 전환은 기존의 금융 규제를 완화하거나, 새로운 사업모델 등장으로 개인정보 보호문제, 정보비대칭으로 인한 불완전 판매, 새로운 유형의 금융사기등의 소비자 피해도 나타나고 있다(김두진2019). 또한, 고령소비자 등 디지털역량이 부족한 금융소비자들에게는 오히려 금융생활의 어려움이 가중되어 금융 소외 등이 발생하게 된다.

1. 인터넷 이용률

과학기술정보통신부에서 매년 인터넷 이용실태조사 결과를 발표하고 있다. 2023년도 조사결과를 살펴보면 만 6세 이상 인구의 96.1%가 스마트 폰을 보유하고 있고, 모바일인터넷 이용율은 10대에서 60대까지는 거의 100%에 가깝다.[131] 70대 이상의 경우 63.5%가 인터넷을 이용하고 있지만,

---

[131] 3-9세 84.3%, 10대 99.0%, 20대 99.6%, 30대 99.7%, 40대 99.6%, 50대 99.0%, 60대 95.0%, 70대 이상 63.5%

아직도 인터넷을 이용하고 있지 않은 비율도 36.5%나 된다. 메신저의 경우에는 만 6세이상 인터넷 이용자의 97.7%가 메신저를 이용하고 있었다. 즉, 대한민국은 거의 모든 사람들이 휴대폰을 소지하고, 인터넷을 이용하고 있다. 그러나, 다양한 인터넷 서비스 활용과 역량 측면에서는 인구특성상 격차를 보이고 있었다.

만 12세 이상 인터넷 이용자의 77.8%가 인터넷 뱅킹[132]을 이용하고 있었다. 40대(96.3%), 30대(96.1%), 20대(93.7%) 순으로 높으며, 60대는 60.7%, 12-19세는 44.1%, 70대 이상은 20.4%만이 인터넷 뱅킹을 이용하고 있는 것으로 나타났다. 고연령대로 갈수록 인터넷뱅킹 이용률이 현저히 낮아지는 것으로 나타났다.

[그림 19] 연령별 인터넷 뱅킹 이용률

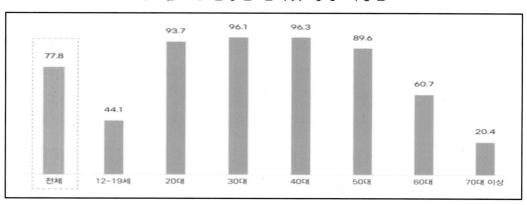

(단위: %, 만 12세 이상 인터넷 이용자 기준)

디지털 금융서비스와 관련이 높은 안전한 인터넷 활용역량에서 고령층이 상당한 취약점을 보이고 있었다. 안전한 인터넷 이용을 위한 활동 (위치 데이터 접근 권한 제한, 광고성 정보 수신 목적 개인정보 제공 비동의, 소프트웨어 설치 및 주기적 업데이트, SNS 프로필 비공개 등의 접근 제한, 주기적 쿠키 삭제 및 브라우저 옵션 설정 등)은 20대가 타연령 대비 높게 조사되었다. 연령대가 높아질수록 안전한 인터넷 이용을 위한 활동을 하는 비율이 낮아졌다.

---

132) 인터넷 뱅킹 : 인터넷 상에서의 저축, 송금, 투자, 자산관리등 모든 은행거래 활동을 포함하며 각 금융사가 제공하는 모바일 애플리케이션을 이용한 모바일 뱅킹 서비스도 포함.

[표 25] 연령별 안전한 인터넷 이용을 위한 활동

연령	위치데이터접근권한제한	광고성정보수신목적개인정보제공비동의	소프트웨어설치 및 주기적업데이트	SNS프로필비공개등의접근제한	주기적쿠키삭제 및 브라우저옵션설정	기타
12-19세	35.6	33.4	24.9	25.2	17.3	0.1
20대	48.2	46.4	34.1	38.2	28.5	0.1
30대	44.0	44.0	32.2	33.7	26.2	0.1
40대	41.2	38.9	33.1	27.2	23.6	0.2
50대	26.8	28.4	21.4	16.2	12.7	0.1
60대	13.8	15.6	11.6	7.1	6.3	0.1
70대이상	6.2	5.9	3.0	3.0	2.7	0.1

(단위: 복수응답, %, 만 12세 이상 인터넷 이용자 기준)

한국정보화진흥원(2018)의 국가정보화백서에서 디지털 포용(Digital Inclusion)이란 모든 사람이 평등하게 디지털 기술에 접근할 수 있는 환경을 조성하고, 디지털 활용 능력을 갖출 수 있도록 하여 경제, 사회, 문화 전반의 혁명적 변화와 혜택을 모두가 누릴 수 있도록 하는 것으로 정의하고 있다. 모든 연령대에서 기본적인 디지털 사용은 무리가 없는 상태이나, 연령별로 디지털 활용에는 취약점을 보이기도 한다.

2. 포용금융을 위한 금융소비자보호

금융 역시 디지털로 빠르게 전환됨에 따라 누구도 소외되지 않고 포용할 수 있는 포용금융이 중요한 이슈이다. 포용금융(Financial Inclusion)이란 누구도 소외되지 않고 제도권 금융기관의 금융서비스 및 금융상품에 접근할 수 있도록 하는 것으로 정의(박소정, 2024)하고 있다. 디지털 환경에서도 누구도 소외되지 않고 포용금융이 이루어져야 하겠다. OECD(2017) 에서는 디지털 금융서비스(Digital Financial Service)를 전자화폐, 모바일, 온라인 금융서비스(입금, 인출, 송금, 지급결제, 대출, 저출, 연금, 보험 등 다양한 형태의 서비스를 포괄), 무점포은행 등과 같은 디지털 기술을 사용하는 금융영업이라고 정의하고 있다. OECD에서 제안한 디지털 금융 포용을 위한 금융소비자 보호에 관한 G20 원칙은 다음과 같다.

[표 26] OECD 디지털 포용금융을 위한 금융소비자보호 원칙

- 감독기관(금융 소비자에 대한 권한을 가진 공공기관)의 역할
- 소비자에 대한 공평하고 공정한 대우
- 공개 및 투명성
- 금융교육 및 인식
- 금융 서비스 제공업체 및 공인 대리인의 책임있는 사업 수행
- 사기 및 오용으로부터 소비자 자산 보호
- 소비자 데이터 및 개인정보 보호
- 불만 사항 처리 및 구제
- 경쟁

박소정(2024)의 디지털 금융이해력에 관한 연구에서 언뱅크드가 많은 나라와 달리, 우리나라는 성인 대부분이 금융계좌를 가지고 있고, 신용카드 보유비율도 89%에 달하는 나라에서는 디지털 포용금융도 개발도상국과 다른 관점에서 접근해야 한다고 주장한 연구도 참고해야 하겠다.

Ⅱ. 디지털 금융위험

변혜원(2023)의 '디지털 금융서비스의 위험요소와 소비자보호 분석 연구'에서는 디지털 금융서비스의 잠재적 소비자 관련 위험 요소로 정보유출 등의 사이버 리스크, 무분별한 정보수집 및 동의, 알고리즘 오류 등으로 인한 피해 발생 시 소비자 대응 절차, 신종 금융사기로 인한 금융범죄, 무분별한 대출이나 투자, 고령 소비자 소외로 보았다. 우리나라의 주요 디지털 금융위험 요소인 개인정보 유출, 정보비대칭으로 인한 불완전판매, 전자금융사기를 살펴보겠다.

1. 개인정보 유출

금융위원회는 금융분야 데이터 활용 종합방안(2018.3), 마이데이터 도입방안(2018.7) 등 경제적 활용가치가 높은 금융분야의 데이터를 활용하기 위한 다양한 방안을 발표하였다. 이를 위해 개인정보보호법, 신용정보보호법, 정보통신망법을 2020년 8월 5일에 개정 시행하였다. 개인정보는 과거에 비해 활용범위과 광범위해진 반면, 이에 따른 개인정보 유출 위험이 증가하였다(윤지훈, 2023).

먼저 개인정보라 함은 살아있는 개인에 관한 정보로서 성명, 주민등록번호 및 영상 등을 통하여 개인을 알아볼 수 있는 정보, 또는 해당정보만으로는 특정 개인을 알아볼 수 없더라도 다른 정보와 쉽게 결합하여 알아볼 수 있는 정보, 그리고 이 두 정보를 가명처리함으로써 원래의 상태로 복원하기 위한 추가 정보의 사용·결합 없이는 특정 개인을 알아볼 수 없는 정보를 의미한다(개인정보보호법 제2조).

[그림17]과 같이, 정보보호적 관점에서는 개인정보와 관련된 정보주체의 개인정보에 대한 동의와, 수집한 데이터의 사용, 수익, 처분권과 관련한 것이 이슈가 될 수 있다(김승례, 2022). 개인정보가 아닌 데이터는 저작권과 관련이 있으므로 본 장에서는 논외로 한다.

[그림 20] 데이터 소유권과 관련한 법제도적 관점

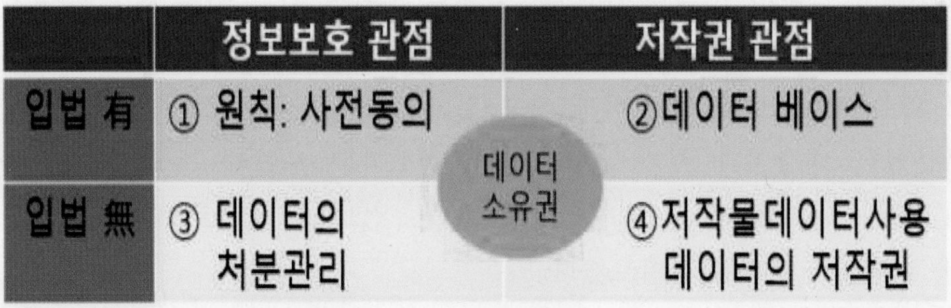

	정보보호 관점	저작권 관점
입법 有	① 원칙: 사전동의	② 데이터 베이스
입법 無	③ 데이터의 처분관리	④ 저작물데이터사용 데이터의 저작권

개인정보보호법에서 개인정보 수집, 이용, 제공 기준은 개인정보를 수집할 때는 정보주체의 동의를 받아야 하며, 수집 이용 목적, 수집항목, 보유 및 이용기간, 동의 거부권등을 알려야 한다. 사전동의 문제는 데이터를 축적하는 과정에서 발생한다. 또한, 데이터의 처분과 관련해서는 아직 공백 영역이다. 개인정보의 유출이란, 법령이나 개인정보처리자의 자유로운 의사에 의하지 않고 정보주체의 개인정보에 대하여 개인정보처리자가 통제를 상실하거나 권한없는자의 접근을 허용한 경우를 말한다.

윤지훈(2023)의 연구에서 개인의 정보를 수집하여 저장 및 관리 중이던 개인정보처리자가 개인정보유출을 통해 정보 주체에게 민사상 손해배상을 책임지는 유형으로는 ①개인정보처리자의 과실로 인한 개인정보의 유출의 경우, ② 개인정보처리자의 과실과 제3자의 해킹 등 고의로 인한 불법행위가 서로 경합하여 개인정보가 유출된 경우, ③ 개인정보처리자의 피용자·수탁자의 고의로 인한 개인정보 유출의 경우, ④ 개인정보처리자가 정보 주체로부터 동의를 받지 않고 개인정보를 제3자에게 제공하거나 이전한 경우, ⑤개인정보처리자가 정보 주체의 동의 없이 정보를 수집하거나, 동의받은 목적과달리 사용하거나, 정보주체의 동의 철회·열람·정정 등 요구를 받고도 이행하지 아니하는 경우 등이다.

[표 27]의 한국인터넷진흥원 개인정보침해 신고센터에 접수된 통계를 보면 다음과 같다. 보이스피싱 등 금융사기 피해 예방이 가장 많은 상담 건수를 기록하고 있다. 그 다음으로는 타인 정보의 도용과 관련된 침해, 개인정보보호와 관련된 질문, 적법하지 않은 개인정보 이용 또는 제공, 영상정보처리기기 설치, 운영 제한과 관련된 상담, 적법하지 않은 개인정보 수집, 개인정보 안전성 확보 조치 미비등의 순으로 상담건수가 많았다. 2024년 5월 현재 현재 열람·정정등 정보주체의 권리보호 미비, 개인정보의 안전성 확보 조치 미비, 영상정보처리기기 설치·운영 제한, 적법하지 않은 개인정보 수집 순으로 신고가 접수되었다.

[표 27] 개인정보침해 신고센터에 접수된 상담 및 신고 통계[133]

(단위 : 건)

	2022		2023		~2024.5현재	
	상담	신고	상담	신고	상담	신고
적법하지 않은 개인정보 수집	5,691	216	4,730	154	2,695	38
적법하지 않은 개인정보 이용 or 제공	6,617	97	5,929	98	2,071	7
적법하지 않은 개인정보 보유 및 파기	1,142	72	998	180	336	22
고유식별번호 처리제한 등	780	26	790	49	267	11
영상정보처리기기 설치·운영 제한	6,295	433	11,035	254	3,907	51
가명정보 처리 제한	99	1	67	20	9	0
개인정보의 안전성 확보 조치 미비	3,833	179	4,268	233	1,393	55
열람,정정등 정보주체의 권리보호 미비	2,634	150	2,724	173	890	85
보이스 피싱 등 금융사기 피해 예방	85,620	0	46,971	0	5,993	0
타인 정보의 도용 등 침해	15,972	416	18,726	0	5,656	0
개인정보보호 관련 법령 질의 등 기타	20,997	333	12,101	1	6,328	14
합계	149,680	1,923	108,339	1,162	29,545	283

한편, 개인정보 침해와 관련한 분쟁에 대하여 신속하게 분쟁조정을 통해 피해를 구제해주는 개인정보분쟁조정위원회에 금융과 관련된 분쟁조정 건수는 [표 28]과 같다. 보험사, 대부업체, 은행, 카드사 순이었으며, 정보공개를 통해 구체적인 개인정보와 관련된 문제를 살펴보는 것도 도움이 되겠다.

[표 28] 개인정보 분쟁조정사건 신청대상 기관별 건수

	2019	2020	2021	2022	2023
은행	10	8	11	15	8
보험사	29	19	44	20	26
카드사	6	4	5	7	5
기타(대부업체)	36	16	8	14	14

2015년 5월 금융위원회 금융개혁회의를 통해 발표된 '계좌 개설 시 실

---

133) 신고'는 개인정보보호법 제62조에 따라서 정보주체가 개인정보에 관한 권리 또는 이익을 침해 받은 사실을 개인정보보호위원회에 신고한 것이며, '상담'은 국민이나 기관 등에서 개인정보보호와 관련하여 문의하는 것임.

명확인 합리화 방안'으로 금융거래 사용자 본인 확인을 직접 대면 뿐만 아니라 비대면도 허용하였다. 비대면 확인절차로는 신분증 사진을 제출하고, 본인명의 계좌를 인증 후 본인 명의 휴대폰으로 문자 전송된 인증번호를 입력하면 된다. 실제로 동일인인지에 대한 추가 보완 확인절차가 없는 사용자의 일방적인 인증이 전부이다.(김은비, 정익래, 2023) 본인인증 간소화, 간편결제등이 확대되면서, 명의도용문제, 개인정보 유출도 확대되고 있다. 2022년에는 삼성증권사에서 타인 계좌정보가 노출되거나, KB 국민카드 앱에서도 타인계좌가 보이는 개인정보유출사고가 일어났다. 2023년에는 다수 카드사의 결제 서비스를 대상으로 한 디도스 공격, 비대면 계좌개설로 인한 신분증 도용으로 대출이나 예적금 피해등[134]의 개인정보 문제가 발생했다.

데이터 3법[135]으로 이용자의 정보제공범위가 확대되었고, 간소화된 인증절차로 이용자의 정보를 다수의 정보사업자들에게 제공할 수 있게 되었다(윤지훈 2023). 금융기관은 개인정보를 가지고 고객별 맞춤상품 마케팅, 신규 금융상품 개발 등 더욱 다양하게 활용할 것이다. 앞으로, 개인정보 유출에 대한 위험성은 점점 더 증가할 것이며, 챗봇, 메타버스 서비스, 마이데이터 서비스등 디지털 금융이 확대되면서 개인정보 문제가 더 이슈가 될 것이다.

금융기관은 개인정보 유출은 피해에 대한 사후 구제보다 사전 예방이 더 중요하기 때문에 개인정보보호법의 개인정보 안전성 확보를 위한 구체적 기준을 잘 지키고 있는지, 개인정보 유출 예방을 위한 내부 관리계획을

---

134) 국내 '스미싱·개인정보 유출' 위험 커진다…비대면금융 민낯(글로벌이코노믹. 2023.9.27.)   https ://www.g-enews.com/ko-kr/news/article/news_all/202309261641368025e30fcb1b a8_1/article.html

135) 데이터 3법은 개인정보보호법, 정보통신망 이용촉진 및 정보보호 등에 관한 법률, 신용정보의 이용 및 보호에 관한 법률 세가지 법률을 칭한다. 이는, 데이터 이용을 활성화 하는 법으로, 데이터 이용에 관한 규제 혁신과 개인정보보호 협치 체계 정비의 두문제를 해결하기 위하여 2020.1.9. 국회 본회의를 통과하여 시행중이다. 개정법률의 주요 내용으로는 데이터 이용 활성화를 위한 가명정보 개념 도입, 관련 법률의 유사중복 규정을 정비하고, 추진체계를 일원화, 데이터 활용에 따른 개인정보 처리자의 책임 강화, 모호한 개인정보 판단 기준의 명확화 등이다(김승래, 2022).

수립, 시행하고 있는지, 개인정보 유출이 되었을 경우 손해배상 문제해결 방안이 중요하겠다. 디지털 포용금융을 위해서 개인정보보호는 금융소비자 보호를 위한 중요한 항목으로 살펴볼 필요가 있다.

2. 정보 비대칭으로 인한 불완전 판매

금융상품은 용어도 어렵고, 내용도 추상적이고, 수리적 계산 등으로 이해하기 어렵다. 상품 구성이 매우 복잡하고, 금융상품도 너무 다양해져 금융소비자에게 불완전판매가 발생할 가능성이 매우 높다. 또한 계약의 금액이 큰 경우가 많아 피해가 발생하는 경우 피해 규모가 크다. 2020년 DLS·DLF, 라임·옵티머스 사태로 대표되는 사모펀드 사건, 2023~2024년 수면 위로 드러난 홍콩 H지수 ELS 손실 사태 등은 모두 금융상품의 불완전 판매로 인한 것이다. 금융상품의 불완전판매란 법적인 정의는 존재하지 않으나, 여러 연구에서 불완전 판매란 일반적으로 금융회사가 금융상품의 기본구조, 원금 손실 여부등 중요한 내용, 위험성 등에 대해 공시 또는 설명의무를 성실하게 이행하지 않거나 고객의 투자 목적이나 투자 성향과 맞지 않는 부적합한 투자 권유나 투자자문으로 금융상품을 판매한 경우를 말한다(고재종, 2023). 이성남(2019)의 연구에서는 금융상품의 제조부터 계약 체결까지 과정에서 일어나는 법령상, 신의칙상 의무 위반에 반하여 판매하는 것으로 파악하였다. 즉, 판매 과정뿐만 아니라 제조과정까지도 포함하여 더욱 광범위하게 정의하였다.

고위험 금융상품의 불완전 판매 등으로 인한 소비자 피해를 방지하기 위하여 2020년 3월 금융소비자보호에 관한 법률이 통과되어 2021년 3월 시행되었다. 금융소비자보호법은 금융산업의 영역 및 종류마다 존재하던 각각의 법률에서 규정하던 서비스 유형 및 소비자 보호 관련 조치 사항들을 동일한 기능을 가진 금융상품을 판매하는 행위에 대하여 동일 규제가 적용되도록 하였다. 금융소비자보호법에서는 금융상품을 판매하는 사업자 종류를 유형화하고 이들의 영업 방식 및 행위에 대한 기준과 의무를 제시하고 있다. 또한, 사업자들이 전반적으로 지켜야 할 일반원칙과 금융상품 및 사업자 유형별로 지켜야 할 부분을 제시하고 있다. [표29]와 같이 김소연외 (2021)의 연구에서 금융소비자보호법에서의 불완전 판매유형과 관련 법적 규제를 살펴보면, 현재는 불완전 판매를 관련 법규 위반 여부로 판단하고 있다. 그러다보니, 법 규정, 시장, 상황의 변화에 따라 불완전판매 성립요건이 달라지고 있다.

[표 29] 불완전 판매 유형과 관련 법적 규제 (김소연 외 2021 연구)

상품거래단계	금융소비자보호법 내 해당 법적 규제
제조단계 규제	- 내부통제기준
부적절한 정보 제공 규제 (광고, 안내자료, 약관 등)	- 금융상품판매업자가 아닌 자의 광고 제한
판매과정에서 상품 정보 제공 규제	- 금융상품 판매대리, 중개업자 고지의무 규정 - 설명의무
상품 권유 및 상품 선택 과정에서의 불완전판매 규제	- 적합성의 원칙 - 적정성의 원칙 - 부당권유행위 금지규정
불공정 영업행위 규제	- 불공정 영업행위 금지 규정 - 자격없는 주체에 의한 금융상품 판매, 대리, 중개로 인한 불완전판매 규정 - 금융상품판매대리, 중개업자, 자문업자 영업행위 규제
계약서류와 관련한 규제	- 계약서류 제공의무 - 자필서명 관련 규제

문제는 ICT 기술의 발전과 금융소비자의 온라인 채널 선호도 증가 등으로 온라인 채널을 통한 금융거래 규모가 급증하고 있다. 온라인 금융거래는 편리하지만, 디지털 격차로 인한 오프라인 이용자의 피해, 금융소비자를 위한 적정성 판단이나 설명의 한계, Dark pattern에 따른 비자발적 가입이나 구매 등의 소비자 문제가 더 커진다는 것이다(서병호, 2023). 수익 창출을 위해 불명확한 정보전달, 과장광고 등 금융회사의 불완전 판매 가능성이 증가한다. 편리성을 강조하는 온라인 채널에서는 설명의무의 실질적 이행이 어렵다. 실제로 2022년 실시된 금융위원회의 실태조사에 따르면 비대면 채널을 이용한 고객 중 40% 정도가 금융거래 시 상품설명서를 잘 읽어보지 않는 것으로 나타나 불완전판매가 우려되는 상황이다. [표 30]와 같이 온라인 설명의무 가이드라인은 있지만, 처벌 근거도 강제성도

없는 상태이다.

[표 30] 온라인 설명의무 가이드라인 [136]

분야	원칙	준수방안
화면구성	1. 중요사항 뚜렷하게 제시	-금소법상 중요사항임을 표기 -상품 유형별 중요사항 우선설명
	2. 불이익 사항과 권리사항 강조	- 강조색사용, 팝업창 활용등
	3. 쉽게 이해할 수 있도록 화면 구성	-설명서 단순게시 지양 (그림, 표 활용)
이해지원	4. 상담채널 접근성, 편의성 제고	-예) 설명단계와 연계하여 상담 제공
	5. 정보탐색 도구 제공	예) 계산기, 용어사전, 상품가이드
이해여부 확인	6. 설명화면을 충분히 읽을 수 있도록 구성	예) 일정시간 후 다음 버튼 활성화
	7. 이해여부 확인방식의 실효성 제고	- 이해여부 확인절차를 독립적으로 분리

한국소비자원에서 2021년 국내 전자상거래 모바일앱 100개를 조사한 결과를 보면 무려 97개 앱에서 268개의 금융소비자의 행태편향(behavioral bias)을 이용한 마케팅이 발견되었는데, [표 31]과 같이 개인정보 공유 유형이 가장 많은 다크패턴으로 나타났다. 다음으로 자동결제, 선택강요, 해지방해, 압박판매 순이었다. 공정거래위원회의 눈속임 설계의 방지를 위한 온라인 다크패턴 자율관리 가이드라인이 있으나 이의 적용대상은 전자상거래법상 전자상거래업자, 표시광고법상 광고업자이기 때문에 금융회사나 전자금융업자는 해당되지 않는다. 즉, 디지털 금융소비자의 행태편향을 이용한 눈속임 설계 등을 금지하는 내용이나 가이드라인은 없는 상태이다.

[표 31] 전자상거래 모바일앱 조사 결과 각 유형별 다크패턴

(단위:개, %)

순번	유형	빈도(비율)	순번	유형	빈도(비율)
1	개인정보 공유	53 (19.8)	7	강제 작업	23 (8.6)
2	자동 결제	37 (13.8)	8	주의집중 부산	19 (7.1)
3	선택 강요	28 (10.4)	9	숨겨진 비용	12 (4.5)
4	해지 방해	27 (10.1)	10	미끼와 스위치	9 (3.4)
5	압박 판매	27 (10.1)	11	가격 비교 방지	7 (2.6)
6	사회적 증거	25 (9.3)	12	속임수 질문	1 (0.4)
합계				268 (100.0)	

---

136) 금융위원회(2022.8.12.) 온라인 판매에 효과적인 금융상품 설명방안 마련 보도자료

곽민주(2023)는 금융투자상품을 이용하는 소비자의 금융피해 경험과 불만호소행동 유형 연구를 2023년 7월에 온라인 조사를 실시한 결과, 최근 3년 이내 금융투자 상품을 거래하는 과정에서 금융소비자가 경험한 금융피해 사례에서 '원금손실 가능성이 거의 없다고 하였으나 손실이 발생하였다' (42.3%), '금융투자상품의 주요 사항(수수료, 해지 조건 등)에 대한 설명이 미흡하였다' (33.8%), '금융투자상품을 거래하는 과정에서 시스템 오류가 발생하였다' (33.3%)순으로 나타났다. 또한, 금융피해를 입은 경험이 있는 소비자의 금융 투자상품 가입경로를 살펴본 결과 대면보다(42.4%)는 비대면 방식(52.2%)의 비율이 높은 것으로 나타났다. 또한, 비대면으로 금융 투자상품을 가입한 경우 대면으로 가입한 경우보다 불만호소행동을 하지 않는 비율이 높았다. 정보도 금융전문 웹이나 앱(19.2%)가 아닌 SNS(21.5%)인 것으로 나타났다. 디지털 금융진전에 따른 SNS로 인한 잘못된 정보로 인한 금융 피해도 더 많이 발생할 수 있으므로 이에 대한 금융권과 정부의 노력이 필요하다.

3. 전자금융사기

경찰백서에 따르면 2021년 총범죄 1,429,826건에서 사기범죄 건수는 294,075건으로 전체 범죄 건수의 20.6%를 차지하고 있다. 최근의 사기 범죄는 다수인이 역할을 분담하여 금융, 통신 등 전문 기법을 이용하고, 조직적, 전문적으로 범행을 저지르는 다중피해사기로 진화, 불특정 다수의 사람들에게 광범위한 피해를 유발하는 특징을 가지고 있다(경찰백서 2023).

발달하는 금융, 통신 기술에 맞춰 범죄 수법이 계속 진화하고 있다. 전자금융사기는 전자금융거래에서 타인의 금융정보를 이용한 사이버 수단으로 금융기관을 기망하여 그 타인에게 재산상 손해를 발생시키는 사기 범죄를 포괄적으로 말한다. 법률상 정의는 없으나 전자금융거래에서 발생하는 범죄라는 점 「전자금융거래법」 제9조에서 규정한 사고가 대부분의 전자금융사기를 포섭하고 있는 점 때문에 지금까지의 지급수단의 무권한 전

자금융거래에 대한 논의들은 전자금융사기라는 용어를 사용하고 있다. (윤지훈, 2023)

금융감독원 보도자료를 통해 보이스피싱 피해현황을 살펴보면, 2019년 피해자수 50,372건, 피해금액 6,720억원을 정점으로 점차 줄고 있다. 2023년 9월 전기통신금융사기 통합신고대응센터(☎112)를 개소에 따른 보이스피싱 구제절차 일원화 등으로 신속한 지급정지가 가능해짐에 따라 환급률 역시 개선되고 있다. 메신저 피싱 피해는 크게 감소하고 있으나, 정부기관 사칭형 및 대출빙자형 피해가 증가하고 있는 것으로 나타났다.

[표 32] 보이스피싱 피해현황

(단위:억원,건,%,%p)

구분	피해금액	환급액	환급률	피해자수
2017년	2,431	598	24.6	30,919
2018년	4,440	1,011	22.8	48,765
2019년	6,720	1,915	28.5	50,372
2020년	2,353	1,141	48.5	18,265
2021년	1,682	603	35.9	13,204
2022년	1,451	379	26.1	12,816
2023년	1,965	652	33.2	11,503

정운영 외(2023)의 국내 전기통신 금융사기 현황을 파악하기 위해 통신피해 대상자를 분석한 결과 남성이, 연령별로는 40-50대가 다른 연령층보다 피해액 발생 가능성이 더 높게 나타났다. 피해액 발생여부에 영향을 주는 결정요인으로는 성별, 자산, 부채, 돈에 대한 태도, 포용금융도, 금융사기 대응역량, 금융사기유형으로 나타났다.

디지털금융 진전에 따른 금융소비자들에게 나타나는 가장 큰 문제는 금융사기등으로 인한 비대면 금융사고이다. 이에 따라, 2024.1.1.부터 비대면 금융사고를 예방하고 피해구제를 확대하기 위해 '비대면 금융사고 책임분담기준' 이행약속 협약을 체결하였다. 이는 보이스피싱 등 비대면 금융사고가 발생했을 때 피해 고객의 과실 여부에 따라 은행이 금전적 손해를 최대 50%까지 배상해주는 원칙을 마련하는 것이다. 은행들은 책임분담기준에 따른 자율배상을 한다. [표 33]의 비대면 금융사고 책임분담기준을 살펴보면, 이용자 본인이 직접 지급지시한 금융거래는 신청제외 대상으로, 대다수 피해자가 보이스피싱범에게 속아 직접 이체하므로 사실상 취지가 무색하다는 의견도 있다. 그러나, 토스뱅크는 최초로 비대면 금융사고 예방 및 피해구제 접수를 비대면으로 운영하고 있다. 금융소비자들을 위한 금융회사들의 사회적 책임에 대한 평가도 필요하겠다.

[표 33] 비대면 금융사고 책임분담기준

- 이용자 본인이 직접 거래한 금융거래
  (가족 사칭, 협박, 대출사기 등 제3자의 지시에 의한 금융거래 포함)
- 동거가족 또는 지인에 의한 금융거래
- 이용자가 접근매체를 양도·양수하거나 질권을 설정하는 등 전자금융거래법
  제6조제3항을 위반한 금융거래
- 법인인 이용자의 기관 내지는 피용자로서 법인을 위한 전자금융거래
- 재화의 공급을 가장한 상거래 또는 용역의 제공을 가장한 거래로서 이용자
  본인의 의지로 신청·계약한 금융거래
- 불법적이거나 비정상적인 재화의 공급 또는 용역의 제공 등과 관련된 금융거래
- 간편송금업체를 통한 금융거래
- 영업점 창구를 통한 거래 등 대면 금융거래
- 은행의 보이스피싱 의심거래 감지 등에 따라 피해 예방 안내에도 불구하고
  피해자가 정상 거래를 주장한 경우
- 본 사고 발생 이전에 사고발생은행에서 「전기통신금융사기 피해 방지 및 피해금
  환급에 관한 특별법」에 따른 피해구제신청(환급 포함) 또는 「전자금융거래법」에
  따른 전자금융거래 사고 배상신청(배상금 수령 포함)을 한 적이 있는경우
- 신용/체크카드 물품 구입, 단기카드대출(현금서비스) 및 장기카드대출(카드론)
  등 여신전문금융업과 관련된 금융거래
- 이용자의 신청 내용 중 사실관계 확인 결과 전자금융사고로 보기 어려운 경우
- 소송 등 법적 분쟁이 진행 중이거나 판결이 확정된 경우
- 이용자와 은행 사이에 민법 제731조 소정의 화해(합의)가 이미 성립된 경우
- 수사기관 등의 수사를 통해 전자금융사고가 아닌 경우로 판명된 경우
- 기타 (비대면 금융사고 책임분담 협약참여은행 외 금융서비스를 통한 비대면 금융사고
  등)

4. 평균적이지 않은 상황적인 요소를 반영한 소비자의 취약성

디지털 금융의 확대로 주로 나타나는 소비자 문제는 개인정보 문제와 불완전 판매, 금융사기이다. 그리고, 접근성 측면에서 주로 고령자와 저소득층에 디지털 금융 접근을 용이하게 하기 위한 포용금융을 이야기 한다 (**이건범**, 2012).

그러나, 유럽 등에서는 보호 대상을 한정하는 접근방식에서 벗어나 소비자가 처하게 되는 평균적이지 않은 상황적인 요소를 소비자의 취약성으로 정의하고 know your customer 원칙하에 개별 소비자의 취약성을 파악하고 그에 적합한 금융상품과 서비스를 제공하는 체계를 만들어가려고 노력하고 있다(**이규복**, 2019)

디지털 금융은 너무 빠르게 확대되고 있고 이에 따른 소비자 문제는 다양하게, 넓게 양산되다보니, 평균적이지 않은 상황적인 요소를 소비자의 취약성으로 정의하면, 형식적인 보호대상으로 정의하는것보다, 포용금융을 금융의 접근성 측면에서 잘 정의할 수 있다.

금융소비자 문제는 금융감독원의 소비자 경보발령으로 살펴볼 수 있다. 금융감독원은 2012년부터 금융상담 및 민원처리 과정에서 특정상품이나 유형 민원이 급증한 경우 소비자 경보를 발령하기 시작했다. 이를 분석하여 년도별 금융소비자 이슈와 취약성을 살펴볼 수 있다. 2023년도 소비자 경보 개수는 26번으로 금융권의 불완전판매 6번, 투자사기 5번, 보이스피싱 4번, 개인정보문제 3번, 기타 8번이었다. 2024년 6월 현재 소비자 경보 발령은 16번 이었다. 2024년도는 투자사기 관련 소비자 경보가 10번, 보이스피싱 5번, 불완전 판매 3번 기타 3번이었다. 불완전판매와 관련된 금융기관은 모두 보험사였다. 특히 많이 나타나는 소비자 피해 및 피해 우려 내용은 년도별로 달라지고 있다(자세한 내용은 [별첨 1]에 첨부). 이와 관련된 내용은 저소득층과 고령층뿐만 아니라 남녀노소 누구나 당하기 쉬운 내용이다. 이런 평균적이지 않은 상황에 대한 파악과 이를 해결하기 위한 금융권의 대응도 참고하면 좋겠다.

[표 34] 2023-2024 금융감독원 소비자 경보 발령 수와 내용

	소비자경보 횟수	내용
2023	26	보이스피싱[137](4)/ 투자사기(5) 불완전판매(6)/ 개인정보(3) 기타 (유의사항, 보험사기, 불법광고, 불법채권추심)(8)
2024	16 (4월 현재)	보이스피싱(5)/ 투자사기(10) 불완전판매(3) 기타 (불법채권추심, 불법대부, 중고거래사기)(3)

Ⅲ. 금융민원 분석과 금융소비자보호 실태평가

1. 금융민원분석

금융감독원의 2023년 연간 금융 민원은 2022년 대비 7.7% 증가한 93,482건이 접수되었고, 금융상담은 전년대비 4.6% 감소한 366,217건이 접수되었다. 이는 보이스피싱 관련 신고, 상담이 크게 감소한 영향이 가장 큰 것으로 나타났다. 업종별 금융민원을 살펴보면 은행의 경우 2022년에 비해 4,776건 (43.8%↑)이 증가하였고, 중소서민업은 4,810건 (30.6%↑)이 증가하였다. [표 35]과 같이 은행의 경우 금융민원은 여신(49.4%), 보이스피싱(9.6%), 예적금(8.9%), 신용카드(4.2%), 방카슈랑스·펀드(2.6%) 순이었다. 대출금리 관련 민원, 신규대출, 만기연장 등 여신취급 관련 민원이 크게 증가한 것으로 나타났다. 중소서민업종은 신용카드, 신용정보사, 저축은행 등의 민원이 크게 증가하였다. 2023 금융감독원의 보도자료를 보면 신용카드의 경우에는 분할결제 제한 관련, 신용정보사의 경우 부당 채권추심 관련, 저축은행의 경우 대출금리, 여신취급 관련 민원이 증가하였다. 모두 신용, 대출과 관련된 민원이라고 볼 수 있다.

---

137) 보이스 피싱은 문자피싱, sns피싱, 보이스피싱을 통합함.

[표 35] 2023 금융감독원의 금융민원 및 금융상담 현황

(단위 : 건,%)

구 분		'21년	'22년	'23년
금 융 민 원		84,499	87,113	93,842
(분쟁민원)		(30,495)	(36,508)	(35,595)
은 행		10,575	10,904	15,680
중 소 서 민		14,446	15,704	20,514
	카 드	5,318	6,720	9,323
	저 축 은 행	1,204	1,228	1,736
	대 부	2,352	2,196	2,455
	기 타	5,572	5,560	7,000
보 험		50,467	51,890	49,767
	생 보	18,355	16,733	13,529
	손 보	32,112	35,157	36,238
금 융 투 자		9,011	8,615	7,881
금 융 상 담		401,254	366,217	349,190
은 행·중 소 서 민		62,470	58,461	57,077
보 험		64,056	58,089	57,512
금 융 투 자		11,037	9,074	10,227
기 타		109,238	105,654	101,527
불 법 사 금 융 신 고		143,907	123,233	111,233
금 융 자 문 서 비 스		10,546	11,706	11,614
상속인 조회		225,671	267,260	283,029
합 계		711,424	720,590	726,061

[표 36] 2023 금융감독원의 업종별 민원 건수

(단위 : 건)

업종		민원건수		증 감	
		'22년	'23년	건 수	증감률
은행	여 신	3,726	7,744	4,018	107.8
	보 이 스 피 싱	1,879	1,505	- 374	▽19.9
	예 적 금	1,418	1,398	- 20	▽1.4
	신 용 카 드	316	650	334	105.7
	방카슈랑스,펀드	197	415	218	110.7
신 용 카 드 사		6,720	9,323	2,603	38.7
신 용 정 보 사		1,756	2,577	821	46.8
대 부 업 자		2,196	2,455	259	11.8
신 협		1,546	1,969	423	27.4
상 호 저 축 은 행		1,228	1,736	508	41.4
기 타		2,258	2,454	196	8.7

2023년도 불완전 판매 민원은 상품설명 불충분, 과장광고, 부당 권유 등의 민원 유형을 분석한 것이다. 고객 1만 명당 환산 민원 건수로 계산 했을 때 보험은 30대의 민원이 가장 많고, 은행, 중소서민권역, 금융투자권역의 경우 60대의 민원이 가장 많은 것으로 나타났다. 금융소비자보호를 위해서는 연령대를 충분히 고민해야 한다.

[표 37] 불완전판매 관련 환산 민원건수 추이

(단위: 고객 1만명당/건)

권영	20대	30대	40대	50대	60대	70대이상	평균
전체	13.3	27.8	17.3	12.1	8.6	2.7	13.6
은행,중소서민	0.2	0.7	0.9	1.1	1.4	0.9	0.9
보험	13.1	26.9	16.0	10.5	6.5	1.5	12.3
금융투자	0.1	0.2	0.5	0.5	0.7	0.3	0.4

2. 금융소비자보호 실태평가

금융회사들의 소비자보호 실태는 금융위원회의 금융소비자보호 실태평가를 참고할 수 있다. 금융감독원은 2021년 3월에 시행된 금융소비자보호법으로 실태평가가 법제화되어, 매년 소비자보호 실태를 평가하여 결과 공표하고 있다. 2021 ~ 2023년 74개사의 1차 실태평가를 완료하였다. 2024 ~ 2026년에는 2차 실태평가를 할 예정이다. 2024년부터 실태평가 시 내부통제 기준 운영에 대한 실태 평가를 강화하고, 민원 급증 시 실태를 조기평가하고, 원금 비보장상품 관련 실태평가를 강화, 전자금융사고 실태평가 반영, 불건전 민원 취하 유도행위 실태평가 반영, 기타 소비자보호 노력 실태평가를 강화하여 실효성을 제고하였다. 실태 평가 항목은 아래와 같다.

계량지표로는 민원처리노력, 금융사고 및 휴면금융자산 찾아주기 노력이 포함되고, 비계량지표로는 전담조직, 상품 개발단계, 판매단계, 판매후단계에서 준수해야 할 기준 절차지표와, 임직원에 대한 금융소비자교육 및 보상체계, 기타 공시 및 취약계층 관련 노력 지표로 평가한다. 매년 금융소비자보호 실태평가를 실시하고 대외에 공개함으로써 금융소비자에게 금융회사 선택에 유용한 정보를 제공하고 금융회사의 소비자 보호 체계 구축 및 강화를 유도한다는 계획이다.

[표 38] 금융위원회 금융소비자보호 실태평가 평가항목

구분		평가항목
계량 지표	I	민원 처리노력 및 금융소비자 대상 소송사항
	II	금융사고 및 휴면금융자산 찾아주기
비계량 지표	III	금융소비자 내부통제체계 구축 및 이의 운영을 위한 전담조직·인력
	IV	금융상품 개발 단계에서 준수하여야 할 기준 및 절차
	V	금융상품 판매 단계에서 준수하여야 할 기준 및 절차
	VI	금융상품 판매후 단계에서 준수하여야 할 기준 및 절차와 민원관리
	VII	임직원에 대한 금융소비자보호 교육 및 보상체계 운영
	VIII	기타 금융소비자 정보제공 및 취약계층 등의 피해방지 관련 사항

[표 39]와 같이 서면평가와 현장평가를 병행하여, 종합등급 5등급 체계 (우수- 양호-보통-미흡-취약)으로 산정하고 있다. 지표가 조금씩 바뀌었지만 금융소비자보호 실태평가에서 2021-2023년도 우수 금융회사는 4곳이었고, 양호등급을 받은 금융회사는 20곳으로 나타났다. 2024-2026년도에는 총 74개사 (은행 16개사, 보험 25개사, 금융투자 10개사, 저축은행 9개사, 여신전문 14개사)를 대상으로 하며, 2기에는 금융 회사 스스로 소비자 보호체계를 점검하고, 원금 비보장상품에 대해서도 강화된 소비자 보호장치를 유도할 예정이라고 한다. 이를 활용하여 포용금융 지표자료로 추가활용해도 도움이 되겠다.

[표 39] 금융소비자보호실태평가 부문별 등급 현황

(단위 : 개)

[2021년] 등급	종합 등급	계량지표		비계량지표				
		민원 사전예방 (15%)	민원처리 노력·소송 (25%)	전담 조직 (12%)	상품 개발 (12%)	상품 판매 (12%)	민원시스템 ·공시 (12%)	교육·정책 등 기타 (12%)
우수	-	1	2	1	-	-	-	3
양호	3	11	18	4	5	6	6	10
보통	20	9	5	17	17	18	20	13
미흡	3	4	1	4	4	2	-	-
취약	-	1	-	-	-	-	-	-
계	26	26	26	26	26	26	26	26

[2022년] 등급	계량부문			비계량부문						
	민원 처리	금융사고 휴면금융재산	종합	내부통제 체계	상품 개발	상품 판매	판매후· 민원관리	교육· KPI	공시· 취약계층	종합
우수	1	5	1	-	-	-	-	1	2	1
양호	19	18	19	9	9	11	9	5	7	6
보통	9	7	9	19	17	19	21	16	20	18
미흡	1	-	1	2	4	-	-	8	1	5
취약	-	-	-	-	-	-	-	-	-	-
계	30	30	30	30	30	30	30	30	30	30

[2023년] 등급	계량부문			비계량부문						
	민원 처리	금융사고 휴면금융재산	종합	내부통제 체계	상품 개발	상품 판매	판매후· 민원관리	교육· KPI	공시· 취약계층	종합
우수	1	2	1	-	-	1	-	1	2	-
양호	19	15	19	7	8	9	5	7	5	4
보통	2	5	2	14	12	11	16	9	15	17
미흡	-	-	-	1	2	1	1	5	-	1
취약	-	-	-	-	-	-	-	-	-	-
계	22	22	22	22	22	22	22	22	22	22

Ⅳ. 개선방안

디지털 금융의 발전은 금융 서비스의 접근성과 편리성을 크게 향상시키고 있지만, 동시에 금융 소비자 보호에 대한 다양한 문제를 발생시키고 있다. 이러한 문제는 개인정보 유출, 불완전 판매, 전자금융사기, 금융 민원 등 여러 형태로 나타나며, 특히 디지털 역량이 부족한 소비자들에게 더 큰 피해로 이어질 수 있다. 이에 따라 금융소비자를 보호하기 위한 다양한 개선 방안이 필요하다. 본 장에서는 이러한 소비자 금융위험에 대한 주요 문제를 해결하기 위한 구체적인 개선 방안을 제시하고자 한다.

1. 개인정보 유출 방지 관련[138]

가. 개인정보 보호 강화 : 디지털 금융 서비스 이용 증가에 따라 개인정보 유출 위험이 커지고 있다. 이를 방지하기 위해 금융기관은 다음과 같은

---

138) 서민금융연구원은 보이스피싱 예방 등 사회안전망 구축과 관련하여 연구보고서(전기통신금융사기 해결방안을 위한 통합솔루션 구축에 관한 연구(2021.6))를 작성하였고 3차례의 세미나를 개최하였음

기술적·관리적 보안 조치를 강화해야 한다. 첫째 개인정보 저장 및 전송 과정에서 암호화 기술을 적용하여 데이터 유출 위험을 줄인다. 둘째 금융 서비스 접근 시 다중 인증(Multi-factor Authentication)을 필수적으로 적용해 보안 강화를 도모한다. 특히 비대면 계좌 개설과 같은 고위험 거래에서 추가적인 보안 절차를 요구할 수 있다. 셋째 금융기관 내부 시스템의 보안 취약점을 자동으로 점검하고, 실시간으로 보안을 강화할 수 있는 체계를 구축한다.

나. 금융소비자 교육 강화 : 금융소비자가 개인정보 보호와 관련된 기본적인 지식을 습득할 수 있도록 금융기관은 교육 프로그램을 제공해야 한다. 특히, 디지털 금융 서비스 이용 시 개인정보 보호 방법, 보안 위협에 대한 대처법을 안내하는 콘텐츠를 만들어 소비자에게 배포할 필요가 있다. 이러한 교육은 고령층, 디지털 취약계층을 대상으로 하는 맞춤형 교육으로 진행되어야 하며, 대면·비대면 채널 모두에서 접근 가능하도록 제공되어야 한다.

다. 개인정보 유출 사고 대응 체계 개선 : 개인정보 유출 사고가 발생할 경우, 금융기관은 신속한 대응 체계를 갖추어야 한다. 이를 위해 다음과 같은 개선이 필요하다. 개인정보 유출로 인해 발생한 피해를 신속하게 구제할 수 있도록 절차를 간소화하고, 소비자가 쉽게 접근할 수 있도록 한다. 만약 금융기관은 개인정보 유출로 인해 발생한 손해에 대해 실질적인 보상 체계를 마련해야 한다. 이를 통해 피해를 최소화하고 소비자의 신뢰를 회복할 수 있다.

2. 정보 비대칭으로 인한 불완전 판매 방지 관련

가. 금융 상품 설명 의무 강화 : 불완전 판매를 방지하기 위해 금융기관은 금융 상품 판매 시 소비자에게 충분하고 명확한 설명을 제공해야 한다. 이를 위한 구체적인 방안은 다음과 같다. 첫째 금융상품 판매 시 핵심적인 상품 정보를 자동으로 설명하는 시스템을 도입해 소비자가 이해할 수 있도록 돕는다. 예를 들어, 인공지능(AI)을 활용해 소비자의 금융 지식 수준에 맞춘 설명을 제공할 수 있다. 동시에 금융상품 구매 과정에서 소비자가 충분히 이해했는지 확인하는 절차를 강화해야 한다. 예를 들어, 상

품의 주요 내용을 확인하는 체크리스트 작성과 같은 방식으로 소비자의 이해를 확인하고, 이해 부족 시 추가 설명을 제공할 수 있도록 한다.

나. 맞춤형 금융 상품 권유 제도 도입 : 금융기관은 소비자의 투자 목적과 성향에 맞는 금융상품을 권유하는 맞춤형 권유 제도를 강화해야 한다. 이를 위해 소비자의 재정 상태, 투자 성향을 면밀히 분석하는 알고리즘을 도입하여 적합한 상품을 추천하도록 해야 한다. 또한, 고위험 상품에 대한 권유 시 소비자가 그 위험성을 충분히 이해하도록 하는 추가적인 검증 절차를 마련해야 한다.

다. 온라인 금융거래 설명 책임 강화 : 온라인 채널에서 금융상품을 판매할 경우, 소비자가 상품에 대해 충분히 이해하지 못한 채 거래를 진행하는 경우가 빈번하다. 이를 방지하기 위해 금융기관은 다음과 같은 조치를 취해야 한다. 온라인 거래 시 소비자에게 상품 설명 동영상을 제공하고, 이를 확인한 후에만 거래를 진행할 수 있도록 해야 하며 비대면 거래의 경우 설명 의무 이행 여부를 기록하고, 소비자가 후에 이의 제기를 할 수 있도록 거래 내용을 투명하게 관리해야 한다.

3. 전자금융사기 예방 개선 관련[139]

가. 전자금융사기 예방 시스템 강화 : 전자금융사기는 디지털 금융 환경에서 매우 빈번하게 발생하는 문제이다. 이를 예방하기 위해 금융기관은 보안 시스템을 강화하고, 사기 예방에 초점을 맞춘 다양한 기술적 조치를 도입해야 한다. 먼저 인공지능과 빅데이터 분석 기술을 활용해 의심스러운 금융거래를 실시간으로 탐지하고, 사기 의심 거래에 대해 즉각적인 대응이 가능하도록 하며 보이스피싱 및 메신저 피싱을 사전에 탐지할 수 있는 기술을 도입해 금융소비자가 피해를 입기 전에 예방할 수 있도록 지원한다.

나. 금융사기 피해 구제 강화 : 전자금융사기 피해를 입은 소비자가 신속하게 구제받을 수 있도록 피해 구제 절차를 간소화하고, 금융기관의 책임을 강화해야 한다. 이를 위해 다음과 같은 방안을 고려할 수 있다. 각 금

---

[139] 서민금융연구원은 보이스피싱 예방 등 사회안전망 구축과 관련하여 연구보고서(전기통신금융사기 해결방안을 위한 통합솔루션 구축에 관한 연구(2021.6))를 작성하였고 3차례의 세미나를 개최하였음

융기관 내에 전자금융사기 피해 구제를 전담하는 부서를 설치해 피해 발생 시 신속히 대응할 수 있도록 하며 전자금융사기 피해에 대한 보상 기준을 명확히 하고, 피해자의 과실 여부에 관계없이 금융기관이 일정 부분 책임을 분담하는 제도를 도입한다. 이를 통해 소비자가 보다 신속하게 보상을 받을 수 있도록 한다.

다. 금융사기 예방 교육 강화 : 금융사기 예방을 위해 소비자들에게 사기 수법과 대처 방법에 대한 교육을 강화해야 한다. 특히, 보이스피싱, 메신저 피싱 등의 최신 사기 수법을 실시간으로 안내하고, 이를 예방할 수 있는 구체적인 행동 요령을 제공해야 한다. 이를 위해 금융기관은 정기적인 사기 예방 캠페인을 진행하고, 소비자들이 쉽게 접근할 수 있는 교육 자료를 온라인과 오프라인에서 제공해야 한다.

[별첨1] 최근금융감독원 소비자경보 발령(발췌)

년도	소비자 경보	카테고리	내용
2024.1	2024-01	문자피싱	연초에 많이 발생하는 카드발급, 연말정산, 합격문자 피싱 주의/ 사기범들은 개인정보를 탈취하여 명의를 도용하거나, 보증금 등의 명목으로 자금을 송금하도록 요구
2024.1	2024-04	보이스피싱	정부의 「온라인·원스톱 대환대출 인프라」 대상 확대 및 금융권의 다양한 상생금융 방안 추진 등에 편승하여 피해금 편취
2024.1	2024-05	투자사기	미신고(불법) 거래소를 통한 투자권유에 속아 수익금은 물론 원금조차 회수하지 못하는 피해 사례가 속출
2024.1	2024-07	기타- 불법 채권추심	불법 채권추심 주의
2024.1	2024-11	불완전판매	, 특정 보장한도를 과도한 수준으로 증액하거나, 보장성 보험임에도 높은 환급률만을 강조하는 등 불합리한 상품개발 판매 지속
2024.1	2024-12	투자사기	가짜 거래소 이용 사기 유형은 ①투자방 참여형(코인 리딩방) ②온라인 친분 이용형(로맨스 스캠) ③유명 거래소 사칭형

제2장 핀테크를 통한 혁신과 포용

포용금융은 디지털 실 끝에서
시작되는 사회적 직조(織造)이다.

Ⅰ. 개 요

최근 금융포용에 대한 관심이 전 세계적으로 높아지고 있으며, 포용금
융은 경제적 불평등 해소와 지속 가능한 발전을 위한 중요한 요소로 인식
되고 있다.[140] UN을 비롯한 여러 국제기구는 금융포용을 촉진하기 위한
다양한 프로그램과 정책을 제안하고 있다. UN은 금융포용을 지속 가능한
발전 목표(SDGs)의 중요한 요소로 강조하며, 이를 통해 빈곤 감소, 경제
성장, 불평등 해소 등의 다양한 사회적 문제를 해결하고자 한다.[141] 많은
연 결과에서 금융포용은 경제 성장과 빈곤 감소에 긍정적인 영향을 미치
는 것으로 알려져 있다.[142]

핀테크(FinTech)란 금융(Finance)과 기술(Technology)의 합성어로, 모바
일, 빅데이터, 인공지능 등 첨단 정보기술(IT)을 활용하여 금융서비스를
혁신하는 것을 의미한다.[143] 핀테크의 등장으로 금융 서비스에 대한 접근

---

[140] Menyelim, C. M., Babajide, A. A., Omankhanlen, A. E., & Ehikioya, B. I. (2021). Financial inclusion, income inequality and sustainable economic growth in Sub-Saharan African countries. Sustainability, 13(4), 1780. p. 1.

[141] Niaz, M. U. (2021). Socio-Economic development and sustainable development goals: a roadmap from vulnerability to sustainability through financial inclusion. Economic Research-Ekonomska Istraživanja, 35(1), pp. 3243-3275.; Shahzad, S. (2021). The role of financial inclusion in income inequality, poverty reduction & economic growth in developing countries. International Journal of Islamic Economics and Governance, 2(2), pp.70-112; UN 홈페이지 참조, https://sdgs.un.org/goals

[142] Shahzad, S. (2021). The role of financial inclusion in income inequality, poverty reduction & economic growth in developing countries. International Journal of Islamic Economics and Governance, 2(2), pp.70-112.; Khan, A. A., Abbas, R., Asghar, A., & Sheharyar, M. (2024). Empirical analysis of financial inclusion's role in economic growth and poverty reduction in Sub-Saharan Africa. Review of Applied Management and Social Sciences (RAMSS), 7(1), pp 31-42.; Kamara, A. K. (2024). The impact of financial inclusion on economic growth and poverty reduction: Empirical evidence from sub-Saharan Africa. International Journal of Science and Business (IJSAB International), 32(1), pp.16-33..

[143] 대한민국 정책브리핑, https://www.korea.kr/special/policyCurationView.do?newsId=148865913; Dhingra, S. (2024). Fintch innovations and the future of financial services. International

성이 확대되어 금융포용을 촉진하는 변화의 원동력이 되고 있으며, 전 세계 핀테크에 대한 투자는 2008년 10억 달러에서 코로나19 팬데믹 이전 2천억 달러 이상으로 증가하였다.[144]

이러한 핀테크의 발전은 전통적인 금융 시스템에서 소외된 계층도 쉽게 금융 서비스를 이용할 수 있게 하여 금융포용을 촉진하는 중요한 도구로 평가되고 있다.[145] 예를 들어 모바일 금융 애플리케이션은 은행 계좌가 없는 사람들에게도 금융 서비스를 제공하는데, 특히 금융 인프라가 미비한 개발도상국에서 큰 효과가 나타나고 있다.[146]

[그림 21] 전 세계의 핀테크 현황

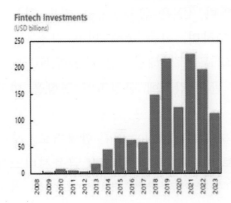
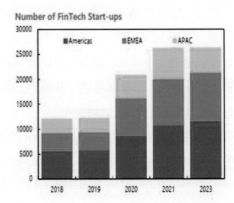

자료 : Cevik, S. (2024), p. 3

세계은행(World Bank)과 국제통화기금(IMF) 등과 같은 국제기구는 디지털 금융서비스의 확산은 금융포용을 촉진하는 중요한 수단으로 판단하고 있다.[147] GPFI(Global Partnership for Financial Inclusion)[148]는 디지털 금

Journal of Social Science & Economic Research. pp.1-17.

144) Cevik, S. (2024). Promise (un)kept? Fintech and financial inclusion (IMF Working Paper No. 2024/131). International Monetary Fund, p. 3.

145) Sunayana, N., Ravikumar, & Gururaja, B.L. (2024). Fintech: A Model for Financial Inclusion of Sustainable Economic Development of Vishwakarma Community in India. 2024. 11th International Conference on Computing for Sustainable Global Development (INDIACom), 1526-1530.; 박소정, "디지털 금융이해력 (Digital Financial Literacy)에 관한 연구", 보험연구원 2004-03.

146) Anakpo, G., Xhate, Z., & Mishi, S. (2023). The policies, practices, and challenges of digital financial inclusion for sustainable development: The case of the developing economy. FinTech, 2(2), pp.327-343.

147) Niaz, M. U. (2021). Ibid.

융서비스의 중요성을 강조하며, 모바일 뱅킹, 디지털 결제시스템, 블록체인 기술 등을 통해 전통적인 금융시스템에서 소외된 계층에게도 금융서비스를 제공할 방법을 제시하고 있다.149)

우리나라도 이러한 세계적 트렌드에 발맞추어 디지털 금융혁신을 적극 추진하고 있다. 정부는 금융포용을 확대하기 위해 다양한 정책과 프로그램을 마련하고 있으며, 핀테크 산업의 육성을 통해 포용금융을 위한 디지털 금융 서비스를 확산시키고 있다.150) 예를 들어, 우리나라는 모바일 결제 시스템과 디지털 뱅킹 서비스를 통해 금융 서비스의 접근성을 더욱 높이도록 노력하고 있으며, 사회적 약자와 소외 계층을 포함한 모든 국민이 금융 서비스를 이용할 수 있도록 금융 교육과 지원 프로그램을 강화하고 있다.151)

이하에서는 핀테크의 발전이 금융포용에 미치는 영향, 특히, 포용적인 성장을 위한 포용적 금융을 달성하는 도구로서의 핀테크 활용과 구체적 사례에 대해 살펴본다. 마지막으로 금융포용을 위한 핀테크의 해결 과제에 대해 살펴보고자 한다.

Ⅱ. 핀테크 발전과 금융포용에 대한 영향

1. 코로나19와 디지털 전환

World Bank의 Global Findex 2021에 따르면 전 세계 성인 인구의 76%가 금융기관 또는 디지털 계좌를 보유하고 있으며, 이는 과거 2011년 51% 대비 크게 증가한 것이다.152) 특히 개발도상국의 경우, 성인 인구의 71%

---

148) GPFI는 G20 국가, 비G20 국가, 관련 이해관계자가 금융포용 작업을 추진하기 위한 포용기구로 GPFI는 각국이 금융포용 실행계획을 효과적으로 이행할 수 있도록 정책 자문과 기술 지원을 제공한다. Global Partnership for Financial Inclusion. About GPFI. [https://www.gpfi.org/about-gpfi] (2024.8.11.검색)

149) Ibid.

150) 금융위원회 보도자료(2020.7), 4차 산업혁명 시대의 디지털금융 종합혁신방앤[전자금융거래법령 등 개정방향]

151) 금융위원회 보도자료(2020.7), 4차 산업혁명 시대의 디지털금융 종합혁신방앤[전자금융거래법령 등 개정방향]

152) World Bank. Global Findex. [https://www.worldbank.org/en/publication/globalfindex](2024.8.11.검색)

가 계좌를 보유하고 있어 지난 10년간 30%p 증가하였다.[153] 계좌 보유에 대한 성별 격차도 점차 완화되는 추세이다. 전 세계 성인 남성의 78%, 여성의 74%가 계좌를 보유하고 있으며, 개발도상국에서의 성별 격차는 9%p에서 6%p로 줄어들었다.[154] 한편, 지역별로는 동아시아·태평양 지역의 금융포용 수준은 세계 평균을 하회하고 중국을 제외한 동 지역 성인의 59%만이 계좌를 보유하고 있어[155], 지역별로 금융포용의 수준과 과제가 다르다는 것을 보여준다.[156]

[그림 22] 전 세계 계좌보유 현황

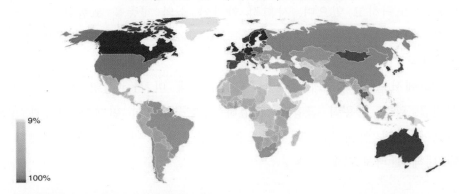

Account Ownership in 2021 - Global Findex Database
Map: FinDev Gateway

자료 : Global Findex Dataabase

코로나19 대유행 기간 동안 디지털 금융서비스 크게 확대되어 금융포용 제고에 크게 기여하였다.[157] 코로나19 이후 많은 사람들이 현금결제에서

153) Kshetri, N. (2021). The role of artificial intelligence in promoting financial inclusion in developing countries. Journal of Global Information Technology Management, 24(1), pp.1-6.
154) FinDev Gateway. Financial inclusion: A global overview. [https://www.findevgateway.org/region/ financial-inclusion-global-overview](2024.8.11.검색); Hundie, S. K., & Tulu, D. T. (2023). Determinants of financial inclusion gender gap in Ethiopia: Evidence from decomposition analysis. Cogent Business & Management, 10(2), pp.1-26.
155) FinDev Gateway. Financial inclusion: A global overview. [https://www.findevgateway.org/region /financial-inclusion-global-overview] (2024.8.11.검색)
156) Ajide, F. M. (2021). Financial inclusion and labour market participation of women in selected countries in Africa. Economics and Culture, 18(1), pp.15-31.
157) Datta, M. D. (2023). The future of financial inclusion through fintech: A conceptual

디지털 결제로 전환하게 된 것이다[158] 개발도상국의 경우 평균 계좌보유율
은 2014년 55%에서 71%로 16%p 증가하였는데, 이중 디지털 계좌의 보유
비중은 35%에서 57%로 22%p로 크게 증가하였다. 이는 팬데믹 상황에서
디지털 금융서비스의 경우 사회적 거리두기를 유지하면서도 금융 거래를
할 수 있었기 때문이다.[159] 개발도상국의 디지털결제의 경우 성인의 40%
는 저축을 위해서, 나머지 약 40%는 대출을 이용한 것으로 조사되어 디지
털 전환이 추가적인 금융 서비스의 이용을 촉진하는 것으로 나타났다.[160]

　사하라 이남 아프리카에서는 모바일 계좌가 가장 인기가 있으며, 성인의
33%가 디지털계좌를 사용한 것으로 나타났다.[161] 라틴 아메리카 및 카리브
해 지역에서도 팬데믹 동안 디지털 결제가 폭발적으로 증가하였으며, 주로
직불카드, 신용카드, 인터넷 또는 모바일을 사용한 것으로 조사되었다.[162]

[표 40] 성인중 계좌 보유 비중

(단위: %)

	2014년			2020년		
	계좌 보유	(디지털계좌 보유여부)		계좌 보유	(디지털계좌 보유여부)	
		보유	미보유		보유	미보유
개발도상국	55	35	20	71	57	14
선진국	93	88	5	96	95	1

자료 : Global Findex Database(World Bank)

　한편, 우리나라의 경우 인터넷 이용률 및 스마트폰 보급률이 세계 최고
수준이며[163], 성인의 예금계좌 보유 비율은 99%로 매우 높은 편이다.[164]

---

study in post pandemic India. Sachetas: An International, POpen Access &
Multidisciplinary Journal, 2(1), p.12; Rayhan, M. J., & Uddin, M. J. (2021). Role of
digital financial services in confronting Covid-19 crisis in Bangladesh. Journal of
Applied Finance & Banking, 11(5), pp.45

158) 예를 들어, 개발도상국에서는 2021년 성인의 18%가 계좌로 공과금을 지불했으며, 이들
　　중 3분의 1 이상은 팬데믹 이후 처음으로 디지털 결제를 사용했다. Klapper, L., Pesme,
　　J., & Sirtaine, S.(2022). Global Findex: Digitalization in COVID-19 boosted financial
　　inclusion. CGAP Blog.
　　https://www.cgap.org/blog/global-findex-digitalization-covid-19-boosted-financial-inclusion
159) Rayhan, M. J., & Uddin, M. J. (2021). Ibid.
160) Klapper, L., Pesme, J., & Sirtaine, S.(2022). Ibid.
161) Ibid.
162) Ibid.

세계적으로 통신 기술의 발전을 통해 금융 접근성이 크게 향상되었지만, 아직 지역별, 경제력에 따른 격차가 있다는 점을 알 수 있다.[165] 또한 국가별 개별의 배경이 다르므로 포용적 금융을 지원하는 도구, 방식, 플랫폼이 다양해질 필요가 있다.[166]

2. 핀테크가 포용적 금융과의 관계

핀테크(FinTech)의 등장은 금융산업 전반에 걸쳐 혁신적인 변화를 불러왔다. 이를 금융포용성의 관점에서 보면 크게 3가지 측면에서 유용하다.[167] 먼저 접근성의 관점이다. 핀테크는 소프트웨어와 디지털 플랫폼을 활용하여 소비자에게 직접 금융 서비스를 제공하게 되면서 금융중개기관의 개입을 줄였다.[168] 이는 전통적인 금융 시스템에서 핀테크 기업들은 스마트폰을 통한 모바일 뱅킹, 결제, 송금 등의 서비스로 모바일 기술과 디지털 플랫폼을 활용 금융서비스를 확대하고 금융소외계층의 금융 접근성을 높이고 있다.[169] 핀테크 기업은 모바일 기술과 디지털 플랫폼을 활용하여 은행 지점이 없는 외딴 지역까지 금융서비스를 확대하고 있다.[170]

163) 우리 나라은 2012년 기준 인터넷 이용률은 94%에 이르며, 2022년 기준 스마트 보급률은 97%로 세계 최고 수준이다. 정보통신기획평가원(2024), "2023년 인터넷이용조사 요약보고서", 2024.3, 3면, 갤럽(2022), "2012-2022 스마트폰 사용률 & 브랜드, 스마트워치, 무선이어폰에 대한 조사", 갤럽리포트, 2022. 7. 4면.

164) Demirgüç-Kunt, A., Klapper, L., Singer, D., & Ansar, S. (2022). The Global Findex Database 2021: Financial inclusion, digital payments, and resilience in the age of COVID-19. World Bank.

165) Antonijević, M., Ljumović, I., & Lukić, V. (2021). Are digital financial payments constrained by the country's income? Evidence from the Global Findex database. Annals of the Faculty of Economics in Subotica, 57(46), pp.115-129.

166) Economist Impact(2021). Rethinking the global microscope for financial inclusion: 2021 key findings report. p.16.

167) Miah, M. (2023). The role of fintech in bridging the divide for economic empowerment. Economics and Business, 37, pp.206-208.

168) Datta, M. D. Ibid.

169) Hoyman. K. (2024). Fintech's role in cost reduction for financial institutions and lenders. [https://blog.repay.com/fintechs-role-in-cost-reduction-for-financial-institutions-and-lenders] (2024.8.11.검색)

170) Senyard. N.(2024). Unlocking financial literacy through fintech.

두 번째 관점은 경제적 불평등의 해소이다. 핀테크는 금융서비스 이용 기회의 불균형을 해소하여 경제적 불평등을 완화하는데 기여할 수 있다.171) 핀테크는 기존 은행 서비스에 비해 운영 비용이 낮아 저소득층도 저렴한 수수료와 거래비용으로 쉽게 금융서비스를 이용할 수 있으며,172) 온라인 기반 서비스로 인해 금융거래 프로세스가 단순화되어 효율성이 높은 장점이 있다.173) 핀테크는 자동화된 신용평가시스템, 빅데이터 및 인공지능 분석 등 디지털 기술을 활용하여 전통적인 신용평가 방식의 한계를 극복할 수 있다. 이러한 비전통적 데이터 정보를 활용하여 신용평가 모델을 개선함으로써174) 기존에 대출을 받지 못하던 금융소외 계층에 대한 신용공급을 확대할 수 있다.175) 이러한 방식을 통해 금융 이력이 부족한 개인과 중소기업도 금융서비스 이용이 용이해졌다.176) 또한 소액금융 디지털 플랫폼은 형태로 지역 내 소상공인과 일반 개인들에게 혁신적인 금융서비스를 제공할 수 있다. 이러한 플랫폼을 통해 사용자들은 간편하게 저축 및 대출 서비스에 접근할 수 있게 된다.177) 예를 들어, 소셜 랜딩 플랫폼을 도입하여 개인들이 소액 투자를 통해 자금을 조달할 기회를 제공할 수 있다.178) 이와 같은 방식을 통해 더 많은 사람들이 공식적인 금융 시

[https://fintech-intel.com/ fintech-insights/unlocking-financial-literacy-through-fintech/] (2024.8.11.검색)

171) Miah, M. (2023). p. 206.

172) Miah, M. (2023). p. 212. Mulumba, Y., & Schmidt, K. (2021). Financial Technology: The Key to Achieving Financial Inclusion in Developing Countries Post COVID-19 from an East African Perspective. pp. 307-311.

173) 전통 은행 대비 최대 60%의 비용 절감이 가능하다는 연구 결과가 있다. Dasilas, A., & Karanović, G. (2023). The impact of FinTech firms on bank performance: evidence from the UK. EuroMed Journal of Business.

174) Bazarbash, M. (2019). FinTech in financial inclusion: Machine learning applications in assessing credit risk. IMF Working Papers. pp.1-34.

175) Miah, M. (2023). p. 208; Bansal, D.K. (2024). The Impact Of Fintech Innovations On Traditional Financial Institutions, Financial Inclusions, and Payment Systems-A Review Of Case Studies. International Scientific Journal of Engineering and Management. p.1-13.

176) Cornelli, G., Frost, J., Gambacorta, L., & Jagtiani, J. (2022). The impact of fintech lending on credit access for U.S. small businesses. BIS Working Papers (No. 1041). Monetary and Economic Department. pp.1-40.

177) Pillai, D., Singh, A.S., Bhosale, T., & Doifode, A. (2023). A Perspective on the Application of Fintech as a Gateway for Financial Literacy. 2023 International Conference on Information Technology (ICIT), pp.811-814.

스템에 편입되어, 경제 활동에 참여할 수 있게 된다.

세 번째 관점은 재무적 자율성을 제공하는 것이다. 핀테크는 개인과 중소기업이 금융위험을 관리하고 투자할 수 있도록 도와주어 재무적 자율성을 강화할 수 있다.[179] 로보어드바이저, 빅데이터 및 인공지능을 활용한 투자 앱 등을 통하여 개인에게 맞춤형 서비스를 제공할 수 있다. 또한 핀테크 플랫폼은 사용자에게 금융 교육과 관련 정보를 제공하여 금융이해력을 높이고, 더 나은 금융 결정을 내릴 수 있도록 도와준다.[180] 금융교육 프로그램과 개인 맞춤형 금융상품을 제공하여 금융지식을 향상시킬 수 있다.[181] 대화형 도구, 게임화, 맞춤 콘텐츠 등으로 금융교육의 접근성과 흥미를 높일 수 있고, 개인이 재무 상황을 주도적으로 관리할 수 있는 역량을 강화할 수 있다.[182]

3. 소결

금융포용은 모든 계층이 적절한 금융서비스를 이용할 수 있도록 하는 것을 목표로 한다.[183] 핀테크의 발전은 이러한 금융포용을 촉진하는 데 중요한 역할을 하고 있다.[184] 핀테크는 모바일 기술, 빅데이터, 인공지능 등 첨단 기술을 활용하여 전통적인 금융 시스템의 한계를 극복하고, 보다 포용

---

178) Mulumba, Y., & Schmidt, K. (2021). Financial Technology: The Key to Achieving Financial Inclusion in Developing Countries Post COVID-19 from an East African Perspective.

179) Miah, M. (2023). p. 213.

180) Maina, C.E., & Nyamasege, D. (2024). Financial Technology and Financial Inclusion in the Banking industry in Kenya. East African Scholars Journal of Economics, Business and Management. pp.226-236.

181) Senyard. N.(2024). Unlocking financial literacy through fintech.
[https://fintech-intel.com/ fintech-insights/unlocking-financial-literacy-through-fintech/] (2024.8.11.검색)

182) Ibid.

183) Sharma, D. (2016). Nexus between financial inclusion and economic growth: Evidence from the emerging Indian economy. Journal of Financial Economic Policy, 8. pp. 13-36

184) Singh, A., & Sharma, L. M. (2023). Fintech and financial inclusion: Transforming underserved access to financial services. International Journal of Tourism and Hotel Management, 5(2), pp. 7-11.

적인 금융환경을 조성하고 있다.[185] 핀테크는 금융 접근성을 높이고, 운영
비용을 절감하며, 금융서비스를 혁신함으로써 금융소외계층에도 금융서비
스를 제공함으로써 핀테크가 더욱 효과적으로 금융포용을 촉진할 수 있을
것이다. 궁극적으로 핀테크는 경제적 포용성을 향상시키고, 모든 계층이 금
융서비스를 이용할 수 있는 포용적인 금융 환경을 조성하는 데 중요한 역
할을 할 것이다. 이러한 수단으로 활용되는 핀테크의 구체적 형태를 알아볼
필요가 있다.

Ⅲ. 금융포용을 위한 핀테크 유형

1. 모바일 결제

모바일 결제는 전통적인 은행 시스템의 한계를 극복하여 금융서비스에
대한 접근성을 크게 향상시킨다.[186] 모바일 기기만으로 어디서나 편리하
게 금융거래를 할 수 있어 은행 계좌가 없는 저소득층과 접근이 어려운
지역 주민들의 금융서비스 이용을 용이하게 한다.[187] 이는 특히 많은 사
람들이 은행 지점에 접근하기 어려운 지역에 거주하고 있는 개발도상국에
서 더욱 중요한 의미를 가진다.[188] 또한, 모바일 결제는 전통 은행서비스
에 비해 낮은 수수료로 저렴한 비용으로 금융서비스를 제공하기 때문에
전통적인 금융서비스를 이용하기 어려운 저소득층에게 중요하다.[189] 모바

---

185) Singh, A., & Sharma, L. M. (2023). Ibid.
186) Wamba, S. F., Queiroz, M. M., Blome, C., & Sivarajah, U. (2021). Fostering Financial
    Inclusion in a Developing Country: Predicting User Acceptance of Mobile Wallets in
    Cameroon. Journal of Global Information Management, 29(4). pp.195-220.; Das, S., &
    Chatterjee, A. (2023). Impacts of ICT and digital finance on poverty and income
    inequality: A sub-national study from India. Information Technology for Development,
    29(2-3). pp.378-405.
187) Alrabei, A. M., Al-Othman, L. N., Al-Dalabih, F. A. N., Abu Taber, T., Ali, B. J. A.,
    & Amareen, S. M. (2022). The impact of mobile payment on the financial inclusion
    rates. Information Sciences Letters, 11(4), pp.1033-1044.
188) Mohamed, M. A. (2019). The Impact of Mobile Banking on Economic Development in
    Puntland-Somalia. International Journal of Contemporary Applied Researches, 6(12).
    pp.66-89.;

일 결제는 보안성이 높아 기존 금융시스템에 대한 불신을 해소하고 금융 생활의 안전성을 보장한다.[190] 모바일 결제 시스템은 암호화 기술을 사용해 거래의 안전성을 확보하며, 사용자 인증 절차를 통해 부정사용을 방지한다.[191] 이는 금융서비스에 대한 신뢰를 높이는 요인이다.[192] 한편, 모바일 기술을 활용해 혁신적인 금융서비스를 창출할 수 있어 금융 생태계 발전을 가속화하고 이용자에게 더 다양한 서비스를 제공한다.[193] 모바일 결제 시스템은 소액 대출, 저축, 보험 등의 다양한 금융서비스를 제공할 수 있다. 이는 금융 생태계를 더욱 다양화하고, 사용자들에게 더 많은 선택권을 제공한다.[194]

케냐의 M-Pesa, 가나의 Tigo Cash, 중국의 Alipay, 인도의 Paytm 등이 개발도상국에서 성공한 대표적 모바일 결제 플랫폼이다.[195] M-Pesa는 케냐에서 시작된 모바일 결제 시스템으로, 현재 아프리카 전역에서 널리 사용되고 있다.[196] Tigo Cash는 가나에서 시작된 모바일 결제 시스템으로, 사용자들이 휴대전화를 이용해 돈을 송금하고 받을 수 있게 해준다.[197]

189) Lufti, A., Al-Okaily, M., Alshirah, M. H., Alshirah, A. F., Abutaber, T. A., & Almarashdah, M. A. (2021). Digital Financial Inclusion Sustainability in Jordanian Context. Sustainability. p.1-13.

190) Ibid.

191) Economist Impact(2021). Rethinking the global microscope for financial inclusion: 2021 key findings report. p.11.

192) Shpanel-Yukhta, O. (2022). Peculiarities of Digitalization of Financial Services Among Countries by Income Groups: Conclusions for Ukraine. Three Seas Economic Journal, 3(3), pp.73-78.

193) Ahmad, A. H., Green, C., & Jiang, F. (2020). Mobile money, financial inclusion and development: A review with reference to African experience. Journal of Economic Surveys, 34(4), pp. 753-792.

194) Thuita, G.W. (2020). Impact of Mobile Payment Applications and Transfers on Business. Advances in Finance, Accounting, and Economics. pp.173-189.

195) Miah, M. (2023). p.211; Abbey, S.N. (2021). The Role of Technology in Financial Inclusion-A Case Study Mobile Money Penetration in Ghana. Texila International Journal of Academic Research.; Thuita, G.W. (2020). Ibid.

196) M-Pesa는 2007년 케냐에서 시작된 모바일 금융서비스로 은행 계좌가 없는 사람들에게 전자 자금 이체 수단을 제공하여 금융 포용성을 높였다. Omanga, J., & Dreyer, J. K. (2017). Innovation and Financial Inclusion in Kenya: A Case Study of M-PESA. In B. Christiansen, & Ü. Yüksel (Eds.), Technological Integration as a Catalyst for Industrial Development and Economic Growth. pp. 207-227.

197) Tigo Cash는 가나의 Tigo 통신사에서 제공하는 모바일 결제 플랫폼으로 고객들은

Paytm은 인도에서 시작된 모바일 결제 시스템으로, 현재 3억 명이 넘는 사용자를 보유하고 있다.[198) 이러한 사례들을 통해 모바일 결제가 금융접근성을 높이는 데 얼마나 중요한 역할을 하는지를 알 수 있다.

이러한 모바일 결제도 한계가 있다. 먼저, 농촌 지역의 인터넷 인프라 부족으로 인해 모바일 결제 사용이 제한될 수 있다. 인터넷 연결이 원활하지 않은 지역에서는 모바일 결제의 혜택을 충분히 누릴 수 없다.[199) 정보 비대칭으로 인해 충분한 정보를 보유하지 못한 사람들은 여전히 자금 접근에 어려움을 겪을 수 있다. 즉, 금융서비스 이용에 필요한 정보가 부족한 사람들은 여전히 소외될 가능성이 크다.[200) 결제 데이터의 오남용 및 사생활 침해 위험이 있을 수 있다. 모바일 결제 플랫폼이 수집하는 대량의 개인 개인정보는 보안사고 발생 시 큰 피해를 초래할 수 있기 때문이다.[201)

모바일 결제는 금융포용을 촉진하는 중요한 도구로서, 특히 농촌 지역, 저소득층, 금융 소외계층에게 큰 혜택을 제공한다. 이를 더욱 확대하기 위해서는 인터넷 인프라 확대, 수수료 인하, 디지털 금융 이해력(literacy) 교육 강화, 보안성 및 신뢰성 제고 등의 모바일 결제의 한계를 극복하기 위한 지속적인 노력이 필요하다.[202) 이러한 모바일 결제가 더욱 확산될 경우 금융포용이 강화될 수 있을 것이다.

Tigo Cash를 통해 휴대전화로 간편하게 자금을 이체하고 결제를 할 수 있다. 즉, 가나내 은행 계좌가 없는 사람들도 Tigo Cash를 이용해 송금, 지불, 현금인출 등의 금융서비스를 이용할 수 있다. GSMA, AirtelTigo Ghana [https://www.gsma.com/solutions-and-impact/connectivity-for-good/mobile -for-development/gsma_orgs/airtel-tigo-ghana/](2024.8.11.검색)

198) Paytm. About Us. [https://paytm.com/about-us](2024.8.11.검색)

199) 한선이·김예진·박규태·정민지, 디지털금융을 통한 아프리카 금융포용성 개선방안 연구, 대외경제정책연구원, 89면.

200) Chen, X. (2021). Research on the incentive mechanism of the pension service supply chain under asymmetric information. Mathematical Problems in Engineering, 2021, p.3.

201) Rohit Joshi (2024). A mixed methods UTAUT2-based approach to understanding unified payments interface adoption among low-income users. Banks and Bank Systems, 19(1), pp.58-73.

202) Thies, B., Ratan, A., & Davis, J. (2011). Paid Crowdsourcing as a Vehicle for Global Development, pp.1-4.

2. 개인간 대출(P2P) 플랫폼

개인간 대출(P2P) 대출은 '기업이나 개인이 은행과 같은 기존의 금융기관을 거치지 않고 온라인 플랫폼을 통하여 직접적으로 대출계약을 체결하는 것'을 말한다.[203] 세계은행(World Bank)은 금융소외가 일어나는 이유로 잠재적 이용자의 비적격성을 들고 있으며, 이는 소득이 불충분하거나 높은 신용위험을 가지는 경우 등을 의미한다.[204] P2P 대출은 잠재적 이용자의 비적격성에 의한 금융소외를 개선할 수 있는 대안적 금융으로서의 기능을 수행할 수 있다.[205] 즉, P2P 대출은 소득이 불충분하거나 신용도가 낮아서 전통적인 금융기관으로부터 대출을 받을 수 없는 계층에게 적극적으로 대출서비스의 접근성을 개선하여 금융포용성을 확대할 수 있는 것이다.[206] 특히, 은행권 대출 요건을 충족하기 어려운 영세기업, 저신용자, 저소득층 등에게 유용하다.[207] 많은 영세기업, 저신용자 및 저소득층은 신용 기록이 부족하거나 담보 자산이 없어 은행 대출을 받기 어려운 경우가 많지만. 이러한 기업들은 P2P 대출 플랫폼을 통해 필요한 자금을 조달할 수 있다.[208]

---

203) 임정하 (2019), "P2P 대출의 법제화를 위한 과제 - 금융포용과 투자자 보호를 중심으로", 금융소비자연구 제9권 제1호(2019년 4월호), 34면.
204) 김종희, "금융포용의 소득 불균형 완화 효과에 대한 비교연구", 「금융지식연구」, 명지대학교 금융지식연구소, 2015, 210면.
205) 임정하 (2019), "P2P 대출의 법제화를 위한 과제 - 금융포용과 투자자보호를 중심으로", 금융소비자연구 제9권 제1호(2019년 4월호), 36면.
206) 임정하 (2019), 앞의 논문, 36면.; Maskara, P.K. (2020). The Role of P2P Platforms in Enhancing Financial Inclusion in US - An Analysis of Peer-to-Peer Lending Across the Rural-Urban Divide. ERPN: Start-Up & Small Business Finance (Sub-Topic). pp.1-46.
207) Mujaddidi, M. S., & Mehta, A. (2024). Regulatory framework of P2P lending in India: Market stability and financial inclusion implications. International Journal of Management and Economics Invention, 10(Issue 06), pp.3251-3255.; Kumra, R., Khalek, S.A., & Samanta, T. (2021). Factors Affecting BoP Producer Intention to Use P2P Lending Platforms in India. Journal of Global Marketing, 34, pp.328-352.
208) Tsai, C. (2018). To Regulate or Not to Regulate? A Comparison of Government Responses to Peer-to-Peer Lending among the United States, China, and Taiwan. ERN: Innovation (Topic).

이러한 구조가 가능한 이유는 P2P 대출 플랫폼은 대출자와 차입자를 직접 연결하여 중개 비용을 절감하고, 더 유연한 대출 조건을 제공할 수 있으며,[209] P2P 대출 플랫폼은 대출 심사 시 다양한 데이터를 활용하여 차입자의 신용도를 평가할 수 있으므로 더 많은 사람들이 대출을 받을 수 있기 때문이다.[210]

P2P 대출의 장점은 중개 비용이 적어 대출 이자율을 상대적으로 경쟁력 있게 설정할 수 있다. 이는 차입자에게는 이자 부담을 줄여주고, 대출자에게는 더 높은 수익을 제공한다.[211] 대출 심사 과정이 간소화되어 대출 승인 속도가 빨라 긴급한 자금이 필요한 차입자에게 대출해 줄 수 있다.[212] 다양한 데이터를 활용한 신용평가가 가능하여 전통적인 신용평가 방식에서 벗어나 더 많은 사람들에게 대출의 기회를 제공한다.[213]

예를 들어, 케냐의 M-Shwari와 같은 P2P 대출 플랫폼은 모바일 기술을 활용하여 은행 계좌가 없는 사람들에도 금융서비스를 제공하고 있다.[214] 미국의 LendingClub이나 Prosper와 같은 P2P 대출 플랫폼도 전통적인 금융기관을 통해서는 접근할 수 없는 많은 사람들에게 자금을 대출하고 있다.[215]

그러나 P2P 대출은 다음과 같은 한계가 존재한다.[216] 첫째, P2P 대출은 차입자의 신용도와 소득 수준에 따라 자금 접근성에 차이가 발생한다.

209) Wang, Z., Jiang, C., Zhao, H., & Ding, Y. (2020). Mining Semantic Soft Factors for Credit Risk Evaluation in Peer-to-Peer Lending. Journal of Management Information Systems, 37, pp.282-308.
210) Austin, T., & Rawal, B. S. (2023). Model retraining: Predicting the likelihood of financial inclusion in Kiva's peer-to-peer lending to promote social impact. Algorithms, 16, p.363.
211) Chengeta, K., & Mabika, E.R. (2021). Peer To Peer Social Lending Default Prediction With Convolutional Neural Networks. 2021 International Conference on Artificial Intelligence, Big Data, Computing and Data Communication Systems (icABCD), pp.1-10.
212) Chengeta, K., & Mabika, E.R. (2021). Ibid
213) Ibid.
214) Austin, T., & Rawal, B. S. (2023). Ibid, p. 363
215) Ibid.
216) Kumra, R., Khalek, S.A., & Samanta, T. (2021). Factors Affecting BoP Producer Intention to Use P2P Lending Platforms in India. Journal of Global Marketing, 34, pp.328-352.; Tsai, C. (2018). To Regulate or Not to Regulate? A Comparison of Government Responses to Peer-to-Peer Lending among the United States, China, and Taiwan. ERN: Innovation (Topic).

P2P 대출 플랫폼은 일반적으로 차입자의 신용 점수와 소득 정보를 바탕으로 대출 가능 여부를 결정한다. 이로 따라 신용도가 낮거나 소득이 불안정한 차입자는 여전히 자금 조달에 어려움을 겪을 수 있다.[217] 예를 들어, 신용 점수가 낮은 차입자는 높은 이자율을 적용받거나 대출 자체가 거절될 가능성이 크다. 둘째, 정보 비대칭 문제로 인해 고위험 차입자는 여전히 자금 조달에 어려움을 겪을 수 있다. P2P 대출 플랫폼은 차입자와 투자자 간의 정보 비대칭을 해소하기 위해 다양한 정보를 제공하지만, 여전히 모든 정보를 완벽하게 제공하기는 어렵다.[218] 이에 따라 고위험 차입자는 자금 조달에 큰 어려움을 겪을 수 있다. 셋째, P2P 플랫폼의 수수료 정책에 따라 저소득층의 실제 이용 가능성이 제한될 수 있다. P2P 대출 플랫폼은 대출 중개 수수료, 서비스 수수료 등 다양한 수수료를 부과한다. 이러한 수수료는 대출 금액의 일정 비율로 책정되며, 저소득층에게는 큰 부담이 될 수 있다.[219]   P2P대출의 경우 전통적인 금융기관보다 규제가 상대적으로 느슨하여 P2P 플랫폼 업체의 부정대출 또는 차입자의 신용위험으로 인한 투자자 손실이 발생할 수 있으므로 투자자 보호를 위한 제도적 장치를 마련할 필요가 있다.[220]

3. 내재화금융(embedded finance)

내재화금융(Embedded Finance)이란 비금융회사가 자사 제품이나 서비스에 금융 솔루션을 통합하는 것을 의미한다.[221] 내재화금융은 비금융기업

---

217) Lee, M. S. A., & Singh, J. (2021). Spelling errors and non-standard language in peer-to-peer loan applications and the borrower's probability of default. In Proceedings of Credit Scoring and Credit Control Conference XVII. pp.1-2.
218) 석정훈·한석만(2021), "투자자의 군집행동과 P2P 온라인 대출의 채무불이행 위험", 한국증권학회지 제50권 3호, 334면.
219) 예를 들어, 대출 금액이 적더라도 높은 수수료를 지불해야 하는 경우, 저소득층은 P2P 대출을 이용하기 어려울 수 있다.
[https://fastercapital.com/questions/what-are-the-fees-associated-with-using-a-peer-to-peer-lending-platform.html](2024.8.11.검색)
220) 임정하(2019), 앞의 논문, 1면. 우리나라의 경우 금융위원회는 대부업과 연계하여 영위되던 'P2P대출'에 대해 「투자자 보호를 위한 가이드라인 마련(2017.2월)한 후, 「온라인투자연계금융업 및 이용자 보호에 관한 법률」 제정(2020.8월 시행)하였다.

이 금융기관의 금융상품을 중개·재판매하는 것을 넘어 기존의 금융상품을 자신의 플랫폼에 내재화하여 새로운 서비스 체계를 만드는 것이라고 할 수 있다.[222] 예를 들어 전자상거래 기업이 체크아웃 단계에서 구매 자금 대출 서비스를 제공하는 것이다. 이를 통해 고객은 기존에 이용하던 비금융서비스 내에서 쉽게 금융서비스를 접할 수 있다.[223] 내재화금융은 내재화결제(embedded Payments), 선구매후결제(Buy now, pay later: BNPL), 내재화대출(embedded lending), 내재화보험(embedded insurance), 내재화투자(embedded investment), 내재화은행업(embedded banking) 등의 유형으로 구분할 수 있다.[224] 내재화금융의 참여자로는 비금융기업(Container or Brand), 금융기관(Provider), 중개자(Enabler)인 핀테크기업 등이 있다.[225] 그 구조는 i) 고객과 접점을 가진 비금융기업은 금융기관이 개발한 금융상품을 고객에게 제공하며, ii) 금융감독당국으로부터 인허가를 받은 금융기관은 금융상품을 개발하는 역할을 하며, iii) 조성자는 금융기관과 비금융기업의 중간에서 상호 연결[226]하는 역할을 수행하며, 주로 금융기술기업(FinTech)이 해당한다.[227] 일부 내재화금융 구조에서는 비금융기업이 금융기술기업의 조성자 없이 고객에게 직접 서비스를 제공하는 경우도 있다.[228]

내재화금융은 고객들이 기존에 이용하던 비금융서비스 내에서 금융서비스를 쉽게 접할 수 있게 함으로써 금융포용에 기여한다.[229] 대규모 고객

---

221) Ohnishi, M. (2021). Ohnishi M. New digital financial services offer the prospect of high customer retention-expectations for the growing trend of Embedded Finance-, Mitsui & Co. Global Strategic Studies Institute Monthly Report, p. 2.

222) 권태율·고동원(2023), "내재화금융(Embedded Finance)에 대한 규제상 주요 과제", 성균관법학 제35권 제3호, 70-71면.

223) Ohnishi, M. (2021). Ibid.

224) 권태율·고동원(2023), 앞의 논문, 74면.

225) 권태율·고동원(2023), 앞의 논문, 72면.

226) 주로 API(Application Programming Interface)를 통해 이루어진다. API는 운영체제와 응용프로그램 사이 통신에 사용되는 언어나 메시지의 형식을 말한다. 손재희, "임베디드 보험 사업모델의 이해", KIRI 리포트 포커스, 2022. 8, 4면.

227) Ohnishi M.(2021) Ibid, p. 2.

228) Deloitte (2022). Embedded Finance Strategic regulatory considerations for financial services firms, Center for Regulatory Strategy EMEA, p. 7.

229) Ohnishi, M. (2021). Ibid. p.2

을 이미 보유하는 비금융기업은 기존의 사업을 영위하면서 앱을 통해 금융상품을 제공함으로써 이용자의 편의성을 높일 수 있다.[230] 금융기관도 비금융기업을 통하여 고객을 확보하게 됨으로써 추가 수익을 확보할 수 있으며, 고객과의 접점을 확대할 수 있다. 또한 중간 연결 역할을 하는 금융기술기업은 금융서비스 부분을 플랫폼에 통합함으로써 새로운 수익을 창출할 수 있다.[231] 내재화금융을 통해 비금융기업은 금융서비스를 제공하는데 필요한 인허가를 직접 받지 않고 금융서비스를 고객에게 제공할 수 있고, 내재화금융 참가 기업들은 내재화금융을 통해 축적된 소비자의 구매 행동과 유형에 대한 정보를 수집하여 시장에서 경쟁 우위를 가질 수 있다는 장점이 있다.[232]

예를 들어 내재화대출(embedded lending)은 비금융기업이 대출 업무를 제공하거나 온라인 플랫폼에서 대출 업무가 제공한다.[233] 내재화대출 업무의 주요 고객은 일반 소비자뿐만 아니라 기업, 특히 은행으로부터 대출을 받지 못하는 중소기업이다. 예를 들어, 세계 최대 규모의 온라인 전자상거래를 운영하는 이베이(ebay)는 영국에서 2021년 5월부터 'Capital for eBay Business Sellers (CEBS)'라는 중소기업대출 업무를 시작하였으며, 금융기술기업인 YouLend와 제휴를 통해 대출 업무를 제공하고 있다.[234] 우리나라의 경우 ㈜네이버파이낸셜은 2020년 말 ㈜미래에셋캐피탈 및 우리은행과 협업해 온라인 '스마트스토어 사업자 대출 상품'을 제공하고 있다.[235]

---

230) Prachi Pandey (2023), Embedded Finance: Meaning, Examples, Advantages, and more," SaBPaisa [https://sabpaisa.in/blog/embedded-finance/](2024. 8.11.검색).
231) Ozili, P. K.(2022). Embedded finance: assessing the benefits, use case, challenges and interest over time. Journal of Internet and Digital Economics, Vol. No. 2, p. 113.
232) Ozili, P. K.(2022). p. 114.
233) KPMG(2022), Embedded Finance - Partnering platform for success, KPMG in Singapore, p. 4
234) Youlend(2021). Announcing Capital for eBay Business Sellers provided by YouLend. [https:// youlend.com/ blog/announcing-capital-for-ebay-business-sellers-provided-by-youlend](2024. 8.11.검색).
235) ㈜네이버파이낸셜은 금융기관을 통한 중개 방식으로 사업자대출상품을 취급하고 있다. ㈜네이버파이낸셜의 대출중개 업무는 금융소비자보호법에 따른 금융상품판매대리·

이런 경우 핀테크 업체는 사업자의 판매 소득을 근거로 기존의 신용이력이 충분하지 않은 판매업자에도 신용을 제공할 수 있게 된다. 또한 이러한 경우 플랫폼을 통해 금융기관을 별도로 방문할 필요 없이 필요한 자금을 조달할 수 있게 되어 금융서비스에 대한 접근성이 크게 향상된다.[236]

이외에도 내재화결제, 선구매후결제, 내재화보험 등을 통하여 이용자의 금융접근성을 혁신적으로 제고할 수 있다는 반면 내재화금융은 다양한 참여자의 서비스가 결합된 형태이므로 기존의 금융 규제와 충돌하거나 공백이 발생할 수 있는 문제가 있다.[237] 또한 플랫폼에서 이루어지는 행위가 광고, 정보 제공, 중개 중 어디에 해당하는지 구분이 쉽지 않을 수 있으며, 법규 위반에 대한 책임을 누가 지는지 모호해질 수 있는 문제점도 있다는 점에 유의할 필요가 있다.[238] 내재화금융을 통한 소비자 편의 제고 및 금융포용 확대에 대한 긍정적 효과도 있지만 소비자 보호 및 거대 정보기술 기업의 독과점 등의 부작용에 대한 우려도 없지 않다.[239] 따라서 이러한 부작용을 최소화하면서 금융혁신과 함께 금융포용을 확대하는 방안을 모색할 필요가 있다.

4. 선구매후결제 서비스(BNPL, Buy Now Pay Later)

선구매후결제 서비스(BNPL, Buy Now, Pay Later)는 최근 전 세계적으로 빠르게 확산되고 있는 소비자 금융서비스이다.[240] 선구매후결제는 북유럽과 호주 등에서 먼저 도입되어 미국과 영국 등에도 확산된 후 전 세

중개업 등록을 통해(법 제2조 제2항, 제3항) 은행 등 금융기관의 대출상품을 중개해주는 방식이다. 권태율·고동원, 앞의 논문, 81-82면.

236) Liu, F., Wei, Y., & Zhang, S. (2024). Ibid.
237) Ozili, P. K.(2022). Ibid., p.114.
238) Ozili, P. K.(2022). Ibid., p.114.
239) 권태율·고동원(2023), 105면.
240) Johnson, D., Rodwell, J., & Hendry, T. (2021). Analyzing the impacts of financial services regulation to make the case that buy-now-pay-later regulation is failing. Sustainability, 13(4), Article 1992. pp.1-19.

계적으로 빠른 성장을 보인다.[241] 스웨덴의 클라나(Klarna), 미국의 어펌(Affirm), 호주의 애프터페이(Afterpay) 등이 대표적이다.[242] 해외에서는 'BNPL'(Buy Now, Pay Later)로 불리는데, 우리나라의 경우「전자금융거래법」에 따른 '선불전자지급수단 발행·관리업자'가 영위하고 있다. 선구매후결제업은 각 나라마다 사업 유형이 다르지만, 가장 공통되는 형태는 3자(소비자-판매자-선구매후결제업자) 사이에서 소비자는 물품이나 용역 구매 당시에 대금을 지급하지 않고 일정 기간에 걸쳐 무이자로 구매 대금을 선구매후결제업자에게 분할 상환하며, 판매자는 선구매후결제업자로부터 판매 대금을 지급받는 형태로 신용 기반의 후불형 지급결제의 한 형태라고 할 수 있다.[243]

　　선구매후결제는 일반적으로 ① 이용 한도 및 지급 기간이 신용카드에 비하여 제한적이고(예를 들어, 월 일정 금액 이내 등 소액이다), ② 신용평가 절차가 없으며(대신 비금융정보를 활용한 대안적 신용평가 방법 또는 알고리즘을 이용하여 소비자의 재정 상황이나 자격을 평가하는 방법 등이 활용된다), ③ 소비자에게 무이자로 서비스가 제공되는 것을 특징으로 한다.[244]

　　선구매후결제업의 경우 이자가 부과되지 않는 장점과 앱을 통해 이용자가 접근하기가 쉬우며, 저신용자나 젊은 층 등 금융이력이 부족한 사람(Thin filer)도 신용공여를 쉽게 받을 수 있다는 장점이 있다.[245] 선구매후결제는 저신용 고객층과 금융 소외계층에게 신용 접근성을 높여주고, 다양한 금융 선택지를 제공함으로써 금융포용을 촉진하는 중요한 도구이다. 그러나 이용 조건에 대한 충분한 설명 부족, 분쟁 해결의 어려움, 저신용

---

241) 이정은(2022), "해외 BNPL 시장 동향 및 감독당국의 대응", 자본시장포커스 2021-05호, 자본 시장연구원, 2022, 1면.
242) Matthew Lynch(2023), What Are Affirm, Afterpay, Klarna, and PayPal Pay in 4? How 'Buy Now, Pay Later' Plans Work [https://www.cnet.com/personal-finance/loans/affirm-klarna -afterpay-and-more-buy-now-pay-later-plans-explained/](2024.8.11.검색).
243) 권태율·고동원(2023), 76-77면.
244) 이수환(2022), "전자금융업자의 후불결제 규제시 고려사항 - 소비자 보호 및 부채 관리를 중심으로 -," 이슈와 논점 제2008호, 국회입법조사처, 2면.
245) 권태율·고동원(2023), 100면

자에 대한 과도한 신용공여 발생 가능성 등의 잠재적인 문제점도 존재한다.[246] 따라서 선구매후결제(BNPL) 서비스의 건전한 발전을 위해서는 적절한 규제와 소비자 보호 장치가 필요하다.

5. 중앙은행 디지털화폐(CBDC, Central Bank Digital Currency)

중앙은행 디지털화폐(Central Bank Digital Currency, 이하 CBDC)는 중앙은행이 발행하는 디지털 형태의 법정화폐로 금융포용을 촉진하는데 기여할 수 있다.[247] 최근 BIS(Bank for International Settlement)의 설문조사[248]에 따르면 2023년 말 기준으로 86개국 중앙은행 중 94%의 중앙은행들이 기관용(wholesale) 혹은 범용(retail) CBDC에 대한 연구·개발과 실험을 진행하고 있다.[249] 다만, 선진국과 신흥시장국의 경우 CBDC의 경우 도입하려는 목적이 다르다. 범용 CBDC의 도입 동기로는 신흥시장국의 경우 대부분 금융포용 목적을 위해 도입하는 반면, 선진국들은 중앙은행의 통화 주권을 보장하기 위한 것으로 나타나고 있다.[250] 이에 따라 금융인프라가 발달하지 못한 신흥시장국 중앙은행들은 범용 CBDC 설계시 금융포용 차원에서의 프로그램 가능성(programmability)을 중시한다.[251] 한편,

---

246) CFPB(2022), "Buy Now, Pay Later: Market trends and consumer impacts", 2022. 9. [https://s3.amazonaws.com/files.consumerfinance.gov/f/documents/cfpb_buy-now-pay-later-market-trends-consumer-impacts_report_2022-09.pdf](2024.8.11.검색); 안태준(2022), "핀테크업체의 새로운 신용 기반 지급결제방법으로서의 후불결제(BNPL)서비스에 대한 연구", 상사법연구 제41권 제4호, 한국상사법학회, 85면.

247) Sunday, O., & James, A. (2023). Ibid.

248) Di Iorio, A., Kosse, A., & Mattei, I. (2024). Embracing diversity, advancing together - results of the 2023 BIS survey on central bank digital currencies and crypto. BIS Papers No 147. p.3.

249) CBDC는 도입 목적 및 범용성에 따라 금융기관 간의 대규모 지급결제에 사용되는 금융기관용 CBDC(wholesale CBDC)와 모든 경제주체가 이용할 수 있는 범용 CBDC(retail CBDC)로 구분할 수 있다. 권태율(2021), "중앙은행전자화폐에 관한 법적 연구", 성균관대학교 박사학위 논문, 34면.

250) OMIFF(2023), Future of Payments 2023 p.8. 한편, 선진국의 경우 기관용 CBDC에 대한 개념증명 실험과 파일럿 프로그램을 운용 중인 중앙은행의 비율이 각각 81%(2022년 60%) 및 33%(2022년 10%)에 달하는 등 기관용 CBDC에 대한 관심이 크게 증가하고 있다. 이명활(2024), "BIS의 2023년 CBDC 설문조사 주요 내용 및 시사점", 금융브리프 33권 16호, 15면.

우리나라의 경우도 2021년부터 범용 CBDC를 중심으로 다각적인 연구 및 실험을 해왔으나, 2023년 10월부터는 기관용 CBDC를 중심으로 한 CBDC 활용성 테스트에 집중하고 있다.[252]

[표 41] CBDC의 유형 및 구분사례

구 분	주요 사례
기관용 CBDC (whole sale CBDC)	Project Jasper(캐나다) Project Ubin(싱가포르) Project Stella(일본, 유럽연합) Project Agorá(한국, 추진예정)
범용 CBDC (retail CBDC)	E-Naira (나이지리아, 2021.10월) Sand Dollar (바하마, 2020.10월) Bakong (캄보디아, 2020.10월) 전자위안화(중국) e-krona (스웨덴)

출처 : 권태율(2021), 36면

[그림 23] 국가별 CBDC의 도입 동기

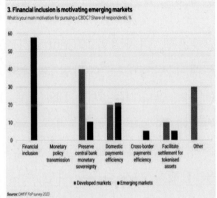

출처 : OMIFF(2023), p.8.

CBDC는 은행 계좌에 접근이 제한되고 지급결제시스템 발달이 늦은 신흥시장국 등에서 은행 서비스에 접근하기 어려운 계층에게 금융서비스를 제공할 수 있으며, 아울러 화폐관리 비용도 줄일 수 있는 장점이 있다.[253] CBDC는 은행 계좌가 없어도 스마트폰 등을 전자지갑을 통하여 결제 및 송금 등의 기본적인 금융서비스에 접근할 수 있게 한다.[254] CBDC는 거래 비용과 시간을 절감하여 중앙은행 입장에서는 실물 화폐 유통 및 보관비용을 줄일 수 있고, 영세 기업이나 저소득 가구는 더 저렴하게 금융서비스를 이용할 수 있게 한다.[255] 나아가, CBDC는 거래의 투명성과 보안성을 높여 사기 및 자금 세탁 등의 위험을 줄일 수 있다. 이는 금융 시스템에 대한 신뢰도를 높여 금융포용을 촉진하는데 기여한다.[256]

251) 이명활(2024), 앞의 논문, 16면.
252) 이명활(2024), 앞의 논문, 17면.
253) 권태율(2021), 앞의 논문, 2면.
254) Sunday, O., & James, A. (2023). Ibid.
255) Andolfatto, D. (2020). Assessing the impact of central bank digital currency on private banks. Federal Reserve Bank of St. Louis Working Paper, 2018-026.

이러한 사례로는 바하마의 샌드달러,[257) 나이지리아의 eNaira[258)를 예로 들 수 있다. 2020년 10월에 바하마 중앙은행은 세계 최초로 CBDC인 샌드 달러(Sand Dollar)를 도입하였다.[259) 바하마 중앙은행은 군도로 이루어진 국토의 지리적 특성으로 인해 국민의 금융 접근성이 떨어지는 등 금융서 비스 개선 차원에서 샌드달러 도입하였다.[260) 섬으로 이루어진 지리적 환경과 낮은 인구 밀도 등으로 은행 지점이 없는 곳이 많아 주민들이 은행을 이용하기 어렵고, 현금 이용 비중이 높아 현금 유통에 큰 비용이 소요되었다.[261) 바하마 정부는 샌드달러를 통해 원격지 주민, 노인, 장애인 등 금융서비스 이용이 어려웠던 계층의 금융포용 향상과 함께 수수료 절감으로 인한 저렴한 송금 서비스 제공을 기대하였다. 그러나 2023년 말 기준 샌드달러는 바하마 전체 통화 순환량의 1% 미만에 불과하여 금융포용 제고 효과에 실질적으로 기여하지 못하고 있다.[262) 주요 원인으로는 디지털 사용에 대한 사용자 경험 부족, CBDC에 대한 홍보 부족, 개인정보 유출에 대한 우려 등이 지목되고 있다.[263)

나이지리아는 2021년 10월 eNaira를 도입하였다. 금융포용 촉진을 포함하여 복원력이 높은 결제시스템 구축, 현금 유통에 따른 비용 절감, 일반 국민에 대한 직접적 자금 지원, 재정수입 및 세수 확대, 격지자간 송금 기능 제공, 국경 간 결제의 비용 절감 및 효율성 제고를 목적으로 도입하였

---

256) Andolfatto, D. (2020). Ibid.
257) Shafiqa, N. B., & Ali, D. H. A. (2022). The economic determinants of crime rate in 7 selected countries: A panel data analysis approach. Asian Journal of Empirical Research, 12(1),pp. 44-53.
258) Kesavaraj, S.V., Mukund Jakhiya, C., & Nisha Bhandari, C. (2022). A Study on Upcoming Central Bank Digital Currency: Opportunities, Obstacles, and Potential FinTech Solutions using Cryptography in the Indian Scenario. 2022 13th International Conference on Computing Communication and Networking Technologies (ICCCNT), pp.1-10.
259) Shafiqa, N. B., & Ali, D. H. A. (2022). Ibid.
260) Central Bank of the Bahamas(2019), "Project Sand Dollar: A Bahamas Payments System Modernisation Initiative", pp.27-28.
261) Central Bank of the Bahamas(2019), Ibid., pp. 8-9.
262) Nguyen, T. M. (2024). Central bank digital currency: Lessons learnt from the Sand Dollar. International Journal of Application on Economics and Business, 2(2), p.3841.
263) 권태율(2021), 앞의 논문, 97면.

다.[264] 그러나 샌드달러와 같이 크게 활성화되고 있지 않은데 그 이유로는 낮은 인터넷 보급율 및 전력 부족 등 인프라 부족이 원인으로 지적되고 있다.[265]

이러한 점으로부터 두 국가의 경우 CBDC 도입이 금융포용에 미친 실질적인 영향은 아직까지 제한적이라고 평가할 수 있다.[266] 앞에서 살펴본 바와 같이 주요 장애 요인으로는 해당 국가의 디지털 인프라와 금융 이해력(literacy) 부족 등이 지적되고 있다.[267] CBDC가 금융포용에 실질적으로 기여하기 위해서는 정부와 민간 부문의 협력이 필요하며, 기술적 인프라와 교육 프로그램의 강화할 필요가 있을 것이다.[268]

6. 블록체인 기술과 탈중앙화 금융(Defi)

탈중앙화 금융(DeFi, Decentralized Finance)은 암호자산 등 블록체인 기술을 활용하여 전통적인 금융 시스템을 대체 또는 보완하는 새로운 금융 환경을 제공한다. DeFi는 금융서비스에 대한 접근성을 높이고, 금융기관 등 중개인을 거치지 않아 투명성과 효율성을 개선하는 데 기여할 수 있다. 탈중앙화 금융은 다음과 같은 점에서 금융포용(financial inclusion) 측면에서 중요한 의미를 가진다.[269]

---

264) Central bank of Nigeria(2021), Design paper for the eNaira, p. 5.
265) 나이지리아의 인터넷 보급률은 2023년 기준 55.4%로 전 세계 평균 66.2%에 비해 낮은 수준이며, 인구 2억 명 중 약 9,200만 명이 전기를 사용하지 못하고 있어 전 세계에서 전기 접근율이 낮은 국가 중 하나이다. Idisi, P. O., Adeagbo, B. A., Idiege, C. J., Isah, H., Simpa, J. O., & Atteh, P. A. (2024). Evaluating the evolution, implementation, and future prospects of central bank-based digital currencies: A case study of Nigeria's e-Naira. World Journal of Advanced Research and Reviews, 22(03), p.2025.
266) Yingyun, C. (2023). The impact of China's central bank digital currency on domestic commercial banks. In A. J. Tallón-Ballesteros & P. Santana-Morales (Eds.), Digitalization and management innovation, pp.209-220.
267) Idisi, P. O., Adeagbo, B. A., Idiege, C. J., Isah, H., Simpa, J. O., & Atteh, P. A. (2024). Ibid, p.2026.
268) Ibid.
269) Chung, S., Kim, K., Lee, C.H., & Oh, W. (2023). Interdependence between online peer-to-peer lending and cryptocurrency markets and its effects on financial inclusion. Production and Operations Management, 32, pp 1939 - 1957.; González, L.

DeFi는 앞에서 살펴본 모바일 결제, 내재화금융 등과 같이 인터넷 연결 만으로 전 세계 어디서나 금융서비스에 접근할 수 있도록 할 수 있어 전통적인 금융 시스템에 접근하기 어려운 지역이나 금융소외 계층에게 혜택을 제공한다. 또한 금융기관 등 중개자를 제거함으로써 거래 비용을 절감할 수 있다. 이는 소액 거래나 국경 간 송금에 있어서도 경제성이 있어 저소득층이 금융서비스를 더 쉽게 이용할 수 있게 합니다. DeFi는 암호자산을 기초로 하여 대출, 예금, 보험 등 다양한 금융상품을 제공한다. 이러한 서비스는 사용자 맞춤형으로 설계될 수 있어, 개인의 필요에 맞는 금융 솔루션을 제공할 수 있다. 또한 블록체인 기술을 기반으로 한 DeFi는 거래 내역이 투명하게 공개되며 보안성이 뛰어나 금융서비스에 대한 신뢰를 높이는 데 기여한다. Defi의 대표적 사례로는 Celo, Compound, Bloom 등이 있다.

Celo는 모바일 사용자를 위한 블록체인 플랫폼으로, 전 세계의 금융소외 계층에게 금융서비스를 제공하는 것을 목표로 한다.[270] Celo는 사용자의 전화번호나 이메일을 공개키로 사용하는 주소 기반 암호화 방식을 채택하여, 사용자는 수신자의 전화번호만 사용하여 암호자산 거래를 수행한다.[271] Compound는 이더리움 블록체인 위에서 운영되는 탈중앙화 대출 플랫폼이다.[272] 사용자는 자신의 암호자산을 담보로 대출을 받을 수 있으며, 담보 자산에 대한 이자를 받을 수 있다. 이러한 플랫폼은 전통적인 신용평가가 어려운 사용자에도 금융서비스를 제공한다.[273] Bloom은 블록체인에 기록된 사용자의 금융거래 내역을 바탕으로 대안적 신용평가를 제공하여 기존 신용평가 시스템에서 소외되었던 계층에게 새로운 금융 기회를 제공한다.[274]

(2018). Blockchain, Herding and Trust in Peer-to-Peer Lending. Managerial Finance, Vol. 46 No. 6, pp.815-831.
270) Celo. Build together and prosper. [https://celo.org/] (2024.8.11.검색)
271) Ibid.
272) Compund. Try Compound - Community-built interfaces integrating the protocol [https:// compound.finance/] (2024.8.11.검색)
273) Ibid.
274) Bloom. Privacy-first global identity. [https://bloom.co/] (2024.8.11.검색)

그러나 Defi는 규제 문제, 기술적 복잡성 등이 어려움이 지적되고 있다. 특히, 금융당국은 DeFi 시스템의 안정성과 소비자 보호를 위한 적절한 규제 프레임워크를 개발해야 하는 과제에 직면해 있다. 이러한 과제들을 극복한다면, 블록체인은 신뢰도 높은 탈중앙화 시스템을 통해 금융인프라 진입장벽을 낮추고, 전통적인 금융 시스템에서 소외되었던 계층에게 새로운 금융 기회를 제공하며, 금융서비스의 접근성을 높이는 데 역할을 할 것으로 기대된다.[275]

7. 인공지능(AI) 및 기계학습(ML) 기술의 활용

인공지능(AI) 기술 및 기계학습 기술은 금융포용을 촉진하는 데 기여할 수 있다.[276] 인공지능(AI) 및 기계학습(ML)은 저소득층과 중소기업을 위한 금융서비스 접근성을 증대시킬 수 있는 잠재력이 있으며, 전통적인 금융기관들이 중소 규모의 차입자와 낮은 신용도를 가진 고객을 서비스하는 데 효과적이지 못한 반면, AI는 신속하고 비용 효율적으로 이들의 신용평가를 개선할 수 있다.[277]

AI 기반 사기 탐지 및 방지 시스템, 대출 승인 프로세스 자동화, AI 에이전트(챗봇) 등의 활용을 통해 금융서비스 접근성을 높이고, 금융포용을 촉진하고 있다.[278] 은행에서 AI 기반 사기 탐지 시스템을 구축하면 과거

275) Singh, A., & Johri, S. (2023). Emerging trends in fintech: Revolutionizing financial services in commerce. International Journal for Multidisciplinary Research, 5(1), pp.1-10.
276) Aloulou, M., Grati, R., Al-Qudah, A.A., & Al-Okaily, M. (2023). Does FinTech adoption increase the diffusion rate of digital financial inclusion? A study of the banking industry sector. Journal of Financial Reporting and Accounting. pp.1-19.; Vyas, V., & Jain, P. (2021). Role of digital economy and technology adoption for financial inclusion in India. Indian Growth and Development Review. pp.302-324.
277) Kshetri, N. (2021). The role of artificial intelligence in promoting financial inclusion in developing countries. Journal of Global Information Technology Management, 24(1), p.1.
278) Dash, S., Das, S., Sivasubramanian, S., Sundaram, N.K., G, H.K., & Sathish, T. (2023). Developing AI-based Fraud Detection Systems for Banking and Finance. 2023 5th International Conference on Inventive Research in Computing Applications (ICIRCA), pp. 891-897.; Chen, Q., Lu, Y., Gong, Y., & Xiong, J. (2023). Can AI

시스템 대비 사기 활동을 상당 수준 감소시킬 수 있다.279) AI를 활용해 대출 승인 프로세스를 자동화하면 대출 심사 시간을 크게 단축할 수 있다.280) 나아가 AI 에이전트는 실시간 고객 상담, 반복 업무 자동화, 개인화된 금융 상담 등을 수행하는데281) 인종, 성별 등에 구애받지 않고 공정한 응대가 가능하며, 상담의 시간적 제약을 받지 않는다는 점에서 금융 접근성 제고에 도움이 된다.282)

인공지능 및 기계학습은 투자 포트폴리오 최적화, 공정한 대출 심사, 정교한 리스크 평가 등을 지원해 금융서비스의 형평성을 높이며,283) 인공지능 기반 자동 재무 조언은 저소득층에도 전문적인 금융 상담을 제공할 수 있

chatbots help retain customers? Impact of AI service quality on customer loyalty. Internet Res., 33, pp.2205-2243.

279) 웰스 파고는 AI 기반 대출 승인 시스템을 도입하여 대출 심사 시간을 기존의 2주에서 2일로 단축하였다. JP모건 체이스는 AI 기반 사기 탐지 시스템을 도입하여 사기 거래를 50% 이상 감소시켰다. 이는 금융 시스템의 안정성을 높이고, 고객의 신뢰를 확보하는 데 큰 기여를 하였다. Dash, S., Das, S., Sivasubramanian, S., Sundaram, N.K., G, H.K., & Sathish, T. (2023). Ibid., pp.891-897.; Hanae, A., Gahi, Y., & Mendili, S.E. (2023). Analysis of Banking Fraud Detection Methods through Machine Learning Strategies in the Era of Digital Transactions. 2023 7th IEEE Congress on Information Science and Technology (CiSt), pp.105-110.

280) Krishnaraj, P., Rita, S., & Jaiswal, J. (2023). Comparing machine learning techniques for loan approval prediction. In IACIDS 2023: Proceedings of the 2023 International Conference on Advanced Intelligent Computing and Data Science, pp. 1-12.; Kadam, E., Gupta, A., Jagtap, S., Dubey, I., & Tawde, G. (2023). Loan Approval Prediction System using Logistic Regression and CIBIL Score. 2023 4th International Conference on Electronics and Sustainable Communication Systems (ICESC), pp.1317-1321.

281) Chen, Q., Lu, Y., Gong, Y., & Xiong, J. (2023). Can AI chatbots help retain customers? Impact of AI service quality on customer loyalty. Internet Res., 33, pp.2205-2243.

282) 뱅크 오브 아메리카는 AI 챗봇인 에리카를 도입하여 고객의 금융 상담을 지원하고 있다. 에리카는 24시간 실시간 상담을 제공하며, 고객의 문의를 신속하게 처리하여 금융서비스 접근성을 높이고 있다. Coman, D. M., State, V., Voinea, M. C., & Cucui, G. (2023). Impacts of chatbots on the accounting service industry. AGORA International Journal of Economical Sciences, 1, pp.1-13.; Prakash, A.V., Joshi, A., Nim, S., & Das, S. (2023). Determinants and consequences of trust in AI-based customer service chatbots. The Service Industries Journal, 43, pp.642-675.

283) Karthika, R., Anburaj, A., & Raja, S. (2023). Artificial intelligence in investment management, asset management and warehouse management. i-manager's Journal on Data Science & Big Data Analytics.; Saito, M., & Hogen, Y. (2014). Portfolio Rebalancing Following the Bank of Japan's Government Bond Purchases: Empirical Analysis Using Data on Bank Loans and Investment Flows. Research Papers in Economics.

어 금융포용을 더욱 촉진할 수 있다. 블랙록(BlackRock)은 인공지능을 활용한 투자 관리 시스템을 도입하여 고객의 투자 포트폴리오를 최적화하고 있다.[284] 인공지능 및 기계학습은 투자 관리, 대출 심사, 리스크 평가 등 다양한 영역에서 AI가 금융서비스의 형평성을 높이고 있다.[285] 향후 AI 기술의 발전으로 금융포용에 대한 기여도가 점점 더 높아질 것으로 기대된다.

8. 핀테크를 활용한 금융이해력 제고

S&P Global FinLit 설문조사에 따르면, 전 세계 성인의 43%가 금융 이해력이 부족하다고 조사되었다.[286] 이 조사는 140여 개국의 15만 명 이상을 대상으로 이자율, 인플레이션, 위험 분산 등 기본 금융개념에 대한 지식을 측정했다. G7 국가 중에서는 이탈리아가 37%로 가장 낮고 캐나다가 68%로 가장 높았다.[287] 전통적인 금융교육은 복잡한 이론에 중점을 두는 데다 많은 사람들이 은행 서비스 및 금융 교육에 대한 접근성이 부족하여 금융 지식에 대한 장벽이 존재한다.[288] 이러한 문제를 해결하기 위해 핀테크 기술을 활용한 새로운 금융교육 방식이 등장하고 있다.[289]

---

284) Ghosh, S. (2022). Gender and financial inclusion: does technology make a difference? Gender, Technology and Development, 26, pp. 195 - 213.; Aloulou, M., Grati, R., Al-Qudah, A.A., & Al-Okaily, M. (2023). Does FinTech adoption increase the diffusion rate of digital financial inclusion? A study of the banking industry sector. Journal of Financial Reporting and Accounting

285) Karthika, R., Anburaj, A., & Raja, S. (2023). Ibid. ; Saito, M., & Hogen, Y. (2014). Portfolio Rebalancing Following the Bank of Japan's Government Bond Purchases: Empirical Analysis Using Data on Bank Loans and Investment Flows. Research Papers in Economics.

286) S&P Global. (2015). Two-Thirds of Adults Worldwide Are Not Financially Literate and Significant Gender Gap Exists, Finds Global Study. [https://press.spglobal.com/2015-11-18-Two-Thirds-of-Adults-Worldwide-Are-Not-Financially-Literate-and-Significant-Gender-Gap-Exists-Finds-Global-Study](2024.8.11.검색)

287) Ibid.

288) Murta, F. S., & Gama, P. M. (2022). Does financial literacy "grease the wheels" of the loans market? A note. Studies in Economics and Finance.

289) Singh, M., & Redd, S. K. (2024). A study on the impact of fintech on customer experience. International Journal of Scientific Research in Engineering and Management (IJSREM), 8(6).; Callaway, J. (2019). FinTech Disruption. The Disruptive

이에 대하여 핀테크를 활용한 금융교육은 모바일 앱을 통해 쉽게 접근할 수 있으며, 게임화 등을 통해 복잡한 금융 개념을 더욱 쉽게 이해하도록 도와준다.290) 이러한 접근법은 금융교육의 효과성을 높이고, 더 많은 사람들이 금융 지식을 습득할 수 있도록 기여할 것으로 기대된다.291)

이러한 사례로는 캐나다의 Borrowell, Embark 및 미국의 Ramp 등이 있다. Borrowell은 주간 무료 신용 점수 및 보고서 모니터링, 개인화된 금융 상품 추천 및 신용 교육을 제공하며, AI 기반 신용 코치는 사용자의 신용을 이해하고 개선할 수 있도록 지원한다.292) Embark는 교육비용 절감 및 계획을 도와주는 회사로 Registered Education Savings Plan(RESP)을 통해 부모가 자녀의 교육비를 저축할 수 있도록 지원한다.293) Ramp는 중소기업(SMB)에 지출 관리 솔루션, 법인 카드, 지급 계정 서비스를 제공한다. 자동화 기능을 통해 비용을 관리하고, 지출을 통제하며, 재무 운영을 최적화하도록 도와준다.294)

기술을 활용한 접근성 향상과 이해하기 쉬운 교육 방식은 많은 사람들이 금융 지식을 습득하고, 이를 통해 더 나은 결정을 내릴 수 있도록 도와줄 것이다. 핀테크를 활용한 금융교육은 금융이해력 부족 문제를 해결하기 위해 중요한 역할을 할 것으로 기대된다.295)

Impact of FinTech on Retirement Systems.

290) Malik, A. (2023). Assessing the Effectiveness of Financial Literacy Mobile Apps Using the Content Analysis Approach. International Journal of Interactive Mobile Technologies (iJIM), 17(23), pp. 68-84.; Liew, L.T., Jaya, N., & Rahman, S.S. (2018). The Effectiveness of Gamification in Finance Education.

291) Hamid, A., Widjaja, W., Sutrisno, S., Napu, F., & Sipayung, B. (2024). The role of fintech on enhancing financial literacy and inclusive financial management in MSMEs. TECHNOVATE: Journal of Information Technology and Strategic Innovation Management, 1(2), pp.81-88.; Rahman, S. U., Nguyen-Viet, B., Nguyen, Y. T. H., & Kamran, S. (2024). Promoting fintech: Driving developing country consumers' mobile wallet use through gamification and trust. International Journal of Bank Marketing, 42(5), pp.841-869.

292) Borrowell. Start With Your Free Credit Report. [https://borrowell.com/](2024.8.11.검색)

293) Embark. Your Child's Tomorrow Starts Now. [https://www.embark.ca/](2024.8.11.검색)

294) Ramp. Spending made smarter. [https://ramp.com/](2024.8.11.검색)

295) Hamid, A., Widjaja, W., Sutrisno, S., Napu, F., & Sipayung, B. (2024). The role of

Ⅳ. 금융포용성 제고를 위한 핀테크의 이슈와 개선 방안

1. 개관

디지털 기술 발전에 따라 핀테크는 금융서비스의 접근성을 높이고, 금융포용성을 증진하는 데 중요한 역할을 하고 있다.[296] 앞에서 살펴본 바와 같이 모바일 결제, P2P 대출, 내재화금융, BNPL 등의 다양한 유형들이 금융포용을 촉진하고 있다.[297] 그러나 핀테크가 금융포용성을 높이는 데에는 여러 가지 한계와 도전 과제가 존재합니다. 이러한 도전 과제를 극복하기 위해서는 다양한 방안과 전략이 필요하다.

2. 디지털 격차 및 인프라 개선

핀테크 서비스는 주로 디지털 기기와 인터넷 접근이 가능한 사람들을 대상으로 한다.[298] 디지털 인프라는 디지털 상품, 제품 및 서비스를 제공하는 데 필요한 전체 물리적 및 소프트웨어를 말하며, 통신 네트워크, 데이터 센터, 클라우드 컴퓨팅 시설, 그리고 이를 지원하는 소프트웨어, 운영체제 및 인력 등을 한다.[299] 이러한 요소들은 서로 연결되어 디지털 서비스의 기반을 형성한다. 저소득층이나 개발도상국에서는 여전히 이러한 디지털 인프라가 부족하여 디지털 기술발전 혜택을 누리지 못하는 경우가 많다.[300] 디지털 인프라는 핀테크의 보급을 촉진하고 금융서비스의 접근

---

fintech on enhancing financial literacy and inclusive financial management in MSMEs. TECHNOVATE: Journal of Information Technology and Strategic Innovation Management, 1(2), pp.81-88.

296) Bajpai, D.A. (2024). How Digital Finance and Fintech Can Improve Financial Inclusion? International Journal of Advanced Research in Science, Communication and Technology.

297) Singh, A., & Sharma, L. M. (2023). Ibid.

298) Oxford Analytica (2018). Digitalisation will divide and drive economic progress, Expert Briefings.

299) SDA. Definition for Digital infrastructure. [https://sdialliance.org/dictionary/digital-infrastructure/] (2024.8.11.검색)

성을 높이는 데 필수적 역할을 한다.301) 예를 들어, 인터넷 연결이 원활하지 않거나 스마트폰 보급률이 낮은 지역에서는 모바일 결제와 같은 핀테크 서비스의 사용이 제한적일 수밖에 없다.

이러한 디지털 인프라 격차를 해소하기 위해서는 정부와 민간 부문의 협력이 필요하다.302) 정부는 디지털 인프라를 강화하고, 저소득층과 개발도상국 주민들에게 디지털 기기와 인터넷 접근을 제공하기 위한 정책을 마련할 필요가 있다. 한편, 민간 기업은 저렴한 가격으로 디지털 기기와 금융서비스를 제공하는 방안을 모색해야 한다. 은행 절차 간소화를 통해 금융서비스 이용 중 발생할 수 있는 불편을 줄일 수 있으며, 예금 및 디지털 지급결제 지원을 통해 금융서비스의 접근성을 높일 수 있다. 통신사들은 저소득층을 대상으로 한 특별 요금제를 도입할 수 있을 것이다. 나아가 정부는 샌드박스와 같은 유연한 규제 체계를 도입하여 금융기술 혁신, 특히 금융기술 분야의 혁신을 장려할 수 있다. 나아가 정부는 행정 절차를 간소화하고 투명성과 법적 안정성을 촉진함으로써 비즈니스 환경을 개선할 수 있을 것이다.303)

3. 금융이해도 제고를 위한 금융교육

핀테크 서비스를 효과적으로 이용하기 위해서는 일정 수준의 금융이해도가 필요하다. 최근 연구에 따르면 새로운 기술이나 금융상품에 대한 이해가 부족하여 이에 따라 어려움을 겪고 있다는 것이 밝혀졌다.304) 특히, 디지털 금융서비스의 확산으로 인해 데이터 보안 및 디지털 금융상품에 대한 교육 필요성이 더욱 증가하고 있다.305) 이러한 상황에서 금융이해도

---

300) Oxford Analytica (2018). Ibid.
301) Ayayi, A., & Dout, H. (2024). The dynamics of the financial inclusion index for developing countries: lessons learned. Journal of Financial Economic Policy.
302) Ayayi, A., & Dout, H. (2024). Ibid.
303) Ayayi, A., & Dout, H. (2024). Ibid.
304) Wang, Q., Niu, G., Zhou, Y., & Gan, X. (2020). Education and FinTech Adoption: Evidence from China. Household Finance eJournal.
305) Tabassum, T., & Ali, M.M. (2024). Financial Literacy in the Age of Digital Finance:

교육이 금융포용성을 높이는 데 중요한 역할을 한다는 사실이 부각되고 있다.306) 금융이해도가 높은 개인은 금융상품과 서비스를 효과적으로 이용할 수 있으며, 이는 가계 자산의 효율적 배분과 금융포용 수준 향상으로 이어질 수 있다.307) 따라서 정부와 금융기관은 체계적인 교육 프로그램을 통해 금융이해도를 강화하고, 핀테크 기

금융포용성 향상을 위해서는 종합적인 접근이 필요하며, 금융이해도 교육뿐만 아니라 디지털 인프라 구축, 규제 프레임워크 개선 등을 통해 더 많은 사람들이 안전하고 효과적으로 핀테크 서비스를 이용할 수 있도록 지원해야 한다.308)

결론적으로, 금융이해도 제고를 위한 금융교육은 핀테크 서비스의 효과적인 이용과 금융포용성 향상에 필수적인 요소이다. 이를 위해 정부, 금융기관, 핀테크 기업 등 다양한 이해관계자들이 협력하여 종합적인 교육 프로그램을 개발하고 제공할 필요가 있다. 다양한 교육 방법과 도구를 활용하고, 연령층과 사회적 배경을 고려한 맞춤형 프로그램을 개발하며, 실습과 피드백을 제공하는 것이 중요하다. 또한, 지속적인 평가와 개선을 통해 금융교육의 효과를 극대화할 수 있다. 이를 통해 더 많은 사람들이 금융 이해도를 높이고, 안전하고 효과적으로 금융서비스를 이용할 수 있도록 지원해야 한다. 이러한 노력이 지속될 때 결국 사회 전반의 금융포용성을 높이는 데 기여할 것이다.

4. 법적 규제 체계 정비를 통한 투명성과 신뢰성의 제고

핀테크 기업들이 빠르게 성장하면서, 이를 감시하고 규제할 기관들이

A Global Perspective. Academic Journal on Business Administration, Innovation & Sustainability.
306) Desai, R., Bhatt, K., & Raval, A. (2023). Financial Literacy and Its Impact on Financial Inclusion: Moderating Role of Gender. The journal of wealth management.
307) Kusumawati, R., Akmalia, A., & Wardana, C. K. (2022). The impact of financial literacy and financial technology on financial inclusion in special region of Yogyakarta, Indonesia. Journal of World Science, 1(5), pp.273-283.
308) Ibid.

충분히 준비되지 않은 상황이 발생하고 있다.[309] 이에 따라 사용자들은 데이터 보안 및 개인 정보 보호에 대한 신뢰 문제를 겪을 수 있으며, 규제의 부재는 금융 시스템의 안정성을 위협할 수 있다.[310] 예를 들어, 데이터 유출 사고나 사기 사건이 발생하면 사용자들의 신뢰가 크게 흔들릴 수 있다. 인도네시아에서는 2,018건의 불법 P2P 대출, 472개의 불법 투자 회사, 69개의 불법 전당포가 보고되었으며, 2019년 12월 기준 온라인 대출 거래액이 전년 대비 259.56% 증가한 81.50조 루피아에 달했다.[311]

이러한 규제와 신뢰 문제를 해결하기 위해서는 적절한 법적 규제 체계가 필요하다.[312] 정부는 핀테크 기업들을 대상으로 한 규제와 감독을 강화하고, 데이터 보안 및 개인 정보 보호를 위한 법적 장치를 마련해야 한다.[313] 예를 들어, 핀테크 기업에게 데이터 암호화와 같은 보안 조치를 의무화할 수 있으며, 핀테크 기업은 투명성을 높이고, 사용자에게 신뢰를 제공하기 위한 보안 조치를 강화해야 한다. 예를 들어, 정기적인 보안 점검과 사용자 데이터 보호 정책을 공개할 수 있다. 금융포용을 향상시키기 위해서는 다양한 금융기관의 진입을 허용하고, 기술 혁신을 장려하며, 비용 효율적인 서비스 전달 방식을 허용하는 등 포괄적인 법적 규제 체계가 필요하다.[314] 이를 통해 공급자와의 물리적 거리, 신뢰 부족, 과도한 서류 요구 등의 장벽을 낮출 수 있다.[315] 또한, 효과적인 감독 체계를 갖추고,

---

309) Kharisma, D.B. (2020). Urgency of financial technology (Fintech) laws in Indonesia. International Journal of Law and Management.
310) Kharisma, D.B. (2020). Ibid.
311) Ibid.
312) Ibid.
313) Ibid.
314) Taylor, C., Wilson, C., Holttinen, E., & Morozova, A. (2019). Institutional arrangements for fintech regulation and supervision. International Monetary Fund. ; Rhanoui, S. (2023). Enhancing financial inclusion using fintech: Development scenario for the bank card. International Business Research, 16(5), pp.1-38.
315) Patel, A., & Satapathy, S.K. (2023). Empowering Digital Banking Services and Enhancing Financial Inclusion using Smart and Robust Fintech Software Solutions. 2023 World Conference on Communication & Computing (WCONF), pp.1-9.; Nanda, S., & Ameliana, Y. (2024). Understanding financial inclusion through fintech: A qualitative inquiry into the role of technology in shaping financial landscapes. Golden Ratio of Finance Management, 4(1), pp.14-23.

저렴하고 혁신적인 금융상품 개발을 촉진하며, 위험 기반의 단계적 자금세탁방지 요건을 활용하는 것도 중요하다.[316]

법적 규제 체계는 핀테크 기업이 혁신적인 금융서비스를 제공하는 데 필요한 환경을 조성하는 동시에, 소비자 보호와 금융 시스템의 안정성을 보장해야 한다. 또한 효과적인 감독 체계를 갖추고, 저렴하고 혁신적인 금융상품 개발을 촉진하며, 위험 기반의 단계적 자금세탁방지 요건을 활용하는 것도 중요하다.[317] 이러한 법적 규제 체계를 통해 금융 시스템의 안정성과 사용자 보호를 동시에 보장할 수 있으며, 핀테크 기업들이 안정적으로 성장하고 혁신적인 서비스를 제공할 수 있는 환경을 조성할 수 있을 것이다.

5. 기술의 복잡성

블록체인과 인공지능과 같은 핀테크의 핵심 기술들은 그 복잡성으로 인해 구현 및 유지에 상당한 비용이 소요된다.[318] 이러한 기술들은 특히 소규모 핀테크 기업이나 개발도상국에서 도입하기 어려운 측면이 있다.[319] 예를 들어, 블록체인 기술을 도입하려면 고성능 컴퓨터와 전문 인력이 필요하므로 이는 자원이 제한적인 소규모 기업이나 개발도상국에 큰 부담으로 작용할 수 있다. 기술적 복잡성을 해결하기 위해서는 기술 지원과 협력이 필수적입니다.[320] 대형 핀테크 기업이나 기술 기업은 소규모 핀테크 기업이나 개발도상국에 기술 지원을 제공하고, 협력하여 기술 도입을 용이하게 해야 한다.[321] 예를 들어, 오픈 소스 소프트웨어를 제공하거나 기

---

316) Taylor, C., Wilson, C., Holttinen, E., & Morozova, A. (2019). Institutional arrangements for fintech regulation and supervision. International Monetary Fund.
317) Ibid.
318) Chen, C. H. (2023). The role of corporate social responsibility in business performance: The moderation influence of blockchain technology. Interdisciplinary Journal of Information, Knowledge, and Management, 18, pp.387-405.; Awaliyah, T., Safitri, N., Hartaty, S., Felani, F., & Judijanto, L. (2023). The Impact of Financial Technology Innovation on Banking Service Transformation: A Case Study in the FinTech Industry. Global International Journal of Innovative Research. pp.136-143.
319) Awaliyah, T., Safitri, N., Hartaty, S., Felani, F., & Judijanto, L. (2023). Ibid.
320) Ibid.

술 워크숍을 개최하여 소규모 기업들이 최신 기술에 접근하고 학습할 기회를 제공할 수 있다. 이러한 지원은 기술적 장벽을 낮추고, 더 많은 기업들이 핀테크 혁신에 참여할 수 있도록 할 수 있을 것이다.

정부의 역할도 중요하다. 정부는 기술 연구 개발을 지원하고, 핀테크 기술의 보급을 촉진하는 정책을 마련해야 한다.[322] 예를 들어, 기술 연구 개발에 대한 세금 혜택을 제공하거나 핀테크 기술 도입을 위한 보조금을 지급할 수 있다. 이러한 정책적 지원은 기업들이 기술적 복잡성을 극복하고 혁신을 추구하는 데 필요한 환경을 조성한다. 기술적 복잡성은 보안 문제와도 밀접하게 연결되어 있습니다. 블록체인 기술의 경우, 트랜잭션의 투명성과 보안을 유지하기 위해 복잡한 암호화 알고리즘을 사용해야 한다. 따라서 보안 전문가와 협력하여 보안 취약점을 지속적으로 모니터링하고 개선하는 것이 중요하다. 아울러 기술적 복잡성을 줄이기 위해서는 지속적인 교육과 훈련이 필요하다. 직원들이 최신 기술과 트렌드를 이해하고 이를 효과적으로 활용할 수 있도록 정기적인 교육 프로그램을 마련하는 것이 중요할 것이다.

핀테크 기술의 복잡성은 혁신을 촉진하는 동시에 많은 도전 과제가 있다. 이를 극복하기 위해서는 대형 기업과 소규모 기업 간의 협력, 정부의 지원, 지속적인 교육과 훈련이 필수적이라고 할 수 있다. 이러한 노력을 통해 모든 기업이 핀테크 혁신에 참여할 수 있으며, 이는 금융서비스의 효율성과 접근성을 크게 향상시킬 수 있을 것이다.[323]

6. 불공정 경쟁 문제

핀테크 산업은 무수한 스타트업과 대형 기술 기업들이 경쟁하는 시장이다.[324] 이는 혁신을 촉진할 수 있는 환경을 제공하지만, 동시에 불공정 경쟁 문제를 야기할 수 있다. 경쟁 과정에서 자본력이나 기술력이 부족한

---

321) Ibid.
322) Ibid.
323) Awaliyah, T., Safitri, N., Hartaty, S., Felani, F., & Judijanto, L. (2023). Ibid.
324) Cojoianu, T., Peia, O., Caragea, D., Hoepner, A., Dobri, M., & Romelli, D. (2023). Competition and innovation in the financial sector: Evidence from the rise of fintech start-ups. Journal of Financial Services Research.

기업들은 시장에서 도태될 수 있으며, 이는 소비자에게 제공되는 서비스의 다양성을 저해할 수 있다.[325] 대형 기업들이 시장을 독점하면 소규모 기업들은 혁신적인 서비스를 제공하기 어려워져 시장의 불균형은 소비자에게 제공되는 서비스의 다양성을 저해하고 금융포용성 달성에 걸림돌이 될 수 있다.[326]

이에 따른 불균형을 해결하기 위해서는 공정한 경쟁 환경을 조성하는 것이 필수적이다.[327] 정부는 핀테크 산업의 공정한 경쟁을 촉진하기 위한 규제를 마련하고, 소규모 핀테크 기업들을 지원하는 정책을 마련해야 한다. 예를 들어 정부는 스타트업을 위한 금융 지원 프로그램이나 기술 지원 센터를 운영하여 소규모 핀테크 기업들의 성장을 돕고 혁신 활동을 장려할 수 있다.[328] 이러한 지원은 시장의 다양성을 유지하고 금융포용성을 증진하는 데 도움이 될 것이다.[329]

또한, 핀테크 기업들은 협력과 상생을 통해 산업 내 불균형을 해소하고, 다양한 금융서비스를 제공할 수 있어야 한다.[330] 예를 들어, 대형 기업들은 소규모 기업들과의 파트너십을 통해 상생 모델을 구축할 수 있다.

핀테크 산업의 건강한 발전을 위해서는 공정한 경쟁 환경, 적절한 규제, 정부의 지원, 그리고 기업들 간의 협력이 조화롭게 이루어져야 한다. 이러한 조치는 다양한 금융서비스를 제공하고, 궁극적으로 금융포용성을 증진할 수 있는 환경을 조성에 기여할 것이다. 이를 통해 모든 소비자들이

---

325) Xie, P., Md Kassim, A. A., Wei, M., & Abbas Helmi, R. A. (2023). The impact of blockchain adoption on financial performance in fintech firms: A review of the literature. Frontiers in Business, Economics and Management, 11(2), p. 302.

326) Hughes, H. (2021). The Complex Implications of Fintech for Financial Inclusion. LSN: Law & Finance: Theoretical (Topic).

327) Ghencea, A., Manolache, S. B., Pila, M., Liptac, A. P., & Stanciu, S. (2023). Liberalisation of competition and stimulation of the economy by granting state aid in the Republic of Moldova. In ASIQ 2023 International Conference on New Trends in Sustainable Business and Consumption, p. 487.

328) Yang, H. (2017). The UK's Fintech Industry Support Policies and its Implications. IRPN: Innovation & Finance (Topic).

329) Sierla, M. (2017). Developing business responsibility and transparency in the construction sector : from limited business opportunities to fair competition.

330) Aminah, Soewito, Erisna, N., Tarmizi, R., & Redaputri, A.P. (2020). The Role Of Fintech And Sharia Banking Industries In Increasing Economics Inclusion In Indonesia. International Journal of Scientific & Technology Research, 9, pp.979-982.

보다 나은 금융서비스를 이용할 수 있으며, 핀테크 산업은 지속 가능한 성장도 가능할 것이다.[331] 핀테크 산업의 건강한 발전을 위해서는 공정한 경쟁 환경, 적절한 규제, 정부의 지원, 그리고 기업들 간의 협력이 조화롭게 이루어져야 한다. 이를 통해 다양한 금융서비스가 제공되고, 궁극적으로 금융포용성이 증진될 수 있을 것이다.

---

331) Hughes, H. (2021). The Complex Implications of Fintech for Financial Inclusion. LSN: Law & Finance: Theoretical (Topic). p.115-128.; Mehrotra, A. (2019). Financial Inclusion Through FinTech - A Case of Lost Focus. 2019 International Conference on Automation, Computational and Technology Management (ICACTM), pp.103-107.

제3장 금융소비자보호 강화

포용금융은 소비자의 피난처,
경제 폭풍 속에서 안식의 그늘

Ⅰ. 포용금융과 금융소비자보호

1. 들어가며

포용금융은 금융소비자가 금융으로부터 배제되지 않고 금융상품 및 서비스에 접근하는 것을 목표로 하는데, 이는 모든 금융소비자가 금융 제도를 이용하고 혜택을 누리는 것으로 연결될 수 있다. 그러므로 포용금융과 금융소비자보호는 금융접근성 증대와 보호 강화라는 측면에서 서로 연결된다.

금융소비자보호가 제대로 이루어지지 않으면 금융서비스에 대한 신뢰가 하락하고 이는 포용금융을 저해할 수 있다. 반대로 포용금융이 확대될수록 금융소비자보호에 대한 중요성도 커진다. 그러므로 금융소비자보호를 위한 규제와 감독이 포용금융의 정책과 함께 달성될 때 금융시장의 공정성과 신뢰성을 증대하고 모든 금융소비자들이 금융을 누릴 수 있게 된다.

포용금융에서 금융소비자에 대한 금융역량 강화와 금융교육이 늘 함께 언급되는데 금융소비자보호에 있어서도 금융교육은 금융소비자들이 금융시장과 금융상품 및 서비스를 이해하고 올바른 의사결정을 할 수 있도록 금융이해력, 금융역량을 강화시켜주기 때문에 매우 중요하다.

결론적으로 포용금융과 금융소비자보호는 서로 상호작용하는 역할을 한다고 볼 수 있다. 이에 따라 국제기구와 각 국에서도 포용금융 안에서 금융소비자 보호의 중요성을 언급하고 있다.

2. 해외의 금융포용과 금융소비자보호

[세계은행] 세계은행은 포용금융을 언급하면서 책임있고 지속가능한 금융서비스 증진을 위해 소비자 보호를 언급하고 있으며,[332] 금융포용 및 금융소비자보호를 위한 환경 개선을 위한 금융당국의 규제 등을 조사한 보고서를 발표하고 있다.[333] 보고서에 따르면 금융소비자 보호 제도는 금융서비스에 대한 접근성을 확대하여 소비자가 금융서비스를 잘 이용하고 합리적인 의사결정을 내릴 수 있도록 공식적인 신뢰를 구축하는 것이며, 건전하고 경쟁력 있는 금융시장에 기여할 수 있는 것이라고 보고 있다.[334]

금융상품과 금융서비스의 소비자를 보호하기 위한 최소한의 기준을 설정하는 법제도 마련은 중요한데, 규제체계는 국가별로 다양하다. 일부 국가는 금융상품과 서비스에 대해 일반 소비자보호법의 적용을 하지만 다른 국가는 보다 광범위한 소비자보호법 내에서 금융서비스에 특화된 조항을 적용한다. 단일 관할권이 적용되는 국가의 경우(우리나라와 같은) 독립된 금융소비자보호법을 가진다. 다양한 규제체계 중에서 세계은행은 금융소비자보호에 대해 별도의 규정없이 일반 소비자보호법에 의존할 경우 금융소비자를 효과적으로 보호하기 어렵다고 언급하고 있다.[335] 세계은행의 조사에 따르면 2017년과 2022년 사이에 금융소비자에 대한 독립법을 규정한 국가가 13%나 증가하였다고 발표하며, 금융소비자 보호를 위한 법규정 채택이 추세이며, 이는 금융포용을 진전시키기 위한 전략이라고 보고 있다.[336]

포용금융은 금융소비자들이 위험을 스스로 관리할 수 있도록 지원하는 것도 해당하므로, 금융당국과 금융회사가 경쟁력 있는 금융체계를 보유하는 것은 포용금융을 높이는데 도움이 될 수 있다. 금융소비자 보호 전문법 외에도 다양한 법규정에서 금융소비자보호 및 포용금융을 목적으로 하

---

332) World Bank 홈페이지, [https://www.worldbank.org/en/topic/financialinclusion/overview]
333) World Bank Group, The Global State of Financial Inclusion & Consumer Protection, 2023, p.1.
334) Ibid p.38.
335) Ibid.
336) Ibid, p.39.

는 경우가 있다. 미국의 경우 금융소외가 민간 부문의 투자가 부족한 대도시의 소수 도시 지역에 집중됨에 따라 포용금융 및 지역사회 투자를 위해 1977년 「지역재투자법」(Community Reinvestment Act: CRA)을 제정한 것을 예로 들 수 있다.337)

[G20/OECD] 'G20 OECD의 금융소비자보호에 관한 고위급 원칙'(G20/OECD High-Level Principles on Financial Consumer Protection)을 마련하고 있다. 이 원칙은 금융소비자가 금융상품 및 서비스를 구매·이용하거나 금융서비스 제공자와의 거래에 있어서 공정하고 책임있는 대우를 보장하기 위한 금융소비자 보호체계에 대한 선도적인 국제 표준이다. 2011년 11월 G20 지도자들이 승인하고 OECD 이사회가 2012년 7월 권고의 형태로 10개의 원칙을 채택하였고, 2022년 "접근 및 포용"과 "양질의 금융상품"을 추가 원칙으로 채택하였다. 338)

제3원칙인 "접근 및 포용" 원칙을 구체적으로 살펴보면 정부, 감독기관, 금융 서비스 제공자 및 중개자는 가능한 경우 소비자의 금융 상품 및 서비스 접근 및 사용을 지원하고 포용적인 금융시스템을 장려해야 한다. 이를 위해서는 금융소비자가 공식적으로 규제된 금융체계 내에서 금융상품 및 서비스에 접근하고 사용할 수 있도록 지원할 뿐만 아니라 재정적 어려움이나 기타 상황이 발생하는 경우에도 소비자가 금융체계 내에 계속 포함될 수 있도록 보장하여야 한다. 이는 결국 포용금융 및 금융소비자보호 정책 및 법제도를 마련하는 것으로 볼 수 있을 것이다.339)

금융소비자보호 체계는 시장지배력으로 인한 정보의 비대칭 문제가 발

---

337) J Neil Marshall, "Financial institutions in disadvantaged areas : a comparative analysis of policies encouraging financial inclusion in Britain and the United States", *Environment and Planning A* 2004 Vol.36, 2004, p.249.
338) 12개의 원칙은 다음과 같다. ① 법률, 규제 및 감독 체계, ② 감독기관의 역할, ③ 접근 및 포용, ④ 금융지식 및 인식, ⑤ 경쟁, ⑥ 소비자에 대한 공평하고 공정한 대우, ⑦ 공개 및 투명성, ⑧ 고품질의 금융상품, ⑨ 금융서비스 제공업체 및 중개업체의 책임 있는 사업 활동 및 문화, ⑩ 사기로부터 소비자 자산 보호, ⑪ 소비자 데이터 및 개인정보 보호, ⑫ 불만 처리 및 구제 이다.
339) G20/OECD High-Level Principles on Financial Consumer Protection 2022 (OECD/LEGAL/0394)

생할 경우 소비자 피해의 위험을 고려하여 소비자를 보호하고 지원할 수 있기 때문에 매우 중요하다. 이와 관련해서는 국내 연구도 존재하는데, 공급자와 소비자 양측 모두 정보비대칭으로 인해 포용금융을 저해할 수 있다. 공급자 측면에서는 금융회사가 정보체계가 적절하게 정립되지 않을 경우 금융소비자에 대해 업권 내 공유되는 거래기록에 의존할 수 밖에 없게 되는데, 이 경우 기존에 배제되어 있던 계층에게 금융상품 및 서비스 공급을 확대하는 것은 어렵다.340) 그럼에도 불구하고 정보 비대칭 상황에서 금융소외를 해소하기 위해 포용금융을 확대한다면, 오히려 무리한 대출 등이 이루어지면서 다중채무 혹은 과다채무와 같은 부작용이 발생하기 쉽다.341) 그러므로 포용금융을 위해서는 정보 비대칭 해소를 위한 정보 공유 체계 마련 및 금융소비자 보호 체계 마련이 필요할 것이다. 반면 소비자 측면에서 정보 비대칭은 소비자가 더 나은 조건의 금융소비를 인식하지 못하게 하여 금융소외를 일으킬 수 있다. 그러므로 금융소비자 보호 체계를 통해 광고, 공시 등 소비자에게 금융상품 정보 제공을 확대시키는 사전적 규제가 필요하다.342) **이렇게 금융소비자 보호 규제는 금융시스템에 대한 신뢰와 확신을 뒷받침하고 포용금융을 지원한다.**

[포용 증대를 위한 금융소비자보호 원칙] 금융소비자보호를 위해 주요 국들은 금융소비자보호를 위한 원칙을 정하고 금융회사들이 금융소비자에게 차별 대우 없이 공정하게 행동하기를 요구하고 있다. 특히 고객을 우선하여 고객의 입장에서 고려하여 행동할 것을 요구하고 있다.

[영국] 영국은 원칙중심 규제체계로 상위원칙 중 영업행위 기본원칙 (Principles for Businesses)이 있다. 이 원칙 안에는 모든 금융회사가 영업행위와 관련하여 기본적으로 지켜야 하는 12개의 원칙이 담겨있다. 이 원

---

340) 노형식, "금융포용, 금융소비자보호, 그리고 책임금융", 주간 금융브리프 22권 12호, 금융연구원, 2013.3., 5면.
341) 노형식, 위의 자료.
342) 노형식, 위의 자료.

칙을 위반할 경우 영국 금융행위감독청(Financial Conduct Authority)은 회사의 영업정지 및 징계조치를 시행할 권한을 가지게 되므로 원칙이 중요하다. 본래 11개의 원칙이 있었으나 소비자보호원칙(Consumer Duty)이 도입되면서 12개의 원칙이 되었다.[343] 소비자보호원칙의 경우 2022년 7월 27일 도입되었으며, 2023년 7월 31일부터 기존 상품 및 서비스를 대상으로 시행하고 신규 판매상품에 대해서는 2024년 7월 31일부터 적용하고 있다. 영국에서 인허가를 취득한 금융회사가 소매고객에게 제공하는 상품 및 서비스에 적용되고 직접적인 판매회사뿐만 아니라 고객의 금융거래 결과에 영향을 미치는 모든 회사에 적용된다는 것이 특징이다.

소비자보호원칙의 핵심은 금융서비스 회사는 고객을 공정하게 대우하고 고객에게 '좋은 결과'를 제공하기 위해 행동해야 한다는 것이다. 금융회사는 금융소비자에게 선의를 다하여 소비자 응대를 하여야 하며, 예측 가능한 소비자 피해를 방지하고 소비자의 재무목표 달성을 지원하여야 한다. 이 원칙은 금융회사의 적극적인 행동을 요구하고자 마련된 원칙으로 금융회사는 원칙에 따라 좋은 결과를 제공하고 확인된 문제를 해결하기 위해 금융소비자 관련 문제를 평가하고 입증하여야 한다. 영국의 소비자보호원칙 도입으로 국내에서도 원칙중심의 규제의 필요성을 고려하고 있으며, 최근 다양하게 발생하는 금융소비자보호문제에 따라 금융소비자보호원칙의 필요성에 공감하고 있다. 금융소비자보호원칙이 실현될 때 이는 곧 금융소비자들에게 금융시스템에 대한 신뢰를 높이고 사회적 포용성을 증진하는데 중요한 역할을 할 것이다.

[미국] 미국은 금융산업규제당국 규정 (Financial Industry Regulatory Authority Rule : FINRA Rule)을 통해 금융소비자보호를 정하고 있다. 미국도 영국의 소비자보호원칙처럼 고객의 최선의 이익 보호(Regulation Best Interest)원칙이 있다. 물론 모든 금융상품이 아닌 증권거래에 국한되어 있다는 차이는 있으나 금융업자가 금융소비자를 위해 준수해야할 의무

---

343) 12개의 원칙으로는 ① 진실성, ② 기술, 관심 및 주의, ③ 관리 및 통제, ④ 금융 적정성, ⑤ 시장행위, ⑥ 소비자 이익, ⑦ 정보 공개, ⑧ 이해상충, ⑨ 소비자와의 신뢰, ⑩ 소비자의 자산, ⑪ 규제기관과의 관계, ⑫ 소비자의무가 있다.

를 규정하고 있다는 점에서 의미가 있다. 증권거래에 있어 금융상품 판매 중개업자가 개인 고객에게 금융상품 추천 시 해당 추천이 개인고객에게 최선의 이익이 된다는 합리적인 근거를 갖추기 위해 합당한 신의성실과 주의, 역량을 기울여야 한다고 정하고 있다. 또한 금융소비자를 위하여 금융회사의 이해상충을 식별하고 이를 공개할 수 있는 절차를 수립 및 유지, 시행해야 하도록 정하고 있다. 이처럼 금융회사 스스로 내부통제 시스템 관리 및 운영의 적절성을 판단하고 개선할 수 있도록 적극적으로 금융소비자보호 관련 문제 사례를 발굴하고 있다.

3. 국내 포용금융과 금융소비자보호

[금융위원회] 우리나라 금융위원회에서도 포용금융 정책을 언급하고 있는데, 포용금융은 가장 취약하고 소외된 계층에게 금융지원을 제공하여 취약 금융소비자들이 새로운 기회를 얻고 자립할 수 있도록 지원하여 경제 성장의 선순환을 이끄는 것을 목표로 하고 있다.[344] 이와 함께 포용금융 정책의 핵심을 소비자 보호로 보며, 국내 「금융소비자 보호에 관한 법률」(이하 "금융소비자보호법")의 제정을 언급하고 있다. 이처럼 포용금융과 금융소비자보호는 밀접하게 연관되어 있다.

[금융소비자보호] 금융소비자보호는 금융소비자 개인의 금융활동과 권익 보호를 위해 필요하며, 나아가 시장의 신뢰와 질서 구축 등 시장경제 발전에 기여할 수 있다는 점에서 중요하다. 금융시장은 불완전판매, 부당권유 등 지속적으로 소비자 문제가 발생하고 있는데, 금융회사는 금융소비자의 공정한 소비환경을 조성하여 영업해야 하는 책무를 가진다.

금융소비자를 보호하는 방법은 금융소비자의 금융활동에 직접적으로 개입하여 관련법과 규제에 근거하여 소비자를 보호하는 직접적 보호가 있고, 금융소비자의 역량을 향상시키는 방법 등을 통해 간접적으로 금융소비자를 보호하는 방법이 있다. 또한 금융소비자 관련 문제가 발생하기 전

---

344) 금융위원회 홈페이지, [https://www.fsc.go.kr/eng/pr010101?srchCtgry=4]

에 소비자를 보호하는 사전적 보호와 문제가 발생한 후 소비자를 보호하는 사후적 보호가 있다. 법은 직접적 보호를 하면서 사전적으로 금융회사가 영업행위 시 지켜야 하는 사항과 함께 사후적으로 계약 철회, 위법계약해지, 손해배상청구, 분쟁조정 등의 규정을 통해 보호할 수 있다. 아래에서는 금융소비자보호법의 제정 및 설립 경위를 살펴보고, 주요 내용을 검토하고 개선방안을 제안하고자 한다.

Ⅱ. 금융소비자를 위한 금융소비자보호법 제정 및 설립 경위

2008년 세계적 금융위기 이후 앞서 언급한 G20과 OECD가 금융소비자 보호 원칙을 채택하는 등 전 세계적으로 금융소비자 보호를 위한 움직임이 대두되었고, 국내도 2008년 키코(KIKO)사태를 시작으로 2011년 저축은행 후순위채 사태, 2013년 동양그룹 사태 등 불완전 판매로 대규모 금융소비자 피해가 발생하면서 금융소비자 보호의 중요성을 재인식하게 되었고 금융소비자 보호 강화를 위한 법률과 제도의 개선 필요성이 대두되었다.

또한 금융시장의 발전으로 인해 다양한 파생상품을 비롯하여 복잡·다양화된 금융상품이 등장함에 따라 금융소비자와 금융회사 간의 정보 비대칭은 점점 심화되었는데, 금융상품의 판매행위에 대한 규제는 개별 금융업법으로 분산되어 있어 동일한 성격의 금융상품에 대해서도 금융업권별로 규제 차익과 규제 공백이 발생하고 있었다. 특히 이러한 미흡한 규제는 금융소비자는 물론 금융회사 등 거래당사자들이 업권별 규제 내용을 정확히 인지하기 어려워 불완전판매를 가중시켰다.

이에 따라 모든 유형의 금융상품 판매에 대해 통합된 규제체계를 구축하고 향후 새로운 금융상품 출현 시 유연하고 신속한 대처를 위하여 금융소비자 보호에 관한 정책을 일관되게 추진할 수 있는 제도적 기반을 마련하고자 하였다.

또한 금융교육, 정보제공, 분쟁조정 등 금융소비자 보호 관련 제도가 개별법상에 산재되어 있어 금융소비자보호정책에 대한 중장기적 전략을 추진하기 어려웠고, 소비자 보호는 문제가 발생할 때마다 단편적인 제도 개선이나 행정지도 등 임시방편적인 대응이 많았다. 다수의 금융기관이 일관된 조정체계 없이 개별적으로 금융교육 업무를 수행해 왔으며, 금융상품 공시 또한 각 개별 협회가 자율적으로 수행함에 따라 통일성을 기하기 어렵고 업권 간 금융상품의 비교공시가 이루어지기 어려웠다.345)

이에 따라 금융소비자보호법은 2008년 이후 금융소비자연구에 관한 논문 및 세미나 등을 통해 꾸준히 연구가 이루어져 오다가 2011년 11월 16일 최초 발의되어 입법예고 되고 2012년 1월 31일 국무회의를 통과하였으나, 제18대 국회에서 임기만료로 폐기되었다. 이후 관계부처 협의를 거쳐 2012년 다시 입법예고 되는 등 반복하여 국회에 상정되었으나 국회에 문턱을 넘지 못하였다.

법이 부재한 상황 속에서 2019년 해외금리 연계 파생결합펀드(DLF) 사태, 2020년 라임자산운용과 옵티머스 자산운용의 펀드 환매 중단으로 인한 대규모 사모펀드 부실사태 등이 발생하면서 10년 가까이 국회 본회의를 통과하지 못하고 있던 금융소비자보호법이 비로소 2020년 3월 24일 제정되었고, 2021년 3월 25일 시행되었다. 금융소비자보호법은 금융상품판매업자 등의 영업행위 준수사항, 금융교육 지원 및 금융분쟁조정 등 금융소비자 관련 제도를 규정하였다.

Ⅲ. 금융소비자보호법 및 금융소비자 관련 규제

1. 들어가며

포용금융이 금융소비자보호법에 직접 명시되어 있지는 않지만 포용금융을 추진하는 과정에서 금융소비자보호의 원칙은 매우 중요하다. 금융소비

---

345) 정유성, "금융소비자 보호를 위한 금융소비자보호법 제정 관련 주요내용", 법과 기업 연구 제2권 제2호, 서강대학교 법학연구소, 2012.12, 97면.

자보호법의 목적이 금융소비자의 권익증진과 권익보호를 위한 금융소비자 정책 및 금융분쟁조정절차 등에 관한 사항을 규정한다고 하고 있는데, 이를 통해 모든 금융소비자가 금융서비스를 안전하게 이용할 수 있게 되는 것은 곧 포용금융으로 연결된다.

또한 포용금융이 원하는 금융접근성 확대를 위해서는 금융상품의 판매 및 서비스 제공 과정에서 공정한 거래를 보장하여야 하고 금융소비자가 피해를 입었을 경우 이를 구제할 수 있는 사후 규제 체계와 절차가 필요하다. 뿐만 아니라 사전 예방을 위해서는 금융회사들이 불공정한 행위를 하지 않도록 법에서 규제할 필요가 있다. 아래에서는 구체적으로 금융소비자보호법과 그 외 금융소비자보호법을 보완하고 있는 금융소비자 관련 규제들을 살펴보고자 한다.

2. 금융소비자보호법 속 포용금융 살펴보기

금융소비자보호법은 「은행법」, 「자본시장과 금융투자업에 관한 법률」, 「보험업법」, 「상호저축은행법」, 「여신전문금융업법」, 「신탁법」 등 개별법에서 금융소비자보호를 규정하다보니 규제 사각지대가 발생함에 따라 복잡한 금융 환경하에 기존 제도의 한계가 지적되었고, 동일 기능 동일 규제의 원칙을 적용하여 법을 규정하였다. 기존 개별 업권법에서 규율하던 판매행위와 관련된 규정을 삭제하고, 금융상품 판매행위와 금융소비자 보호에 관하여 다른 법률에 특별한 규정이 없으면 금융소비자 보호법의 규정이 적용되도록 제·개정하였다.

가. 공정한 금융환경 조성 : 포용금융의 핵심요소는 취약계층을 포함한 모든 금융소비자가 공정하고 차별없는 금융서비스의 접근할 수 있어야 한다. 그러므로 법에서는 불공정거래행위, 불합리하거나 차별적 대우 등을 규제하여 포용금융의 방향을 지원해야 한다. 하지만 금융은 그 특수성 때문에 특히나 상품별 특징이 존재하기 때문에 통합적인 규제를 적용할 수

없다. 그래서 금융소비자보호법에서는 상품을 유형별로 나누고, 판매업자를 분류하고 있다.

금융상품의 유형을 예금성, 투자성, 보장성, 대출성 상품으로 구분하고, 금융상품판매업과 관련하여서는 직접 판매업자와 간접 판매업자(금융상품판매대리·중개업자), 자문업자로 구분하였다. 또한 금융상품 판매 시 준수해야 할 원칙으로 기존 자본시장법 등 개별법에서 정하고 있던 6대 판매원칙을 모든 금융상품으로 확대 적용하였다. 구체적으로 기존에 투자성 상품과 일부 보장성 상품에만 적용되던 적합성 원칙을 예금성·대출성 상품까지 확대 적용하고 투자성 상품에만 적용되던 적정성 원칙을 보장성·대출성 상품까지 확대 적용하였다.

[**금융상품의 유형**] 구체적으로 금융상품의 유형을 살펴보자. 금융소비자보호법에서는 금융상품을 4가지로 분류하고 있다.

예금성 상품의 경우 은행법상 예금 및 이와 유사한 것으로 예탁금, 예금, 적금에 해당하며, **대출성 상품**은 대부, 대출, 「여신전문금융업법」에 따른 신용카드, 시설대여, 연불판매, 할부금융, 증권담보대출, 청약자금대출 등이 해당한다. **투자성 상품**에는 자본시장법상 금융투자상품, 펀드, 신탁, 투자일임계약이 해당하며, **보장성 상품**에는 보험, 공제상품 등으로 구분할 수 있다.

[**금융상품 판매업자의 구분**] 동일기능 동일규제 원칙의 기준을 마련하고자 직접 판매업자와 간접 판매업자를 구분하였는데, 직접 판매업자의 경우 자신이 직접 계약의 상대방으로서 금융상품에 관한 계약체결을 영업으로 하는 자로 은행, 보험사, 저축은행 등이 해당된다. 판매대리·중개업자의 경우 금융회사와 금융소비자의 중간에서 금융상품 판매를 중개하거나 금융회사의 위탁을 받아 판매를 대리하는 자로 투자권유대행인, 보험설계·중개사, 보험대리점, 카드·대출모집인 등이 이에 해당한다. 자문업자는 금융소비자가 본인에게 적합한 상품을 구매할 수 있도록 자문을 제공하는 것으로 투자자문업자 등 독립 자문업자를 말한다.

[**국가 및 금융상품판매업자 등의 책무**] 국가의 책무와 관련하여서는 국

가가 금융소비자의 기본적 권리 실현을 위해 노력하여야 함을 정하고 있는데, 금융소비자 권익 증진을 위하여 필요한 시책의 수립 및 실시, 금융소비자 보호 관련 법령 제·개정, 금융소비자를 위해 필요한 행정조직의 정비 및 운영 개선, 금융소비자의 건전하고 자주적인 조직활동 지원 및 육성 등을 책무로 정하고 있다(제9조).

금융상품판매업자등의 책무에는 금융상품판매업자등이 금융소비자의 기본적 권리가 실현되도록 국가의 시책에 적극 협력하고, 공정한 금융소비생활 환경을 조성하기 위해 노력하여야 하며, 사전에 금융소비자보호를 위한 조치 마련 등에 대해 규정하고 있다(제10조).

[금융소비자보호 정책 수립] 금융소비자의 권익보호와 금융상품판매업등의 건전한 시장질서 구축을 위하여 금융위원회가 금융소비자정책을 수립하도록 정하고 있다. 금융위원회는 금융소비자의 권익증진, 건전한 금융생활 지원 및 금융소비자의 금융역량 향상을 위하여 노력하여야 한다(법 제29조).

[표 42] 금융소비자보호법 제10조(금융상품판매업자등의 책무)

① 국가의 금융소비자 권익 증진 시책에 적극 협력할 책무
② 금융상품을 제공하는 경우에 공정한 금융소비생활 환경을 조성하기 위하여 노력할 책무
③ 금융상품으로 인하여 금융소비자에게 재산에 대한 위해가 발생하지 아니하도록 필요한 조치를 강구할 책무
④ 금융상품을 제공하는 경우에 금융소비자의 합리적인 선택이나 이익을 침해할 우려가 있는 거래조건이나 거래방법을 사용하지 아니할 책무
⑤ 금융소비자에게 금융상품에 대한 정보를 성실하고 정확하게 제공할 책무
⑥ 금융소비자의 개인정보가 분실·도난·누출·위조·변조 또는 훼손되지 아니하도록 개인정보를 성실하게 취급할 책무

나. 금융소비자의 권리 보장

[금융소비자란?] 금융소비자보호법에서는 금융소비자를 금융상품판매업자의 거래상대방으로 금융상품에 관한 계약의 체결 또는 계약 체결의 권유를 하거나 청약을 받는 자 또는 금융상품자문업자의 자문업무의 상대방을 말한다(법 제2조 제8호). 다만 금융소비자의 입장에서 불필요한 설명이나 규제는 오히려 금융소비자의 편익을 저해할 수 있고, 금융회사의 입장에서도 금융상품에 대한 과도한 규제 적용이 될 수 있기 때문에 금융소비자를 전문금융소비자와 일반금융소비자로 분류하고 있다.

일반금융소비자는 금융소비자보호법에서 정하고 있는 규제에 따라 설명의무, 부당권유금지, 부당광고금지, 적합성·적정성 원칙 진행 등이 모두 이루어져야 한다. 반면에 전문금융소비자는 "금융상품에 관한 전문성 또는 소유자산규모 등에 비추어 금융상품 계약에 따른 위험감수능력이 있는 금융소비자"를 말한다(법 제2조 제9호). 법에서는 구체적으로 국가, 한국은행, 금융회사 및 주권상장법인으로 열거하며, 각 상품 유형별로 전문금융소비자를 정의하고 있다.

예금성 상품의 경우 금융위원회가 주무기관인 공공기관, 금융지주회사, 한국수출입은행, 한국투자공사, 신용협동조합중앙회, 온라인투자연계금융업자, 집합투자업자 등이 있다. 대출성 상품의 경우 겸영여신업자, 대출성 상품을 취급하는 금융상품판매대리·중개업자 등이 있으며, 투자성 상품의 경우 해외 증권시장에 상장한 국내법인, 금융투자상품 잔고가 100억원 이상인 법인 또는 단체 등이 해당한다. 개인의 경우 최근 5년 중 1년 이상의 기간 동안 금융투자상품을 평균 5천만원 이상 보유한 경험이 있고, 소득액·자산 기준이 금융관련 전문성 요건을 충족할 때 전문금융소비자로 보고 금융회사에게 일부 규제 절차를 적용하지 않고 있다. 다만 전문금융소비자에 해당한다고 하더라도 일반금융소비자와 같은 상세한 설명 및 권유를 원하는 경우도 있으므로 그 의사를 금융회사에게 서면으로 통지하는 경우 금융회사는 이를 반영하여 일반금융소비자로 대우해야 하도록 정하고 있다.

[금융소비자의 권리 및 책무] 금융소비자보호법은 제1조(목적)에서 금융소

비자의 권익증진과 금융소비자 보호의 실효성을 높일 수 있는 금융회사들의 영업 준수행위 규제를 법의 기본원칙으로 두고 있으며, 제2장에서 금융소비자의 권리와 책무와 나아가 국가와 금융상품판매업자 등이 금융소비자를 위해 가져야 할 의무사항 등 금융소비자 보호의 기본원칙을 정하고 있다.

금융소비자의 기본적 권리로는 6대 기본권리를 정하고 있는데, 안전할 권리, 정보를 제공받을 권리, 의사를 반영시킬 권리, 보상받을 권리, 교육받을 권리, 단체조직 및 활동할 권리 등이 이에 해당한다.

[표 43] 금융소비자보호법 제7조

구분	금융소비자보호법 제7조
안전할 권리	• 금융상품판매업자등의 위법한 영업행위로 인한 재산상 손해로부터 보호받을 권리 • 청약철회권(제46조), 위법계약해지권(제47조)
정보를 제공받을 권리	• 금융상품을 선택하고 소비하는 과정에서 필요한 지식 및 정보를 제공받을 권리 • 자료요구권(제28조 제4항), 설명의무(제19조)
의사를 반영시킬 권리	• 금융소비생활에 영향을 주는 국가 및 지방자치단체의 정책에 대하여 의견을 반영시킬 권리
보상받을 권리	• 금융상품의 소비로 인하여 입은 피해에 대하여 신속·공정한 절차에 따라 적절한 보상을 받을 권리 • 손해배상책임(제44조, 제45조)
교육받을 권리	• 합리적인 금융소비생활을 위하여 필요한 교육을 받을 권리 • 금융교육(제30조)
단체조직 및 활동할 권리	• 금융소비자 스스로의 권익을 증진하기 위하여 단체를 조직하고 이를 통하여 활동할 수 있는 권리

그 밖에 금융소비자의 권리로 청약철회권, 위법계약해지권, 자료열람권, 손해배상청구권 등이 있다. 청약철회권은 일정기간 내 소비자가 금융상품 계약을 철회하는 경우 판매자가 이미 받은 금전 및 재화를 반환하도록 요구할 수 있는 권리이며, 위법계약해지권은 금융회사가 6대 판매원칙을 위반한 경우 최대 5년 이내에서 해당 계약에 대한 해지를 요구할 수 있는 권리이다. 자료열람권은 분쟁조정, 소송 등 대응 목적으로 금융회사 등이

유지 관리하는 자료열람을 요구할 수 있도록 정한 권리이며, 손해배상청구권은 금융회사가 설명의무 위반 또는 고의나 과실로 금소법을 위반하여 금융소비자가 손해를 입은 경우 배상 요구가 가능한 권리이다.

금융소비자의 책무와 관련하여서는 금융소비자가 자신의 권리와 스스로 권익증진을 위해 노력하여야 함을 강조하고 있는데, 금융상품판매업자등과 더불어 금융시장을 구성하는 주체임을 인식하여 금융상품을 올바르게 선택하고, 금융소비자의 기본적 권리를 정당하게 행사해야 한다(제8조). 또한 스스로의 권익을 증진하기 위해 필요한 지식과 정보를 습득하도록 노력하여야 한다. 이는 금융소비자의 자기책임원칙과도 연결될 수 있다.

다. 불공정 행위 방지 등 감독 및 규제 강화

[영업행위 일반원칙] 금융소비자보호법에서는 영업행위에 대한 일반원칙을 규정하고 있는데, 금융소비자의 권익을 우선적으로 고려하여야 하며, 금융상품 또는 계약관계의 특성 등에 따라 금융상품 유형별, 업자의 업종별로 형평에 맞는 해석 및 적용이 필요함을 정하고 있다(제13조). 또한 신의성실의 원칙에 따라 금융상품판매업자등이 계약체결, 권리 행사 및 의무이행을 할 것을 정하고 있으며, 업무의 내용과 절차를 공정히 하며, 정당한 사유 없이 금융소비자의 이익을 해쳐서는 안됨을 정하고 있다(제14조). 추가로 법에서 금융상품자문업자의 영업행위 준칙을 별도로 정하고 있는데, 금융상품자문업자는 금융소비자에 대해 선량한 관리자 의무와 충실의무를 정하고 있다(제27조). 그 밖에도 계약체결 시 차별금지 조항(제15조)을 두고 있으며, 금융상품판매업자등의 임직원 관리를 위해 내부통제기준 마련 원칙을 두고 있다(제16조).

[영업행위 6대 원칙] 금융소비자보호법은 금융상품판매업자등의 책무를 바탕으로 구체적인 영업행위원칙으로 영업행위 6대 원칙을 정하고 있다. 적합성원칙과 적정성원칙, 설명의무, 불공정영업행위의 금지, 부당권유행위 금지, 광고 규제 등이 이에 해당한다. 구체적으로 살펴보면 다음과 같다.

[표 44] 영업행위 6대 원칙

원칙	세부 내용
적합성원칙(제17조)	• 금융상품판매업자는 일반금융소비자의 연령이나 재산상황 등에 비추어 부적합한 계약 체결을 권유해서는 안 됨
적정성원칙(제18조)	• 금융상품판매업자는 일반금융소비자와 계약을 체결할 때 소비자의 연령, 재산상황 등에 비추어 적정하지 않다고 판단되는 경우 그 사실을 알려야 함
설명의무(제19조)	• 금융상품판매업자는 일반금융소비자와 계약 체결을 할 때 소비자가 반드시 알아야 할 상품의 주요 내용을 설명해야 함
불공정영업행위의 금지(제20조)	• 금융상품판매업자는 일반 금융소비자의 의사에 반하여 다른 상품 계약을 강요하거나, 부당하게 보증, 담보를 요구 등의 행위를 해서는 안 됨
부당권유행위 금지(제21조)	• 판매업자는 계약 체결을 권유할 때 불확실한 사항에 대하여 단정적 판단을 제공하거나 확실하다고 오인하게 할 소지가 있는 내용을 알리는 등의 행위를 해서는 안 됨
금융상품등에 관한 광고 관련 준수 사항(제22조)	• 금융상품판매업자등은 업무 및 상품에 관한 광고를 할 때 손실보전 또는 이익보장이 되는 것으로 오인하게 하는 등의 행위를 해서는 안 됨

설명의무에 있어서는 제19조 외에도 금융소비자와 계약을 체결할 때 계약서류를 금융소비자에게 지체없이 제공해야 하도록 정하고 있으며(제23조), 금융상품판매대리·중개업자는 금융소비자에게 대리·중개하는 금융상품직접판매업자의 명칭 및 업무 내용 등에 대한 사항을 미리 알리도록 규정하고 있다(제26조).

불공정영업행위 금지와 관련하여서는 금융상품 판매대리·중개업자는 금융소비자로부터 투자금, 보험료 등 계약의 이행으로서 급부를 받는 등의 행위를 해서는 안된다(제25조).

[금융상품에 대한 광고 규제] 금융소비자보호법은 금융상품판매업자가 아닌 자가 업무에 관한 광고 또는 금융상품에 관한 광고를 하지 못하도록

정하고 있으며, 금융상품에 대한 광고를 할 때에는 금융소비자가 금융상품의 내용을 오해하지 아니하도록 명확하고 공정하게 전달하여야 한다. 특히 금융상품 광고는 일반 광고와는 다르게 상품의 특성상 유의사항 등을 명확하게 전달할 것을 정하고 있다.

금융상품에 관한 계약을 체결하기 전에 금융상품 설명서 및 약관을 읽어볼 것을 권유하는 내용, 금융상품판매업자의 명칭과 금융상품의 내용이 광고에 포함되어야 하며, 상품 유형별로 투자성 상품의 경우 투자에 따른 위험과 과거 운용실적이 미래의 수익률을 보장하는 것이 아니라는 사항, 예금성 상품의 경우 만기지급금 등의 예시가 미래의 수익을 보장하는 것이 아니라는 사항, 대출성 상품의 경우 대출조건, 보장성 상품의 경우 기존 계약을 해지하고 다른 계약을 체결하는 경우 계약체결의 거부 또는 보험료 등 금융소비자의 지급비용이 인상되거나 보장내용이 변경될 수 있다는 사항을 광고에 포함하도록 하고 있다.

또한 구체적으로 금융상품판매업자의 금지 행위도 법에서 명확하게 규정하고 있는데 상품별로 금융소비자가 인지할 수 있도록 충분히 고지하여야 하며, 이익보장 등 명확히 표시하지 아니하여 금융소비자를 오인하게 하는 행위를 막고 있다.

라. 금융교육 지원

금융소비자보호법의 제정으로 인한 특징 중 하나는 금융교육에 대해 법으로 규정하였다는 것이다. 법은 금융교육의 중요성을 강조하며, 금융교육 프로그램을 통해 소비자들이 금융상품과 서비스에 대한 이해도를 높일 수 있도록 지원한다. 이는 특히 금융 이해도가 낮은 집단에 중요하며, 포용금융을 실현하는데 매우 중요한 요소이다.

구체적으로 법을 살펴보자. 법에서는 금융교육에 관련된 사항들을 금융위원회가 주도적으로 정책 수립 및 시행과 협의회를 운영하도록 정하고 있다. 금융교육을 통하여 금융소비자가 금융에 관한 높은 이해력을 바탕으로 합리적인 의사결정을 내리고 이를 기반으로 하여 장기적으로 금융복지를 누릴 수 있도록 금융위원회는 필요한 지원을 하여야 한다(법 제30조 제1항). 또한 금융역량 향상을 위한 교육프로그램을 개발하고, 금융교육의 효과를 높이기 위한 시책을 수립·시행하여야 한다. 그리고 3년마다 금융소비자의 금융역량에 관한 조사를 하여 이를 금융교육 정책 수립에 반영할 것을 정하고 있다. 관련 업무는 금융감독원 또는 금융교육 관련 기관·단체에 위탁할 수 있는데, 현재는 금융감독원 금융교육국에서 관련 업무를 수행하고 있다.

금융교육에 대한 정책을 심의·의결하기 위하여 금융위원회에 금융교육협의회를 두고 있는데, 금융교육의 종합적 추진에 관한 논의와 향후 제도개선 및 부처 간 협력에 관한 사항들을 연 2회 논의한다. 금융위원회, 교육부, 공정거래위원회, 기획재정부, 행정안전부, 보건복지부, 고용노동부, 여성가족부, 금융감독원이 참석하며, 그 외 금융공공기관, 교육기관, 협회, 소비자단체, 연구단체 등 19개 관계기관이 참석하여 금융교육 실적 및 계획에 대해 논의한다.[346]

최근 금융교육은 코로나 팬데믹 발생과 정보통신기술의 발달로 대면·일방향 교육에서 비대면·양방향 교육으로 전환되고 있다. 하지만 아동, 청소년의 경우 교육 집중시간이 짧아 비대면보다는 대면교육이 효과적이고, 고령층도 디지털 기기 활용에 취약한 경우 비대면 교육을 활용하기 어렵다는 점에서 모든 연령층에 동일한 결과를 가져오지는 않는 상황이다.[347]

그래서 현재 금융위원회는 생애주기별 맞춤형 금융교육을 제공하고자 각 연령층에 맞는 교육콘텐츠를 개발하고 전달·실시하고 있다.

2024년에는 그 중에서도 청년층을 위한 금융교육에 집중하고 있는데, 이는 청년층에 집중된 전세사기 피해, 가상자산·해외주식 투자 열풍에 편승하여 2·30대를 중심으로 빚내어 투자하는 비중이 급격히 증가하는

---

346) 19개 관계기관으로는 예금보험공사, 서민금융진흥원, 신용회복위원회, 주택금융공사, 신용보증기금, 청소년금융교육협의회, YWCA, 시니어금융교육협의회, 한국금융교육학회, 한국금융소비자보호재단, 금융연구원, 한국소비자원, 금융협회(7개)에 해당한다.
347) 금융위원회 보도자료, "금융소비자의 금융웰빙(Financial Wellbeing) 증진을 위한 "생애주기별 맞춤형 금융교육" 추진", 2022.12.22.

등의 현상들이 사회적으로 이슈화되었기 때문이다. 청년들이 일상적 금융 거래 경험 및 고민거리 등을 공유하면서 금융에 대한 친근감을 가지도록 하고, 교육이 필요하고 효과적인 시점에 맞추어 실생활과 밀접한 금융거래 관련 금융지식과, 금융교육 콘텐츠 활용 정보 등을 뉴스레터, 뉴미디어 채널 등을 활용하여 제공하는 방식으로 금융기초 익히기 캠페인을 진행하고 있다.348)

마. 금융소비자 피해 구제

1) 금융분쟁의 조정

금융소비자보호법에서는 금융소비자 및 이해관계자 사이에서 발생하는 금융 관련 분쟁의 조정을 위해 금융감독원에 금융분쟁조정위원회를 두고 있다(법 제33조). 금융분쟁조정은 금융소비자 등이 금융관련기관을 상대로 제기하는 분쟁에 대하여 금융감독원(금융분쟁조정위원회)이 조정신청을 받아 합리적인 분쟁해결 방안이나 조정의견을 제시하여 당사자 간의 합의를 유도함으로써 소송을 통하지 않고 분쟁을 원만하게 해결하는 자주적 분쟁해결방식이다.349)

분쟁조정 신청을 받았을 때에는 금융감독원은 당사자에게 그 내용을 통지하고 합의를 권고할 수 있는데, 신청을 받은 날부터 30일 이내에 합의가 이루어지지 않는 경우에는 지체 없이 조정위원회에 회부하여야 한다. 조정위원회는 조정을 회부받은 경우 조정안을 60일 이내에 작성하여야 한다. 당사자들은 조정안을 제시받은 날부터 20일 이내에 조정안을 수락하지 아니하면 조정이 수락되지 않은 것으로 본다. 조정안을 수락한 경우에는 조정안은 재판상 화해와 동일한 효력을 갖는다.

---

348) 금융위원회 보도자료, "'청년, 금융을 나답게'금융교육 캠페인 추진", 2024.6.26.
349) 자주적인 분쟁해결방식에는 화해, 조정, 중재 등이 있는데, 화해는 별도의 절차 없이 당사자가 합의하는 행위를, 조정은 법관 내지 조정자가 분쟁당사자에게 권고하여 화해가 성립되도록 원조·협력하는 행위를, 중재는 당사자가 제3자인 중재자에게 분쟁에 대한 해결을 맡겨 중재자의 판정에 복종할 것을 사전 약정하는 방식이다. 금융감독원 홈페이지, [https://www.fss.or.kr/fss/main/contents.do?menuNo=200642]

또한 일반금융소비자가 신청한 사건 중 조정을 통하여 주장하는 권리아 이익의 가액이 2천만원 이내인 경우 소액분쟁사건으로 조정절차가 개시된 경우에는 조정안을 제시받기 전에는 소를 제기할 수 없도록 특례를 두고 있다.

2) 손해배상책임

금융회사는 고의 또는 과실로 금융소비자에게 손해를 발생시킨 경우 손해를 배상할 책임을 가진다. 6대 판매원칙 중에서 설명의무 위반으로 금융소비자에게 손해가 발생한 경우 손해배상책임을 지며, 금융회사가 고의 및 과실이 없음을 직접 입증하여야 한다. 금융상품직접판매업자는 금융상품 계약체결을 대리·중개한 경우 대리·중개업자가 금융소비자 손해를 발생시킨 경우에는 대리·중개를 맡긴 금융상품직접판매업자가 그 손해를 배상할 책임이 있다. 다만 금융상품직접판매업자가 금융상품판매대리·중개업자 선임과 업무 감독에 적절한 주의를 하였고, 손해를 방지하기 위하여 노력한 경우에는 면책될 수 있다.

3. 금융소비자 관련 규제

금융소비자보호법은 금융소비자의 피해를 방지하기 위해 판매행위 전반을 엄격하게 규율하고 있는데, 금융소비자보호법상 미흡한 부분과 관련해서는 감독당국에서 적극적으로 가이드라인과 법령해석을 제공하고 있다. 판매자가 소비자에게 금융상품에 대한 자기책임원칙을 요구하려면 정보를 성실·정확하게 제공해야 하며, 금융소비자도 스스로의 권익증진을 위해 필요한 지식과 정보를 습득해야할 의무가 있다. 아래에서는 금융위원회의 금융상품에 대한 가이드라인을 살펴보고자 한다.

가. 금융상품 설명의무의 합리적 이행을 위한 가이드라인

금융상품 설명의무는 금융상품판매업자 등에게 금융소비자가 알아야 할 주요 정보를 전달하여 정보비대칭을 해결하는 핵심 판매규제로 금융소비자가 자기책임원칙을 가질 수 있다는 점에서 금융소비자 또한 금융상품판매업자의 설명에 대해 주의를 다하여야 한다.

설명의무의 경우 과태료 외에도 징벌적 과징금이 적용됨에 따라 현장에서 투자성 상품의 설명 시 현장에서는 해당 금융상품 관련 소비자의 거래경험, 이해도 수준 등에 따라 달리 설명하여야 한다. 하지만 법령상 근거가 불명확하여 주요 금융회사는 법령에서 정한 중요 설명 사항 이외의 내용도 설명서나 설명 스크립트에 누적하여 반영하는 등 위법·제재 또는 민원·분쟁에 대한 우려로 설명방식이 복잡해져 설명방식의 효율화가 필요해졌다.350) 이에 따라 금융위원회는 「금융상품 설명의무의 합리적 이행을 위한 가이드라인」을 마련하였다.

설명의무 이행범위와 관련하여 과도한 자료는 소비자의 합리적 의사결정을 저해할 수 있는 만큼 유사한 설명서를 산발적으로 제공해서는 안됨을 명시하고, 판매업자가 금융소비자보호법령에 따라 일반금융소비자에게 설명해야할 사항은 법령에서 정하는 사항으로 한정하였다. 이에 따라 금융소비자보호법 및 자본시장법상 설명사항을 통합·정리한 설명서를 제공해야한다.

법령에서 정하지 않은 사항은 판매업자가 설명여부를 자율적으로 판단하여 소비자의 정보 수용능력을 고려하도록 자율준수를 열어주며, 판매업자가 설명서 및 설명 스크립트에 반영되는 내용에 대해 법적 근거 등 반영사유를 내부적으로 기록·관리하도록 하였다.

설명의 효율성 제고와 관련하여서는 설명의무의 합리적 이행을 위해 설명의 정도, 방식 등은 자체 기준을 마련하여 조정하고 이를 내부통제기준에 반영하도록 정하였다. 설명사항의 중요도, 난이도 및 소비자 상황 등을 고려하여 소비자가 설명 간소화를 선택할 수 있는 사항으로 분류하게

---

350) 금융위원회·금융감독원, 「금융상품 설명의무의 합리적 이행을 위한 가이드라인」, 2021.7.14.

하여 그 경우 판매업자는 해당 정보의 목록과 설명서상의 위치를 알리고, 소비자가 각각의 내용을 확인한 후에 이해했는지 확인받도록 하였다.

또한 판매직원들이 구두설명 과정중에 금융상품에 대한 이해와 관련없는 사항에 대한 설명으로 설명시간이 과도하게 길어지지 않게 하기 위해 구두설명보다 동영상, AI 등의 활용이 효과적인 경우에는 이를 적극 활용하도록 정하였다.[351]

설명서 이해도 제고와 관련하여서는 설명서 작성 시 준수사항은 감독규정의 취지를 벗어나지 않는 범위 내에서 자율적으로 이행하되 금융상품의 주요 특징을 소비자가 일반적으로 아는 다름 금융상품과 비교하는 방식으로 설명하고, 주의 환기를 위한 경고문구를 상단에 지시, 위험등급, 대출연체 등 재산상 손실이 발생할 수 있는 사항에 관한 설명 시 단순히 유의문구만 기술하기보다 체감도를 높일 수 있도록 손실금액을 예시로 제시하도록 하였다.

나. 온라인 설명의무 가이드라인

상품 판매 과정에서 현장에서 설명의무를 이행하는 지침인 「금융상품 설명의무의 합리적 이행을 위한 가이드라인」에 이어 금융위원회는 2022년 8월 비대면 거래에서 발생할 수 있는 설명의무 이행과 관련하여 금융회사에 대한 「온라인 설명의무 가이드라인」을 마련하였다.

금융상품 설명화면 구성과 관련하여 금융소비자가 온라인 화면에서 인식하는 금융상품에 관한 정보고 금융소비자보호법에 따른 중요한 정보인지 명확하게 인식하기 어려움에 따라 금융상품판매업자등은 온라인 화면에서 보는 금융상품에 관한 정보가 금융소비자보호법 설명의무에서 규정하고 있는 중요한 사항이라는 것을 명확하게 표시하도록 정하였다. 구체적으로 금융상품 유형별 우선하여 설명하여야 하는 중요한 사항은 다음과 같다.

---

351) 위의 가이드라인, 12면.

[표 45] 온라인 설명의무 가이드라인

구분	설명하여야 하는 중요 사항
보장성 상품	• 보험료, 보험금 지급제한 사유 및 지급절차, 위험보장의 범위
투자성 상품	• 투자대상, 투자에 따른 위험, 위험등급, 수수료
대출성 상품	• 금리 및 변동여부, 중도상환수수료, 상환금액·이자율·시기, 담보물에 관한 사항, 금융소비자 부담금액
예금성 상품	• 이자율, 수익률

　금융소비자보호법상 금융소비자에게 불이익이 발생할 수 있는 사항에 대해서는 금융상품 설명화면 등에서 작게 또는 마지막 부분에 표시되어 있는 경우가 있어 문제가 되었다. 이에 따라 금융소비자에게 불이익이 발생할 수 있는 사항과 권리사항의 경우 온라인에서 금융소비자가 인지하기 쉽게 강조하여 표시하도록 하였다.

　또한 중요사항 이해 여부에 대해 확인 과정을 진행하며, 금융소비자 이해여부 확인 시 기본값을 설정하지 않도록 정하였다. 온라인 금융거래 시 PC나 모바일 기기가 활용되고 있는데, 화면구성이 기기 화면에 적합하지 않으면 금융소비자가 금융상품에 대한 정보를 읽는 데에 어려움이 발생할 수 있으므로 화면크기를 고려하여 금융상품 설명화면을 구성할 것을 정하였다. 온라인 판매채널에서 상품설명서를 단순 게시하거나 파일을 다운로드하는 방법으로만 설명의무를 이행하지 않도록 언급하였다. 일례로 투자성 상품 위험등급을 색깔, 숫자를 이용하여 표시하도록 제안하였다. 또한 설명화면과 관련하여 금융소비자가 설명화면을 읽지 않고 계약체결 단계로 진입하지 않도록 설명화면 건너뛰기 방지, 일정시간 경과 후 다음버튼 활성화, 설명화면 중간체크 방식 등의 화면을 구성하도록 하였다.

　그 밖에도 금융소비자의 이해를 지원하기 위해 금융소비자를 위한 상담채널에 대해 온라인상 안내화면이나 배너를 금융소비자가 쉽게 찾을 수 있도록 배치하도록 하여 접근성과 편의성을 제고하도록 하였다. 또한 금융상품에 관한 설명사항 이해를 돕기 위해 적절한 보조수단을 제공하도록 정보를 탐색할 수 있는 도구를 판매채널에서 제공하도록 하였다.

다. 금융광고 규제 가이드라인

금융소비자보호법은 개별 금융업법에 산재한 광고규제를 통합하여 규율하면서 2021년 6월 「금융광고규제 가이드라인」을 통해 금융소비자보호법 제정에 따른 혼란을 방지하고자 노력하였다. 더하여 금융업권별 협회가 각 금융상품판매업자 등의 광고규제 준수 여부를 확인할 수 있게 하는 등 자율규제 협의체를 운영하여 금융권 내 광고 정화 노력의 지속성을 확보하고자 하였다.352)

가이드라인에서는 업무광고 규제를 도입하여 각 권역 간 광고 규제에서 부당한 차이가 발생하지 않도록 통일적 가이드라인을 제시하였다. 가이드라인에서는 금융상품 광고의 정의와 광고의 주체 및 절차, 광고 방법 등을 정하고 있다. 금융광고 규제 가이드라인은 금융광고의 특성상 광고와 정보제공에 대한 구분이 어렵고 서비스 소개와 금융거래를 유인하는 행위들이 많아 별도 가이드라인을 마련한 것으로 보인다. 또한 광고는 기본적으로 표시광고법에 따라 광고 규제를 받지만, 금융상품 광고는 금융소비자보호법, 방송법, 대부업법 등 다른 법령에 위배되는 사항이 있는 지 꼼꼼히 확인하여야 한다.

금융회사 등 사업자의 이미지 광고는 규제대상이 아니며, 금융소비자보호법상 광고는 '금융상품에 관한 광고'와 '금융상품판매업자·금융상품자문업자의 업무에 관한 광고'로 구분된다. 금융상품에 관한 정보를 제공하는 방송은 금융상품 광고이며, 특정 금융상품판매업자의 서비스를

---

352) 금융위원회·금융감독원 보도자료, "금융소비자의 광고 피해가 없도록 금융업권 협회와 함께 블로거·유튜버의 뒷광고(hidden ad)까지도 확인하겠습니다.", 2021.6.8., 5면.

소개하며 금융거래를 유인하는 방송은 업무광고로 보고 있다. 금융상품 광고는 특히 금융소비자보호법에 해당하는 금융상품직접판매업자, 금융상품 판매대리·중개업자, 금융상품자문업자가 아닌 자의 광고를 엄격히 제한하고 있다. 그러므로 온라인 포털, 핀테크 업체 등 판매과정에 적극적으로 개입하는 회사들은 금융상품판매업자로 등록하도록 하고 있다. 금융상품 광고는 회사 내부심의를 반드시 거쳐야 하며, 업권에 따라 협회의 사전심의도 받아야 한다.

가이드라인에서는 광고의 목적, 광고매체의 특성 등을 감안하여 규제취지를 형해화하지 않는 범위 내에서 탄력적으로 운영할 수 있도록 하고 있다. 광고가 계약단계가 아닌 만큼 설명의무와 같이 상품을 상세히 설명할 필요는 없으나 자의적인 정보 제외로 인해 상품에 대한 소비자의 오인이 발생하지 않도록 하여야 한다.

Ⅳ. 포용금융을 위한 금융소비자보호 이슈와 개선방안

금융소비자보호는 앞서 강조했던 것처럼 포용금융의 하나로 금융소비자들에게 공정하고 정확한 정보를 제공함으로써 정보 비대칭을 해결하고 금융소비자의 접근성을 향상시킬 수 있다. 이는 나아가 금융소비자의 자기책임원칙을 강화하여 사회적 비용을 감소시켜 건전한 시장을 마련하는데 도움이 될 것이다.

포용금융의 일환으로 금융소비자 보호가 올바르게 작동되기 위해서는 합리적이고 공정한 소비자보호 원칙이 마련되어 금융판매업자의 합리적 판매행위와 금융소비자의 편익을 제고하여야 할 것이다. 특히 대면과 비대면, 금융소비자와 금융판매업자 등, 금융상품 유형별로 어느 한 쪽으로 편중되지 않도록 규제가 마련될 때 포용금융과 금융소비자 보호가 올바르게 작동될 수 있을 것이다.

포용금융을 위해서는 새로운 각도의 정보제공과 같은 다양한 시도가 필요할 수 있는데, 금융소비자가 쉽게 이해할 수 있고 꼭 필요한 정보가 부차적인 정보에 섞여 소비자에게 되려 혼동을 일으키는 일이 없도록 하는 등의 소비자보호가 이루어져야 할 것이다.

1. 디지털 금융의 전환에 따른 금융소비자보호의 문제점

가. 금융소비자보호법의 한계

금융소비자보호법은 2011년 국회에 처음 발의된 이후 통과되지 못하다가 2008년 키코(KIKO) 사태, 2009년 저축은행 사태, 2013년 동양 기업어음 사태, 2019년 해외금리연계 파생결합펀드 사태(DLF) 등 불완전판매가 계속 발생하여 소비자피해가 증가하면서 2020년 별도 법으로 제정되어 2021년부터 시행되었다. 금융소비자보호법 제정 당시 불완전판매 사례들이 대부분 창구를 통한 대면영업에서 발생한 것이었는데, 2020년 제정 당시 핀테크 금융의 발전이 진행 중에 있었으나 시행 시점이 되어서야 이 부분에 대한 해석이 쟁점으로 떠오르게 되었다.

현행 금융소비자보호법이 대면영업에서 발생하는 영업행위 규칙을 정하고 있다보니 온라인 금융거래에서 금융소비자보호법의 적용이 명확하지 않고 실질적으로 준수하였는지를 판단하기도 어려운 상황이다. 이 과정에서 오히려 금융소비자가 비대면 온라인 채널로 이동하는 현상이 발생하고 있다.

금융소비자보호법상의 설명의무에 따르면 금융상품에 관한 중요한 사항을 일반금융소비자가 이해할 수 있도록 설명하도록 정하고 있어 이를 이행하는 과정에서 대면을 통한 금융상품 구매 시간이 늘어남에 따라 빠르게 가입이 가능한 비대면 채널의 선호도가 증가하였다. 최근 홍콩 ELS 사태 등 불완전판매 사례가 발생함에 따라 금융감독원은 분쟁조정기준안을 마련하였는데, 설명의무의 형해화 등 대면영업의 한계가 지적됨에 따라 금융회사 입장에서도 대면보다는 비대면 영업을 강화할 것으로 보인다.

이는 규제가 약하거나 미비한 온라인 환경으로 시장이 이동한다는 것을 볼 수 있는데, 그러므로 온라인 환경에서의 금융소비자보호를 위한 조치가 강화될 필요가 있다. 이를 위해서는 금융소비자보호법상 영업행위 규제를 대면거래와 같은 수준으로 맞추어 규제차익이 발생되지 않도록 조치해야할 것이다.

나. 금융상품의 다크패턴 발생

디지털 금융이 확산되면서, 플랫폼 시장 영역이 금융산업 전반에도 확장됨에 따라 금융상품 판매과정에서 다크패턴과 같은 소비 유도 상술이 증가하고 있는 상황이다. 특히 금융시장은 2015년 비대면 계좌개설 허용을 이후로 2019년 오픈뱅킹을 전면 시행하였고, 2020년 마이데이터(본인신용 정보관리업) 산업의 등장으로 금융회사들이 자사 어플리케이션의 회원을 유치하기 위해 마이데이터를 활용하고 있는데, 이 과정에서 다양한 다크패턴의 행태가 나타나고 있다.

보험 상품의 경우 같은 연령대의 가입자가 가입한 보험을 지속적으로 모바일 또는 PC 화면에 띄워 위기감을 강조하여 가입을 유도하는 다크패턴 형태가 나타나고 있으며, 예금상품 및 대출상품의 경우 실제(실질) 이자율을 표기하지 않고 받을 수 있는 최대 이자율을 표시한다거나 이자소득세 등 세금을 반영하지 않고 이율을 표시하는 등 불리한 정보를 숨기는 다크패턴 행태가 나타나고 있다.

최근에는 금융회사들이 자사 어플리케이션의 회원 유치 수단으로 마이데이터 산업을 적극 유치하기 시작하면서, 서비스를 이용한 사람 수를 기재하여 소비자의 의사결정을 압박하는 다크패턴 사례도 있다. 특히 마이데이터와 같이 금융소비자보호법상 금융상품에 해당하지 않는 금융서비스에 대해서는 법 적용이 어렵기 때문에 이러한 부분들은 법 개정을 통해 금융소비자들이 피해에서 보호받을 수 있도록 하여야 할 것이다.

또한 중저신용자의 대출을 확대하고자 시중은행에 접근이 어려운 금융

소비자들을 위한 인터넷전문은행 도입을 허용하였다. 인터넷전문은행 도입으로 금융시장에서 경쟁은 다각화되었지만 인터넷전문은행의 중저신용자의 대출 확대는 아직 놀라운 성과를 보이지는 못하고 있다. 자발적인 중저신용자 대출 확대가 아닌 정부 정책에 의한 대출 확대로 이러지고 있는 실정이다. 그러므로 인터넷전문은행은 이용자 확보를 위해 사업을 다각화하는 것은 좋으나 슈퍼앱(원앱)으로 인해 금융소비자의 이용에 혼동을 주어 금융소비자의 편익을 침해하는 것은 유의하여야 한다. 일례로 은행과 페이업자는 독립된 사업자임에도 이를 구분하기 어렵거나 원앱 안에 은행, 증권, 페이 등이 모두 포함되어 있으나 금융소비자 입장에서는 하나의 회사로 오인하여 모두 은행을 통해 가입하는 서비스 또는 상품으로 생각할 수 있다. 금융플랫폼 사업의 취지는 좋으나 소비자 오인을 감소시킬 수 있는 대안 마련이 필요하다.

다. 핀플루언서의 등장

디지털 금융이 발전하면서 소셜미디어의 영향력이 커지고 있으며, 금융분야에서도 소셜미디어를 활용한 마케팅이 증가하고 있다. 2023년 5월 유럽연합 집행위원회는 소매 금융투자 가이드라인(Retail Investment Package)을 발표하였는데, 정보제공 규제를 디지털 시대에 부합하여 개정하고 표준화된 방식으로 금융소비자들에게 금융상품 서비스의 제공을 하자는 제언이 포함되었다.[353]

최근 해외에서는 소셜미디어를 통한 금융상품의 투자권유로 인한 소비자 피해사례가 증가하면서 핀플루언서(fin-fluencer)의 영향력과 규제에 초점을 맞추고 있다. 핀플루언서는 금융과 인플루언서의 합성어로 소셜미디어에서 금융정보를 제공하고 투자 추천의 활동 등을 하는 인플루언서를 말하는데, 국내에서도 금융상품판매업자가 아닌 자는 금융상품 광고를 할

---

353) European Commission Press Releases, "Capital Markets Union: Commission proposes new rules to protect and empower retail investors in the EU", 24 May 2023.

수 없음에도 불구하고 광고주체에 대한 구분이 모호해지면서 핀플루언서를 통한 금융사고 및 문제점이 발생하고 있는 것이다.

최근 영국 FCA에서는 소셜미디어에서의 금융광고에 대한 최종 지침을 발표하여 금융회사가 소셜미디어에서 금융상품과 서비스를 홍보할 때 지켜야 할 규정을 제시하였다.[354] 이 지침은 기업이 자율적으로 자사의 금융광고가 이 지침을 준수하고 있는지 확인하는 가이드라인에 해당하는데, 핀플루언서들이 광고 범위와 영역, 광고의 방식 등에 대해서 구체적으로 예시를 들어 설명하고 있다.

국내의 경우 이미 공정거래위원회는 유명 유튜버들의 뒷광고가 문제되면서 2020년 9월 「추천보증심사지침:경제적 이해관계 표시 안내서」를 마련하였으나, 금융상품 및 서비스는 일반 상거래와는 다르므로 보다 강화된 규제가 마련될 필요가 있다. 금융위원회와 금융감독원은 2021년 "금융광고 규제 가이드라인"을 마련한 바 있으며, 금융소비자보호법의 후속조치로 상시개선협의체를 발족하여 금융소비자보호법과 관련된 세부사항을 조율해 나가고 있는 상황이지만, 금융상품 및 서비스는 복잡하고 이해하기 어려운 경우가 많아 소비자들이 잘못된 정보나 오해의 소지가 있는 광고에 노출될 가능성이 높은 상황이다. 특히 신규 금융광고 유형이 증가하고 있고, 라이브 방송 및 댓글 참여 등을 통한 금융상담 및 계약 체결 유도는 별도의 광고 규제가 마련될 필요가 있다.

현재 금융소비자보호법은 금융상품의 광고에 대해 정하고 시행령에서 광고의 방법 및 절차에 대해 규정하고 있으나 현재 핀플루언서의 광고를 규율하기는 어려운 상황이다. 핀플루언서의 계정과 유사한 허위 계정을 만들어 도용 영상을 게시하고 불법업자의 영상을 끼워넣거나 전문가를 사칭하여 투자를 권유하는 행위에 대해 금융감독원의 소비자 경보가 발령된 바 있다. 핀플루언서의 영향력이 커지고 홍보방법이 다양해지면서 광고성 여부를 명확히 따지기 어려운 사례도 존재하고 있다. 앞서 언급하였던 공정거래위원회 경제적 이해관계 가이드라인에 따라 광고는 경제적 이해관계를 밝혀야 함에도 불구하고 주식 관련 콘텐츠는 광고성 여부를 명확히

---

354) FCA, "Finalised guidance on financial promotions on social media", 26 Mar. 2024.

따지기 어려운 상황도 존재한다. 특히나 포용금융의 입장에서 이러한 핀플루언서로 인한 피해는 금융상품에 대한 전문성 또는 지식이 부족한 금융소비자에게 더 큰 여파로 올 수 있기 때문에 이를 위한 금융소비자 보호가 필요한 실정이다.

2. 금융소비자보호 전문기관 부재

금융소비자보호법이 제정되면서 금융분쟁의 조정에 관한 사항을 심의·의결하기 위해 금융감독원에 금융분쟁조정위원회를 두도록 정하고 있으며, 현재 금융감독원 내 금융소비자보호처가 있다. 이에 따라 현재 금융분쟁 및 민원은 금융감독원 민원센터를 통해 이루어지고 있으며, 그 외의 기관으로 한국소비자원이 있다. 하지만 금융상품 유형별로 다양한 민원 사례가 있으며, 최근 홍콩 ELS 사태 등 불완전 판매가 대규모로 발생하였을 때 이를 상대할 별도의 금융소비자보호 전문기관이 필요하다.

특히 금융소비자는 대개 금융회사 등 금융 관련 사업자에 비해 정보, 전문성, 경제력, 조직 등 여러 측면에서 열위에 있기 때문에 금융상품 관련 분쟁이 발생했을 때 대등하게 맞서 싸우기 어려운 상황이 있다. 현재 「소비자기본법」 상의 한국소비자원과 같이 별도의 법에서 규정하고 있는 전담 기관은 없는 상황이다. 금융업권별 개별법에서는 상호 간의 업무 질서 유지 및 업의 건전한 발전을 위하여 협회를 설립하도록 규정하고 있는데, 협회는 소비자 보호 업무도 일부 수행하고 있다. 하지만 주로 업자 간 상호협력 및 발전에 치중하다 보니 금융소비자 보호에 집중하는 기관은 아니다.[355]

금융소비자 보호 정책의 실효성 확보를 위해서는 관련 조사·연구는 물론이고, 금융교육 정책 개발, 민원 분쟁 지원 등 금융소비자 보호에만 집중하는 전문기관을 설립하여 금융소비자 보호 수준을 대폭 제고할 수 있는 기반을 마련할 필요가 있다. 기존 금융연구원, 자본시장연구원, 보험

---

355) 자본시장법에 의거한 한국금융투자협회, 보험업법상의 보험협회(손해보험협회, 생명보험협회), 여신전문금융업법상 여신전문금융업협회(여신금융협회) 등이 있으며, 전국은행연합회의 경우 은행들의 자발적 협의기구이다.

연구원 등이 금융소비자 보호도 부수적으로 연구하고 있으나 주요 목적이 해당 업권의 발전이다보니 업권의 이해를 반영하는 경우가 적지 않다. 이는 개별법에 근거한 협회들 또한 법의 설립목적 자체가 업의 건전한 발전을 위해서이다보니 업권의 이해가 반영될 수밖에 없는 상황이다. 그러므로 업권의 이해관계를 떠나 독립적인 위치에서 금융소비자 보호의 중립기관으로서 금융업의 발전과 투자자 보호를 모두 고려한 전문 기관이 필요하다.

3. 금융소비자 보호 개선방안

가. 금융 소비자 보호 법제 강화 : 금융 소비자 보호를 위한 법적 장치를 강화하여 금융 서비스 이용 시 발생할 수 있는 다양한 문제에 대해 구체적인 법적 보호를 제공하는 법률을 제정하거나 개정한다. 처벌 규정 강화: 금융 상품 판매 시 투명한 정보 제공 의무를 법으로 명시하고, 부당한 판매 관행에 대한 처벌 규정을 강화한다.

나. 금융 상품의 투명한 정보 제공 : 모든 금융 상품에 대해 명확하고 이해하기 쉬운 설명서를 제공하며, 주요 조건과 위험 요소를 명확히 고지한다. 또한 금융 상품 비교 사이트나 모바일 앱을 통해 소비자들이 쉽게 금융 상품을 비교하고 선택할 수 있도록 한다.

다. 금융 교육 및 역량 강화 : 학교, 직장, 지역 사회 등 다양한 곳에서 금융 교육 프로그램을 운영하여, 소비자들이 금융 지식을 습득하고 올바르게 금융 서비스를 이용할 수 있도록 한다. 취약 계층 맞춤형 교육: 금융 취약 계층을 대상으로 맞춤형 교육 프로그램을 개발하고, 이들이 금융 사기에 속지 않도록 예방 교육을 강화한다.

라. 금융 분쟁 해결 시스템 강화 : 금융 분쟁 해결을 위한 신속하고 공정한 시스템을 구축하여 금융 소비자가 문제를 제기할 때 신속하게 처리할 수 있는 절차를 마련한다. 독립적인 기구 운영: 금융 소비자 보호 기구를 설립하여 소비자의 불만을 접수하고, 중재나 조정을 통해 분쟁을 해결하는 시스템을 운영한다.

마. 금융 감독 강화 : 금융 당국의 감독 기능을 강화하여 금융기관이 소

비자 보호 규정을 준수하도록 한다. 정기적인 검사를 통해 금융기관의 불공정 행위를 감시하고, 위반 시 엄중히 처벌한다. 내부 통제 시스템 강화: 금융기관의 내부 통제 시스템을 강화하고, 준법 감시 부서를 통해 지속적으로 감독한다.

바. 소비자 의견 수렴 및 반영 : 금융정책 및 제도에 소비자의 의견을 적극적으로 수렴하고 반영한다. 정기적인 설문 조사, 공청회, 간담회 등을 통해 소비자의 목소리를 듣고, 이를 정책에 반영하여 소비자 중심의 금융 환경을 조성한다. 소비자 단체와의 협력: 금융 당국은 소비자 보호 관련 정책을 수립할 때, 소비자 단체와 긴밀히 협력하여 실효성 있는 정책을 마련한다.

사. 소비자 보호 캠페인 : 금융 소비자 보호의 중요성을 알리는 캠페인을 전개하여, 소비자들이 자신의 권리를 인식하고 보호받을 수 있도록 한다. 미디어를 통해 금융 사기 예방, 올바른 금융 서비스 이용 방법 등을 지속적으로 홍보한다. 소비자 보호의 날 지정: 금융 소비자 보호의 날을 지정하여, 다양한 행사를 통해 소비자 보호의 중요성을 강조한다.

아. 디지털 금융 보안 강화 : 디지털 금융 서비스의 확대에 따라 소비자의 개인정보 보호와 사이버 보안을 강화한다. 금융기관은 최신 보안 기술을 도입하고, 소비자의 개인정보를 안전하게 관리할 의무를 다해야 한다. 보안 교육 제공: 소비자에게도 안전한 금융 서비스 이용 방법을 교육하고, 사이버 공격에 대비할 수 있도록 한다.

자. 취약 계층 보호 강화 : 고령자, 저소득층, 금융 소외 계층 등 취약 계층을 대상으로 한 특별 보호 조치를 마련하여 이들이 금융 서비스를 이용할 때 불이익을 당하지 않도록 보호 장치를 강화한다. 맞춤형 금융 상품 개발: 고령자를 대상으로 한 맞춤형 금융 상품을 개발하고, 저소득층에게는 금융 교육과 함께 저리 대출 상품을 제공한다.

위에서 금융소비자보호법의 주요 내용을 살펴보면서 금융소비자보호법과 포용금융의 관계를 살펴볼 수 있었다. 금융소비자보호가 강화될수록 포용금융 입장에서는 모든 금융소비자에게 금융접근성을 향상시키고 금융교육, 금융분쟁조정, 손해배상책임 등을 통해 취약한 금융소비자들에게 금융 교육과 지원을 확대할 수 있다. 이는 금융소비자들이 금융상품과 서비스에 대해 잘 이해하고 올바른 선택을 할 수 있도록 도울 수 있을 것이다. 나아가 포용금융의 핵심목표 중 하나는 금융소외계층에게 적절한 금융서비스를 제공하고 이들의 권리를 보호하는 것인데, 현재의 금융소비자 보호법은 소외계층에 대한 특화된 보호조치가 부족하다. 따라서 금융소외계층에 대한 보호를 강화하기 위한 법 개정이 필요할 것이다.

금융 소비자 보호를 강화하기 위해서는 법적 장치 강화, 금융 상품의 투명한 정보 제공, 금융 교육 및 역량 강화, 금융 분쟁 해결 시스템 강화, 금융 감독 강화, 소비자 의견 수렴 및 반영, 소비자 보호 캠페인, 디지털 금융 보안 강화, 취약 계층 보호 강화, 국제 협력 강화 등의 종합적인 방안이 필요하다. 이러한 방안을 통해 금융 소비자가 안전하고 공정하게 금융 서비스를 이용할 수 있도록 하여, 금융시장의 신뢰를 높이고, 궁극적으로는 경제적 불평등을 해소하는 데 기여할 수 있을 것이다.

제4장 소상공인 포용금융 진흥

포용금융은 경제의 정원에서
목마른 식물에게 물을 주는 정원사

Ⅰ. 소상공인 포용금융의 중요성

소상공인이란 소기업 중에서도 규모가 작은 기업이나 생업과 관련한 업종을 영위하는 자영업자를 의미하는 것으로,[356] 우리나라는 1997년 외환위기를 극복하는 과정에서 본격적인 정책 대상으로 삼기 시작했다. 법률적으로는 「중소기업기본법」 제2조제2항에 따른 소기업 업종별 연평균 매출액 10억 원에서 120억 원 이하 기준과 「소상공인기본법」 제2조에 따른 상시근로자 수 업종별 5인 또는 10인 미만 기준으로 규정하고 있다.

소상공인은 과거에도 그랬지만 지금도 한국 경제에서 매우 중요한 역할을 담당하고 있다. 소상공인은 우리나라 기업 경제 활동 주체의 다수이며, 지역 경제의 근간이고, 고용시장의 한 축을 담당한다. 또한 겉으로 드러나지 않지만, 우리 경제에서 완충지대 역할을 한다. 구조조정으로 직장을 그만둔 가장에게 생계의 중요한 수단이 되고, 은퇴 세대가 일자리로 재취업하지 못하거나 출산이나 육아 이후 임금근로자로 진입이 힘들 때, 또 취업에 실패하는 청년들에게 소득의 기회를 제공한다.[357]

[표 46] 2021년 기준 기업규모별 기업체 수

(단 위 : 개, %)

산업별(10차)중분류별	전체	소상공인	중소기업	대기업	비중
전산업	7,723,867	7,335,397	7,713,895	9,972	95.0%
A.농업, 임업 및 어업	102,625	98,374	102,553	72	95.9%
B.광업	2,540	2,259	2,527	13	88.9%
C.제조업	620,252	551,049	617,517	2,735	88.8%
D.전기, 가스, 증기 및 공기 조절 공급업	125,805	125,386	125,618	187	99.7%

---

356) NAVER 지식백과
357) 정은애(2022)

E.수도, 하수 및 폐기물 처리, 원료 재생업	12,766	8,736	12,667	99	68.4%
F.건설업	550,499	520,239	549,913	586	94.5%
G.도매 및 소매업	1,936,683	1,845,255	1,935,153	1,530	95.3%
H.운수 및 창고업	645,701	635,262	645,272	429	98.4%
I.숙박 및 음식점업	869,724	829,603	869,558	166	95.4%
J.정보통신업	170,303	151,100	169,497	806	88.7%
K.금융 및 보험업	60,732	56,845	59,791	941	93.6%
L.부동산업	1,272,816	1,258,699	1,271,654	1,162	98.9%
M.전문, 과학 및 기술 서비스업	283,751	251,912	283,261	490	88.8%
N.사업시설 관리, 사업 지원 및 임대서비스업	176,471	158,172	175,996	475	89.6%
P.교육 서비스업	254,316	247,134	254,254	62	97.2%
Q.보건업 및 사회복지 서비스업	81,756	52,482	81,733	23	64.2%
R.예술, 스포츠 및 여가관련 서비스업	155,203	151,531	155,058	145	97.6%
S.협회 및 단체, 수리 및 기타 개인 서비스업	401,924	391,359	401,873	51	97.4%

자료: 중소벤처기업부

그러나 기업에서 많은 비중을 차지하는 만큼 영세하거나 경영에 어려움이 있는 소상공인이 많은 것 또한 사실이다. 특히, 상당 수 소상공인은 신용 점수가 낮거나 담보가 부족해 전통적인 금융기관에서 대출을 받기 힘들어 자금 조달에 많은 어려움을 겪고 있다. 포용적 금융은 이러한 문제를 해결하는데 중요한 역할을 한다. 소상공인 포용금융은 소상공인들의 자금 조달 어려움을 해소하고, 사업을 확장하거나 새로운 기회를 모색할 수 있도록 도우며, 보다 안정적인 금융 환경에서 사업을 운영할 수 있도록 하여 경제적 불확실성을 줄이는 데 기여한다. 그러나 영세하고 담보가 약한 소상공인 지원에 대해서는 많은 부정적 시각이 존재한다. 특히, 부실이나 좀비 소상공인에 대한 지원은 생산성이 높은 기업으로의 자원 이동을 제한한다는 측면에서 부정적이다[358]

그렇다면 경쟁력 없고 담보력이 부족한 소상공인은 모두 퇴출어야 할

---

[358] 김원규· 최현경, 2017; Banerieeand Hofmann, 2018; 송단비 외, 2021 등

까? 소상공인 금융지원은 밑 빠진 독에 물 붓기인가? 필자는 다섯 가지 측면에서 소상공인 포용금융 필요성을 이야기하고 싶다.

첫째, 소상공인 비중과 경제 충격 부분이다. 앞서 언급한 바와 같이 한국의 소상공인은 전체 기업에서 차지하는 비중이 상당하며, 이들은 고용창출의 공급자 역할과 소비자 역할을 동시에 하면서 경제에 중요한 역할을 한다. 이러한 소상공인들이 비슷한 시기에 대규모로 폐업하게 되다면, 경제에 적잖은 큰 충격을 줄 수 있다. 우리나라는 코로나19 팬데믹을 극복하는 과정에서 정부 대출보다 민간 대출을 더 많이 활용했다. 이로 인해 소상공인 대출은 급격히 증가했으며, 그 뒤 이어진 3고(高)로 인한 경영 악화로 부실률이 높아진 상황이고 지금도 계속 증가하고 있다. [표 47]에서 알 수 있듯이, 자영업자 대출액은 코로나19발생 후 약 4년 동안 50%나 급증했으며, 연체율도 계속 증가하고 있다.

[표 47] 자영업자 대출 및 연체 현황

구분	2019.12월말(A)	2023.3월말(B)	2024.3월말(C)	증가율(C/B)	증가율(C/A)
대출금액(조 원)	738.1	1,088	1,113	2.28	50.76
대출자 수(명)	2,097,221	3,345,339	3,359,590	0.43	60.19
연체자 보유 대출액(조 원)	15.62	20.40	31.30	53.41	100.45
전체 대출액 중 연체자 보유 비중(%)	2.1	1.9	2.8	0.9(C-B)	0.7(C-A)

자료: 나이스(NICE)평가정보, 연합뉴스(2024.5.12.)

이러한 소상공인들이 퇴로가 없는 상황에서 대규모로 폐업하면 자영업자 스스로를 포함해 고용시장에 타격을 줄 수 있으며, 사회적 불안정과 경제 침체를 더욱 심화시킬 수 있다. 이는 경제 문제를 넘어, 사회 안정과도 연결된다. 실업률이 높아지면 사회복지 비용이 증가하고, 이는 정부의 재정 부담으로 이어질 수 있다. 따라서 소상공인들에 대한 포용적 금융지원은 이들이 사업을 지속할 수 있도록 돕는 것 뿐 아니라, 지금과 같이 경제가 어려운 시기에 연착륙을 할 수 있는 전략적 접근이 될 수 있다.

두 번째, 소상공인은 코로나19와 같은 외부 충격에 즉시 그리고 직접적으로 타격을 입는 경제 주체이다. 코로나19를 비롯해, MERS나 SAS와 같은 외부 충격은 곧바로 소상공인 매출 감소로 이어진다. 그리고 소비자와 접점이 높은 소상공인은 영업 특성상 외부 충격이 발생하면 부정적 영향이 이후에도 연결되는 경우가 많다. 더군다나 코로나19 같은 경우 정부가 직접 행정명령까지하며, 영업을 하지 못하게 하였다. 사회적 거리두기와 영업 제한 조치의 부정적 영향은 지금까지도 이어져 많은 소상공인들이 경영난을 겪고 있을 뿐 아니라 생계와 생존까지 위협 받고 있다. 이러한 특성으로 소상공인들에 대한 금융지원은 그들의 생존을 돕고, 경제 회복의 기반을 마련하는 방안이 될 수 있다. 따라서 소상공인들에 대한 금융지원은 단순한 비용이 아니라, 마이너스 경제를 최소화 시키는 투자 관점으로도 볼 수 있는 것이다.

세 번째, 소득 보장 문제와 우리나라 기업 구조의 현실을 생각해 볼 필요가 있다. 좋은 기업만 살리고 부실한 기업들을 폐업하게 둔다고 해도, 폐업한 소상공인들이 소득을 보장받지 못하게 되면, 다시 빚을 내서 창업하거나 저소득층으로 전락하는 것이 우리나라 현실이다. 즉, 소상공인들이 폐업하여도 생계 유지와 재도전 준비를 위한 충분한 사회안정망과 소득 보장의 장기 임금근로 기회가 많지 않기 때문에 폐업 후 다시 빚을 내서 창업하거나 일시적 저임금근로자를 선택할 확률이 크다. [표 48]는 종사상지위별 기준연도(n) 폐업·실직·이직 등 일자리 이탈 후, 다음 해 (n+1) 종사상지위별 이행비율을 나타낸 것이다(김민석·김지연, 2022). [표 48]에서 보는 바와 같이 자영업자, 특히 고용원이 없는 자영자는 폐업 후 다음 해 실업 및 비경활인구로 편입하는 비율이 32.6%, 자영업으로 재창업이 21.5%, 임시일용직으로 편입이 17.2%, 무급가족종사자로 전환하는 것이 2.6%로 이를 합산하면 73.9%이다.[359] 즉, 자영업자는 대부분 폐업(실직) 후, 비경제활동인구로 전락하거나 불안정한 근로자 지위로 이동하거나 다시 재창업하는 것을 보여준다.

---

359) 분석자료가 2000년 이후 취업, 창업, 이직 등 일자리 이행 자료가 있는 응답자를 대상으로 한 「한국노동패널조사」인 점을 감안하면, 폐업 후 자영업자의 취약 수준은 더 높을 것이다.

[표 48] 기존 일자리 이탈 후 종사상지위 이행행렬

		n+1년				
		일자리 이동				
		자영업	상용직	임시 일용직	무급가족 종사자	실업 및 비경활
n년	고용주	0.261	0.263	0.117	0.036	0.323
	자영자	0.215	0.261	0.172	0.026	0.326
	상용직	0.091	0.492	0.126	0.012	0.279
	임시일용직	0.063	0.236	0.298	0.010	0.393
	무급가족종사자	0.118	0.219	0.125	0.114	0.424

자료: 김민석·김지연(2022), 「자영업자 고용보험 적용에 대한 분석과 정책방향」, KDI.

정부도 이러한 문제를 충분히 인지하고 있으며, 고용보험이[360]나 노란우산공제제도[361] 등을 통해 자영업자를 사회안전망으로 편입시키기위해 많은 노력을 해왔다. 고용보험은 실직이나 폐업 후, 실업급여를 지급함으로써 생계를 유지하고 채취업·재창업을 지원하는 고용안전망이다. 그러나 2012년 실업급여를 포함한 자영업자 고용보험이 도입된지 10여 년이 지났음에도 불구하고 [표 49]에서 보는 바와 같이 가입유지율은 0.8% 수준으로 여전히 제도의 사각지대에 놓여있다. 이는 창업 당시 폐업을 고려하는 소상공인이 거의 없으며, 제도에 대한 인지도가 크지 않고, 자영업자의 소득변동성이 크기 때문이라고 여러 전문가들이 진단한다. 노란우산공제제도 같은 경우에는 고용보험에 비해 상대적으로 소상공인의 선택을 많이 받은 성공적인 제도로 평가받고 있다. 그러나 전체 소기업·소상공인 수에 비해 가입률은 20% 내외 수준이다.[362] 노란우산에 가입한 소상공

---

360) 자영업자 고용보험 임의가입을 허용하는 「고용보험법」 개정안 2011년 6월 30일 국회 의결 및 2012년 1월 22일 시행
361) 노란우산공제는 소기업·소상공인이 폐업, 사망, 노령, 퇴임 등으로 생계에 어려움을 겪을 때 그동안 납입한 금액에 연복리 이자율을 적용한 공제금을 한꺼번에 되돌려 주는 사회안전망 형태의 공적 공제제도로, 중소기업중앙회가 운영하고 있으며, 2007년 9월 「중소기업협동조합법」에 의해 도입
362) 2023년 12월 기준 노란우산공제 재적자 수는 1,718,901명으로, 2021년 기업체수 기준

인·소기업 형편이 상대적으로 더 낮다는 것을 감안하면, 약 70% 이상의 소기업·소상공인은 보호의 사각지대에 있는 것이다.

이러한 결과를 통해 보았을 때, 김민석·김지연(2022)이 언급한 바와 같이 소상공인이 폐업한 경우가 아니더라도 이에 준하는 소득충격의 발생에 대비할 수 있는 체계가 마련될 필요가 있다. 소상공인들에 대한 사전 금융지원은 이들이 안정적으로 사업을 운영할 수 있도록 도울 수 있으며 경제 전반의 안정을 유지하는데 중요하다. 소상공인 포용금융은 이러한 관점에서도 중요한 역할을 한다.

[표 49] 연도별 자영업자 고용보험 가입 현황

(단위:천명,명,%)

연도	자영업자수(천명)[1]	신규가입(명)	가입유지(명)	가입유지비율
2012년	5,768	24,829	20,864	0.4%
2013년	5,703	5,820	17,908	0.3%
2014년	5,720	4,918	16,985	0.3%
2015년	5,622	4,802	16,404	0.3%
2016년	5,614	5,619	16,722	0.3%
2017년	5,682	4,245	16,455	0.3%
2018년	5,638	7,279	18,265	0.3%
2019년	5,606	10,050	22,529	0.4%
2020년	5,531	16,251	30,629	0.6%
2021년	5,513	15,970	36,859	0.7%
2022년	5,632	16,317	42,643	0.8%

주1) 무급가족종사자를 제외한 '고용원이 있는 자영업자'와 '고용원이 없는 자영업자'를 합한 수임
자료: 통계청, 「소상공인 사회안전망 현황과 확대 방안」(2023) 내용을 발췌하여 재구성

네 번째, 경기 침체기에는 부실 기업의 연장이 파산 최소화 및 해고 방지를 통해 수요를 방어하는 데 중요한 역할을 할 수 있다. 부실 기업은 실질적으로는 취약하지만, 금융지원 등을 통해 생존하는 기업을 의미한다. 이러한 기업들이 갑자기 대량으로 폐업하게 되면, 고용 시장에 충격

으로 하더라도 공제가입비율은 22.6%임

을 줄 수 있으며, 경기 침체를 더욱 심화시킬 수 있다. 특히, **영세하게 영업을 유지하는 소상공인들의 경우 앞서 언급한 여러 요인들 때문에 경기 침체기에는 금융지원을 통해 이들이 생존할 수 있도록 돕는 것이 경제 전반에 더 이익일 수 있다.** 그리고 소상공인들은 주로 내수 시장에서 활동하며, 공급자와 소비자의 역할을 동시에 수행한다. 소상공인들은 지역 사회의 경제적 기초를 형성하며, 지역 경제를 지탱하고, 지역 내 자금의 선순환을 촉진하는 중요한 경제 주체이다. 즉, 소상공인들은 지역 주민들에게 일자리를 제공하여 고용을 창출하며, 지역 주민들의 소득을 제공한다. 이러한 경제 활동은 지역 내 소비를 촉진하고, 지역 상권을 활성화시키는 선순환 구조를 형성하게 된다. 그 이익은 다시 지역 사회로 환원되어 지역 경제의 지속 가능한 성장을 가능하게 한다. 포용금융은 소상공인들이 안정적으로 경제 활동을 할 수 있도록 돕고, 내수 시장의 안정성을 유지하는 데 기여할 수 있다. 포용금융을 통해 소상공인들에게 적절한 금융지원을 제공함으로써 이들이 경제적 어려움을 극복하고, 내수 시장의 중요한 동력으로 작용할 수 있도록 도울 수 있다. 이러한 지원은 일시적인 해결책이지만, 경기 침체기에서의 경제적 충격을 완화하는 데 중요한 역할을 한다. 고용을 유지하고, 수요를 방어함으로써 경제 전반의 안정성을 도모할 수 있다. 따라서 부실 소상공인들에 대한 금융지원은 단순한 비용이 아니라, 정부 차원에서 경제 침체를 막기 위한 전략적인 접근이다.

마지막으로 경제적 불평등 완화의 필요성 측면에서 소상공인 포용금융은 중요하다. 대기업 및 임금근로자와 소상공인 간의 경제적 격차는 시간이 갈수록 확대되고 있다. 갤럽이 2022년 진행한 "중소기업 대상 공정성 인식 및 현황 조사" 결과를 보면, 국내 중소기업 10곳 중 8곳은 대기업과 중소기업 간의 양극화가 심각하다고 인식하는 것으로 나타났다.[363] 업종별로는 제조업(87.1%), 예술·스포츠 서비스업(84.3%), 기타 서비스업(83.5%)에서 양극화 '심각' 답변이 상대적으로 많았다. 연매출 1억 원

---

363) 한국갤럽이 경청의 의뢰로 연 매출 1억원 이상 중소기업 1천곳을 대상으로 2022년 6월 2일부터 7월 8월까지 진행

이상 중소기업이 조사 대상인 점을 감안하면 소상공인과 다른 기업 간 양극화 수준은 훨씬 더 심각할 것으로 보인다.

[그림 24] 대기업과 중소기업 간 양극화 수준

100점 평균   65.6

심각함 >   79.4

심각하지 않음 >   20.6

	동반성장노력정도	사례수	심각(%)
	전체	(1000)	79.4
업종	도매 및 소매업	(381)	80.2
	숙박 및 음식점업	(202)	70.1
	제조업	(188)	87.1
	건설업	(63)	80.4
	전문, 과학 및 기술 서비스업	(43)	75.4
	협회 및 단체 수리 및 기타 개인 서비스업	(33)	83.5
	교육 서비스업	(29)	80.6
	운수 및 창고업	(26)	80.7
	정보통신업	(16)	74.2
	예술, 스포츠 및 여가관련 서비스업	(17)	84.3
기업규모	소기업	(945)	79.5
	중기업	(55)	77.0

자료: 경청(2022), "중소기업 대상 공정성 인식 및 현황 조사"

임금근로자와 소상공인 간 양극화도 갈수록 심화되고 있다. 통계청 「가계금융복지조사」의 상용근로자 근로소득과 자영업자 사업 소득을 비교해 보면, 상용근로자 주 소득인 근로소득은 2018년 대비 2023년 16.0% 증가한 반면 자영업자 주 소득인 사업 소득은 2018년 대비 2023년 2.6% 증가하는데 그쳤다. 그리고 자영업자 전체 소득에서 근로소득이 차지하는 비율은 18년 대비 약 2% 증가한 반면 사업 소득은 약 7% 감소하였다. 이는 임금근로자와 자영업자들의 격차가 벌어지고 있다는 명확한 반증이며, 소상공인들은 주 사업소득으로만 생계를 이어가기 어렵다는 것을 의미한다. 소상공인들이 투잡과 정부지원금으로 연명을 하고 있는 상황에서도 대출 연체율이 계속 증가하고 있는 것은 소상공인들의 상황이 매우 심각함을 보여준다.

[표 50] 상용근로자 vs 자영업자 소득 구조 비교

(단위:만 원,%)

구분		2018년	2023년	증감률
상용근로자	경상소득	7,439	8,688	16.8%
		100%	100%	0.0%
	근로소득	6,481	7,521	16.0%
		87.1%	86.6%	-0.6%
	사업소득	386	407	5.4%
		5.2%	4.7%	-9.7%
	재산소득	366	386	5.5%
		4.9%	4.4%	-9.7%
	공적이전소득	170	333	95.9%
		2.3%	3.8%	67.7%
	사적이전소득	36	42	16.7%
		0.5%	0.5%	-0.1%
자영업자	경상소득	6,361	7,277	14.4%
		100%	100%	0.0%
	근로소득	1,250	1,571	25.7%
		19.7%	21.6%	9.9%
	사업소득	4,286	4,398	2.6%
		67.4%	60.4%	-10.3%
	재산소득	458	509	11.1%
		7.2%	7.0%	-2.9%
	공적이전소득	304	717	135.9%
		4.8%	9.9%	106.2%
	사적이전소득	63	82	30.2%
		1.0%	1.1%	13.8%

자료: 통계청 「가계금융복지조사」

결국 이러한 불평등은 사회적, 경제적 문제를 야기하며, 장기적으로 사회 안정성을 저해할 수 있다. 경제적 불평등이 커질수록 사회 갈등은 증가하고, 저소득층의 의료비 지원, 주거 지원, 교육 지원 등 다양한 복지 프로그램이 확대되면서 정부의 재정 부담 또한 커진다. 물론 이러한 사후적 사회안전망 지원은 필수적이지만, 그 만큼 많은 비용이 필요하다. 사전적 금융지원은 소상공인들이 경제적 어려움을 겪기 전에 적절한 지원을 제공하여, 이들이 자립할 수 있도록 돕는 것으로 장기적으로 더 적은 비용으로 더 큰 효과를 얻을 수 있는 방법이다. 또한 사전적 지원은 소상공인들이 안정적으로 사업을 할 수 있고 경제적 자립을 이룰 경우, 고용을 창출하고, 지역 경제를 활성화하며, 세수를 증가시키는 등 전체 경제에도 긍정적인 영향을 미친다. 따라서 경제적 불평등 완화를 위해서는 사후적 지원과 함께 사전적 지원도 주요하게 다루어야 하며, 소상공인 생태계를 고려할 때 포용적 금융은 좋은 대안 중 하나이다.

이외에도 소상공인에 대한 정확한 DB와 정보시스템 부재도 소상공인 포용금융의 중요성을 높인다. 소상공인들에 대한 정확한 DB와 정보시스템이 구축되지 않은 상황에서 이들을 선별하여 지원하는 것은 현실적으로 매우 어렵다. 과밀 재창업을 막기 위해 가능성이 있는 소상공인들을 선별하여 지원하는 시스템이 필요하지만, 현재는 소상공인들에 대한 정확한 정보가 부족하기 때문에, 이들을 효과적으로 지원하기에 한계가 있다.

부실 소상공인에 대한 포용적 금융지원은 "밑 빠진 독에 물 붓기"가 아니라, 경제 전반의 안정을 도모하고, 소상공인들의 생존과 성장을 지원하는 중요한 전략 중 하나로 활용될 수 있어야 한다.

Ⅱ. 한국의 소상공인 포용금융 방식

한국 정부와 금융기관들은 소상공인들이 경제적 어려움을 극복하고 지속 가능한 성장을 이룰 수 있도록 상생금융, 포용금융, 사회공헌 등 다양한 이름으로 포용적 금융 지원 프로그램을 운영하고 있다.

2024년 1월 "국민과 함께하는 민생토론회: 네 번째, '상생의 금융, 기회의 사다리 확대'"에서 발표된 "소상공인 금리부담경감 3종 세트"는 이러한 노력의 일환이다. 이 정책은 소상공인들의 금리 부담을 줄이고, 이들이 안정적으로 사업을 운영할 수 있도록 지원하기 위한 구체적인 방안들로 구성되어 있다. 내용을 살펴보면, 먼저 2024년 2월 5일부터 시행한 이자 환급 프로그램은 은행권이 소상공인 약 188만 명에게 총 1.5조원 규모의 이자를 환급하는 것이다. 이 프로그램은 코로나19 팬데믹으로 인해 경제적 어려움을 겪고 있는 소상공인들의 금융 부담을 경감시키기 위한 조치이다. 이자 환급을 통해 소상공인들은 대출 상환 부담을 덜 수 있으며, 이를 통해 재정적 안정성을 확보할 수 있다. 저축은행, 상호금융(농·수·

신협, 산림조합, 새마을금고), 여전사(카드사, 캐피탈) 등 중소 금융권에서도 2024년 3월 29일부터 약 40만 명 소상공인에게 총 0.3조원 규모의 이자를 환급해주는 이자 환급 프로그램을 진행하고 있다. 금융위원회와 신용보증기금은 2022년 9월 30일부터 '저금리 대환 프로그램'을 시행해오고 있다.

[표 51] 정부 및 금융권 소상공인 금리부담경감 3종 세트 주요내용

구분	지원 유형	대출취급시점	금리	대상	지원 내용	지원 규모	신청절차
은행권	은행권 이자환급	'23.12.20일 이전	4% 초과	개인사업자 대출	• 금리4% 초과 분의 90%, 대출잔액 최대 2억 원, 차주당 최대 300만원 지원	총 1.5조 원	불필요
	저금리 대환 프로그램 확대 개편	'23.5.31일 이전	7% 이상	개인사업자 사업자 대출 + 개인사업자 가계신용 대출 (사업 용도 한정) 법인 소기업 사업자 대출	• 대상 : 최초 대출 취급 시점 '22.5.31일 → '23.5.31일 • 1년 간 대환 이후 대출 금리 최대 5.0%(기존 5.5%) 적용 및 보증료 0.7% 면제	-	필요
중소 금융권1)	중소금융권 이자환급	'23.12.31일 이전	5% 이상 7% 미만	개인사업자 대출 법인 소기업 사업자 대출	• 1인당 대출 최대 1억 원(이자 최대 150만 원) • 5.0~5.5% → 4.5~5.0% • 5.5~6.5% → 5.0% • 6.5~7.0% → 5.0~5.5%	총 3천 억 원	불필요
	저금리 대환 프로그램 확대 개편	'23.5.31일 이전	7% 이상	개인사업자 사업자 대출 + 개인사업자 가계신용 대출 (사업 용도 한정) 법인 소기업 사업자 대출	• 대상 : 최초 대출 취급 시점 '22.5.31일 → '23.5.31일 • 1년 간 대환 이후 대출 금리 최대 5.0%(기존 5.5%) 적용 및 보증료 0.7% 면제	-	필요

주1) 저축은행, 상호금융(농수신협, 산림조합, 새마을금고), 여전사(카드사, 캐피탈)
　자료: 금융위원회 보도자료(2024.2.1.)

2024년 7월 3일 발표한 「소상공인·자영업자 종합대책 : 새출발 희망 프로젝트」에서는 "소상공인 금리부담경감 3종 세트" 지원 내용이 더 두터워졌다. 주요 내용을 살펴보면 다음과 같다. 먼저 정책자금 상환연장 제도의 경우, 지원대상과 연장기간이 대폭 확대되었다. 기존에는 업력 3년 이상이고 대출 잔액이 3천만원 이상인 소상공인만 상환연장 제도를 이용할 수 있었으나, 이제는 업력과 대출 잔액 기준이 폐지되었다. 즉, 모든 소상공인이 상환연장 제도를 이용할 수 있게 되었다. 또한, 연장 기간도

최대 5년까지 확대되었으며, 연장 시 적용되는 금리도 개선되었다. 기존에는 정책자금 기준금리 +0.6%포인트였으나, 이제는 기존 이용금리 +0.2%포인트로 변경되었다. 이러한 변화는 소상공인들이 보다 유리한 조건으로 대출 상환을 연장할 수 있도록 도와준다.

[표 52] 소상공인 금융지원 3종 세트 비교

구분	❶(소진공 정책자금) 상환기간 연장 대상 확대	❷(지역신보 보증) 전환보증 지원(신규)	❸(민간금융) 대환대출 요건 완화
지원 내용	경영애로*를 겪고 있는 정책자금 차주에 대한 상환기간 연장 * 예: 다중채무, 신용점수 하락 등	신규 보증으로의 전환 (5조원 규모)을 통해, 기존 보증부 대출을 신규 보증부대출로 전환 → 상환기간 연장효과	중·저신용 소상공인 보유 은행권·비은행권 대출 중 고금리(7% 이상) 또는 만기 연장 애로 대출을 대환 (4.5% 고정금리, 차주당 5천만원 한도)
대상	현행 / 개선 정상상환 중 / 좌동 업력 3년↑ / 무관 직접대출 잔액 3천만원↑ / 대출잔액 기준폐지	지신보 보증 이용 기업中 원리금 상환 애로 기업 (신규 프로그램)	현행 NCB 839점 이하 '23.8.31 이전 대출 사업자 대출 한정 / 개선 NCB 919점 이하 '24.7.3 이전 대출 사업용도 가계대출 포함 (1천만원 이내)
상환 기간	최대 +5년 연장	최대 +5년 연장* * 연장시 상환방식: 1년거치 4년분할 또는 2년거치 3년분할 등	최대 10년 분할상환

자료: "소상공인·자영업자 종합대책 – 새출발 희망 프로젝트 –",
관계부처합동(2024.7.3.)

두 번째로 소상공인들의 대출 상환 기간 연장을 위해 지역신용보증재단(지역신보) 보증부 대출을 이용하는 소상공인들을 위한 5조원 규모의 전환보증 프로그램이 신설되었다. 이 프로그램은 소상공인들이 최대 5년까지 대출 상환 기간을 연장할 수 있도록 지원한다. 또한, 중도상환수수료를 면제하고, 저신용자에 대해서는 산출보증료율에서 0.2%포인트를 인하해 준다. 전환보증 프로그램은 소상공인들이 대출 상환 부담을 줄이고, 재정적 안정성을 확보할 수 있도록 도와준다. 이 프로그램은 2024년 7월부터 시행된다.

세 번째, 은행과 비은행권에서 7% 이상의 고금리 대출을 이용하는 소상공인들이 저금리 대출로 대환하는 요건이 대폭 완화되었다. 4.5%의 고정금리로 최대 5천만원까지 대출을 지원하며, 10년 동안 분할 상환할 수 있도록 하였다. 신용도 기준은 기존의 NCB 839점 이하에서 919점 이하로 상향되었고, 대출 시점은 2023년 8월 31일에서 대책 발표일인 7월 3일 이전으로 변경되었다. 또한, 대출 유형도 사업자대출에서 사업용도의 가계대출까지 포함하여 1천만원 이내로 대출을 받을 수 있게 되었다. 이 프로그램은 소상공인시장진흥공단(소진공)을 통해 0.5조원 규모로 지원되며, 2024년 8월부터 시행될 예정이다.

2024년 7월 3일 발표한 「소상공인·자영업자 종합대책 : 새출발 희망 프로젝트」에서는 정책자금 금리 인하와 정책자금 추가 공급 등 추진 내용 또한 포함되어 있다. 농림축산식품부는 외식업계 소상공인들이 국산 농산물을 보다 쉽게 구입할 수 있도록 농산물 구매자금 융자 금리를 2024년 하반기부터 기존 2.5~3.0%에서 15.~2.0%로 인하한다. 중소벤처기업부는 저신용 소상공인들을 위한 정책자금 대상의 신용도 기준을 기존 NCB 744점 이하 소상공인에서 NCB 839점 이하 소상공인으로 확대하고 자금도 기존 4척 억원에서 6천 억원으로 추가 공급하기로 하였다.

금융권에서는 각 금융업권 특성에 맞는 상생금융 과제를 자체적으로 발굴하여 지원하고 있다.

은행권에서는 중소기업 및 소상공인을 위한 대출금리 인하와 연체이자율 감면 프로그램을 통해 2024년 3월 기준 약 71만 명의 중소기업 및 소상공인에게 총 2,730억 원을 지원하였다. 이 외에도 금융 교육 및 상담 서비스, 보이스 피싱 피해자 법률지원, 전통시장 상인 대출 시 금리 우대, 보이스피싱 예방 교육, 금융 상기 보상 보험 무상 제공, 고령자 특화 점포 개설 등을 통해 소상공인과 사회적 약자를 보호하고 지원하기 위해 노력을 기울이고 있다.

보험업권에서는 자동차보험의 보험료를 평균 2.5% 인하하여 약 5,200억원의 보험료 절감 효과가 발생할 것으로 나타났다. 또한, 실직, 중대질병, 출산·육아 등으로 소득이 단절된 기간 동안 보험료 납입을 유예하는 "보험소비자 민생안정특약"을 2024년 1월에 출시하여, 보험가입자들이 경제적 어려움을 겪는 기간 동안 최대 1년간 보험료 납입을 유예받을 수 있도록 지원하고 있다. "보험계약대출 이자 납입유예" 프로그램은 2024년 2월부터 보험업권은 실직, 휴·폐업, 장기 입원 등으로 경제적 어려움을 겪고 있는 보험계약자들을 위해 보험계약대출의 이자 납입을 유예하는 제도이다. 출산 준비 가정, 청년, 취약계층 등을 보호하고 지원하기 위해 다양한 상생보험 상품을 개발하여 제공하고 있으며, 2024년 2월 말까지 총 134,008건의 상생보험 상품이 판매되었다.

여신전문금융업권(여전업권)에서도 금융소비자와 취약계층을 지원하기 위해 다양한 상생금융 프로그램을 운영하고 있다. 채무 감면 확대 및 저금리 대환대출, 캐시백을 통해 2023년 8월부터 2024년 2월 말까지 9개 여전사가 금융소비자에게 제공한 혜택은 약 1,189억 원으로 추산된다. 이 또한 매출 대금 조기 지급과 상권분석 및 마케팅 지원 등 다양한 상생 프로그램을 운영하고 있다.

각 지자체에서도 지역 금융기관과 업무협약을 맺고, 고금리와 고물가로 어려움을 겪고 있는 지역 소상공인들에게 무담보·무보증 신용대출을 지원하고 있다.

[그림 25] 금융권 특성별 상생 금융 예시

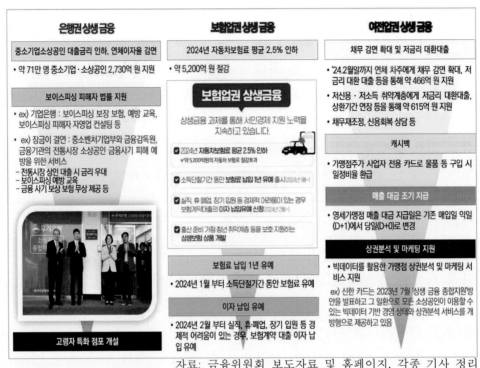

자료: 금융위원회 보도자료 및 홈페이지, 각종 기사 정리

Ⅲ. 소상공인 금융지원이 풀어야 할 숙제

상기와 같은 정부와 금융권의 많은 노력에도 불구하고, 소상공인들은 현재 매우 취약한 상황에 놓여있으며, 힘들다는 이야기가 연일 기사로 쏟아져 나오고 있다. 코로나19 여파로 대출금은 부쩍 늘어났지만 계속되는 고금리와 내수 침체로, 그동안 버티던 소상공인들이 무너지고 있는 것이다. 2024년 7월15일 국세청 국세통계연보에 따르면, 2023년 폐업을 신고한 사업자는 98만 6,487명으로 2022년 86만 7,292명 대비 9.9% 증가했다. 이 중 약 75만 명이 소매업, 서비스업, 음식업으로 내수와 직결되는 업종이다.364) 경제활동 인구조사 마이크로데이터 분석 결과에서는, 2024년 1~6월 실업자 가운데 소상공인 출신은 월평균 2만 6천 명으로, 2023년 1~6월의 2만 1천 대비 23.1% 증가했다. 2024년 1~6월 소상공인 출신 비경제활

---

364) 소매업 27만6,564명, 서비스업 21만8,002명, 음식업, 15만8,328명 등

동인구(구직활동도 하지 않는 미취업자)는 26만 8천 명으로 한 해 전보다 6.0% 늘었다.[365]

그렇다면 현재 소상공인 금융지원의 한계는 무엇이고 어떤 것들이 해결되어야 하는 것인가? 수요와 공급 간 괴리, 민간은행의 한계, 소상공인 구조 및 생태계 고려 부재, 부실 소상공인 금융지원에 대한 논쟁이 해결되지 않고서는 금융 지원을 통해 소상공인 생태계가 발전적인 방향으로 나가가는데는 한계가 있을 것이다.

1. 수요와 공급 간 괴리

지금까지 계속 언급한 바와 같이 정부와 금융권은 포용금융을 위해 많은 노력을 기울이고 있지만, 소상공인들은 여전히 자금 조달에 어려움을 겪고 있다. 소상공인들이 필요로 하는 자금은 주로 운영 자금, 긴급 자금, 확장 자금 등이며, 이러한 자금은 신속하게 조달되지 못할 경우 바로 경영 애로를 겪게 된다. 그러나 상당 수 소상공인들은 신용도가 낮고, 담보가 부족하여 기존 금융 시스템으로 이를 충분히 충족시키기 어렵다. 정부는 소상공인 지원을 위해 '금융중개지원 대출제도', '소상공인 정책자금제도', '소상공인 신용보증제도' 등 다양한 자금공급원과 프로그램을 시행하고 있다.

금융중개지원 대출제도는 금융통화위원회가 금융경제상황과 중소기업 및 지역 금융동향 등을 감안하여 정한 한도 범위 내에서 은행의 중소기업 대출 실적 등에 따라 한국은행의 저리자금을 지원하는 제도이다. 은행을 통한 간접 대출 방식이지만, 한국은행의 저금리 자금을 은행이 고금리로 제공하는 경우가 많아 소상공인에게 실질적인 혜택이 제한적이다. **소상공인 정책자금**은 정부가 소상공인의 경영 안정을 돕고 자금난 해소를 위해 지원하는 자금으로 소상공인들의 창업, 경영 안정, 사업 확장 등에 필요한 자금을 저리로 대출해 주는 형태이다. 정부 산하 기관이 직접 자금을 지원하지만, 지원 대상 선별과 사후 관리가 어려워 자금 부실화와 시장 변화에 대한 경직성이 문제로 지적된다. **소상공인 신용보증제도**는 소상공인이 금융

---

365) "폐업, 폐업, 연체, 연체…", 한겨레21, 김양진 기자, 2024.7.20.

기관에서 대출을 받을 때 담보 부족이나 신용 부족으로 인해 어려움을 겪지 않도록 신용보증기관이 대신 보증을 서주는 제도이다. 보증을 통해 대출을 유도하지만, 은행의 이익이 과도하게 높아지고 시장 변화에 유연하게 대응하지 못하는 한계가 있다. 서민금융진흥원의 서민금융지원은 금융소외 계층에 초점을 맞추고 있어 소상공인에게는 충분하지 않은 경우가 많다.

[그림 26] 정부 및 관련기관 금융공급 구조

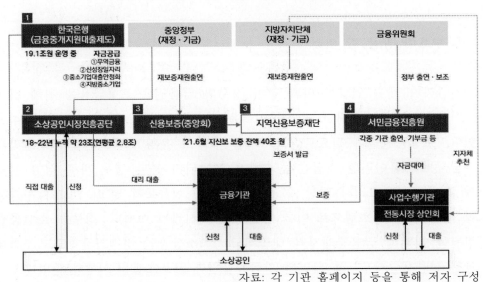

자료: 각 기관 홈페이지 등을 통해 저자 구성

이러한 제도적 한계와 금융 시스템의 경직성으로 인해 소상공인들은 필요한 자금을 적시에 조달받지 못하는 수요와 공급간 괴리가 발생한다. 이는 소상공인들의 경영 안정에 심각한 영향을 미치며, 소상공인들이 불법 사채나 고금리 대출을 이용하게 만드는 결과를 초래하기도 한다. 따라서, 정부는 소상공인 금융 수요와 공급 간 괴리를 해소하기 위해 노력해야 한다.

2. 민간은행의 한계

민간은행은 자금 조달, 금융 서비스 제공, 그리고 경영 지원 등 다양한 측면에서 소상공인들에게 중요한 역할을 한다. 그럼에도 불구하고 이익을 추구할 수 밖에 없는 민간 기관으로 소상공인들에게 충분히 자금 공급하는 데는 한계가 있다. 소상공인은 대기업이나 중소기업에 비해 상대적으로 높은 리스크를 동반하며, 재무 상태가 불안정하고, 담보로 제공할 수 있는 자산이 제한적이다. 그렇기 때문에 경제적 불확실성에 더 취약한 소상공인들은 은행 입장에서 신용 리스크가 높을 수 밖에 없다. 또한 소상공인 대출은 금액이 상대적으로 작고, 대출 건수가 많기 때문에 심사 인력과 시간이 많이 필요하다. 이는 은행의 운영 비용을 증가시키고, 결과적으로 대출 실행을 꺼리게 만드는 요인으로 작용한다. 은행 입장에서는 대출 한 건당 발생하는 수익이 심사 비용을 상회하지 않으면, 대출을 승인하는 것이 운영 면에서 불리할 수 있다. 이러한 이유 들로 은행이 소상공인에게 포괄적인 지원을 하기에 제약이 따르며, 보다 신중한 접근을 취하게 된다.

소상공인 입장에서도 민간은행은 여러 측면에서 접근이 제한적이다. 소상공인이 대출을 받기 위해서는 대출 신청서, 사업 계획서, 재무제표, 세무 관련 서류, 각종 계약서 등 복잡한 서류들이 요구되지만, 이러한 서류를 준비하는 과정에서 소상공인들은 상당한 시간과 노력을 들여야 한다. 특히, 소규모 사업체나 신생 사업체의 경우 이러한 서류를 준비할 역량이 부족하여 어려움을 겪는 경우가 많다. 대출 심사 과정에서는 소상공인의 신용도, 재정 상태, 사업 계획 등을 검토하고 필요에 따라 소상공인 사업장을 방문하여 현장 실사를 진행하게 되는데 이 모든 과정은 상당한 시간과 비용이 소요되며, 소상공인들에게 큰 부담이 된다. 특히, 심사 과정이 길어질 경우 자금이 긴급히 필요한 소상공인들은 적시에 자금을 조달하지 못해 경영에 어려움을 겪을 수 있다.

대출 심사 과정에서 적용되는 신용 평가 모델도 문제이다. 민간은행의 신용평가 모델은 대부분 대기업 및 제조업 중심의 신용 평가 모델을 사용한다. 이 모델은 소상공인의 특수한 경영 환경과 사업 특성을 충분히 반영하지 못한다. 소상공인은 대기업과 달리 안정적인 수익 구조나 대규모 담보를 제공할 수 없는 경우가 많으며, 소상공인의 매출과 이익은 계절성, 지역성 등 다양한 변수에 따라 변동성이 크기 때문에, 대기업에 비해 리스크가 높게 평가된다. 결과적으로, 소상공인의 신용 점수는 낮게 산정될 가능성이 크며, 이는 대출 승인율을 낮추게 된다. 소상공인의 실제 경영 상태와 성장 가능성을 제대로 평가하지 못하면, 잠재력 있는 소상공인들도 대출을 받기 어려워지는 상황이 발생한다.

최근 소외된 계층과 소상공인과 자영업자들을 포용하는 **인터넷 전문 특화 은행** 출범 준비가 활발히 진행되고 있다. 2024년 7월 현재 제4인터넷 은행 인가에 참여 의사를 밝힌 컨소시엄은 KCD뱅크, 더존뱅크, 유뱅크, 소소뱅크 등 4곳이다. 우리은행은 한국신용데이터가 추진하는 KCD뱅크 컨소시엄 참여를 결정했고, 신한은행은 더존비즈온이 추진하고 있는 더존뱅크 컨소시엄에 지분을 투자하는 방안을 검토하고 있다. 온라인투자연계 금융업체 렌딧, 트래블월렛, 현대해상 등이 참여하는 유뱅크 컨소시엄엔 IBK기업은행, 소소뱅크엔 NH농협은행이 지분 투자 방식으로 참여할 것으로 보인다.[366]

[표 53] 제4인터넷 은행 준비 현황

은행명 (가칭)	추진업체(주주)	목표
소소뱅크	• 소소뱅크설립준비위원회(각종 소상공인, 소기업 단체 35곳과 11개 ICT 전문기업과 컨소시업 구축)	• 소상공인·소기업이 주인이되는 은행 • 소상공인 소득 증진, 편익 제고 실현
KCD뱅크	• 한국신용데이터, 우리은행	• 영업 현황을 반영한 데이터로 소상공인, 개인사업자가 소상공인·중소기업, 외국인 포용하는 금융서비스 제공
U뱅크	• 렌딧, 루닛, 삼쩜삼, 트래블월렛, 현대해상	• 전통 금융권에 접근이 어려운 금융 소외 계층인 시니어, 소상공인·중소기업, 외국인 포용하는 금융서비스 제공
더존뱅크	• 더존비즈온, 신한은행과 정책 기관, 유수 대기업 등 주주사로 참여시킬 예정	• 중소기업·소상공인 영역에서 포용금융 추진 • ICT 기술력과 매출채권 팩토링 등 혁신 금융 서비스 역량까지 더해진 특화은행

자료: 네이트뉴스(2024.05.29)(https://news.nate.com/view/20240529n39393)

기존의 전통적인 제도권 금융회사에 접근이 어려웠던 이들을 위해 설계된 이 은행들은 디지털금융 혁신의 일환으로 기대를 모으고 있다. 그러나 이와 동시에 여러 가지 도전과제와 우려도 함께 존재한다.

먼저 제도권 금융 안착의 불확실성이다. 새로운 은행이 시장에 진입하

---

366) "제4인뱅에 신중한 금융당국…새 플레이어 선정 해 넘길 듯", 연합인포맥스, 이현정 정원 기자, 2024.07.02.(https://news.einfomax.co.kr)

고 자리잡기 위해서는 기존 금융기관들과의 경쟁에서 살아남아야 한다. 하지만 기존의 대형 금융기관들은 이미 강력한 고객 기반과 풍부한 자원을 가지고 있다. 더군다나 신용도가 낮은 소상공인과 저소득층을 주요 고객으로 한다면 단기간에 제도권 금융으로 안착하기는 쉽지 않아 보인다.

두 번째, 부실 대출 증가와 연체율 문제이다. 소외 계층과 소상공인 자영업자들을 대상으로 한 대출은 기본적으로 높은 리스크를 수반한다. 이들은 경제적 취약 계층으로, 소득의 변동성이 크고, 재정적 불안정성이 높기 때문에 대출 상환 능력이 낮을 수 밖에 없다. 이러한 상황에서 무리하게 대출을 확장하다 보면 부실 대출이 증가할 위험이 있으며, 경제적 취약 계층이 대출 상환을 제때 하지 못하면 연체율이 상승하고, 이는 은행의 자산 건전성에 악영향을 미칠 수 있다. 실제로 출범 7년에 접어든 기존 카카오·케이·토스뱅크는 중·저신용자 대출 공급을 목표로 인가를 받았지만 일부는 자체적으로 제시한 중저신용자 대출 목표치를 달성하는데 실패했다. 최근엔 이들 인터넷은행들이 주택담보대출 확대 기조로 방향을 틀면서 취지가 퇴색했다는 지적도 나온다. 2023년 1분기 대비 2024년 1분기 3사의 주택담보대출은 총 31조 3천960억 원으로 약 2배 증가하였으나, 중저신용대출 공급액은 약 1조4천700억 원으로, 각 은행의 지난해 분기 평균 공급액을 하회하고 있다.[367]

세 번째, 신용 리스크 관리도 중요한 도전 과제이다. 인터넷 전문 특화 은행은 주로 비대면으로 운영되기 때문에, 고객의 실제 신용 상태와 상환 능력을 정확히 파악하는 데 어려움이 있을 수 있다. 기존의 신용 평가 모델이 충분히 적용되지 않을 수 있으며, 이는 부실 대출의 위험을 증가시킨다. 따라서, 보다 정교하고 혁신적인 신용 평가 모델이 필요하다.

이와 같이 민간 은행은 그 특성상 포용금융이 제한적일 수 밖에 없다. 금융 소외 계층과 소상공인 자영업자들을 포용하는 시도는 좋지만 부분적이고 제한적인 수 밖에 없는 민간 은행이며, 성공적인 소상공인 포용금융을 위해서는 정부와 금융당국의 지속적인 지원과 감독이 필요하다.

---

367) 367) "제4인뱅에 신중한 금융당국…새 플레이어 선정 해 넘길 듯", 연합인포맥스, 이현정 정원 기자, 2024.07.02.(https://news.einfomax.co.kr)

3. 소상공인 구조 및 생태계를 고려한 금융 설계

소상공인 생태계를 제대로 이해하지 못한 자금 공급은 부적절한 자금 배분과 과도한 부채 증가, 자금 오용 및 비효율을 초래할 수 있다.

소상공인에게 자금을 공급할 때, 소상공인 생태계의 다양성을 충분히 고려하지 않을 경우 예를 들어, 특정 업종이나 지역 또는 특정 계층에 과도하게 집중된 자금은 다른 업종이나 지역 또는 정말 자금이 필요한 소상공인들에게 충분히 공급하지 못하는 문제를 만든다. 이는 자금 지원의 형평성을 해치고, 지역 간 경제 불균형을 초래한다.

또한, 소상공인의 특수한 경영 환경을 고려하지 않은 대출은 과도한 부채 증가로 이어질 수 있다. 앞서 계속 언급한 바와 같이 소상공인들은 대기업이나 중소기업에 비해 재정적 여력이 부족하고, 외부 환경 변화에 민감하게 반응한다. 따라서, 대출 조건이 소상공인의 상환 능력을 충분히 반영하지 못하면, 이들은 과도한 부채를 안고 어려움을 겪을 뿐 아니라 정부는 정책 목적이 흔들려 표류하게 된다. 따라서, 예상하지 못한 경기 침체나 급격한 외부 충격으로 인해 매출이 감소할 경우까지 고려해야 한다. [표 54]의 금융업권별 소상공인 대출 이용 형태를 보면, 3금융권에 부채 상환여력이 가장 낮은 500만 원 미만 소상공인 이용 비중이 35.5%에 달한다. 대출액 규모별로 보면, 월평균 매출액 500만 원 미만인 사업자의 3,000만 원 이상 대출 비중이 50%를 넘는다. 이들에게 분명 자금이 필요하지만, 이들의 대출이 부실화 될 확률이 높은 것도 부정할 수 없다.

자금 오용 및 비효율 발생 문제도 고려해야 한다. 소상공인의 실제 필요와 무관하게 일률적으로 자금을 지원하면, 자금의 오용 및 비효율이 발생할 수 있다. 예를 들어, 운영 자금이 필요한 소상공인에게 확장 자금을 지원하면, 이 자금이 제대로 활용되지 못하고 낭비될 가능성이 크다. 또한, 소상공인들이 자금을 효과적으로 활용할 수 있도록 지원하는 시스템이 부족하면, 자금이 본래 목적과 다른 용도로 사용되어 경영 효율성을 저해할 수 있다.

[표 54] 소상공인 금융권별 매출별 대출 형태 및 대출 규모

구분		1그룹[1]	2그룹[2]	3그룹[3]	비율(%)
금융업 권별	1금융	32.1% (194명)	47.0% (284명)	20.9% (126명)	100%
	2금융	29.9% (89명)	54.0% (161명)	16.1% (48명)	100%
	3금융	35.5% (11명)	48.4% (14명)	16.1% (5명)	100%
대출액 규모별 (정책 자금 부채액)	1,000만 원 미만	10.8% (31명)	4.6% (22명)	1.8% (3명)	-
	1,000~3,000 만 원	36.2% (104명)	27.5% (132명)	20.7% (35명)	-
	3,000~5,000만 원	26.1% (75명)	30.2% (145명)	23.1% (39명)	-
	5,000만 원~1억 원	18.1% (52명)	27.9% (134명)	34.3% (58명)	-
	1억 원 이상	7.0% (20명)	8.8% (42명)	18.3% (31명)	-
	없음(상환완료)	1.7% (5명)	1.0% (5명)	1.8% (3명)	-
	비율	100%	100%	100%	

주1) 월평균 매출액 500만 원 미만
주2) 월평균 매출액 500만 원 ~ 3,000만 원 미만
주3) 월평균 매출액 3,000만 원 이상
자료 : 「소상공인 금융실태조사」, 소상공인연합회(2023.9)

4. 부실 소상공인 금융지원

생계형 창업을 반복하는 주요 원인 중 하나는 안정적인 일자리 부족이다. 우리나라에서는 대기업이나 공공기관과 같은 안정적인 일자리가 제한적이며, 이러한 일자리를 얻기 위한 경쟁이 매우 치열하다. 그래서 많은 소상공인들이 사업 실패 후 안정적인 일자리를 찾지 못하고 다시 창업을 선택하게 된다. 특히 중장년층의 경우, 재취업이 더욱 어려워 생계형 창업에 의존하게 되는 경향이 강하다. 실제로 2019년 중소벤처기업부의 소상공인 실태조사에 따르면, 사업 실패 후 1년 내 재창업률이 30%를 넘는 것으로 나타났다. 사업 실패 후 재정적 압박을 받게 되며, 다시 창업을 통해 생계를 유지하려는 경향이 강해지는 것이다.

정부와 금융기관의 회생 지원 프로그램이 일시적이고 제한적인 경우도

문제를 악화시킨다. 회생 지원은 주로 단기적인 재정 지원에 그치며, 소상공인들이 장기적으로 사업을 안정적으로 운영할 수 있도록 돕는 데 한계가 있다. 또한, 지원 대상 선정 과정에서 소상공인의 실제 필요와 상황을 충분히 반영하지 못하는 경우도 많다. 2020년 중소기업진흥공단의 회생 지원 프로그램을 받은 소상공인 중 약 40%가 지원 후 2년 내 다시 경영 위기에 처한 것으로 나타난 것은 이러한 한계를 잘 보여준다.

그리고 많은 소상공인들은 경영과 재정 관리에 대한 교육과 경험이 부족하여 사업을 효과적으로 운영하는 데 어려움을 겪는다. 재정 관리, 비용 절감, 마케팅 전략 등에 대한 지식이 부족하면 사업 실패로 이어지기 쉽다. 회생 지원을 받더라도 이러한 기본적인 경영 역량이 부족하면 다시 실패할 가능성이 높다. 2018년 한국개발연구원의 보고서에 따르면, 소상공인들은 재정 관리, 마케팅, 고객 관리 등에서 큰 어려움을 겪고 있으며, 이를 해결하기 위해 전문적인 교육과 컨설팅이 필요하다고 지적했다.

이러한 현실은 감안할 때 부실 소상공인 지원에 대한 무조건적인 반대는 지양할 필요가 있다. 물론, 도덕적 해이나 역선택 문제 등 부실 소상공인 금융지원에 대한 부작용 최소화를 위한 노력도 필요하다. 그러나, 소상공인 비중과 경제 충격, 외부 충격에 즉시 그리고 직접적으로 타격을 입는 경제 주체, 소득 보장 문제와 우리나라 기업 구조, 경기 침체기 파산 최소화 및 해고 방지, 경제적 불평등 완화, 부실 소상공인 선별기능 부재 등을 따진다지면 부실 소상공인에 대한 사전적 금융 지원은 반드시 필요하다.

Ⅳ. 소상공인 포용금융 방향

소상공인을 위한 포용금융의 **첫 번째 방향은 접근성 향상이다.** 접근성을 높이기 위해서는 여러 가지 요소를 고려해야 하지만, 그 중에서도 절차 간소화가 중요하다. 소상공인들이 금융 서비스를 이용할 때, 복잡한 절차와 많은 서류는 큰 장벽이 되기 때문에, 쉽고 빠르게 금융 서비스를 이용할 수 있도록 해야 한다. 그리고 소상공인들이 이해하기 쉬운 언어로 금융 서비스를 제공해야 한다. 금융 관련 용어는 복잡하고 어렵기 때문에, 소상공인들이 금융 서비스를 충분히 이해하고 활용하는 데 어려움을 겪을 수 있다. 또한, 시간과 거리에 구애받지 않는 금융 서비스를 제공해야 한다. 소상공인들은 바쁜 일상으로 은행을 방문할 시간이 현실적으로 턱 없이 부족하다. 온라인 금융 서비스를 강화하는 방법이든 야간 운영을 개설하는 방법이든 찾아가는 서비스를 제공하는 방법이든 시간과 장소에 구애받지 않고 소상공인들이 필요할 때 언제 어디서나 금융 서비스를 이용할 수 있도록 해야 한다. 우회적인 방법이지만 소상공인 네트워크를 강화해야 한다. 소상공인들이 서로의 경험과 지식을 공유할 수 있는 네트워크를 구축함으로써, 금융 서비스 이용에 대한 정보와 팁을 포함한 여러 정보들을 쉽게 교환할 수 있도록 해야 한다. 이러한 접근성 향상을 통해 소상공인들은 더 나은 금융 서비스를 제공 받을 수 있다.

소상공인을 위한 포용금융의 **두 번째 방향은 금융 공급의 안정성을 확보하는 것이다.** 코로나19로 인한 디지털 전환의 급격한 산업 구조 변화로 소규모 사업자의 입지가 좁아지고 있는 상황에서, 이들이 갑작스럽게 금융서비스에서 소외되지 않도록 안정적인 금융 공급이 필요하다. 전통적인 금융 상품은 신용 상태가 좋은 대규모 사업자가 주요 대상이 될 수 밖에 없기 때문에, 소상공인이 소외되는 경우가 많다. 따라서 소상공인 특성을 반영한 전용 금융 상품을 개발하여 이들이 필요한 자금을 적시에 조달할 수 있도록 해야 한다. 하지만 금융 공급이 안정적으로 제공되기 위해서는 정부 공급 외에 다양한 자금 조달 경로가 필요하다. 예를 들어, 마이크로크레딧, P2P 대출, 크라우드펀딩, 민간투자 등의 다양한 방식으로 자금이 공급되어야 할 것이다. 이는 금융 공급의 안정성을 높이고, 소상공인들이 처한 여러 상황에서 유연하게 대응할 수 있게 한다. 결론적으로, 소상공인을 위한 포용금융의 공급 안정성 확보는 이들이 자금 조달의 어려움을 해소하고, 안정적으로 사업을 운영할 수 있도록 돕는데 중요한 역할을 해야한다. 이를 위해서는 소상공인 전용 금융 상품의 개발과 공급, 금융 공급의 다양화, 정부와 금융기관 간의 협력 강화, 투명하고 공정한 금융 서비스 시스템 등이 필요할 것이다.

소상공인을 위한 포용금융의 **세 번째 방향은 소상공인에 대한 전문성을 강화하는 것이다.** 소상공인의 다양한 금융 욕구를 충족시키기 위해서는 이들의 생태계를 명확히 인지하고, 이에 맞는 맞춤형 금융서비스를 세분화해야 하지만 현재 금융 시스템은 그렇지 못하다. 소상공인들은 각기 다른 업종과 규모, 경영 방식 등을 가지고 있으며, 필요한 금융서비스와 방식, 시기 등이 다양하다. 따라서 포용을 목표로 하는 금융기관은 전문성을 강화하여 자영업자, 스타트업, 전통시장 상인 등 각각의 소상공인 그룹에 맞는 금융 솔루션을 제공할 수 있어야 한다.

소상공인을 위한 포용금융의 **네 번째 방향은 정밀성과 포용성이다.** 소상공인들이 부당하게 제외되지 않고, 공정하고 정밀한 신용 평가를 통해 금융서비스를 이용할 수 있도록 해야 한다. 그렇기 위해서는 신용 평가와 정성 평가를 정밀하게 평가할 수 있는 시스템을 구축해야 한다. 전통적인 신용 평가 방식은 소상공인의 실제 신용도를 제대로 반영하지 못하는 경우가 많다. 예를 들어, 소상공인이 신용 점수가 낮다고 해서 무조건 대출을 거부하는 것이 아니라, 소상공인의 사업 계획, 시장 전망, 경영 능력 등을 종합적으로 평가하여 대출 여부를 결정해야 한다. 그리고 소상공인들은 자금 조달 과정에서 다양한 리스크에 직면하기 때문에 소상공인들에게 리스크 관리 및 신용 관리 서비스를 제공하여, 이들이 리스크를 효과적으로 관리하고, 신용을 유지할 수 있도록 해야 할 것이다.

소상공인을 위한 포용금융의 **다섯 번째 방향은 정보대칭성이다.** 소상공인들이 필요한 금융 정보를 쉽고 신속하게 얻을 수 있도록 해야 한다. 이를 위해서는 금융 제공자가 소상공인들의 금융 상황을 미리 알고 있어야 하며, 사전에 맞춤형 금융 솔루션을 제안할 수 있는 시스템을 구축해야 한다. 예를 들어, 소상공인의 매출 현황, 자금 흐름, 시장 전망 등을 종합적으로 분석하여, 가장 적합한 금융 상품을 추천하는 서비스가 필요하다. 이를 통해 소상공인들은 자신의 상황에 맞는 최적의 금융 결정을 내릴 수 있을 것이다. 또한 소상공인들을 위한 컨설팅 서비스를 제공해야 한다. 소상공인 포용금융의 금융기관은 소상공인들에게 맞춤형 금융 컨설팅 서비스를 제공하여, 이들이 금융 상품 선택, 자금 관리, 신용 개선 등 다양한 금융 관련 문제를 해결할 수 있도록 도와야 한다. 이를 통해 소상공인들은 더 나은 금융 결정을 내리고, 사업을 성공적으로 운영할 수 있는 확률을 높일 수 있다.

소상공인을 위한 포용금융의 **여섯 번째 방향은 자생력 제고이다.** 금융제공자는 소상공인 신용시장이 자생적으로 기능할 수 있도록 조건부 지원을 제공하는 프로그램을 운영할 수 있다. 예를 들어, 소상공인들이 일정 기간 동안 성공적으로 사업을 운영한 경우, 추가 자금을 지원하거나 이자율을 인하하는 등의 인센티브를 제공할 수 있다. 그리고 소상공인들의 사업 성과를 지속적으로 모니터링하고, 실시간 피드백을 제공하는 시스템을 갖춰야 한다. 금융기관은 소상공인들의 사업 성과를 정기적으로 평가하고, 필요한 경우 즉각적인 피드백을 제공해야 한다. 이를 통해 소상공인들이 사업 운영에서 발생하는 문제를 신속히 해결하고, 지속적으로 개선할 수 있도록 도울 수 있다.

마지막으로 소상공인들이 안전하고 질서 있게 사업을 종료할 수 있도록 지원해야 한다. 일부 소상공인들은 사업 운영에 어려움을 겪어 사업을 종료해야 하는 상황에 직면할 수 있다. 부채 상환 계획 수립, 재기 지원 프로그램 등을 통해 소상공인들이 재정적 부담을 최소화하고, 다시 새로운 기회를 모색할 수 있도록 해야한다. 소상공인을 위한 포용금융이 소상공인 자생력을 높이기 위해서는 조건부 지원, 종합 패키지 및 맞춤형 컨설팅 제공, 사업 성과 모니터링 및 실시간 피드백, 안전하고 질서 있는 사업 종료 지원 등의 프로그램이 세밀하게 설계되고 제공되어야 한다.

제5장 한국의 대안평가 활성화

포용금융은 빅데이터의 바다에서
통계의 나침판으로 항해하며 나아간다.

1. 서 론

금융사의 포용금융 실천 언론기사 함께 자주 언급되는 대안신용평가란 무엇인가? 대안신용평가는 '기존의 금융정보 중심의 신용평가가 아닌 비금융정보를 통한 신용평가'를 의미한다. 이때 '비금융정보'란 금융정보에 대비되는 표현으로써 대안정보를 의미한다. 대안신용평가를 이해하기 위해선 신용평가와 금융정보 및 대안정보에 대한 이해가 선행될 필요가 있다.

1. 신용평가

신용평가는 신용정보주체에게 신용도를 부과하는 일련의 의사결정 모델이며 신용점수는 차주가 채무를 불이행할 확률을 점수화한 것이다 (Thomas et al., 2017). 보다 일반적인 표현으로는 대출 신청자 또는 기존 대출자가 채무를 불이행하거나 연체될 확률을 예측하는 데 사용되는 통계적 방법(Mester, 1997)이라고 설명할 수 있다. 근래의 신용평가는 전통적 금융정보에 추가로 다양한 대안정보도 활용하며, 통계적 방법론뿐만 아니라 머신러닝 기법 또한 도입되고 있다.

2. 금융정보

전통적 신용평가에서 차주의 채무 불이행 확률 예측을 위해 사용되는 평가항목은 금융거래 정보 및 상거래로부터 비롯되는 정보이다. 신용정보의 효율적인 활용과 개인신용정보의 보호를 위해 제정된 '신용정보의 이용 및 보호에 관한 법률'(이하 신용정보법)에 따르면 법률적 신용정보의 정의가 제시되어 있다. 신용정보법 제2조 제1항에 따르면 '신용정보'는 금융거래 등 상거래에서 거래 상대방의 신용을 판단할 때 필요한 정보로 서 신용정보주체를 식별할 수 있는 정보, 거래내용, 신용도, 신용거래능력을 판단할 수 있는 정보 등이다. 2조 제1의2항부터 제1의6항까지는 1항에 서 제시된 신용정보에 대해 상세히 나열하여 설명하며 이를 제1항의 각 목에 대응하도록 정리하면 [표 55]와 같다. 이를 통해 법률적으로 정의되는 신용정보는 금융거래 등 상거래와 유관한 정보를 의미함을 알 수 있다.

또한, 신용정보법 제31조에서는 개인신용평가회사가 신용평가에 반영되는 신용정보의 종류와 반영 비중 등을 공시하도록 규정하고 있어 기존 개인신용평가회사에서 이용 중인 신용정보에 대해 확인할 수 있다. 현재 대표적 개인신용평가회사인 KCB와 NICE평가정보가 사용하고 있는 개인신용정보는 상환이력, 부채수준, 신용거래기간, 신용(거래)형태, 비금융/마이데이터로 구성되며 반영 정보 비중의 90% 이상을 금융정보가 차지하고 있다.

[표 55] 주요 개인신용평가회사의 평가요소 비중 (2024년 6월 기준)

평가요소	상환이력	부채수준	신용거래기간	거래형태	비금융/마이데이터
KCB(일반)	21%	24%	9%	38%	8%
NICE평가정보	28.4%	24.5%	12.3%	27.5%	7.3%

이러한 금융정보는 금융거래(대출, 카드 등)를 통해야만 충분히 축적되므로 사회 초년생처럼 충분한 금융거래 이력이 없거나 주부, 은퇴자, 프리랜서 등 직업이나 소득 정보가 불충분한 개인은 신용평가를 제대로 받기 어렵다.

3. 대안정보

대안정보는 전통적 금융정보의 대안으로써 신용평가에 활용될 수 있는 정보이다. 대안정보는 크게 핵심대안정보(Mainstream alternative data)와 보조대안정보(Fringe alternative data)로 구분할 수 있다(Robinson and Yu, 2014). 첫째, 핵심대안정보(Mainstream alternative data)는 정기적으로 청구·수납이 이루어지는 정보로 통신, 전기, 가스 등 유틸리티 요금정보, 자동차·정수기 등의 각종 할부·구독 요금, 세금 및 공공 납부 정보 등이 대표적이다. 보조대안정보(Fringe alternative data)로는 차주 특성에 대한 통찰을 얻을 수 있는 정보로 이커머스 구매 정보, SNS 및 웹 사용정보, 설문지 등을 통한 심리 및 성향 정보 등 다양한 정보가 포함된다. 다양한 대안정보의 활용을 통해 금융정보가 부족한 차주에 대한 평가가 가능해진다는 장점이 있으나, 보조대안정보의 경우 아직 신용도와의 검증이 미흡하고 전 국민에 대한 대표성 부족으로 한계도 존재한다.

4. 대안신용평가의 발전

대안신용평가는 전통적인 신용평가 시스템의 한계를 극복하고 금융 포용성을 확대하기 위한 다양한 시도를 통해 발전해왔다.

가. 초기 배경

전통적인 신용평가 방식은 주로 차주의 과거 금융거래 정보에 의존했다. 그러나 2008년 글로벌 금융위기 이후 금융회사의 약탈적 대출 관행의 해소, 금융소외 계층의 금융 접근성 강화를 위한 새로운 방식의 신용평가 필요성이 대두되었다.

나. 대안정보 활용 및 기술의 발전에 따른 대안신용평가 확산

금융정보에 추가로 통신 데이터, 공공요금 납부 내역, 온라인 쇼핑 패턴 등의 대안정보를 활용한 개인의 신용도 평가는 머신러닝·ICT·AI·빅데이터 관련 기술의 획기적 발전에 따라 본격화되었다. 기술이 발전하면서,

더 다양한 형태의 비금융 데이터를 효율적으로 처리하고 분석할 수 있게 되었다. 이는 대안신용평가 모형의 정확성과 신뢰성을 높이는 데 기여하였다. 특히 스마트폰과 인터넷의 보급으로 인해 데이터 수집과 처리의 속도가 빨라지고, 대안신용평가의 적용 가능 범위도 넓어졌을뿐만 아니라 온라인을 통한 비대면 금융거래가 확대되었다.

다. 대안신용평가의 현재

대안신용평가는 다양한 국가와 금융기관에서 채택되고 있으며, 체계적 금융 시스템의 부재로 금융정보 확보가 어려운 개도국뿐만 아니라 선진국에서도 금융접근성을 제고하여 포용금융을 실현하기 위해 다수 도입되고 있다. 국내에서도 2020년 데이터 3법 시행을 통해 가명결합 근거가 마련되고 개인정보 이용 및 제공이 합리화됨에 따라 대안신용평가 모형 개발이 활발히 이루어지고 있다.

Ⅱ. 국내외 대안신용평가 사례

1.. 미국의 FICO Expansion Score

미국의 FICO Expansion Score는 미국에서 가장 널리 사용되는 개인신용점수인 FICO Score를 제공하는 FICO사에서 개발된 대안신용점수로 구매 지불 계획, 공공 기록, 유무선 전화 요금 정부, 멤버십 정보를 활용해 씬 파일러의 95% 가량에게 신용점수를 제공하였다(Robinson and Yu, 2014).

2. 중국의 Sesame Credit

중국의 Sesame Credit는 알리바바 그룹의 금융 자회사인 앤트파이낸셜이 운영하는 대안신용평가 시스템이다. Sesame Credit는 사용자의 온라인 쇼핑 기록, 공공요금 납부 내역, 소셜 미디어 활동 등을 종합적으로 분석하여 신용점수를 산출한다. 이 시스템은 특히 중국 내에서 금융 서비스 접근성이 낮은 사람들에게 유용하게 활용되고 있다. Sesame Credit는 사용자에게 금융 서비스 외에도 다양한 일상적 혜택을 제공하여, 높은 신용점수를 유지하도록 유도하고 있다.

3. 일본의 J.Score

일본의 J.Score는 미쓰이스미토모 은행과 소프트뱅크가 공동으로 설립한 대안신용평가 서비스이다. J.Score는 전통적인 신용정보 외에도 사용자의 스마트폰 데이터, 소셜 미디어 활동, 위치정보 등을 활용하여 신용점수를 산출한다. 이를 통해 금융 기록이 부족한 젊은 층이나 신용이 낮은 사람들도 적절한 금융 서비스를 이용할 수 있게 되었다. J.Score는 AI와 빅데이터 분석 기술을 활용하여 정교하고 정확한 신용평가를 제공하고 있다.

4. 필리핀의 LenddoEFL

필리핀은 신용 기록이 부족한 사람들이 많은 국가 중 하나로, 싱가포르에 본사를 두고 있는 LenddoEFL는 필리핀 시장에 진출하여 큰 성공을 거두었다. LenddoEFL는 필리핀 사용자들의 소셜 미디어 활동, 모바일 사용패턴, 온라인 쇼핑 기록 등을 분석하여 신용 점수를 산출한다. 이를 통해 전통적인 금융 시스템에서 소외된 사람들이 금융 서비스에 접근할 수 있게 되었다. 필리핀에서 LenddoEFL의 성공은 비금융 데이터를 활용한 대안신용평가의 가능성을 입증한 중요한 사례이다. LenddoEFL은 필리핀 외 인도네시아, 베트남, 멕시코, 콜롬비아, 케냐 등 다양한 국가에 대안신용평가 서비스를 제공 중이다.

해외의 다양한 대안신용평가 사례들은 비금융정보를 활용하여 금융 포용성을 높이는 데 크게 기여하고 있다. 상기 사례들은 각국의 특성과 필요에 맞춘 대안신용평가 방식을 도입하여 금융 접근성을 개선하고 있다. 앞으로도 대안신용평가의 중요성은 더욱 커질 것으로 예상되며, 이는 글로벌 금융 포용성 확대에 중요한 역할을 할 것이다.

국내 대안신용평가 사례는 크게 두가지 유형으로 구분될 수 있다. 금융사 내에서 사용되는 금융사 이용자 대상의 CSS(Credit Scoring System)으로써의 대안신용평가와 신용평가회사에 의한 CB(Credit Bureau)로써의 대안신용평가가 존재한다. 신용정보법 개정에 따라 전문개인신용평가업이 명확히 규정되기 전에는 CSS로써의 대안신용평가가 주를 이뤘다[표 56].

[표 56] 국내 대안신용평가 사례

구분	기업	내용
유통	SK플래닛	OK캐시백 포인트 적립 및 사용 정보, 11번가 구매 및 결제 정보 등 전자상거래 정보 활용하여 커머스 스코어를 개발하여 금융기관 대출 심사에 활용됨
유통	롯데멤버스	롯데멤버스 유통 데이터 기반 대안신용평가모델을 구축하여 실제 소비 능력을 바탕으로 신용평가를 보다 세분화하거나 우불량 변별력을 높이는 범용소비등급을 개발함
핀테크	Finnq	휴대폰 이용정보를 통신신용점수로 산출한 T스코어 기반 대안신용평가모형을 개발하여 금융기관 대출 심사에 활용됨
핀테크	네이버파이낸셜	네이버 스마트스토어 거래 정보 활용 기반 소상공인 신용평가모델 구축하여 중소상인 및 금융 이력이 없는 사업자 대상 은행권 수준의 금리로 대출을 제공함
은행	우리은행	SKT, 11번가와 업무협약을 통해 통신 정보를 활용하여 신용평가를 재산정하여 온라인 마켓을 운영하는 영세 소상공인 대출을 제공함
은행	NH농협은행	통신사 정보 등의 비금융데이터와 머신러닝 모형을 결합하여 신용 소득이 낮아도 상환능력여부 파악 가능한 신용평가모형 구축하여 금융 정보 이력 부족 고객 대상 대출을 제공함
은행	하나은행	배달의민족에 등록된 소상공인의 매출액과 영업 기간 등 비금융정보를 활용하여 대안신용평가 모델 개발하여 금융 이력이 부족한 영세 자영업자를 위한 맞춤형 금융상품을 개발함
카드	삼성카드	카드 발급 시 사회초년생 등 신용정보가 부족한 고객에 대해서 카카오페이 정보를 이용해 한도를 증액하는 서비스를 제공함
비은행	한화저축은행	MZ세대 특화전략으로NHN페이코 정보를 이용해 우대 금리를 제공함 금융결제원 자동이체 정보(TIS) 서비스를 활용하여 신용이력이 상대적으로 낮은 고객 대상으로 정책 심사에 활용
은행	신한은행 NHN페이코	신한은행에서 NHN페이코 이용정보를 결합해 NHN페이코 이용고객을 대상으로한 소액 대출을 제공함
비은행	서민금융진흥원	금융결제원 정보를 반영하여, 리스크 등급 상향(TIS 등급) 및 Over-ride 승인(금결원 이체 정보)에 활용 저소득 저신용자에 대한 추가적인 승인(보증)확대
은행	케이뱅크	금융결제원 정보를 반영하여 소호 전략 ML 모형을 개발 중
카드	신한카드	대안정보(도서, 소액결제, 금결원)를 이용한 신용평가모형 개발
비금융	SK렌터카	T-map 주행이력 정보를 활용하여 렌터카 차량의 사고율을 예측하는 모형을 개발함

CB로써의 대안신용평가는 신용정보법상 전문개인신용평가업을 근거로하여 금융위원회 인허가를 통해 자격을 부여받고 대안신용평가 서비스를 제공한다. 국내에 전문개인신용평가업 인허가를 득한 대표적인 두 기업은 통신대안평가과 크레파스솔루션에 대한 자세한 내용은 뒷 부분에서 별도 기술한다.

Ⅲ. 포용금융을 위한 대안신용평가

포용금융에서 대안신용평가사의 역할은 매우 중요하다. 전통적인 신용평가 방식은 금융 서비스에서 소외된 사람들에게 매우 불리할 수밖에 없기 때문에, 포용금융의 목표를 달성하기 위해서는 새로운 접근 방식이 필요하다.

전통적 방식이 왜 금융 소외자에게 불리한가? 전통적 신용평가는 개인이 금융회사와의 거래 과정에서 발생한 금융거래 데이터를 활용, 과거에 잘 갚았던 사람의 금융 거래 이력을 분석하여 점수화 해 낸 방식이다. 과거에는 대출 심사역이 금융거래 정보를 매뉴얼로 확인하는 데 시간도 오래 걸렸고, 또 동일한 정보를 보더라도 주관적으로 판단하여 금융산업의 확장이 어려웠는데, 스코어링으로 인해 유사한 정보를 가진 사람은 유사하게 판단하는 획일적 방법을 적용하여 프로세스를 자동화하였다.

통계 확률적으로 접근해 신용을 평가하는데 한계가 있다. 대안평가는 금융거래 정보 외에 세금이나 통신비를 연체하지 않았는지, 소득에 비해 너무 많은 비용을 지출하지 않는지 등 추가정보를 확인한다. 그런데 이 조건 사이사이에 맹점이 있다. 금융거래가 없지만 연체하지 않은 사람을 몇 개월씩 연체한 사람과 같은 그룹으로 묶어 평가하게 된다. 그리고 연체자라고 해도 그 원인과 이유는 제각각 다르지만, 지금의 신용평가는 이를 반영하지 못한다. 피치 못할 사정이 있었다면, 예를 들어 큰 교통사고를 당해 수술을 받아 거동조차 하지 못하는 상태에서 발생한 연체라면, 이를 제대로 반영해줘야 하지 않을까? 우리나라 청년 중 50% 이상은 금융거래가 없다. 생계비, 자기계발 등에 필요한 비용을 누군가로부터 지원받지 못하면 자금을 조달하지 못해 중단하거나 꿈을 포기해야 한다. 현재 신용평가 기준으로 중신용자로 분류되고 있는 사람들도 다른 기준으로 제대로 평가할 수 있는 기준을 찾길 원했다.

1. 국내 금융소외자 현황

국내 중저신용자는 전체 신용정보보유자의 45.7%를 차지하며 이들 중저신용자 중 54.9%가 씬파일러이다. 구체적 수치로는 1,209만 명이 금융이력 부족으로 인해 중저 수준의 신용도로 평가받고 있다.[그림 27, 28] 씬파일러에서 가장 큰 비중을 차지하는 것은 20대 사회 초년생이며 이외 60대 이상 은퇴자도 큰 비중을 차지하고 있다. 각 연령대 내에서 살펴볼 경우 20대의 46% 가량이 씬파일러이며 이들 대부분은 중신용자이다.

[그림 27] 국내 중저신용자 및 씬파일러(Thin filer; 금융이력부족자)

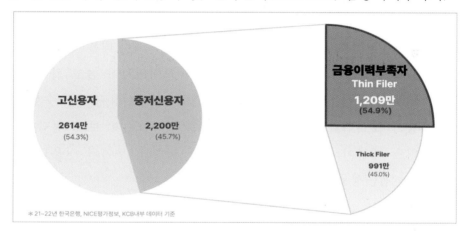

[그림 28] 연령대 별 씬파일러 구성

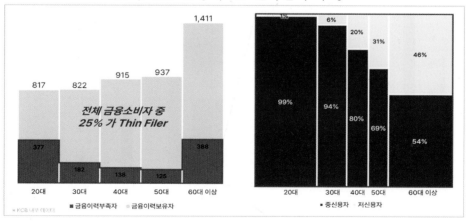

2. 대안신용평가가 포용금융에 미치는 영향

기존 전통적 신용평가의 신용점수 별 인원 분포를 통해 대안신용평가가 금융소외자를 포용할 수 있는 잠재성을 살펴볼 수 있다. [그림 29]는 CB사에서 제공하는 신용점수별 인원 분포와 신용점수별 신용카드와 대출거래 등 신용거래 고객 인원 분포이다. 신용점수 800점 미만에서 600점 이상 사이에 신용점수를 보유한 인원과 신용거래 기록을 보유한 인원 사이 상당한 갭이 존재함을 알 수 있다. 이 간극은 신용카드, 대출이력 정보를 보유하지 않은 인원으로 금융정보 부재로 전통적 신용평가로는 평가받기에 한계가 존재한다.

정당한 신용평가를 받기 위해 신용이 결부된 금융거래를 선행해야 하는 것은 전통적 신용평가에 존재하는 모순이다. 커버리지가 높고 차주에 대해 다층적 정보 제공이 가능한 대안정보를 통해 대안신용평가를 수행한다면 이들 금융서비스 취약계층을 상당수 포용할 수 있으며 보다 정당한 신용평가 서비스 제공이 가능할 것이다. 이어서 이렇게 부여된 신용도를 통해 금융서비스 접근성을 제고할 수 있을 것이다.

[그림 29] 신용점수 및 신용거래고객 인원 분포 비교

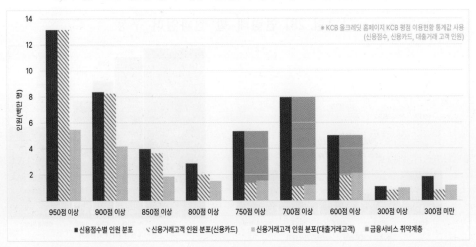

Ⅳ. 크레파스솔루션, EQUAL(통신대안평가)

[크레파스솔루션]

크레파스솔루션은 국내 1호 전문 개인신용평가 기업으로 금융거래 데이터 등 전통적 신용평가 데이터와 이메일과 SNS, 인성 심리평가, 모바일데이터, 행동데이터 등 비금융 비정형 데이터를 결합하여 대출 신청자의 신용을 재평가할 수 있는 대안신용평가 모형을 개발하여 금융기관 대출 심사에 공급하고 있다.

90년대 초까지만 해도 금융은 '담보' 위주, '기업' 위주가 관행이었는데, IMF 사태와 함께 큰 기업과 금융사가 동반 부실화되면서 이러한 자산구조에 문제점을 느끼게 되었다. 이때부터 금융사의 자산 다각화를 위해 무담보 개인대출을 위한 신용평가 기준을 만들기 시작했고, 우리나라 최초로 개인의 신용을 평가하는 방법론들을 외국 회사와 제휴해서 국내에 도입하는 일을 했다. 예전에는 담보와 보증인 없이는 금융기관에서 돈을 빌리기 어려웠는데, 신용평가 모델이 도입된 이후 더 많은 사람들이 자유롭게 금융을 이용하게 되었다.

아직 금융을 거래한 적이 없어 신용점수가 높지 못한 사람들에게 첫 금융기회를 부여하기 위해서는 금융정보만 절대적으로 의지할 것이 아니라, 다양한 관점으로 신용력이 있는 사람을 발견할 수 있는 신용평가가 필요할 것이라고 생각했고, 신용 스코어의 혁신 사례를 전 세계 곳곳으로 찾아 다녔다.

전통적 신용스코어링의 챌린저 기술들을 탐색하던 중에, 현재 크레파스솔루션의R&D를 리드하고 있는 파트너인, 대안신용평가의 창시자 Naveen 박사를 만나게 되었다. Naveen 박사가 공동 창업한 싱가포르 핀테크 기업 Lenddo는, 전 세계15개 국 이상의 국가에서 100여 개 이상의 금융사를 대상으로 대안신용정보가 유의성 있음을 증명하였고, 크레파스는 그 기술을 전수 받아 자체 기술화에 성공하였다.

소외되는 사람이 없이 누구나 공정한 기회를 얻는 포용금융을 위해 크레파스는 다양한 대안 신용평가 모델을 개발하고 있다. 전통적인 신용 기록이 부족한 사람들을 평가하기 위해 휴대폰 사용 패턴, 공과금 지불 기록, 소셜 미디어 활동, 전자상거래 거래 등 비전통적인 데이터를 활용하여 기존의 방식으로 "평가가 불가능"한 사람을 "평가 가능"으로 바꾸고 있다. 머신러닝과 인공지능 기술을 사용하여 대규모의 비정형 데이터를 분석하고 패턴을 찾는 방식을 통해 개인의 신용도를 평가하고 있다.

소액 대출, 소액 거래, 렌탈 지불 기록 등의 데이터에 포함하여 더 많은 사람들이 신용 평가를 받을 수 있도록 하는 것도 하나의 방법이다. 이로 인해 기존에 금융 서비스에 접근하지 못했던 사람들이 소액 대출 상환이나 정기적인 지불을 통해 신용 기록을 쌓아갈 수 있게 된다. 다양한 데이터를 활용하여 보다 정확하고 공정한 신용 평가를 제공하여 '신용도 낮음'으로 평가되었던 사람들이 부당하게 배제되지 않도록 하고 개인의 신용 평가 결과를 바탕으로 그들에게 적합한 금융 상품을 추천함으로써 금융 서비스를 효과적으로 활용할 수 있도록 돕고 있다. 개인들이 금융 서비스를 올바르게 이해하고 활용할 수 있도록 금융 교육을 제공하는 것도 신용평가사가 할 수 있는 중요한 역할이다. 실제로 크레파스는 해외 사업을 진행할 때 개인들이 자신의 신용도를 개선하고 장기적으로 더 나은 신용 기록을 구축할 수 있도록 많은 노력을 기울이고 있다. 마지막으로 정부 및 규제 당국과 협력하여 포용금융을 촉진하는 정책을 개발하고 시행하는 것은 금융사와 신용평가사가 수행해야 하는 매우 중요한 역할이라고 생각한다. 어려운 환경에도 불구하고 마이크로파이낸스를 실행하기 위해 노력하는 사회적기업과 중소 금융기관이 필요한 곳에 금융의 맥이 닿도록 신용평가사가 이들 기관과 공조해야 하는 것은 두 말 할 나위가 없다.

1. 공정한 기회를 제공하기 위한 신뢰성 있는 대안신용평가

개인의 신용을 제대로 평가하기 위해서 대안정보가 현재의 신용평가를 어떻게 개선시킬 수 있는지 방법을 찾아야 한다. 대안신용평가 정보를 활용하는 트렌드는 크게 보면 통신요금, 전기요금, 임대료 등 금융거래기록이 없는 사람들에게 비금융 거래기록을 대입하여 평가하는 정량적 방식의 개선과, 대면 심사였더라면 인간 리스크관리자(심사역)가 오래 관찰하고 인터뷰하는 등 활용했던 비재무/비금융 정보 기반의 정성평가를 디지털 환경에서 자동화하는 두가지 구분이 있었다.

정량평가의 개선을 위해서는 이미 신용카드 등 결재 내역이 많은 산업에서는 과거에도 요약된 금융신용정보 외에 결제 내역 등 빅데이터를 추가 활용한 리스크 세분화 노력이 있었다. 크레파스의 대안신용평가는 단지 추가로 부분적인 타 거래 이력 데이터를 활용하는 것이 아니라, 다양한 데이터를 활용하여 신뢰성향, 소비성향, 소득력의 지속성 등 성향을 예측해 냄으로써, 동일한 신용점수인 경우 더 우대할 대상자를 찾아내는 것이다.

정성평가의 경우, 빅데이터에서 행동패턴을 찾아내는 접근과 심리평가 기법을 활용한 행동과학모델 기법이 가장 신뢰할 만하였다. 우리나라와 같이 금융정보의 커버리지가 높은 상태에서는 정량평가의 개선보다는 정성평가를 자동화하는 혁신적 방법이 더 적합하다고 판단을 하게 되었다. 금융정보로 판단할 때는 신용이 낮아보이지만 실제로는 이행력 높은 중산층 대출자의 신용을 더 정확히 평가할 수 있는 방법이기 때문이었다. 신뢰도 있는 정성평가를 위해 크레파스는 수많은 정보(빅데이터)를 행동과학적으로 분석한다. 실제로 평소 일관성있고, 안정적이며, 꼼꼼한 행동패턴을 가진 사람은 그렇지 않은 사람과 비교해 연체 확률이 적다. 신용평가란 결국 이 사람은 믿을 수 있는 사람인가를 파악하는 것이기 때문이다.

행동패턴 파악을 위하여 크레파스는 고객으로부터 직접 데이터를 받기도 하고 데이터 파트너를 통해 수집하기도 한다. 더 좋은 금융기회를 제공받기 위해 동의한 고객으로부터 스마트폰 디바이스, SNS, Web브라우징, 심리평가모델 등의 데이터를 수집하고 유통, 통신, 건강관리, 운행기록 등 파트너십을 통해 확보한 다양한 원천의 빅데이터를 기반으로 패턴을 분석하게 된다. 사람들이 거의 몸에서 떨어뜨리지 않는 스마트폰 속에는 정말 많은 정보가 담겨있다. 스마트폰 사용 이력을 보면서 데이터를 사용하는 양이나 사용 시간의 변화, 마일리지를 꼼꼼하게 적립하는지, 일정표를 잘 작성하는지를 알 수 있죠. 친구들과 얼마나 자주 소통하는지, 배터리를 얼마나 자주 충전하는지, 문자메시지나 통화에서 응답반응 시간이 빠른 편인지, 앱 설치 후 얼마나 업데이트를 잘하는지 등의 정보도 함께 파악해 패턴을 분석한 후 성실성, 일관성, 꼼꼼함 등 같은 신뢰할 수 있는 사람의 성향을 찾아내 신용을 평가하게 된다.

2. 모델 청년5.5부터 국내 최초의 대안신용평가사로 인가받기까지.

크레파스는 2019년 SK그룹이 주최한 '임팩트 유니콘' 공모전에 응모해 '청년금융 플랫폼 사업'을 2년간 수행했다. 이 기간 동안 자회사 크레파스플러스를 통해 온라인연계금융투자(P2P) 서비스 '청년5.5' 플랫폼을 운영했고, 직간접 대출 상품을 선보였다. 그 결과 누적 대출 신청 건수 8,609건, 심의 후 실제 실행 건수 776건, 대출 금액 10억7,700여만 원 등의 성과를 달성했고, 이 과정에서 연체율은 거의 제로에 가까웠다.

당시 제공한 금융 상품은 청년을 대상으로 5.5%의 중금리, 500만원 이하 소액 대출 상품이었다. 원래라면 고금리 대부업체나 사채를 써야 했을 700명 이상의 청년이 중금리 혜택으로 대출을 받았고, 그 결과 연체는 거의 없었다. 이것이 의미하는 바가 컸다. 즉, 기존 금융사로부터 대출을 받지 못하는 저신용자여도 잘 갚을 수 있다는 증명이었기 때문이다.

그동안 청년을 위한 중금리 금융은 존재하지 않았다. 무상 지원금 또는 아주 급할 때 어쩔 수 없이 이용하는 높은 금리의 급전만 존재했다. 그러다 보니 재정을 계획하고 관리하는 습관을 갖기 어렵고, 스스로의 자립에 도움받을 수 있는 금융을 이용하기 어려웠다. 청년5.5는 청년이 당당하게 자신의 사용계획과 상환 계획을 이야기하며, 사회의 선배들에게 투자 받듯 이용하는 성장금융이었고, 여기에 참여하는 선배들은 단지 이자만 적게 받는 것만으로 다음 세대의 성장을 응원하고 후원할 수 있는 소셜 금융플랫폼이었다. 청년5.5 플랫폼의 빅데이터를 분석하고 알고리즘을 통해 검증하면서 R&D 과제로 제출했고 금융감독원 심사를 거쳐 사업 수행 평가 후 본인가를 받을 수 있게 되었다.

금융위의 신용평가업 인가는 지난 2005년 코리아크레딧뷰로(KCB)에 신용평가업 인가를 내준 후 16년 만의 일로 이는 금융당국이 대안신용평가를 통해 금융서비스의 접근성을 높이고자 하는 의지를 반영한 결과이다. 금융위원회 인가를 받음으로써 크레파스는 금융 신용평가사와 마찬가지로 대안 신용평가 등급을 금융사에 직접 제공할 수 있게 되었다.

3. 포용금융으로 혜택받는 사람들은 누구인가?

기존의 금융정보 신용평가로는 중저 신용자에 속했던 사람들이 가장 큰 수혜를 받을 수 있다. 청년, 주부 등과 같이 아직 신용이 형성되지 못한 사람, 금융거래 이력이 있더라도 소득 안정성 증명이 어려운 자영업자, 프리랜서, 긱워커, 아티스트, 외국인 등 새로운 환경에서는 자신의 신용력 있음을 증명할 수 없는 사람들이 주 대상이 될 것이다. 그리고 이미 신용이 낮아진 사람들 중에서도 상환 의지와 이행력이 높은 사람을 찾아내어 그들에게 적합한 금융을 연결하는 역할을 하고 있다.

또한 전세계적으로 본다면 대안평가는 금융서비스에 접근하기 어려운 인구가 많은 개발도상국과 일부 선진국에서 도움이 된다. 이러한 나라에서는 경제적, 사회적 이유로 인해 많은 사람들이 금융 서비스에서 소외되어 있다. 인도, 방글라데시, 케냐, 인도네시아, 필리핀, 콜롬비아 등과 같은 나라의 경우 농촌 지역이 많고 저소득층 인구가 많아 금융 이해력이 부족하고 지리적 접근성 문제, 높은 은행 서비스 비용 등으로 전통적인 금융 서비스에 접근하기 어렵다. 미국은 선진국이지만 일부 저소득층과 소수 인종 그룹은 높은 신용 기준, 금융 이해력 부족 등으로 여전히 금융 서비스 접근에 어려움을 겪고 있다. 이러한 나라들은 다양한 이유로 포용금융이 필요하며 대안신용평가를 통해 경제적 기회를 확대하고, 빈곤을 줄이며, 전반적인 경제 발전에 기여할 수 있다. 크레파스의 대안신용평가가 금융 서비스 제공 기회를 확대하고 사회적 통합과 경제적 평등을 이루기 위한 중요한 도구로 활용되기를 기대하고 있다.

4. 금융서비스 혜택을 못 받는 외국인들을 위한 서비스, 외국인 생활금융 플랫폼의 구축

우리나라에 거주하는 외국인의 수는 이미 225만명을 넘어섰고, 빠른 속도로 확대될 전망이다. 생각보다, 외국인에게는 안되는 서비스가 많다 보니, 이주 노동자, 유학생 등의 경우 임대주택에서 살거나 중고차를 구입하는 등의 생활에서도 과도하게 높은 비용을 지불해야 하거나 현금이 없이는 사용할 수 없는 등 불편함을 겪고 있다. 크레파스는 의료, 주거, 구직, 송금, 통신, 이동수단 등 금융이력이 없고, 외국인이기에 불편을 감수할 수밖에 없었던 문제를 해결하기 위해 자회사 크레파스플러스가 외국인 대상의 통합 플랫폼 서비스를 개발하고 있다. 크레파스는 다양한 금융, 유통, 송금, 프롭테크, 헬스케어, 외국인 서비스 파트너 등과 함께 플랫폼을 구성하고, 다양한 빅데이터를 통해 외국인 신용평가의 정확성을 높일 수 있는 평가모델을 개발, 크로스보더 대안금융의 영역을 확대하고 금융사가 외국인 리스크관리를 향상할 수 있도록 도울 예정이다.

5. 금융의 사회적 책임을 위하여

금융회사는 사기업이겠지만, 금융은 사회인프라이다. 금융, 통신 등과 같은 산업이 고객을 거절하는 것은, 단지 고객이 서비스를 이용하지 못하도록 하는 것에서 그치지 않고, 2차, 3차적인 기회의 불평등과 격차를 가져오게 하는 것이기에, 이러한 산업에 몸담은 사람들은 더욱 더 사회적인 책임을 중요하게 생각해야 한다고 가르쳐 주신 분이 계셨다.

만일 금융이 없다면, 주택을 소유할 수 있는 기회도, 가게를 열거나 사업을 시작할 수 있는 기회도, 현금을 가진 사람들에게만 주어지는 특권이 될 것이다. 금융은, 미래의 기회에 대하여 도전할 수 있도록 이어주는, 현재의 부족함을 채워주는 역할을 함으로써 우리 사는 세상을 더욱 활기차게 만들어야 하는 사회적 책임을 가지고 있다고 생각한다. 작은 기업 크레파스가 모든 영역에 기여할 수 없겠지만, '겨우 나무 한 그루'가 아닌, 그 한 그루의 나무들이 모인 '숲'을 만들어, 더 많은 꿈들을 품어내고자 노력하고 있고, 건강한 심장처럼 온 몸 구석 구석에 피를 보낼 수 있는 금융을 위해, 파트너사들과 함께 노력하고 있다.

6. 한국의 선진 대안신용평가 기술을 해외에 적용하는 다양한 시도들

동남아시아의 경우, 신흥 중산층의 금융 니즈는 늘어나고 있는데, 그들은 대부분 기존의 신용정보, 재무정보로 판단할 때에는 '거절체'이다. 전통적으로 안정적 직업도 아니고, 은행에 큰 자산도 없고, 소득을 증명하기도 어렵기 때문이죠. 그러다 보니, 취약층 대출이라 하더라도 담보 위주의 고금리 대출이고, 고금리, Covid-19 등 환경의 영향을 받으면, 담보 가치도 하락하고 취약층들의 소득도 함께 하락할 가능성이 높아, 회수도 지연되고 연체가 늘어, 금융회사들 입장에서도 곤란을 겪고 있다. 이를 해결하기 위한 방안이 소매금융의 포트폴리오 다각화인데, 동남아시아 국가인 캄보디아의 경우 최근 디지털화가 속도감 있게 추진되면서, 혁신적인 소매금융을 추진하고자 하는 금융사들도 있는 것을 확인했다. 크레파스는 KOICA의 CTS 사업에 도전하여 2024년 사업으로 선발되었는데, 캄보디아에 대안신용평가 플랫폼을 구축하고 각 금융사들이 이를 활용하여 다양한 무담보 금융상품을 만들어 내고, 기존 고금리 금융의 대환대출 상품을 만들어 낼 수 있도록 하는 것이 목표이다. 한국계 은행인 PPC Bank와 첫 POC 계약을 체결하여 캄보디아와 한국간 교류 학생/근로자의 금융 연결을 위한 대안신용평가 서비스 적용을 앞두고 있고, 디지털 결제 및 송금 서비스를 전문으로 하는 윙 뱅크(Wing Bank)와도 파트너십을 체결,

혁신적 디지털 금융 상품의 공동개발을 준비 중이다.

KOICA의 CTS 사업의 경우에는, 10년간 120개 선발 프로젝트 역사상 최초의 핀테크 사례라고 하여, 가슴 뜀과 어깨 무거움을 함께 느끼고 있다. 캄보디아 진출을 준비하면서 KOICA와 코디네이터 기업인 MYSC의 도움을 받으며 ODA 사업이 진정성 깊고 체계적이라는 느낌을 받았는데, 캄보디아를 시작으로, 캄보디아인 파송 근로자가 현지에서 뿐 아니라 한국으로 입국한 이후에도 바로 활용할 수 있는 금융서비스와 연결함으로써, 외국인 노동자의 금융접근성 향상을 위해 노력하고, 향후 각 국에 확대하고자 한다.

7. 크레파스가 추구하는 포용금융은

금융사가 거절하기 위한 기준이 아닌, 보다 제대로 평가할 수 있는 기준을 마련해 정말 필요한 사람에게 제대로 금융 상품을 제공하고 싶다. 다양한 빅데이터를 활용하고 분석해 표준화하는 작업을 통해 전반적인 금융 경쟁력을 끌어올리고, 금융정보 부족으로 대안신용평가 적용과 도입이 절실한 동남아 국가에서 금융 소외계층에게 금융 기회를 제공하여 현지의 금융 수준을 업그레이드하는 데 기여하고 싶다.

또한 앞으로의 세상에는 국경을 초월하여 거주하고 일하는 신흥 중산층들이 늘어날 것이다. 이들은 어느 나라에서든 Thin Filer 일 수 밖에 없다. 한국에 온 이주노동자를 대안신용평가로 평가하여 다양한 대안을 제공해주고, 그 대안 서비스 사용 기록을 축적하여 대안신용평가, 본국에 귀국하였을 때 한국에서의 기록이 신용력을 upgrade 해 줄 수 있는 Universal Credit Score를 만들고 싶다. 크레파스는 다양한 혁신적 활동을 통해 포용금융을 실현하고 있으며, 앞으로도 이러한 목표를 지속적으로 추구해 나갈 것이다. 이는 더 많은 사람들이 금융서비스에 접근할 수 있게 함으로써, 경제적 평등과 사회적 통합을 이루는 데 기여할 것이다.

[EQUAL : 통신대안평가]

1. EQUAL 회사는 무엇을 하는 기업인가?

국내 최초 통신 3사가 힘을 합쳐 설립한 합작법인 통신대안평가는 지난 2023년 3월 통신3사와 SGI서울보증, 코리아크레딧뷰로 5개사가 공동 출자한 기업이다. 국내 금융 거래 고객 4,800만명 중 1,200만명이 금융거래 이력 부재로 인해 정확한 신용평가를 받지 못하는 신파일러로 추산되며, 이들은 주로 사회생활을 시작하는 2030과 은퇴연령인 60대 이상에 집중되어 있다. 이들 신파일러들은 실제로 상환 능력과 의지가 있음에도 불구하고 대출이나 신용카드 발급이 제한되어 높은 금리와 낮은 한도 등 불이익을 받고 있으며, 금융당국과 학계에서는 이런 금융취약계층이 금융서비스의 이용에 제약을 받아 신용불량의 위험에 노출될 수 있음을 지적한 바 있다.

통신대안평가는 4700만 전국민을 아우르는 최고수준의 커버리지를 가진 통신데이터 기반으로 금융거래 이력 부재로 인해 정확한 신용평가를 받지 못하는 신파일러들에게 새로운 신용평점의 기준을 제시하고 금융서비스 접근성을 개선한다.

기존 대안신용평가 서비스는 현재 대표적으로 통신데이터, 커머스(결제)데이터, 유틸리티 데이터 등을 사용하고 있는데 여러 한계성으로 인하여 국내 금융시장에서 제대로 활성화가 되지 못한 측면이 있다.

통신데이터의 경우 2016년 LG U+, 2017년 KT, 2018년 SK텔레콤이 각각 대안모델을 개발하여 서비스 중이다. 각 사가 개별적으로 모형과 데이터 항목을 개발하였고 따라서, 데이터 통합이 어려워 전 국민을 커버하지 못하며, 통신사에 따른 편향성 발생 가능성으로 부정적 요소로 사용하지 못하고 원천데이터를 각 통신사에만 적재하고 있어 서비스 및 지원이 원활하지 못하다는 한계를 지녔다.

커머스(결제) 데이터는 롯데멤버스, 11번가 등 해당 플랫폼을 이용중인 고객의 구매·결제내역을 기반으로 대안신용평가가 서비스되고 있는데,

해당 플랫폼의 고객 정보만 다루어지고 상시 꾸준한 데이터가 연속적으로 확보되지 않아 데이터 커버리지 면에서 한계성이 있으며 대부분 긍정적 요소로만 활용되어 리스크 세분화에 한계를 지닌다.

유틸리티 데이터는 전기, 수도, 가스요금 등 정기적으로 납부하는 공공 요금 정보인데, 정보들이 가구 단위로 부과되어 개인단위 커버리지에 한계를 가지며, 실제 사용자, 요금 납부자, 주택 명의자가 모두 다를 수 있어 정합성 이슈가 존재한다.

2. 다른 대안신용평가 서비스와 어떤 특징이 있는지?

대안평가의 주요 요소로는 데이터 커버리지, 정합성 및 적시성, 예측성, 다층적 평가항목, 서비스 가능한 시스템 지원 등 5가지를 꼽을 수 있는데, 통신대안평가는 위 요소가 모두 충족된 서비스를 제공한다.

통신3사의 정보를 통합하면 전국민의 85.3%(통신3사 자회사 MVNO 포함 시 최대 92.3%)의 독보적인 데이터 커버리지로 개인을 다각적으로 분석할 수 있다. 특히 사회초년생 및 외국인 등 신파일러 대상 독보적인 성능을 보여주며 금융정보와 상관관계가 낮고 높은 직교성을 띄기 때문에 금융이력 보유자에 대해서도 금융정보에 추가 가치를 부여할 수 있다. 연속성이 보장된 개인고유의 정보라는 측면에서 통신데이터는 본인인증된 개인의 정보로 정합성이 높다. 또한, 누구라도 매월 통신요금의 청구·납부 이벤트가 발생하기 때문에 정보가 연속적·정기적 업데이트가 이루어져 최신성을 확보했고, 통신3사 데이터 통합으로 번호이동 시에도 과거 통신이력을 트래킹하여 정확성을 확보했다.

성능 측면에서는 기존 CB스코어와 결합시 성능이 극대화된다. 통신데이터만 활용했음에도 미래 금융불량 발생에 대한 예측력이 높음을 확인할 수 있으며 특히, 사회초년생과 외국인의 경우 Telco스코어 단독으로도 최고 수준의 **높은 성능**을 확인할 수 있다.(Telco 스코어의 높은 성능 : (전체) **80.1%**, (사회초년생) **87.5%**, (외국인) **74.5%**)

앞서 언급했듯, Telco스코어는 기존 K-Score와 **상관계수**가 0.3으로 매우 낮다. 상관관계가 낮은 두 요소를 결합했을 때, 서로의 부족한 부분에 대한 보완제 역할을 하기 때문에 시너지로 성능은 극대화될 수 있다. 동일한 K-Score 구간 내에서도 Telco스코어로 높은 불량률 차등화 효과도 보인다. (상관계수 : 0에 가까울수록 두 스코어 간 상관성이 낮음을 의미함 (-1 [Corr. [1)]

이외에도 리스크 세분화가 가능하도록 긍정·부정요소 및 거래성·비거래성 행동정보 모두 보유했고, 온라인·배치 서비스 및 AS(신규가입심사)·BS(기존고객관리) 모두 지원하며 고객의 VoC(Voice of Customer) 처리 가능한 전용 고객센터를 운영하는 등 서비스 가능한 시스템적 지원도 마련되어 있다.

3. 통신비 성실납부 지표 정도가 대안평가에서 유의미한지?

대안신용평가는 다양한 비금융 정보를 활용하여 신용을 평가하는 새로운 방식이다. 특히 통신비 성실납부 지표는 유의미한 변화를 보여주고 있다. 이러한 접근은 금융 이력이 부족한 사람들에게도 금융 서비스를 제공할 수 있게 하며, 실제로 대출 상환률이 개선되는 효과를 보였다. 2021년 금융위원회 보고서에 따르면, 통신비 납부 이력을 활용한 대출 상품의 연체율이 기존 신용평가 모델 대비 20% 낮았다는 결과가 나왔다. 그러나 여전히 대안신용평가의 효과를 입증하기 위한 더 많은 연구와 사례가 필요한 것은 사실이다. 빅데이터 집적에 따라 그 신뢰도는 달라질 것으로 예상된다. 따라서 금융기관들은 지속적인 데이터를 축적하고, 이를 분석하여 대안신용평가의 실질적인 효과를 평가해야 한다.

4. 최근 연구에서 대안평가가 유의미한 상관관계를 보이는 지표는?

캐릭터 즉, 인간 본연의 특성과 패턴, 상환의지 등이 신용도를 평가하는 데 있어 중요한 지표이며, '신용도와 밀접한 행동심리 특성에 대한 리뷰’ 논문을 예로 들 수 있다. 해당 논문에서 신용도와 밀접한 6가지 특성으로 **무결성, 자기효능감, 내적통제, 성격, 자제력, 물질주의**를 짚고 있다. 간단히 설명하자면, **무결성**은 도덕적 원칙에 따라 정직하게 행동하려는 성향, **내적 통제와 자제력**은 자신의 의지와 행동으로 관리되는 성향 등으로 볼 수 있다. 성격 연구에 많이 쓰리는 ‘빅5 성격 특성’ 중 ‘성실성’이 높고 ‘신경성’이 낮을수록 채무불이행 위험이 낮아진다고 한다. 이처럼 단순 금융거래 이력으로만 이루어졌던 기존 신용평가모델 대비 인간 본연의 특성과 패턴을 파악할 수 있는 비금융데이터를 활용한 대안신용평가의 경우 캐릭터나 상환의지 등 보다 정확하고 변별력 있는 신용평가가 이루어질 수 있을 것으로 기대하고 있다.[368] 또 다른 연구에서 대안신용평가에 반영되는 비금융정보 중 가장 유의미한 상관관계를 보이는 금융소비자 지표로는 **상환태도, 네트워크, 통신비 납부 성실도** 등이 있다.

상환태도는 소비자가 대출 상환을 얼마나 성실하게 이행하는지를 평가하는 지표이다. 이는 전통적인 신용평가에서도 중요한 요소지만, 대안신용평가에서는 더 다양한 형태의 상환 데이터를 활용한다. 예를 들어, 공공요금 납부 이력, 통신비 납부 이력 등이 상환태도의 중요한 지표로 사용된다. 연구에 따르면, 통신비 납부 이력이 좋은 소비자는 대출 상환에서도 높은 성실성을 보이는 경향이 있다.

다음은 네트워크이다. 소비자의 사회적 네트워크도 신용도에 영향을 미치는 중요한 요소이다. 네트워크 분석을 통해 소비자가 속한 사회적 관계망의 신용도를 평가할 수 있으며, 이를 통해 개인의 신용도를 예측할 수 있다. 예를 들어, SNS 활동이나 직장 네트워크 등을 분석하여 소비자의 경제적 안정성을 평가할 수 있다. 연구에 따르면, 신용도가 높은 사람들과의 네트워크가 잘 형성된 소비자는 대출 상환 성실도가 높은 경향이 있다.

다음은 캐릭터이다. 소비자의 성격이나 행동 패턴도 신용평가에 활용될

---

368) 논문 : Goel, A., Rastogi, S., 2021 Understanding the impact of borrowers’ behavioural and psychological traits on credit default: review and conceptual model 국내 신문 논평 : (곽승욱 숙명여대 경영학부 교수)
https://www.donga.com/news/Economy/article/all/20240218/123575704/1

수 있다. 예를 들어, 온라인 쇼핑 패턴, 게임 활동, SNS 사용 행태 등을 분석하여 소비자의 경제적 책임감을 평가할 수 있다. 연구에 따르면, 충동적인 소비 패턴을 보이는 사람들은 대출 상환 성실도가 낮은 경향이 있는 반면, 계획적인 소비 패턴을 보이는 사람들은 높은 성실도를 보인다.

마지막은 스킬이다. 소비자의 직업적 스킬과 교육 수준도 중요한 신용 평가 요소이다. 직업의 안정성과 소득 수준은 신용도에 직접적인 영향을 미친다. 예를 들어, IT 기술이나 전문직에 종사하는 사람들은 일반적으로 경제적 안정성이 높아 신용도가 높게 평가된다.

이러한 비금융정보는 전통적인 신용평가 모델의 한계를 보완하여 보다 정확하고 공정한 신용평가를 가능하게 한다.

5. 통신사가 보유한 데이터 중 신용도와 높은 상관관계인 데이터는?

통신데이터는 기존 금융데이터보다 훨씬 더 다양한 지표를 가지고 있지만, 통신3사의 데이터 산출기준이 모두 다 다르다는 흠결이 있었다. 통신 대안평가는 방대한 통신데이터 중 개인의 신용을 평가하기에 유의미한 항목들을 공통 표준화시켜 라이프스타일, 소비패턴, 거래능력, 연속성, 관리성향 등 5개의 정보영역으로 분석한다. 세부데이터 항목을 모두 언급하긴 힘들겠지만 대표적으로 통신비 납부내역, 부가서비스, 미납, 연체, 결합할인 등의 정보가 있을 수 있겠다. 그리고 통신대안평가 자체검증결과 통신 연체가 금융연체대비 선행하는 경향이 있는 것으로 파악 되었다. 따라서, 통신데이터 지표가 유의미하고 신뢰성이 있다라고 볼 수 있다.

통신사가 보유한 데이터 중 신용도와 높은 상관관계를 보이는 지표로는 통신비 납부 이력, 데이터 사용 패턴, 위치 데이터 등이 있다. 통신비 납부 이력은 소비자의 신용도를 평가하는 데 중요한 지표이다. 정기적으로 통신비를 납부하는 소비자는 경제적 책임감이 높고, 대출 상환 성실도가 높은 경향이 있다. 한국통신금융협회의 연구에 따르면, 통신비를 제때 납부하는 소비자는 대출 연체율이 20% 낮다는 결과가 나왔다.

데이터 사용 패턴도 신용평가에 활용될 수 있다. 예를 들어, 데이터 사용량이 꾸준히 증가하는 소비자는 경제적 활동이 활발하다는 신호로 해석될 수 있다. 또한, 데이터 사용 패턴을 통해 소비자의 생활 패턴을 분석하여 경제적 안정성을 평가할 수 있다.

위치 데이터는 소비자의 이동 패턴을 분석하여 신용도를 평가하는 데 활용될 수 있다. 예를 들어, 소비자가 정기적으로 특정 장소를 방문하거나, 직장과 주거지 간의 이동 패턴이 일정한 경우 경제적 안정성이 높다고 평가할 수 있다. 그러나 위치 데이터의 활용은 프라이버시 이슈가 있어 신중한 접근이 필요하다.

6. 소비자들은 비식별처리된 개인정보(자주 접속하는 기지국의 지정학적 정보 등) 공개가 막연한 불안감을 가질 수 있다 이에 대한 대응은?

통신대안평가에서 개인신용평가를 위해 취급하는 데이터 중 위치정보와 같은 개인의 민감정보는 포함되어 있지 않은 것으로 파악하고 있다. 앞서 언급했던 개인의 신용을 평가함에 있어 유의미한 라이프스타일, 소비패턴, 거래능력, 연속성, 관리성향 등 5개 정보영역을 분석하는 데이터만을 취급하고 있다. 또한, 신용평가회사는 신용정보법, 전자금융거래법, 개인정보보호법 등의 엄격한 규제를 받는 규제 산업이다. 방대한 데이터를 안전하게 다루고 고객정보를 철저히 보호하는 시스템을 구축하는 것이 중요한데, 현재 모든 보안요건을 갖추었고 그렇기 때문에 금융당국으로부터 전문개인신용평가업 허가까지 취득하였다는 점을 말씀드리고 싶다.

소비자들의 개인정보 보호에 대한 불안감을 완화하기 위해서는 다음과 같은 전략이 필요하다. 첫째 투명성 강화이다. 소비자들에게 어떤 데이터가 어떻게 사용되는지 명확히 알리는 것이 중요하다. 데이터 사용에 대한 투명성을 높이기 위해 데이터 사용 목적, 데이터 처리 과정, 보안 조치 등을 상세히 설명하는 것이 필요하다. 이를 위해 정기적으로 데이터 사용 보고서를 발행하고, 소비자에게 쉽게 접근할 수 있도록 해야 한다.

둘째 소비자의 동의를 받는 절차를 강화해야 한다. 데이터 사용에 대해 명확히 설명하고, 소비자가 자신의 데이터를 제공할지 여부를 선택할 수 있도록 해야 한다. 예를 들어, 개인정보 수집 및 사용에 대한 동의서를 상세히 작성하고, 동의 여부를 확인하는 절차를 강화할 수 있다.

셋째 비식별화 기술, 암호화 기술 등 최신 프라이버시 보호 기술을 도입하여 소비자의 개인정보를 안전하게 보호해야 한다. 예를 들어, 차등 프라이버시(differential privacy) 기술을 도입하여 개인의 데이터를 보호하면서도 데이터 분석이 가능하도록 할 수 있다.

넷째 소비자들에게 데이터 사용의 필요성과 이점을 교육하는 것도 중요하다. 데이터 사용이 소비자에게 어떤 혜택을 제공하는지 설명하고, 데이터 보호를 위한 조치들을 알리는 것이 필요하다. 이를 위해 정기적인 소비자 교육 프로그램을 운영하고, 데이터 사용에 대한 이해를 높일 수 있도록 해야 한다.

7. 통신대안평가의 차별성은?

통신대안평가의 가장 큰 차별점은 최고 수준의 데이터 커버리지 그리고 앞서 언급했던 통신3사의 데이터를 동일한 기준으로 표준화 했다는 데에 있다. 기존 대안신용평가 모델들은 파편화된 데이터와 데이터 커버리지가 좁다는 한계가 있었지만, 통신대안평가 전 국민을 대상으로 한 폭 넓은 커버리지가 독보적이라고 할 수 있고 표준화된 데이터로 전 국민을 차별 없이 동일선상에서 정확하고 변별력 있게 신용평가를 할 수 있다. 또한 번호이동 등 고객정보 단절 없이 연속성 있는 정보로 예측성을 높이고 통신정보 단독으로도 리스크 평가에 사용이 가능하며 금융정보와 결합 시 기존 모델의 성능을 향상시킬 수 있다. 구체적으로 다음과 같은 차별적 역량을 가질 수 있다.

첫째 통신사는 다른 금융기관이나 빅테크 기업이 접근하기 어려운 고유한 데이터를 보유하고 있다. 예를 들어, 통신비 납부 이력, 데이터 사용

패턴, 위치 데이터 등은 통신사만이 수집할 수 있는 데이터이다. 이러한 고유한 데이터는 보다 정밀한 신용평가를 가능하게 한다.

둘째 통신사는 실시간 데이터를 수집할 수 있는 강력한 인프라를 갖추고 있다. 이는 소비자의 최신 경제적 활동을 반영할 수 있어, 보다 정확한 신용평가를 가능하게 한다. 예를 들어, 통신비 납부 이력은 실시간으로 업데이트될 수 있어 신용평가의 정확성을 높일 수 있다.

셋째 통신사는 대규모 데이터 분석에 대한 풍부한 경험을 가지고 있다. 빅데이터 분석 기술을 활용하여 소비자의 행동 패턴을 분석하고, 이를 신용평가에 반영할 수 있다. 이러한 데이터 분석 역량은 다른 금융기관이나 빅테크 기업에 비해 경쟁력을 가질 수 있는 요소이다.

넷째 통신사는 개인정보 보호와 데이터 보안에 대한 높은 수준의 기술을 보유하고 있다. 예를 들어, 데이터 암호화, 비식별화, 차등 프라이버시 등 최신 보안 기술을 적용하여 소비자의 개인정보를 안전하게 보호할 수 있다. 이는 소비자 신뢰를 구축하는 데 중요한 요소이다.

이러한 차별적 역량을 통해 통신대안평가는 다른 금융기관이나 빅테크 기업과의 경쟁에서 우위를 점할 수 있다. 동시에 지속적인 혁신과 협력을 통해 신용평가 모델을 발전시켜 나가야 할 것이다.

나아가 통신대안평가는 개인의 친환경 활동 내역, 기부 이력 등도 향후 신용평가에 추가로 반영할 계획으로 금융이력은 부족하지만 사회에 긍정적 기여하는 개인이 제대로 평가받을 수 있을 것으로 기대된다.

Ⅴ 대안신용평가가 직면한 과제

비록 국내에서도 대안신용평가를 도입한 다양한 시도가 있었으나 금융 시스템이 미비한 개도국에서의 사례와 달리 한국은 성숙된 금융 시스템과 개인정보 보호 법령이 갖춰져 있어, 이러한 사회적 구조하에서 혁신과 개인정보 보호의 균형을 맞추며 대안신용평가 도입이 확대되기 위해서는 많은 금융생태계, 나아가 사회적인 노력이 필요하다. 우선적으로 한국의 금융 시스템에 대안신용평가를 도입하고 확대하기 위해 존재하는 난제를 인지할 필요가 있다.

통신대안평가는 과거 통신데이터가 시장의 기대를 충족시키지 못한 경험을 극복하는 것이 풀어야 할 가장 큰 과제이다. 통신대안평가는 통신3사의 원천정보를 직접 수집 및 가공하여 표준화된 2천여개의 세부 데이터 항목을 통해 정확성 높은 데이터를 금융사에 제공함으로써 적시성 있는 서비스 피드백 및 BS대상 서비스 제공, 선제적인 상품개발로 과거 Pain Point를 풀어갈 것이다. 더불어 고객의 행동관련 데이터 가치를 발굴하고 기존 금융정보가 탐지하지 못하는 사기탐지정보 및 앱/웹이용정보 등도 추가 수집할 계획이다.

1. 개인정보 등 데이터 관련 권리 보호

대안신용평가를 구현하기 위해서는 다양한 유형의 데이터에 접근할 수 있어야 하나 국내의 개인정보 보호 규정이 엄격하며, 금융기관 간에 데이터 공유가 제한적일 수 있다. 가명 결합, 마이데이터 등 발전 중인 제도에 주목하여 안전하면서 실용적인 데이터 활용이 가능하도록 노력해야 한다.

2. 신뢰성과 정확성의 보장

대안신용평가 모델은 신용 이력 외의 요소들을 고려하기 때문에 다양한 데이터들의 신뢰성과 정확성이 보장되어야 한다. 이를 보장하기 위해 데이터의 정확성을 검증하는 데에는 투입되는 자원과 전문인력에 대한 투자가 필요하다. 대안정보는 신용주체에게 기존 전통적 신용정보에 비해 낯설게 느껴질 수 있어 신용주체의 의문이 초기에 다수 발생할 수 있다. 또한, 다양한 구성의 정보가 도입되고 있어 차주가 특정 정보를 강화하거나 제거함을 통해 평가 결과가 영향을 받을 수 있음에 유의해야 한다.

3. 모델의 개발과 검증

대안신용평가 모델은 신뢰할 수 있는 결과를 제공하기 위해 충분한 개발과 검증이 필요하다. 이를 위해서는 금융 전문가와 데이터 과학자 등의 다양한 전문가들이 협력하여 모델을 개발하고 검증해야 한다. 또한, 적절한 테스트를 거쳐야만 모델이 실제로 효과적으로 작동하는지 확인할 수 있다.

4. 규제 및 정책의 변화

대안신용평가를 도입하기 위해서는 금융 규제 및 정책의 변화가 필요하다. 이는 시간과 노력이 많이 필요한 작업이며, 규제당국과의 협력이 필요하다. 또한, 새로운 정책이나 규제의 도입에는 시장의 변화에 대한 적응이 필요하다.

Ⅵ. 대안평가제도 활성화 및 신용평가제도 개선방안

기존의 신용평가제도는 주로 전통적인 금융 거래 기록을 기반으로 하기 때문에 금융 소외 계층이나 신용점수가 낮은 서민들이 불이익을 받는 경우가 많다. 이로 인해 금융 접근성이 제한되고, 경제적 불평등이 심화될 수 있다. 이러한 문제를 해결하기 위해서는 대안평가제도를 활성화하고 신용평가제도를 개선하여 더 많은 사람들이 공정하게 금융 서비스를 이용할 수 있도록 해야 한다. 이를 위한 일반적 개선책으로

가. 대안평가제도 활성화 : 전통적인 신용평가 기준 외에 공공요금 납부 기록, 통신비 납부 기록, 렌트비 납부 기록, 소셜미디어 활동 등 다양한 데이터를 활용하여 신용을 평가한다. 금융 소외 계층의 포용: 대안평가제도를 통해 금융 거래 기록이 부족한 서민들도 신용을 인정받고 금융 서비스를 이용할 수 있게 한다.

나. 포괄적 데이터 사용 : 데이터 확대: 소득 수준, 고용 상태, 학력, 거주지 정보 등을 추가로 고려하여 신용평가를 진행한다. 정확한 평가: 개인의 실제 상환 능력을 보다 정확하게 반영할 수 있으며, 신용 거래 기록이 부족한 사람들도 신용을 인정받을 수 있다.

다. 맞춤형 신용평가 모델 개발 : 자영업자, 프리랜서, 소상공인 등을 위한 특화된 신용평가 모델을 도입하여 이들이 공정하게 평가받을 수 있도록 한다. 기존의 신용평가 모델이 반영하지 못하는 부분을 보완하고, 더 많은 사람들이 금융 서비스를 이용할 수 있게 된다.

라. 신용평가 투명성 강화 : 투명한 프로세스: 신용평가 기준과 프로세스를 공개하고, 신용 점수 산정 방법을 설명한다. 정보 제공: 신용평가 기관의 웹사이트나 모바일 앱을 통해 신용 점수 산정 과정과 관련 정보를 제공하여 소비자들이 쉽게 확인하고 이해할 수 있게 한다.

마. 신용회복 프로그램 강화 : 신용회복 지원: 신용 상담, 재정 교육, 부채 관리 프로그램 등을 통해 신용이 낮은 사람들이 재정 관리를 개선하고, 장기적으로 신용 점수를 회복할 수 있도록 지원한다.

바. 정부와 민간 협력 강화 : 공동 연구 및 파일럿 프로그램: 정부와 민간 금융기관이 협력하여 새로운 신용평가 모델을 개발하고 테스트한다. 정부가 주도하는 파일럿 프로그램을 통해 새로운 신용평가 모델을 시범 적용하고, 이를 바탕으로 정책을 개선한다.

사. 소비자 보호 및 권익 강화 : 소비자가 자신의 신용 점수에 이의를 제기할 수 있는 온라인 플랫폼을 구축하고, 신속하게 문제를 해결할 수 있는 절차를 마련한다. 권익 보호: 신용평가 과정에서 소비자의 권익을 보호하고, 잘못된 평가로 인한 피해를 줄이다.

아. 신용평가 결과의 활용 확대 : 다양한 금융 상품에 활용: 대출, 보험, 렌트 등 다양한 금융 상품에서 대안평가제도를 활용하여 서민들이 더 쉽게 금융 서비스를 이용할 수 있도록 한다. 금융 접근성 향상: 신용평가 결과가 다양한 금융 상품에서 유용하게 활용되며, 금융 불평등을 줄일 수 있다.

자. 교육 및 홍보 캠페인 전개 : 대안평가제도와 신용평가제도 개선의

중요성을 알리는 교육 및 홍보 캠페인을 통해 국민들의 인식을 높힌다. 새로운 신용평가 모델에 대한 이해를 높이고, 더 많은 사람들이 혜택을 받을 수 있도록 한다.

　차. 정기적인 평가 및 개선 : 신용평가제도의 효과를 정기적으로 평가하고, 이를 바탕으로 지속적인 개선을 추진한다. 데이터 분석, 소비자 피드백, 연구 결과 등을 반영하여 신용평가 모델을 업데이트한다. 지속적 개선: 최신 금융 환경에 맞게 신용평가 기준과 모델을 조정한다.

　각계의 노력을 통해 포용금융을 위한 국내 대안신용평가는 점차 나아가고 있다. 다양한 유형 데이터를 사용한 CSS 측면 대안신용평가에 대해 전문개인신용평가업의 본격화, 통신3사의 통신 데이터를 통한 전국민 수준 커버리지를 갖춘 대안신용평가를 통해 어려운 금융 환경 속에서도 금융소외자와 함께가는 포용금융 실현이 기대된다.

　대안신용평가는 개인에게 더 나은 금융서비스 접근성을 제공할뿐만 아니라 다양한 데이터 소스를 활용하여 개인의 금융 상황을 평가하므로써 신용점수의 정확성을 향상시키고, 개인의 금융 리스크를 더욱 정확하게 평가하는데 기여해 금융기관들이 더 나은 대출 결정을 내리고 건전성을 유지할 수 있도록 기여할 수 있을 것이다.

　부가적으로 대안신용평가가 새로운 금융 서비스 및 제품의 출현을 촉진하므로써 데이터 분석과 기술의 발전을 통해 새로운 금융 서비스가 개발되고, 금융 시장의 다양성과 경쟁력이 증대되길 기대한다.

　통신데이터는 신용평가 뿐만아니라 채무조정 사기 탐지 서비스, 신청 사기 방지 등 신청 사기 예방 분야에서 중요한 역할이 가능하다. 제도의 취지와 맞지 않게 채무조정 직전 대출을 받거나, 명품백을 구매하는 등 채무조정 제도를 악용하는 도덕적 해이가 사회적 문제로 대두되고 있다. 통신데이터는 채무조정을 탐지하는 과정을 포착할 수 있으며, 이는 제도 악용을 판단하는 데 중요한 정보가 될 것으로 기대된다.

　마케팅 구현 측면에서는 사용자의 웹/앱 접속 이력, 통화기록 등을 바탕으로 고객 행태 정보를 수집하고, 이를 통해 정교한 마케팅 모형 제공이 가능하다. 고객에 대해 다각도 분석을 수행해 광고 플랫폼 및 수요 기업의 마케팅 효율 개선에 기여할 수 있다. 이를 통해 더욱 정교하고 정확한 타겟팅과 맞춤형 프로모션이 가능해져 마케팅 효율성을 높일 수 있을 것으로 기대된다.

통신데이터는 개인의 경제활동과 생활방식을 나타내는 지표로, 금융 소비자의 권익을 보호하고 금융시스템의 안정을 유지하는데 기여하며, 다양한 분야에서 확장성을 가지며 사회적 가치 창출이 가능하다. 통신대안평가는 통신3사의 통합된 정보를 기반으로 AI 기술을 활용, 뛰어난 인적 및 물적 자원을 바탕으로 더 큰 부가가치 창출할 수 있다.

제6장 건전 대부금융 육성(서민금융과 우수대부업자 제도)

포용금융은 경제의 강에서 제도적 물꼬를 트듯,
수로를 정비하여 기회의 흐름을 이끈다.

Ⅰ. 개 요

2015년 12월에 법정 최고금리가 34.9%로 설정되었을 때 대부이용자의 수가 268만 명으로 정점을 찍었다. 이후 최고금리의 지속적인 하락[369]으로 2023년 6월 말에는 대부이용자 수가 84.8만 명으로 크게 감소했다. 이는 최대치 대비 183만 명(감소율 68.4%), 2022년 말 대비 14만 명(감소율 14.1%)이 줄어든 것이다.

[그림 30] 법정최고금리 및 대부시장 추이

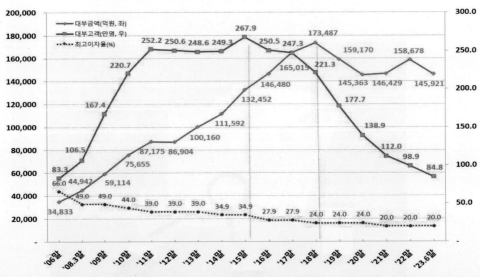

자료 : 금융감독원 보도자료(매년 상·하반기 "대부업 실태조사 결과")

최고금리의 지속적인 하락과 대부이용자 수의 계속적 감소 추세는 다음의 몇 가지 이슈를 제기한다. 첫째, 그동안의 지속적인 최고금리 인

---

369) 34.9%('14.12) → 27.9%('16.12) → 24%('18.12) → 20%('21.7)

하 정책이 효과적이었는가? 둘째, 저신용자 제도권 신용공급의 최후의 보루라고 하는 대부업자에게도 대출이 거절당하는 취약계층에 대한 정부의 정책적 대응은 적절하였으며 앞으로 개선의 여지는 없는가? 셋째, 대부업자에게 거절당한 저신용 계층이 제도권 밖의 금융을 이용할 경우 대안 금융과 불법사금융 이용에 폐해 등 정부의 대응은 적절한가? 등이다.

위에서 언급한 이슈 둘째와 관련하여 **정부는 서민의 금융 접근성 개선 대책**의 일환으로 2021년 7월 금융위원회는 「서민금융 우수 대부업자」제도를 도입하였다. 본 설문조사는 이러한 정책 도입의 취지와 경과를 분석하고, 우수 대부업자 제도가 금융 공급자 측면에서 현황은 어떻고 선정된 우수 대부업자의 건의사항은 어떠한 것들이 있는지 살펴보기 위해 면담을 포함한 설문조사를 실시하였다.

1. 「서민금융 우수 대부업자 제도」 도입

우수 대부업자 제도는 금융위원회가 대부업자 중에서 신용공급 비중이 크고[370] 직접 감독이 가능한 대부업자를 우수 대부업자로 선정하여 최고금리 인하에 따른 저소득 및 저신용자의 원활한 자금지원을 위하여 2021년 7월 도입하였다.

금융당국은 선정된 서민금융 우수 대부업자에 대해서는 정기적으로 유지요건을 점검[371]하고 반기별(2월, 8월)로 추가 신청 수요를 받아 선정요건에 부합하는 경우 서민금융 우수 대부업자를 추가로 선정하고 있다.

서민금융 우수 대부업자로 선정된 경우에는 금융위는 첫째 은행차입이 허용되도록 여건을 마련하고,[372] 둘째 온라인 대출중개 플랫폼에 대부상품의 중개서비스를 출시할 수 있도록 하고 있다.

---

370) 도입 당시 '22.6말 우수 대부업자(23개사)의 저신용자 개인신용대출은 3.7조원
→ 금융위 등록 대부업자 신용대출의 51.2%를 차지
371) 선정 이후에도 유지요건 부과(반기별 점검 2회 연속 유지조건 미충족시 선정 취소
① 저신용자 신용대출 '비중을 60%' 또는 '금액이 신청시점 대비 90% 이상' 유지
② 저신용자 만기시 연장승인률을 선정 시점(직전 반기) 대비 90% 이상 유지
372) 은행권, 「서민금융 우수 대부업자」에 대해서는 일률적인 대출 금지 내규를 개정하도록 지도(2021.8.12. 금융위 보도자료)

2. 서민금융 우수 대부업자 선정 및 유지조건

가. 서민금융 우수 대부업자 선정 요건

우수 대부업자는 저신용자 개인신용대출[373] 잔액이 100억원 이상 또는 대출잔액 대비 비율이 70% 이상이어야 하고 조달비용을 절감하여 서민금융을 확대할 수 있도록 은행으로부터 자금조달, 온라인플랫폼의 대출상품 중개서비스 허용 등 인센티브가 부여된다.

[우수 대부업자 선정 요건]

가. 최근 3년간 대부업법령에 해당하는 법률을 위반하여 벌금형 이상을 선고받은 사실 또는 법 제13조 또는 「금융소비자 보호에 관한 법률」 제51조에 따라 영업정지 이상의 처분을 받은 사실이 없을 것

나. 개인신용평점이 하위 10%에 해당하는 금융소비자에 대한 대출 잔액이 다음의 어느 하나에 해당할 것
　　1) 전체 대출 잔액에서 차지하는 비중이 70% 이상일 것
　　2) 잔액이 100억원 이상일 것

다. 최근 1년간 서민금융 우수 대부업자 선정이 취소된 사실이 없을 것

나. 서민금융 우수 대부업자 유지 요건

1) 선정 당시 저신용자 개인신용대출 비율이 70% 이상인 경우 심사시 해당 비율을 60% 이상으로 유지

2) 선정 당시 저신용자 개인신용대출 비율이 70% 미만인 경우 심사시

---

[373] 개인신용평점이 하위 10%(신용점수제 이전 신용등급제의 경우 신용등급 7등급 이하)에 해당하는 금융소비자(개인으로 한정)에 대한 대출(담보 또는 보증이 없는 대출)

해당 비율을 60% 이상 또는 선정 시점 대비 높은 수준을 유지

3) 선정 당시 저신용자 개인신용대출 잔액이 100억원 이상인 경우 심사시 선정 시점 대비 90% 이상으로 유지

4) 저신용자 개인신용대출 차주의 만기연장 신청시 승인율을 직전 반기 대비 90% 이상으로 유지

위의 조건을 충족하는 경우 우수 대부업자 자격을 유지하며 어느 하나라도 2회 연속 유지하지 못할 경우 선정을 취소할 수 있다.

다. 1차 개정(2023년 1월)

우수 대부업자 제도 운영하는 과정에서 다음과 같은 문제점이 발생하였다. ① 본래 취지대로 저신용층 신용대출이 증가한 경우에도 비율유지 요건이 미충족되는 경우가 나타났다, ② 잔액 유지요건의 경우 기준시점이 선정시로 고정되어 저신용층 신용공급 확대 유인이 미흡하였다. ③선정시에는 잔액 또는 비율 요건 중 한 가지만 충족되어도 우수 대부업자로 선정될 수 있으나 유지시에는 잔액과 비율 요건을 모두 충족해야 하는 부담이 있었다. 이는 저신용층 신용공급 확대라는 제도의 취지에 맞게 잔액 유지기준을 합리화하고 적용요건을 단순화할 필요성이 대두되었다.

이에 정부는 위의 ①, ②, ③ 어느 경우라도 저신용자 개인신용대출 차주의 만기연장 신청시에는 승인율이 직전 반기 잔액 대비 90% 이상 유지하도록 하였고, 이에 더하여 유지요건 심사시 저신용층 지원 정책에 따라 채무조정 또는 채권매각 등의 부득이한 사유가 있는 경우에는 그 실적을 반영하는 등 예외 요건 및 취소 유예 근거를 마련하는 등 유연성을 높였다. 개정 전과 차이점을 요약 비교하면 다음과 같다.

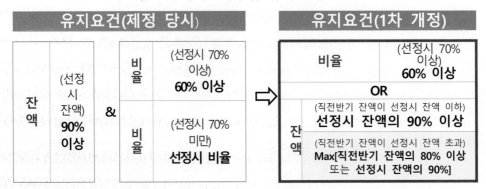

[그림 31] 우수 대부업 유지요건 비교

유지요건(제정 당시)				유지요건(1차 개정)	
잔액	(선정시 잔액)**90% 이상**	&	비율	(선정시 70% 이상)**60% 이상**	비율	(선정시 70% 이상)**60% 이상**
			비율	(선정시 70% 미만)**선정시 비율**	잔액	**OR** (직전반기 잔액이 선정시 잔액 이하)**선정시 잔액의 90% 이상** (직전반기 잔액이 선정시 잔액 초과)**Max[직전반기 잔액의 80% 이상 또는 선정시 잔액의 90%]**

라. 2차 개정 예고(2024년 중)

2024.4월 금융위원회는 저신용층 신용공급 노력을 지속하고자 하는 우수대부업자의 경우에도 유지요건에 약간 못 미친다는 이유만으로 일률적으로 우수대부업자 선정이 취소될 수 있어 개선 필요성이 제기되었으며, 우수대부업자가 은행으로부터 차입한 금액이 저신용자 신용공급이라는 제도 취지에 맞게 운영되어야 한다는 지적도 있었다[374]

이에 금융당국은 우수대부업자 유지요건에 약간 미달한 업체[375]에 대해서는 저신용자 신용공급 확대 이행계획 또는 확약서 제출을 전제로 선정취소를 유예받을 수 있는 기회(최대 2회)를 갖게 개정하려고 한다. 이러한 조치 등에도 불구하고 요건을 미충족하여 선정이 취소된 업체는 신용공급 역량을 충실히 개선·보완 후 우수대부업자로 재선정될 수 있도록 재선정이 제한되는 기간을 종전 1년에서 3년으로 조정[376]하기로 입법 예고하였다.

또한, 우수대부업자 선정취소 사유로 '저신용자 개인신용대출 잔액이 은행 차입 잔액에 미달하는 경우'를 추가하여 은행 차입금이 저신용자

---

374) '우수대부업자 선정 직후 은행 차입금을 늘려 저신용자 대출 이외의 다른 목적으로 사용' 하는 등 규제를 우회하는 행태를 방지할 필요('23.12.13. 금융위 보도자료)
375) 예) 우수대부업자는 저신용자 개인신용대출 잔액을 기준으로 할 경우 선정 시점 대비 90% 이상을 유지하여야 하나, 同 잔액이 75~90% 수준인 경우 선정취소 유예기회 부여
376) 대부업등 감독규정 개정·시행 前에 선정되거나 선정 취소된 업체의 경우 종전 기준(재선정 제한기간 1년) 적용 예정

신용공급 목적에 맞게 운용되도록 할 계획이다.

이러한 2차례의 개정 및 개정 예고는 대부시장의 의견을 반영하여 저신용자 심사시점 대출 잔액을 비교시점 대출잔액의 90%로 최소한 유지하면서 담보대출 등이 증가하는 경우 당초 제정 취지에 맞게 저신용자에 대한 대출을 동시에 확대하려는 현실적이고 전략적인 제도 개선이라고 평가할 수 있어 환영할 만하다. 다만, 확대 정책이라기 보다는 현상 유지 내지는 감소를 방지하는 데 그쳤다는 평가는 면할 수 없으며 계속적으로 업계의 건의를 경청할 필요가 있다.

Ⅱ. 설문 조사 및 응답자 개요

1. 등록 대부업자 개요

' 23.6월말 기준 등록된 대부업자(대부중개업자 포함)는 총 8,771개로, 이 중 법인 형태가 2,730개(전체의 31.1%)이며, 자산 규모가 100억원 이상인 법인은 283개(전체의 3.2%)에 불과하다. 이는 대다수가 소규모 법인이거나 개인 형태로 운영되고 있음을 의미한다. 이러한 상황에서, 제한된 자원을 효율적으로 활용하기 위해 어떤 부문에 정책적 초점을 맞추어야 할지에 대한 심도 있는 정책적 고려가 요구된다.

[표 57] 대부업자 형태별, 자산규모별 등록 현황

(단위: 개, %)

구 분	' 22말(A)	' 23.6말(B)	증감(B-A)	증감률
법 인	2,765	2,730	△35	△1.3
자산100억원이상	282	283	1	0.4
자산100억원미만	2,447	2,447	△36	△1.4
개 인	6,041	6,041	△12	△0.2
합 계	8,678	8,771	△47	△0.5

자료 : 금융감독원 보도자료

' 23.6월말 기준 대부업자의 총 대출잔액은 14조 5,921억원이다. 잔액 기준으로 법인 형태의 대부업자의 대부액은 13조 6,476억원(전체 대부업자의 93.5%)으로 대부분을 차지하고 있으며, 그중 자산 100억원 이상 법인의 대출잔액은 10조 5,361억원(전체 대부업자의 72.2%)이다, 자산규모 100억원 이상인 법인(283개)의 비중은 3.2%에 불과한 반면, 대출잔액은 72.2%를 차지하고 있어 대형 법인 위주로 대출이 이루어지고 있음을 시사한다. 대출잔액 및 이용자 수는 모두 전년말 대비 각각 8.0%, 14.3% 감소하였으나 1인당 이용금액은 7.2% 증가한 1,720만원이다.

[표 58] 전국 등록 대부업자 대출잔액 및 대부이용자 수 현황

(단위:억원,만명, %)

구 분		' 22말(A)	' 23.6말(B)	증감(B-A)	증감률
법 인	대출잔액	148,459	136,476	△11,983	△8.1
	이용자수	89.5	75.1	△14.4	△16.1
자산 100억원 이상	대출잔액	117,788	105,361	△12,427	△10.6
	이용자수	84.5	70.3	△14.2	△16.8
자산 100억원 미만	대출잔액	30,671	31,115	444	1.4
	이용자수	5.8	4.8	△0.2	△4.2
개 인	대출잔액	10,219	9,445	△774	△7.6
	이용자수	9.4	9.7	0.3	3.2
합 계	대출잔액	158,678	145,921	△12,757	△8.0
	이용자수	98.9	84.8	△14.1	△14.3
	1인당금액(만원)	1,604	1,720	116	7.2

이용자수는 개인·법인 단순 합계   자료 : 금융감독원 보도자료

' 23.6월말 기준 대부업자의 신용대출 잔액은 6조 171억원(총대출의 41.2%)이고 담보대출은 8조 5,750억원(총대출의 58.8%)이다. ' 22년말과 대비하여 신용대출 대출 취급액과 비중 모두 각각 △13.6%, 2.7%p 감소하였다. 우수대부업자 제도와 깊은 관련성이 있는 100억원 이상 대부업자의 경우에도 ' 22년말과 대비하여 신용대출 대출 취급액과 비중 모두 각각△14.8%, 2.9%p 감소하였다.

[표 59] 전국 등록 대부업자 신용대출 및 담보대출 현황

(단위:억원,%,%p)

구 분		'22말(A)	'23.6말(B)	증감(B-A)	증감률
법 인 대부업자	신용	67,907	58,604	△9,303	△13.7
	담보	80,552	77,872	△2,680	△3.3
자산 100억원 이상	신용	62,805 (39.6%)	53,489 (36.7%)	△9,316	△14.8 (△2.9%p)
	담보	54,983 (34.7%)	51,872 (35.5%)	△3,111	△5.7 (0.8%p)
자산 100억원 미만	신용	5,102	5,115	13	0.3
	담보	25,569	26,000	431	1.7
개 인 대부업자	신용	1,723	1,567	△156	△9.1
	담보	8,496	7,878	△618	△7.3
합 계	신용	69,630 (43.9%)	60,171 (41.2%)	△9,459	△13.6 (△2.7%p)
	담보	89,048 (56.1%)	85,750 (58.8%)	△3,298	△3.7 (2.7%p)
	총대출	158,678 (100.0%)	145,921 (100.0%)	△12,757	△8.0

자료 : 금융감독원 보도자료

2. 설문조사 및 응답자 개요

위에서 살펴본 바와 같이 2023년 전국 등록 대부업자의 신용대출 및 담보대출 모두 일부 소규모 대부업자를 제외하고는 전반적으로 감소하였다. 이러한 환경에서 우수대부업자 제도를 통해 저신용자에 대한 대출 확대는 한계가 있음을 우선 알 수 있다. 다만 업자 수 비중은 적지만 법인형태의 대부업자, 특히 자산 100억원 이상 대부업자의 대출비중이 전년에 비해 축소되지만 전체 대부업자에서 차지하는 비중이 여전히 높은 점을 감안하여 정부의 서민금융정책은 대형 대부업자에게 비중이 있다고 볼 수 있다. 따라서 대형 대부업자 위주로 구성된 「서민금융 우수 대부업자」의 설문 분석은 의미가 있다.

본 설문에 응답한 우수 대부업자 수는 19개로 2022년 말 대부잔액이 있는 대부업자(4,412개)의 0.4%이고, 자산규모 100억원 이상 법인 대부업자

(282개)의 14.8%에 불과하다. 그러나 신용 대출잔액은 1조 7,495억원(2022년 말)으로 대부업 총 신용대출 잔액(6조 9,630억원)의 25.1%를 차지하고 있어 여전히 서민들에 대한 신용대출 공급에 중요한 역할을 하고 있다고 할 수 있다. 다만 우수대부업자 선정 이후 우수대부업자의 신용대출 비중은 대규모 우수대부업자의 탈락 등으로 그 비중이 축소되고 있는 실정이다. (50.8%(' 22.6말) → 35.8%(' 22말))

2023년말 19개 우수 대부업자의 총대출은 2조 2,104억원으로 전년말에 비해 11.5% 감소하였다. 종류별로는 신용대출은 1조 5,383억원, 담보대출 6,720억원으로 모두 전년에 비해 각각 12.1%, 10.0% 감소하였다. 신용등급별로 보면 하위 10% 저신용자에 대한 대출 비중은 우수 대부업자 유지 조건 준수에 따라 70%를 약간 상회하였지만(23년말 71.4%)로 전년말(74.1%)에 비해 3.7%p 감소하였다.

[표 60] 우수대부업자 대출 추이

(단위: 억원, %)

	'21.6말	'22말(A)	'23말(B)	증감(B-A)	증감률
신용대출(A)	16,102	17,495	15,383	△2,112	△12.1
(하위 10%)(B)	11,271	12,970	10,979	△1,991	△15.4
[비중](B/A)	(70.0%)	(74.1%)	(71.4%)	△2.7p	△3.7
담보대출	4,931	7,460	6,720	△740	△10.0
총 대 출	21,032	24,955	22,104	△2,851	△11.5

자료 : 금융감독원 보도자료

2023년말 우수대부업자의 신용대출 비중은 69.6%로 대부업자 전체(41.2%) 및 법인 대부업자(40.2%)보다 높아 상대적으로 신용대출에 치중하는 업자 위주로 선정되었음을 알 수 있다.

[표 61] 대부업자 신용대출 및 담보대출 비중

(단위: %)

구 분	대부업자 전체 (' 23..6말)	법인 대부업자 (' 23.6말)	100억이상 법인대부업자 (' 23.6말)	우수대부업자 (' 23.12말)
신용대출	41.2	40.2	36.7	69.6
담보대출	58.8	59.8	63.3	30.4
총대출	100.0	100.0	100.0	100.0

자료 : 금융감독원 보도자료, 서민금융연구원

서민금융연구원은 이번 조사에서 2023년 현재 정부가 선정한 「서민금융 우수 대부업자」 전체(19개)를 전수 조사하였다. 설문방식의 통계적 접근과 면담을 통한 현장적 접근을 융합하여 우수대부업자 제도 운영 현황을 파악하였다.

설문은 총 31개 문항으로 대고객, 승인율, 최고금리 및 경영정책 등으로 구분하였으며 우수 대부업자라는 특성을 살려 은행권 차입, 우수 대부업자 제도 도입 영향, 금융소비자보호법의 적용 관련 사항을 추가하였다. 여기에서 '최고금리 인하 후'의 의미는 '2021년 7월 금리 인하 이후 지금까지(2년 6개월)를 말한다. 향후 지속적인 모니터링으로 우수 대부업자 제도에 대한 분석과 함께 최고금리제도와의 연관성을 종합 검토할 필요가 있다.

Ⅲ. 설문 항목 분석

1. 대 고객 관련

2021년 7월 법정최고금리 인하(24.0%→20.0%) 이후 대출 신청고객 수가 '감소했다' 61.1%(전년 36.4%), '최고금리 인하 전보다 유사하다' 22.2%(전년 31.8%), '증가했다' 16.7%(전년 31.8%)로 나타났다. 이는 대부업 대출의 거절 우려로 대출을 신청하는 고객 조차 줄어든 것으로 판단된다.

신규대출승인 고객 수의 경우 '감소했다'는 전년과 비슷한 55.8%, '최고금리 인하 전과 유사하다' 11.1%, '증가했다'는 18.2%p 감소한 5.5%로 대출신청고객 수와 신규 대출승인율이 모두 감소하였다.

2. 대출 관련

19개 우수 대부업자 중 4개 신용대출 전속업자를 제외하고 대부분 신용대출과 담보대출을 겸영하고 있다. 19개 우수 대부업자의 2023년 말 총대출은 전년에 비하여 11.5% 감소하였다. 종류별로는 신용대출은 전년의 감소세가 지속되어 전년에 비해 12.1% 감소하였다. 반면 담보대출은 전년에는 4.4% 증가한 반면 올해는 부동산 경기의 영향으로 신용대출과 함께 10.0% 동반 감소하였다.

2023년 현재 우수 대부업자의 신규 신용대출 취급 방식은 실제 저신용자에 대한 신규 취급 및 확대에는 어려움이 있음에도 불구하고 '정상적으로 심사하여 취급' 하려는 업자가 52.6%, '기존 거래고객에 대한 재대출을 위주로 취급' 한다는 업자가 21.0%로 '모든 신용대출을 중단했다' 26.3% 보다 높아 우수 대부업자는 제도 취지에 맞게 저신용자에게 대출하려는 행태를 보이고 있음을 알 수 있다.

신용대출을 중단하거나 기존 고객 위주로 소극적 영업을 하는 우수 대부업자에 대해 그 사유를 묻는 설문에 대해 과반의 우수 대부업자는 '손실발생 예상' 60%, '수익 축소 예상' 20%로 응답하여 적극적 영업의 한계가 있고 그 원인으로 조달금리 인상과 조달의 어려움이 있다고 응답하였다.

3. 대출 승인율 관련

가. 월평균 신규 신용대출 승인율

최고금리 인하 이후 우수 대부업자의 '월평균 신규 신용대출(기존 고객에 대한 재대출은 제외) 승인율이 감소했다' 가 83.3%로 전년에 비해 7.1%p 증가하였고 '금리인하 전과 유사하다' 11.1%로 최고금리 인하 후 기존 대출을 제외하고는 대부분의 우수 대부업자의 월평균 신규 신용대출 승인율은 크게 감소되고 있음을 말해 준다.

월평균 신규 신용대출이 감소한 우수 대부업자에 대해 그 원인을 묻는 설문에 대해 '최고금리 영향으로 수익성 악화에 따른 리스크관리 차원'(86.7%), '조달금리 인상'(73.3%), '경기침체, 실업 등 채무자의 상환능력 감소'(66.7%) 등을 복합 원인으로 들고 있으며 '향후 추가 최고금리 인하 처럼 소급적용 우려'로 응답한 견해도 있었다.

나. 기존 고객에 대한 대출갱신 거부 비율

최고금리 인하 이후 기존 고객에 대한 갱신 비율을 묻는 설문에서 '증가했다'는 5.6%에 불과하고 '감소했다'가 27.8%이다. '금리 인하 전과 유사'가 66.7%로 대부분 금리 인하 전과 유사한 수준에서 갱신이 이루어 지고 있으며 이미 검증된 기존 고객 위주로 소극적인 영업이 이루어지고 있는 것으로 나타났다.

한편, 우수 대부업자에서 대출신청이 불승인된 고객의 경우 '다른 제도권 금융기관이나 다른 대부업자 등에서 필요한 자금을 조달할 수 없을 것'이라고 응답한 비율은 73.7%로(전년 65.2%)로 대안 자금 조달 가능성에 부정적으로 응답하였다. '대출 불승인'된 고객의 80%는 '등록 대부업이 아닌 사금융업'에서 자금을 조달할 수 밖에 없을 것이라고 응답하였다.

4. 최고금리와 경영정책 변화

설문조사 결과 최고금리가 20%로 인하된 이후 대부분의 우수업자는 흑자가 축소되고 있으며(64.7%), 이미 '적자를 시현하거나 적자폭이 확대된 업자'가 23.5%로 전년에 비해 적자 업자가 확대되어 우수 대부업자 경영이 더욱 악화된 것으로 조사되었다. 흑자가 축소되거나 적자를 시현하고 있는 상황에서 영업이익 극대화를 위한 우수 대부업자가 취할 수 있는 전략으로는 '대출 승인율 축소, 우량고객 확보 등 리스크관리'가 19개 업체 중 15개 업체(78.9%)가 1순위로 꼽았다. 또 다른 1순위 응답의 경우 '신규대출을 중단하고 기존 고객 대출만 운영'(1개 업체), '모든 대출 중단 후 인력감축(채권회수에 집중)'(1개 업체)도 있었다. 정책 선택에 있어 2순위의 경우 '담보대출상품 확대 등 상품 다양화'가 42.1%(8개 업체), '인력감축 등 구조조정을 통한 비용절감'이 36.8%(7개 업체)로 나타났다. 이는 최고금리 인하로 인해 구조적으로 대출승인율 축소를 택할 수밖에 없는 불가피성을 단적으로 말해 준다.

[표 62] 최고금리 인하에 따른 영업이익 극대화 전략 비교

(단위 : 개)

내 용	우선 정책	순위
- 대출 승인율 축소, 우량고객 확보 등 리스크관리 강화	1순위(15) / 2순위(2)	17
- 인력감축 등 구조조정을 통한 비용 절감	2순위(7)	7
- 담보대출상품 확대 등 상품 다양화	1순위(1) / 2순위(8)	9
- 신규대출 중단(기존 고객 대출만 운영 등)	1순위(2) / 2순위(2)	4
- 모든 대출 중단 후 인력감축(채권회수에 집중 등)	1순위(1)	1
계	1, 2순위	38

( )내는 응답 우수대부업자 수

향후 최고금리가 20% 이하 수준으로 인하될 경우 우수대부업자의 경영변화와 관련하여 '회사의 매각 및 폐업을 검토'하겠다는 곳이 9개 (47.3%, 전년 30.4%)로 비율이 늘어났고, '인력감축 등 구조조정 후 축소 운영'하겠다 6곳(31.5%), '대출 축소를 통해서 사업을 유지'하겠다 3곳 (15.8%) 순이었다. '회사매각 및 폐업검토'로 응답한 경우 존속 예상기간을 묻는 질문에 평균 2.2년으로 답하여 전년보다 0.9년 축소되었다.

대부업자가 금융소외 문제를 적절히 해결하는 차원에서 생각하는 최고금리 수준에 대해서는 모든 우수 대부업자가 현행 최고금리(20.0%) 보다 높아야 하며 평균 24.4%~26.7%이라고 응답하였다.

5. 우수 대부업자의 은행 등 조달 상황

우수 대부업자로 지정된 이후 은행권으로부터의 차입 상황을 조사하였다. 19개 우수대부업자중 12개(66.7%)는 차입 중이며 3개(16.7%)는 차입을 시도하였으나 아직 차입을 못하였고 차입을 준비 중인 곳도 3곳(16.7%)으로 조사되었다. 우수대부업자 19개 중 은행 대출이 성사된 12개의 2023년말 은행 대출 총액은 483억원으로 전년 말 279억원에 비해서 73.1% 증가하였고 차입한 업자도 3개 추가되었으나 여전히 조달비중은 미미한 수준이다.(2022년 총대출대비 1.1% → 2023년 2.2%)

Ⅳ. 종합평가

「서민금융 우수 대부업자」 제도의 실행 주체인 우수 대부업자 수는 2022년 23개에서 2023년에 19개로 축소되었다. 종업원 수 면에서 2023년 '51명 이상' 업체가 21.0%(전년 65.2%), 대출 잔액 면에서 '3천억원 이상' 우수 대부업자가 1개(전년 4개), '1,000억원 이상'이 68.4%(전년 78.3%)로 도입 이후 규모 면에서 축소되었다. 정부가 추진하고 있는 제도의 우수 대부업자의 선정이나 유지 면에서 활성화를 위해 개선할 점이 무엇인지에 대한 검토가 필요하다.

우수 대부업자 제도가 개인신용평점이 하위 10%에 해당하는 저신용자에 대한 신용공급 확대라는 취지를 감안할 때 담보대출의 증가가 저신용자 접근성과는 크게 연결된다고 할 수는 없다. 다만 우수대부업자 제도가 대출 총잔액에 연동하여 신용대출을 일정 비율 이상 취급하도록 유지 요건을 정하고 있는 만큼 총대출 확대로 저신용자 대출이 확대할 수 있는 제도라는 관점에서 대출 총량의 증가는 신용대출을 일부 견인할 수 있다고 본다. 그러나 담보대출도 동반 축소되는 작년과 같은 상황에서는 그러한 정책적 의미가 희석되고 있다.

향후 최고금리가 20% 이하 수준으로 인하될 경우 우수대부업자의 존속과 관련하여 '회사의 매각 및 폐업을 검토'하겠다는 곳이 9개로 (비중 47.3%, 전년 30.4%) 늘어났고, 존속 예상기간을 묻는 질문에 전년보다 0.9년 축소된 2.2년으로 응답하고 있는 점을 고려하여 볼 때, 법정 최고금리를 20% 이하로 고정하고 이에 대해 금리를 추가 인하하려는 입법 추진은 신중한 검토를 필요로 한다.

서민금융 우수 대부업자 제도 도입의 핵심은 최고금리 인상이 현실적으로 어려운 상황에서 대부업자의 원가를 절감토록 지원하여 경영여건을 개선하여 저신용자에 대한 신용대출을 지속적으로 활성화하는 데 있다고 본다.

정부는 「서민·취약계층 금융지원 현황 점검회의」를 개최하여 서민들의 금융 애로사항을 점검[377]하였고 KB국민은행은 우수대부업자를 통해 저신용층에 대한 신용공급 확대 프로그램(약 1천억원)을 마련하여 저신용자의 금융애로를 해결하려는 시장의 시도도 있다. 그리고 서민금융지원 정책과 더불어 불법사금융 피해에 대한 단속과 예방, 반사회적 불법대부 계약의 무효화 소송 지원, 채무자대리 지원 사업의 확대 등의 대책이 병행되어야 할 것이다.

1. 은행과의 협력을 통한 조달금리 인하

우수대부업자 19개중 2023년 은행에서 실제 차입한 업자는 12곳(63.1%)이고 차입을 준비 중인 업자는 3곳(15.8%), 차입은 시도하였으나 아직 차입하지 못한 업자도 3곳(15.8%)이며 은행에 차입할 계획이 없는 업자는 1곳이었다. 우수대부업자 제도 도입 이후 금융회사 차입 규모는 증가하고 있다.

'22년말 19개 우수대부업자 중 은행권으로부터 차입한 우수대부업자는 10개 기관 284억원 규모이었으나, '23년말 13개 기관 488억원으로 증

---

377) "서민·취약계층 금융지원 애로사항 등 점검" 2024.3.29. 금융감독원 보도자료

가하였다. 반면 은행 이외의 국내금융회사로부터 차입한 규모는 '22년말 13개 기관 9,763억원 규모에서 '23년말 13개 기관 7,936억원으로 전년에 비해 차입 규모는 은행은 71.8% 증가한 반면 기타 금융회사는 18.8% 감소하였다.

우수대부업자의 '23년 은행권 차입비율은 '22년말 1.1%에서 2.2%로 다소 증가하였으나 기타 금융회사의 차입비율은 '22년 39.1%에서 '23년 35.9%로 3.2%p 감소하였다. 여전히 은행 차입비중은 미미한 수준이라고 할 수 있다.

이번 설문조사에서는 은행대출의 집중화 현상이 다소 해소된 것으로 나타났다. 19개 우수 대부업자 중 여전히 은행차입을 하지 못한 대부업자는 31.6%인 것으로 나타났다. 이는 은행들의 내규상 대부업자에 대한 대출 금지 조항을 2021년 10월에 삭제하여 제도적 여건이 마련되었고, 관행적으로 은행 대출심사 결정 과정에서의 대부업에 대한 인식은 나아지고 있음을 시사한다.

2. 우수 대부업자의 P2P플랫폼 접근 환경 개선

우수 대부업자로 선정된 경우 대출중개 플랫폼 입점이 허용되도록 제도를 마련하였다고 하지만 현재 여건이 충분히 조성되었다고 할 수 없다. 대부분의 대부업자의 경우 플랫폼을 이용하지 않거나 이용할 만큼의 경영상 여건이 되어 있다고 할 수 없다. 입점하여 활용하는 경우에도 대출중개 플랫폼 이용자들이 점점 줄어들고 있고, 현행 20%의 법정최고금리 하에서는 대출 심사를 보수적으로 진행할 수 밖에 없는 상황으로 실제 접수량 대비 승인율은 매우 낮은 상황이라는 것을 위에서 살펴본 설문을 통해 입증되고 있다.

대부업자가 저축은행처럼 플랫폼에 입점해 대출 중개가 활발히 이루어지고 있다고 보도되고 있지만, 실제로는 비교적 재정이 넉넉한 일부 대형 우수 대부업자만이 전산 투자에 대한 준비를 하고 있으며, 대다수의 중소형 우수 대부업자는 과도한 전산 투자 비용 때문에 어려움을 겪고 있다. 이처럼 플랫폼을 통해 중개 비용을 줄이고 저신용자에게 더 많은 대출 기회를 제공하려는 정책이 시장에서 효과적으로 확산되기 위해서는 제도 개선뿐만 아니라 플랫폼 업자와 대부업자 간의 수수료, 중개 방식 등에서 상생 모델의 개선을 통한 자율적인 시장 조건의 마련이 필수적이다.

플랫폼 입점을 원활하게 하려면, 우수 대부업자가 서민 지원을 촉진하는 것을 기반으로 일반 대부업자와 차별화될 수 있는 명칭 변경, 신용 및 대안 평가의 개선, 그리고 신용등급 하락 가능성을 알리는 광고의 규제 완화를 포함한 개선이 필요하다. 이는 플랫폼 진입 장벽을 낮추는 데 중요하다. 더불어, 우수 대부업자로 인정받은 기관은 정부의 포용적 정책과 민생금융 지원을 지속적으로 제공함으로써 서민금융 지원의 선두 주자로서 위상을 갖추고, 자사의 평판을 개선하기 위해 끊임없이 노력해야 한다.

3. 우수 대부업자 선정 및 유지 요건 완화

현재 우수 대부업자제도는 실행하는 과정에서 위에서 언급한 바와 같이 그 수도 축소되고 대부업에서 차지하는 비율도 축소되고 있다[378].정부가 우수 대부업자 제도로서 저신용자에 대한 서민금융 확대에 한계가 있음이 나타났다. 선정요건과 유지요건을 보다 더 완화하여 우수 대부업자를 확대하는 것이 바람직하다. 개인신용대출 잔액요건 및 비율[379]을 완화하여 우수 대부업자의 서민금융 유도 정책을 견인하는 역할을 하여야 한다.

4. 서민금융의 융합적 접근

우수 대부업자 제도의 정책이 성공적으로 정착하기 위해서는 종합적인 지원책이 같이 병행 되어야 할 것이다. 먼저, 저신용자 대출의 활성화를

---

378) 대규모 우수대부업자의 탈락, 우수대부업자 수 : 23개('22말) → 19개('23말),
　　비중 축소(50.8%('22.6말) → 35.8%('22말))
379) 잔액기준 100억원, 대출잔액 비율 60% 이상

위해서 우수 대부업자들에게 은행 등을 이용한 저원가의 대출자금을 조달할 수 있는 금융환경을 조성하여 주고, 상담전치주의, 신용회복제도, 소비자 신용제도, 채무자보호법, 관계형 금융 등 서민금융과 관련된 전후방적 조치들을 지속적으로 병행하여 추진되어야 한다. 저신용자의 최후 보루로서의 경제적 순기능을 인정하고 다양한 금융시장에서 유연한 정책을 펼쳐야만 기존의 시장실패에 대한 보완으로 도입된 서민금융 우수대부업자를 통한 저신용자에 대한 대출이 활성화될 수 있을 것으로 본다.

뿐만 아니라 은행권 등에 제한된 햇살론, 희망홀씨 등 서민정책금융의 취급기관을 확대하여 서민금융 우수 대부업자에서도 취급할 수 있도록 허용하여 경쟁을 유도하는 정책의 변화도 꾀하는 것도 이 제도가 성공적으로 정착하는데 효과성이 있어 보인다. 그리고 이러한 미시적인 정책도 거시적인 금리정책의 변화 없이는 실효를 거두기가 어렵다. 최고금리의 획일적 일방적 인하 정책보다는 시장상황을 감안한 금액별, 대출기간별, 긴급성, 등급별 등으로 금리를 차별화할 수 있도록 탄력적으로 운용할 필요가 있다. 영업전략상 담보대출의 증가가 불가피하다면 이에 상응하여 저신용자 또는 서민금융 대출도 동반 증가되도록 현실적인 정책 보완이 필요하다.

5. 대부업계 건의 사항

우수 대부업자 제도는 서민금융 활성화를 위한 여러 방법중의 하나로 서민금융 공급자의 목소리를 잘 들어볼 필요가 있다. 일방적이고 탁상적인 정책은 그 효과성을 담보하기 어렵다. 이번 설문은 직접 대부업 경영자와 대면 또는 서면 면담을 통해 이루어졌다.

이번 우수 대부업자 경영진과의 면담 결과 최우선적으로 원하는 정책순위는 최고금리와 관련되어 있다. 대부분(89%)의 우수대부업자는 현재 20%로 장기간 획일적으로 고정되어 있는 최고금리 규제에서 벗어나 시장 상황에 맞는 "유연한 금리제도 도입"을 원하고 있으며 신용평점에 따라 차별화되고 있는 시장, 금리절벽을 보이는 현상을 타개하기 위해서는 차별적인 신용자에 대해 맞춤형으로 공급되는 수신금융회사나 여전사와 대부업 등 비수신금융회사간 '법정상한금리 규제 차별화'를 건의하고 있다.

정부 당국은 우수대부업자 도입을 통해 은행권으로부터의 차입환경을 조성하기 위해 노력하고 있으나 통계에서 보는 바와 같이 실제 현장에서 제대로 작동이 되지 않고 있다. 아직도 "쩐주"라는 용어가 유행되고 있고 "대부=불법금융, 사채"라는 인식이 팽배해 있는 한 은행권에서 대출받는 것은 "평판리스크" 때문에 어려움이 있는 것이 사실이다. 등록대부업은 취약계층을 위한 제도권 금융의 마지막 보루임에도 불법사채업과 혼동하는 등 부정적인 인식이 만연되어 있다. 뿐만아니라 등록대부업과 불법사채의 명칭 혼동으로 취약계층 자신이 모르는 사이에 불법사채업을 이용하는 경우도 있다. 이에 우수대부업자 등 일정한 조건을 충족하고 지속적인 대부업자에 대해서는 명칭 차별화[380]를 통해 고객의 인식과 식별 서비스를 제공하여야 한다.

[표 63] 대부업 발전을 위한 정책 우선 순위

(단위:개)

내 용	정책 우선 순위	선택 업자
- 획일적인 최고금리 규제에서 벗어나 시장 상황에 맞는 유연한 금리제도 도입	1순위(15) 2순위(2)	17
- 수신금융회사와 여신금융회사와의 법정상한금리 규제 차별화	1순위(1) 2순위(8) 3순위(2)	11
- 은행권으로부터의 차입 환경 조성	2순위(3) 3순위(8)	11
- 금융위 등록법인과 지자체 등록법인의 명칭 차별화를 통한 고객식별 편의성제고	2순위(1) 3순위(4)	5
- 비용인정범위 확대(예:세법상 손비인정범위·이자 에서 제외되는 항목 확대 등)	2순위(3) 3순위(2)	5

※ 19개 우수대부업자 대상, 우선 순위 감안, 복수(3개)응답 가능, 응답 n=57개

---

380) 2021년 박수영 의원 : 우수 대부업자에게 현행 '대부업' 명칭을 '소비자신용'으로 개정하는 법률안 제안, 박덕배 금융의 창 대표, '편의금융' 기타 '생활금융' 등으로 명칭 변경 권고

Ⅴ. 개선방안_건전 대부금융 육성

코로나 팬데믹 이후 서민들의 경제적 어려움이 커지면서 불법사금융이 활개를 치고 있다. 실제로 금융감독원 불법사금융 피해 신고센터를 통한 상담·신고 건수가 코로나 기간 매우 빠르게 증가하였다. 설문조사[381])에서도 등록 대부업 이용 비율은 줄고, 불법사금융 이용 비율이 늘어났음을 확인할 수 있다. 최고금리를 넘어선 경우가 점점 커지고, 살인적인 고금리와 악질적인 추심 사례 등이 사회적 문제가 되자 2023년 11월 대통령이 직접 불법사금융과의 전쟁을 선전 포고하였다. 2024년 상반기까지 불법사금융 특별 근절 기간을 정하여 경찰, 검찰, 금융감독원, 국세청 등 관련 기관들이 각기 단속과 처벌을 강화하는 대책을 분주히 마련하고 있다. 불법사금융을 방치하면 사회적·경제적 악영향이 매우 크다는 것을 과거 일본의 경험에서 확인할 수 있다. 일본은 1983년 대금업 법 제정 이후 대금업이 서민금융기관의 역할을 하다가, 여러 차례의 최고금리 인하 이후 대금업의 서민 대출이 크게 위축되면서 불법사금융 문제가 불거졌다. 이에 따라 당시 일본은 금융 양극화가 심화하고, 정치적·사회적 변화가 일어나면서 경제 또한 상당한 어려움에 부닥쳤었다.

오래전부터 자영업의 수익성이 악화되고 있는 상태에서 코로나19 이후 자영업자의 영업환경이 급격히 나빠지고 있다. 한국은행 금융안정보고서는 가계부채 DB를 통해 개인사업자대출에다 가계부채를 합한 2023년 3분기 말 현재 자영업자 대출 잔액을 1,052.6조 원으로 추정하고 있다. 자영업자의 부채는 규모와 증가세뿐만 아니라, 부채 상환 능력 면에서도 우려되고 있다. 한국은행도 취약 자영업자의 대출잔액과 연체율 급상승을 우려하고 있다. 2022년 2분기 말 기준으로 전국 자영업 다중채무자의 전체 금융기관 대출잔액은 743조 9천억 원으로 역대 최대 규모라고 추정한다. 2023년은 2022년사에 비해 자영업자의 어려움이 뚜렷하게 나타나고 있다.

---

381) 2024년 서민금융연구원 저신용자, 우수대부업체 대상 설문조사 분석

정부도 자영업자의 부채 부담을 줄이려고 노력하고 있지만 근본 대책이 될 수가 없다. 국내 자영업자 부채 문제는 일시적인 경기적인 요인이라기 보다는 오래전부터 과포화 상태로 경쟁이 치열해지는 과정에서 자영업의 수익성이 크게 떨어지는 데서 비롯된 구조적인 요인이기 때문이다. 건전 대부 금융으로의 육성을 위해서는 다음과 같은 대책이 필요하다.

가. 효율적 불법사금융 대책 필요

불법사금융 퇴치를 위한 강력한 단속과 처벌의 효과는 일시적일 수 있다. 서민들의 자금 수요가 지속되는 한 언제든지 독버섯처럼 다른 형태로 불법사금융이 번성할 수 있기 때문이다. 따라서 지속적인 관점에서 불법 사금융과의 전쟁에서 승리하려면 다음의 대책들도 동시에 펼치는 것이 효과적이다. 첫째, 현재 20%로 고정된 최고금리를 금융시장 상황에 맞게 탄력적으로 조정하고, 등록 대부업의 조달 비용을 내릴 방안을 적극 모색해야 한다. 최고금리는 잇따라 내려갔는데, 코로나 이후 금리 상승 기조로 자금조달 비용이 큰 폭 증가하자 등록 대부업이 수지를 맞추지 못하면서 대출을 줄일 수밖에 없기 때문이다. 둘째, 금융수요자에 대한 불법사금융 교육을 강화해야 한다. 불법사금융 접근 가능자를 대상으로 (사)서민금융 연구원, 민간 상담 기관 등 사회적 기관과 협력하여 불법사금융 이용 시 주의 및 피해 예방에 대한 교육을 적극적으로 펼칠 필요가 있다. 셋째, 대부업 이용자가 스스로 합법인 등록 대부업과 불법 사금융업자를 구별할 수 있어야 한다. 일반 제도권 금융기관보다는 금리가 약간 더 높지만 언제든지 가깝고, 편리하게 이용할 수 있다는 의미로 우수대부업체의 명칭을 '편의 금융' 또는 '생활금융'으로 변경할 것을 제안한다.

나. 근본적인 자영업자 부채 대책 강구

정부는 대출만기 연장, 대환대출 확대, '새출발기금' 등을 통해 자영업자의 부채 부담을 줄이려고 노력하고 있지만 근본 대책이 될 수가 없다. 통계청 '소상공인 실태 조사'에 의하면 자영업을 시작한 동기의 80% 이상은 창업 외에 다른 대안이 부재해서이다. 더욱 큰 문제는 비자발적 퇴직자의 상당수가 사전계획이나 경험 없이 준비되지 않은 무모한 생계형 자영업 창업을 뛰어들고 있다. 따라서 정부의 자영업자 부채 대책을 시장경제 원리를 훼손하지 않는 범위 내에서 현명하게 펼치되, 동시에 근본적인 대책도 세워야 할 것이다. 먼저 고령자의 은퇴 연령을 높여 임금근로자 생활을 오랫동안 유지하게 해야 한다. 노동 수요자에게는 고령자를 대상으로 고용을 확대할 수 있도록 인센티브제를 강화할 필요가 있다. 그리고 자영업을 준비 중이거나 사업전환을 고려하는 자영업자에 대해서는 '준비된 창업'을 통해 견실하게 성장할 수 있도록 창업 교육, 컨설팅, 지침 등을 확대 제공할 필요가 있다.

다. 경제 여건에 맞는 탄력적 최고금리 설정

대부업법과 이자제한법에서 적용한 최고금리가 현재 20%로까지 꾸준히 내렸다. 하지만 최근 러시아-우크라이나 전쟁으로 물가가 급등하면서 시장금리는 빠르게 상승하고 있지만 최고금리는 여전히 20%를 유지하고 있다. 경제 여건에 맞지 않은 무리한 최고금리 정책으로 인하여 불법사금융 문제가 커질수록 경제적·사회적 비용은 매우 커지게 된다. 오히려 그동안 일방적으로 내리기만 한 최고금리도 경제 상황에 맞추어 탄력적으로 적용하는 방식을 도입할 필요가 있다.

라. 「서민금융 우수대부업자」 제도 개선

1) 은행과의 협력을 통한 조달금리 인하

'22년말 19개 우수대부업자 중 은행권으로부터 차입한 우수대부업자는

10개 기관 284억원 규모이었으나, '23년말 13개 기관 488억원으로 증가하였다. 반면 은행 이외의 국내금융회사로부터 차입한 규모는 '22년말 13개 기관 9,763억원 규모에서 '23년말 13개 기관 7,936억원으로 전년에 비해 차입 규모는 은행은 71.8% 증가한 반면 기타 금융회사는 18.8% 감소하였다.

우수대부업자의 '23년 은행권 차입비율은 '22년말 1.1%에서 2.2%로 다소 증가하였으나 기타 금융회사의 차입비율은 '22년 39.1%에서 '23년 35.9%로 3.2%p 감소하였다. 여전히 은행 차입비중은 미미한 수준이라고 할 수 있으므로 은행 대출심사 결정 과정에서의 대부업에 대한 인식이 개선되어 은행조달 비중이 높아져야 한다.

2) 우수 대부업자의 P2P플랫폼 접근 환경 개선

우수 대부업자로 선정된 경우 대출중개 플랫폼 입점이 허용되도록 제도를 마련하였다고 하지만 현재 여건이 충분히 조성되었다고 할 수 없다. 대부분의 대부업자의 경우 플랫폼을 이용하지 않거나 이용할 만큼의 경영상 여건이 되어 있다고 할 수 없다. 플랫폼 입점을 원활하게 하려면, 우수 대부업자가 서민 지원을 촉진하는 것을 기반으로 일반 대부업자와 차별화될 수 있는 명칭 변경, 신용 및 대안 평가의 개선, 그리고 신용등급 하락 가능성을 알리는 광고의 규제 완화를 포함한 개선이 필요하다. 이는 플랫폼 진입 장벽을 낮추는 데 중요하다. 더불어, 우수 대부업자로 인정받은 기관은 정부의 포용적 정책과 민생금융 지원을 지속적으로 제공함으로써 서민금융 지원의 선두 주자로서 위상을 갖추고, 자사의 평판을 개선하기 위해 끊임없이 노력해야 한다.

3) 우수 대부업자 선정 및 유지 요건 완화

현재 우수 대부업자제도는 실행하는 과정에서 위에서 언급한 바와 같이 그 수도 축소되고 대부업에서 차지하는 비율도 축소되고 있다[382].정부가 우수 대부업자 제도로서 저신용자에 대한 서민금융 확대에 한계가 있음이 나타났다. 선정요건과 유지요건을 보다 더 완화하여 우수 대부업자를 확대하는 것이 바람직하다. 개인신용대출 잔액요건 및 비율[383]을 완화하여 우수 대부업자의 서민금융 유도 정책을 견인하는 역할을 하여야 한다.

4) 서민금융의 융합적 접근

우수 대부업자 제도의 정책이 성공적으로 정착하기 위해서는 종합적인 지원책이 같이 병행 되어야 할 것이다. 먼저, 저신용자 대출의 활성화를 위해서 우수 대부업자들에게 은행 등을 이용한 저원가의 대출자금을 조달할 수 있는 금융환경을 조성하여 주고, 상담전치주의, 신용회복제도, 소비자 신용제도, 채무자보호법, 관계형 금융 등 서민금융과 관련된 전후방적 조치들을 지속적으로 병행하여 추진되어야 한다. 저신용자의 최후보루로서의 경제적 순기능을 인정하고 다양한 금융시장에서 유연한 정책을 펼쳐야만 기존의 시장실패에 대한 보완으로 도입된 서민금융 우수대부업자를 통한 저신용자에 대한 대출이 활성화될 수 있을 것으로 본다.

다. 결론

제도권 금융의 마지막 보루인 대부업 조차로부터도 금융 소외 현상이 커지고 있어 그 해소에도 노력을 기울여야 한다. 대부업의 부정적인 측면을 개선하되 긍정적인 측면을 인정할 필요가 있다. 제한적 정도에서라도 은행차입, 공모사채 발행, 자산유동화 등으로 자금조달 비용을 낮추어 경쟁력을 확보하는 것도 중요하다. 금융불평등 해소와 포용금융 확대를 위해 대부업이 활성화되어야 한다.

---

382) 대규모 우수대부업자의 탈락. 우수대부업자 수 : 23개('22말) → 19개('23말),
　　비중 축소(50.8%('22.6말) → 35.8%('22말))
383) 잔액기준 100억원. 대출잔액 비율 60% 이상

제4편

한국의 포용금융 : NGO 및 지역사회의 현황과 미래

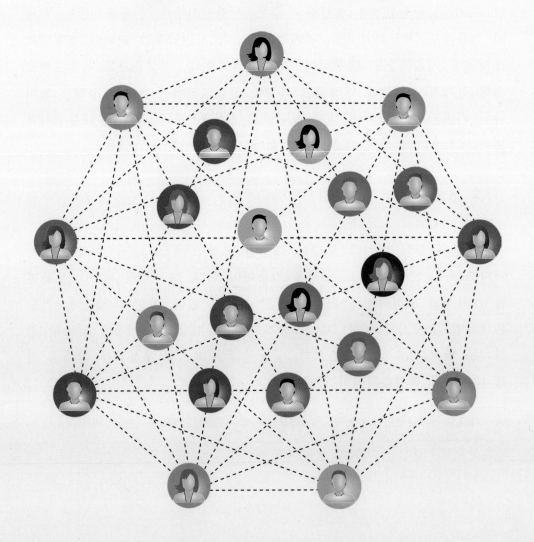

제1장 사회적 금융 활성화

포용금융은 경제의 캔버스에
사회적 정의의 물감을 그리는 예술가와 같다.

I. 서 론

포용금융과 함께 언급되는 개념 중 하나로 금융접근성과 이해력 등 금융역량 증진보다 금융 측면을 강조한 '사회적 금융'(social finance)이 있다. 포용금융과 사회적금융 모두 사회적 가치를 추구하지만, 접근방식과 목표에 차이가 있다. 포용금융은 금융 접근성을 높이고 광범위한 소비자에게 금융서비스를 제공하는 데 중점을 두며, 금융교육과 금융지원에 초점을 맞춘다. 사회적 금융은 포용금융과 유사하지만, 사회적, 환경적 문제를 해결하거나 사회적 가치를 창출하기 위해 자금을 조달하는 것을 목표로 한다. 이는 특정 사회적 목적을 가지고 투자를 유도하거나 자금을 지원하는 방식을 포함한다. 따라서 포용금융은 금융서비스의 접근성 확대에 중점을 두는 반면, 사회적 금융은 자금의 운용을 통해 사회적 문제를 해결하거나 사회적 가치를 창출하는 데 중점을 둔다. 국내의 경우 포용금융과 사회적 금융에 대한 필요성을 느끼고 적극적으로 금융정책에 반영하고 있다. 아래에서는 사회적 금융의 의의와 현황 및 활성화를 위한 방안에 대해 살펴보고자 한다.

II. 사회적 금융의 의의

1. 사회적 금융이란?

[배경] 정부와 기업의 노력만으로 경제 불평등과 사회문제를 해결하지 못하면서 금융의 입장에서 지속가능한 사회를 위한 해결책을 논의하기 시작하였다. 본래 금융의 발전은 소득의 불평등을 완화한다는 이론이 지배

적이었으나 금융체계의 변화로 인하여 양극화를 심화시킨다는 이론이 등장하였다.384) 금융 산업이 건전성 규제가 강해지면서 수익성과 안정성을 우선시하는 경영형태를 추구함에 따라, 우량한 고객에게 영업을 확대하고 고객별 이익 기여도에 따라 수수료 부과 등 혜택을 차별화하였다.385) 우량한 고객의 신용도 판단은 신용등급을 통해 이루어지고 있는데, 신용등급을 판단할 때에 소득, 금융거래, 연체 등을 바탕으로 등급을 산정하다 보니 소득의 불평등이 금융의 불평등으로 이어졌다. 또한 우량고객에게만 금융혜택이 제공되면서 혜택을 받지 못하는 금융의 소외계층이 발생하게 되었고 금융의 양극화가 심각한 사회문제로 대두되었다. 이에 따라 금융의 사회적 역할이 주목받기 시작하면서 사회적 금융이 등장하게 되었다.

[사회적 금융 용어] 사회적 금융은 '사회적'이라는 단어가 '사회를 위한', '사회에 영향을 미치는', '사회에 관계되는' 또는 '사회에 의해 이루어지는' 것을 의미하기 때문에, 사회적 금융은 사회를 위한 금융, 사회에 영향을 미치는 금융으로 해석할 수 있다. 그러나 이는 기존 금융의 사회성을 부정하는 것으로 보일 수 있어 보다 명확한 개념 정립이 필요하다.386) 기존의 금융도 사회적 가치가 있는 사업과 기업에 투자하였고, 사회공헌 활동을 하며 금융의 사회적 역할을 수행하고자 노력하였다. 그러나 금융회사들 대부분이 주식회사이다 보니 주주가치를 고려하지 않을 수 없었다. 결국 주주가치 극대화를 위한 수익추구와 정량적인 신용위험을 평가로 이자율 등 금융 혜택에 차별을 둘 수 밖에 없었다. 이는 금융회사들이 사회적 활동과 금융을 별개로 보았다고 볼 수 있는데, **사회적 금융은 사회적 가치를 추구하면서 영리를 추구할 수 있다는 관점의 금융이다.** 사회적 가치를 주목적으로 하는 금융이기 때문에 기존 금융의 사회적 가

---

384) 조영현, "금융발전과 소득불평등에 대한 연구", KIRI리포트, 보험연구원, 2019.1.7., 26면.
385) 백종호, "금융발전과 금융양극화 심화", Bi-Weekly Hana Financial Focus 제8권 제16호, KEB하나은행 하나금융경영연구소, 2018.8., 5면.
386) 이정민, 「사회적 금융의 활성화를 위한 법제도적 연구」, 성균관대학교 박사학위 논문, 2019.8, 14면.

치 실현과는 접근이 다를 수 있다.

외국은 사회적 금융 외에도 사회적 경제(social economy), 사회적 기업 (social corporation), 사회적 기업가(social entrepreneur), 사회적 자본 (social capital), 사회적 은행(social bank), 사회적 투자자(social investor), 사회적 보험(social insurance) 등 'social' 이라는 단어와 함께 경제 금융 용어를 결합하여 사용하고 있다. 이는 경제·경영·금융이 사회와 밀접한 연관이 있다는 것을 의미하며 사회문제를 해결하고 사회가치를 추구하면서 경제적 수익을 창출할 수 있다는 것을 증명한다.387)

사회 문제 해결과 영리를 함께 추구하여 자금의 선순환을 이끌고자 하는 사회적 금융은 전 세계적으로 지속가능한 사회를 위한 해결책으로 주목받고 있다. 외국의 경우 사회적 가치 투자(social impact investment) 시장, 사회적 성과보상채권(social impact bond), 소액 대출(microcredit), 사회적 금융 전문은행(social bank) 등 사회적 금융시장을 정착시키기 위한 다양한 금융활동이 이루어지고 있다.

[국내의 사회적 금융 정의] 국내는 2018년 2월 금융위원회 등 관계부처 합동으로 '사회적 금융 활성화 방안'을 발표하였는데, 사회적 금융을 "사회적 가치 실현을 재무적 이익과 함께 추구하는 금융이며 사회적 가치 창출을 목적으로 사회적 경제기업 등에 투자·융자·보증을 통해 자금을 지원하는 금융활동", "보조·기부행위가 아닌 투자·융자·보증 등 회수를 전제로 사회적 경제 기업에 자금을 지원하는 금융활동"으로 정의하고 있다.388)389)

사회적 금융 관련 법이 없기 때문에 사회적 금융에 대한 법적 정의는 없으며, 조례에서 사회적 금융에 대한 정의를 찾을 수 있다. 「서울특별시 성동구 사회적 경제활성화기금 설치 및 운용 조례」에서 2016년부터

---

387) 이정민, 위의 논문, 15면.
388) 관계부처 합동 보도자료, "사회적 금융 활성화 방안", 2018.2.8., 3면.
389) 사회적경제기업은 사회적기업, 협동조합, 마을기업, 자활기업, 소셜벤처 등에 해당한다 (금융위원회 보도자료, "'21년 제3차 사회적금융협의회 개최", 2021.12.16., 2면).

사회적 금융에 대해 정의하고 있는데, 사회적 금융에 대해 "사회문제를 개선하고 사회적 가치를 증진시키기 위한 금융" 이라고 정의한다. 「**부산 광역시** 사회적 경제 육성 및 지원에 관한 조례」에는 2020년부터 사회적 금융에 대해 "사회문제를 개선하고 사회적 가치를 증진시키기 위해 사회적 경제조직과 사회적 경제 관련 사업에 투자·융자·보증 등을 통해 자금의 지속 가능한 선순환을 추구하는 금융활동" 으로 정의하고 있다.

전국은행연합회에서는 「사회적금융 활성화를 위한 모범규준」에서 사회적 금융에 대해 "사회적가치 창출을 목적으로 사회적 경제 기업에 투자·융자·보증 등을 통해 자금을 지원하는 금융활동" 으로 정의하고 있다. 현재 「사회적경제기본법안」이 2024년 7월 11일 **국회**에 제출되어 있는데, 법안에서는 사회적 금융을 "사회문제를 개선하고 사회적 가치를 증진시키기 위해 사회적경제조직과 사회적 경제 관련사업에 투자·융자·보증 등을 통해 자금의 지속가능한 선순환을 추구하는 금융활동" 으로 정의한다. 국회에 제출된 법안의 정의는 부산광역시에 조례를 참고한 것으로 보인다.

[해외의 사회적 금융 정의] 사회적 금융을 명확히 규정하고 있는 정의는 없지만 국제기구에서 언급한 사회적 금융을 살펴볼 수 있다. **국제노동기구**(International Labour Organization: ILO)는 사회적 금융 사업(ILO's Social Finance Programme)과 함께 사회적 금융을 언급하는데, 사회적 금융 사업은 "중소기업과 노동자의 금융접근성 향상과 금융 혜택 이용편익의 극대화를 추구하는 것" 이며[390] "고용촉진과 노동빈곤층의 취약성 감소를 목표로 금융소외계층에게 금융혜택을 확대시키는 것" 이라고 한다.[391] 노동기구이다 보니 사회적 금융에서도 노동빈곤층의 금융접근성

---

390) "The ILO's Social Finance Programme (SFP) seeks to improve access to finance for workers and small firms, as well as to maximize the benefits of financial service usage." (ILO 홈페이지 .[https://www.ilo.org/employment/areas/youth-employment/WCMS_205866/lang-en/index.htm]

391) "ILO's Social Finance Programme supports efforts to extend financial services to excluded persons by addressing two main goals: The promotion of better employment: and A reduction in the vulnerability of the working poor." (ILO

향상과 고용 촉진에 초점을 맞추고 있다. **경제협력개발기구**(Organization for Economic Cooperation and Development: OECD)는 사회적 금융을 정의하고 있지는 않지만 '사회적 가치 투자'(social impact investment: SII)를 "측정 가능한 사회적·재정적 이익에 대한 명시적인 기대로, 사회적 또는 환경적 요구를 해결하는 조직에 금융을 제공하는 것, 지속가능한 개발목표(sustainable development goals: SDGs)를 향해 새로운 자원을 제공하는 방법"으로 정의한다.[392] 사회적 금융 중에서도 사회적 가치 투자에 초점을 맞추고 있지만 사회적·환경적 가치를 추구하는 기업에 금융을 제공하여 지속가능성을 추구하는 것을 사회적 금융이라 할 수 있다.

2. 포용금융과 사회적금융

협의의 포용금융은 금융접근성 확대에 초점을 맞추다 보니 금융소외계층에게 금융서비스를 제공하여 경제적 기회를 확대하는 것을 목표로 한다. 주로 저소득층, 저신용자, 소상공인 등이 금융시스템에 접근하는 것을 지원하는데, 새희망홀씨, 미소금융, 햇살론 등 정책 서민금융상품들이 이에 해당할 것이다.

이렇다 보니 협의의 포용금융은 사회적 금융보다 금융복지의 성격이 강하며, 사회적 금융은 사회문제를 예방 및 개선하기 위해 사회적 가치 있는 사업과 기업에 투자하고 사회적 수익과 재무적 수익을 동시에 창출한다는 점에서 모든 사람들의 금융접근성 향상보다는 지속가능한 금융을 추구한다는 점에서 차이가 있다. 협의의 포용금융이 금융제도의 접근, 금융교육 등 금융복지를 추구한다면 사회적 금융은 사회적 가치 있는 사업 발

홈페이지, [https://www.ilo.org/global/topics/employment-promotion/social-finance/lang--en/index.htm]

392) "Social Impact Investment (SII) provides finance to organisations addressing social and/or environmental needs with the explicit expectation of measurable social and financial returns. It is a way of channelling new resources towards the Sustainable Development Goals." (OECD, *Social Impact Investment : The Impact Imperative for Sustainable Development*, 2019., p.4.)

굴 및 투자, 취약계층들을 위한 저금리 자금 대출 등 실질적인 금융을 제공하여 지속가능한 기업과 개인의 성장을 추구한다. 그렇다 보니 포용금융은 서민금융, 소액대출 등과 잘 연결되는 경향이 있다. 물론 사회적 금융은 결국 지속가능한 금융을 통해 금융의 양극화를 해결하고 금융 불평등을 해소하고자 한다는 점에서 포용금융과 같으며, 포용금융을 넓게 보았을 때 사회적 금융이 포함된다고 볼 수 있다. 그러나 사회적 금융은 금융의 접근성보다는 자금의 선순환 및 사회적·재무적 수익창출을 우선시한다는 점에서는 차이가 있다고 할 수 있다.

※ [표 1] 포용금융과 비슷한 개념들 상호비교 참조

Ⅲ. 사회적 금융의 유형[393]

1. 서 론

사회적 금융은 사회적 가치를 창출할 수 있는 부분에 금융을 제공하여 사회적 수익과 재무적 수익을 동시에 창출하는 것을 목적으로 하기 때문에 직접적으로 자금을 투입하여 수혜대상에게 사회적 금융을 제공하는 방법과 사회문제를 해결하는 사업에 투자하여 사업성과에 따라 수익을 획득하는 방법이 있다. 또한 원금 손실의 위험이 있더라도 장기적인 사회적·재무적 수익을 전망하고 투자하는 사회적 금융이 있고, 저금리 또는 무보증 대출을 통해 적은 이자수익을 취하면서 수혜대상에게 자금을 지원하여 사회문제를 해결하고자 하는 사회적 금융도 있다.[394] 사회적 금융은 자금 공급 유형에 따라 보조금 및 기부금, 채권, 지분투자로 분류할 수 있고, 공급자 측면에서 재단·정부·개인 및 기관투자자로 분류할 수도 있다. 수요자 측면에서는 비영리기업·사회적 가치 기업·금융소외계층 등으로

---

393) 본 절은 이정민, 「사회적 금융의 활성화를 위한 법제도적 연구」, 성균관대학교 박사학위 논문, 2019.8.을 참고하여 작성하였다.
394) 이정민, 「사회적 금융의 활성화를 위한 법제도적 연구」, 성균관대학교 박사학위 논문, 2019.8, 30-31면.

분류가 가능하다. 이렇게 사회적 금융은 다양한 기준으로 유형을 분류하여 논의할 수 있어 연구자들마다 사회적 금융을 분류하는 기준이 다르다. 사회적 금융을 사회적 가치 투자(social impact investment), 사회적 은행(social banking), 자선적 은행(charitable banking)으로 분류하는 경우도 있다.[395] 국내에서는 자선 · 기부, 사회적 가치 투자, 사회적 책임 투자를 포괄하는 것으로 분류하거나[396] 소액금융, 지역금융, 사회적 가치 투자, 협동금융 등으로 분류하기도 한다.[397]

자금을 제공하는 형태에 따라 구분한다면, 사회적 가치 기업에게 투자의 형태로 자금을 제공하는 사회적 가치 투자(social impact investment), 사회적 사업에 투자하여 성과에 따라 성과급을 지급하는 사회적 성과보상채권(social impact bond: SIB), 여신뿐만 아니라 수신이 가능한 자금 제공기관인 사회적 금융 전문은행(social bank), 직접적으로 개인 및 기업에게 대출형태로 자금을 제공하는 소액대출(micro credit)이 있다.

2. 사회적 가치 투자

사회적 가치 투자(social impact investment)는 국내에서는 '소셜임팩트투자', '임팩트투자' 등으로 영어 그대로 부르거나 '사회영향투자' 등으로 언급하는 경우가 많은데, 이 책에서는 영어의 의미를 해석하여 사회적 가치 투자로 사용하고자 한다. 사회적 가치 투자는 '영향'을 의미하는 'impact' 영어와 투자(investment) 또는 금융(finance)의 영어가 합쳐져 생긴 용어이다. 용어 그대로 해석하면 투자를 통해 사회에 긍정적 영향

---

395) Elli Howard, "Challenges and opportunities in social finance in the UK", *Cicero Marketing and Content Unit*, 3, 2012, p.3.

396) 김용덕, "사회적금융(Social Finance)", IBK경제브리프 552호, IBK경제연구소, 2018.3.6., 1면.

397) 국내 연구자들은 사회적 금융을 사회적 가치 투자, 소액금융, 지역금융(공동체 금융), 협동금융으로 많이 분류하고 있다. (이준호, 「사회적금융의 법제화 방안 연구」, 한국법제연구원, 2015., 29면., 서울특별시 사회적경제지원센터, 「서울 사회적경제 아카데미 2016 : 사회적금융론 교안」, 2016.12., 4~6면., 문진수, "해외 사회적 금융 사례로 본 신협의 사회경제적 역할 제고 방안 연구 – 협동조합 금융기관을 중심으로-", 신협연구 제61호, 2013.)

(impact)을 이끈다는 볼 수 있다.

　OECD는 2015년과 2019년 사회적 가치 투자에 대한 보고서를 발표하였는데, 이 보고서는 지속가능한 개발을 위한 자금조달에 있어서는 사회적 가치, 사회적 영향을 필수적으로 고려해야한다는 2015년 UN이 발표한 '지속가능한 개발을 위한 2030 의제(Transforming our world: the 2030 Agenda for Sustainable Development)'를 구체화한 보고서이다. OECD는 사회적 가치 투자를 촉진하기 위해 자금 조달(financing), 혁신(innovation), 데이터(data) 및 정책(policy)의 중요성을 강조한다.[398] 자금 조달의 경우 가장 필요한 곳으로 자금을 공급하고 아무도 배제하지 않기 위해 노력한다. 지속가능한 금융 시장을 구축하기 위해 지역 투자자를 참여시키는데 초점을 맞춘다.[399] 혁신은 사회적 가치 투자를 촉진하는 혁신적인 방법을 탐구하고, 정책의 경우 정책적 지침과 국제적 협력을 통해 사회적 가치투자를 지원한다. 마지막으로 사회적 가치 투자의 효과를 측정하고 평가하기 위한 데이터를 개선한다.

3. 사회적 성과보상채권

　사회적 성과보상채권(social impact bond)은 세계적으로 금융위기 이후 부실한 민간 부채가 정부에게 이전되어 정부 부채가 급속도로 증가하였고, 그 외에도 빈곤문제, 소득의 양극화 등 다양한 사회문제가 발생하면서 정부의 지출이 높아졌다. 정부의 지출이 높아지게 되자 초기에 예방해야 할 사회 취약 부문에 예산의 부족으로 조기 개입하지 못하는 문제점이 발생하였다. 이에 따라 초기에 예방하지 못한 사회문제가 확산되면서 사후적 문제 해결에 더 많은 예산을 투입하게 되는 악순환이 반복되게 되었다. 그뿐만 아니라 사회 취약 부문을 해결하기 위해 정부 사업이 진행되더라도 사업성과에 대해 평가하지 않기 때문에 운영기관의 도덕적 해이로

---

398) OECD, Social Impact Investment 2019, 2019, p.19-20.
399) Ibid, p.21.

인한 사업의 실패가 문제 되었다.

이를 해결하기 위해 2010년 영국이 세계 최초로 사회적 성과보상채권을 발행하였다. 단기 수형자의 재범률을 낮추기 위한 목적으로 발행된 피터버러(Peterborough) 채권은 이후 미국, 캐나다, 호주, 이스라엘, 포르투갈 등 노숙자 감소 또는 미혼모들을 위한 목적의 사회적 성과보상채권으로 확대되었다.[400]

국내에서는 사회적 성과보상채권을 '사회혁신채권', '사회영향채권', '사회임팩트채권', '사회성과연동채권', '사회성과연계채권' 등 다양한 용어로 표현하고 있다. 사회적 성과보상채권에 대해서 행정안전부는 운영기관이 보상계약에 기반하여 민간 투자자와 체결한 투자계약 또는 민간투자자에게 발행하는 투자계약증권이라고 정의한다.[401]

사회적 성과보상채권의 목적은 사회문제를 예방하고 조기 개선하기 위해 공공부문에 기금을 직접 조성하여 투입함으로써 개선된 사회적 결과를 얻고자 하는 것이다.[402] 또한 다자간의 계약으로 이루어지기 때문에 효과적인 혜택을 제공할 수 있도록 수익 흐름에 대한 확실성을 제공해야 한다.[403] 사회문제 개선을 통해 사회비용이 절감되고, 사회적 가치가 창출되는 사업이어야 하기도 하지만, 객관적·정량적 성과지표가 존재하는 사업이어야 한다.[404] 사회성과는 수치로 평가할 수 있을 정도로 구체적인 성과가 도출되어야 한다.

어떠한 사회문제를 해결하는 데 사회적 성과보상채권을 발행하여 운영하는 사회사업 이외에 별도의 정책이나 사회적 분위기 등 외부 요소로 인하여 사회문제가 해결될 가능성이 있다면, 이는 사회성과를 명확하게 측정할

---

400) Emma Tomkinson 홈페이지,
   [https://emmatomkinson.com/2014/02/14/social-impact-bond-sib-uk-v-world-map/]
401) 행정안전부, "사회성과보상사업 추진 안내서", 2017.10, 4면.
402) Lisa Barclay & Tom Symons, Technical Guide to Developing Social Impact Bonds, Social finance, Jan. 2013, p.4.
403) Ibid, p.4.
404) 이병기·고경훈, 「사회성과연계채권 도입방안」, 정책연구 2017-13, 한국지방행정연구원, 2017, 22면.

수 없기 때문에 사회성과 보상사업으로 진행할 수 없다. 또한 주관적이고 정성적인 성과측정만 가능한 사업은 평가의 공정성 문제가 발생할 수 있기 때문에 사회성과 보상사업으로 적합하지 않다.[405] 사업비를 지출해서 더 큰 사회비용을 줄일 수 있다면 사회성과 보상사업으로 추진될 수 있으며, 문제가 방치되었을 때 사회비용 또는 행정비용이 발생하는 사회문제로 사회성과 보상사업을 통해 이를 예방하고 사업 성공 시 절감되는 사회적 비용이 총 사업비보다 커야 한다.[406] 기본적인 복지사업으로 자금만 투입하면 결과가 예상되는 사업의 경우 사회성과가 차등화 되지 않기 때문에 사회성과 보상사업이 될 수 없다.

4. 사회적금융 전문은행

사회적 금융 전문은행은 사회적 가치 창출 극대화를 주된 목적으로 하는 금융기관으로 외국에서는 사회적 은행(social banking), 윤리은행(ethical banking), 대안은행(alternative banking), 지속가능한 은행(sustainable banking), 개발은행(development banking), 연대은행(solidarity banking)이라고도 한다.[407] 인도 연방 준비은행의 부총재 차크라바티(K.C.Chakrabarty)는 "사회적 은행은 부유한 사람들이 빈곤층에게 금융 혜택을 제공하는 것을 보조하고, 이에 따라 은행은 대중에게 금융 혜택을 제공하는 것"이라고 한다.[408] 그 밖에도 "모든 사업이 사회적 · 환경적 · 지속가능성 영향 달성에 초점을 맞추어 혼합된 가치 수익률 달성을 위해 금융상품과 혜택을 이용하는 것"으로 사회적 은행을 정의하기도 한다.[409] 대표적인 사

---

405) 위의 연구보고서, 22면.
406) 위의 연구보고서, 22면.
407) Roland Benedikter, "Social Banking and Social Finance: Answers to the Economic Crisis", *Springer*, 2012., p.50.
408) "social banking is one where the rich subsidize the provision of financial services to the poor and where banking business is oriented towards serving the masses instead of exploiting them." (K.C.Chakrabarty, "Social banking and finance - opportunities in inclusion", *Session keynote address at the 2nd FT-YES Bank International Banking Summit*, Mumbai, 15 October 2012., p.1.)

회적 금융 전문은행들의 연합체인 가치추구 은행업을 위한 세계적 연합체 (GABV)는 다음과 같이 사회적 금융 전문은행의 원칙을 두고 있다. 첫째 삼중 기준 경영구조(Triple Bottom Line)[410]를 따르는 사업모형(business model), 둘째 지역사회 기반의 실물경제 투자, 셋째 고객과의 장기적 유대관계로 고객에게 실질적 위험 인지, 넷째 외부 요인에 영향을 받지 않는 장기적으로 회복 가능한 모형, 다섯째 투명하고 포용적인 경영방식, 여섯째 앞선 5가지의 원칙을 포괄하는 문화 정착 등이다.[411]

국내는 "사회적 은행이란 사회·환경·윤리적 문제가 지역사회에 미치는 영향과 지속가능한 성장을 고려하여 개인 또는 기업에게 대출 및 투자 등의 금융지원을 제공하는 은행"[412], "대출고객이나 투자대상의 선정 시 사회적 공익여부나 환경에 미치는 영향 등을 감안하는 은행"[413]으로 정의한다.

다양한 정의를 토대로 사회적 금융 전문은행은 은행이라는 점에서 일반은행과 동일한 여수신 등의 은행업을 영위할 수 있지만, 일반은행이 재무적 이익 및 주주가치 극대화를 우선시하는 것과 달리 사회적 금융 전문은행은 환경과 사회의 영향을 고려하여 장기적인 관점에서 사회가치와 재무수익을 창출하는 은행이다. 국내에 사회적 금융 전문은행의 가치를 토대

---

409) Olaf Weber, "Social banking: Concept, definitions and practice", *Global Social Policy* Vol. 14(2), 2014, p.266.

410) 삼중기준 경영구조(Triple Bottom Line)는 경영자문가 존엘킹턴(John Elkington)에 의해 1990년대 기업의 재정적 기본구조를 위한 투자에 있어 경제적, 환경적, 사회적 가치의 중요성을 설명하면서 처음 언급되었다. 재무적 이익측정을 넘어 기업성과를 보고함에 있어 사회적 및 환경적 조치를 통합하는 것을 목표로 하는 경영구조를 말한다. 3P(People, Planet, Profit)라고 하여 사람, 행성(환경), 이익을 생각하는 구조로 칭하기도 하나 GABV는 사람(people), 환경(planet), 번영(prosperity)을 기준으로 하여 삼중기준 경영구조 원칙을 강조하고 있다(Global Alliance for Banking on Values, *Annual Report 2017*, Apr.2018., p.6., Janet Hammer and Gary Pivo, "The Triple Bottom Line and Sustainable Economic Development Theory and Practice," *SAGE*, Nov.2016, p.1.).

411) Global Alliance for Banking on Values, *Annual Report 2017*, Apr.2018, p.3.

412) 김선민, "해외 사회적 은행(Social Bank)의 운영 현황," CGS Report 5권 8호, 산업은행, 2015, 8면.

413) 이학승, 위의 자료, 10면.

로 한 '사회연대은행'이 있으나 이는 「은행법」상의 은행이 아니기 때문에 은행업을 영위할 수 없는 비영리법인이라는 점에서 사회적 금융 전문은행과는 구별된다.

5. 소액대출

소액대출 용어는 영문으로 'micro credit'으로 사용되는데 'micro'와 'credit'의 합성어로 'micro'는 '아주 작은 것', '소규모'의 의미를 가지고 있는 용어와 신용대출이 합성되어 만들어진 용어이다. 외국에서는 'micro credit'과 함께 'micro finance', 'micro banking', 'micro loan' 등을 사용하고 있는데 'micro credit'은 소액대출로 번역할 수 있으며, 'micro finance'는 대출뿐만 아니라 금융 전반을 뜻하는 소액금융으로 번역할 수 있다. 국내는 사전에서 '무보증소액창업대출', '소액신용창업대출'로 번역하고 있으며,[414] '마이크로크레딧' 외래어 그대로 사용하는 경우도 있다.

소액대출은 가난한 사람들, 특히 빈곤층의 여성들이 종사하는 소기업에 자금을 지원하여 종사자인 빈곤층들의 임금을 지원하는 것에서 시작되었다.[415] 유럽은 소액대출에 대한 법적 정의가 없다. 유럽위원회는 소액대출(micro credit)을 전통적인 금융체계에서 배제되거나 은행에 대한 접근이 부족한 개인 또는 기업에게 25,000 유로(한화 약 3,200만 원)이하의 대출을 제공하는 것으로, 기업을 설립하거나 개발하는데 지원하는 것이다.[416] 유럽위원회는 소액대출이 소비자 대출의 영역까지 간주되어서는 안 된다고

---

414) 한경경제용어사전,
    "무보증소액창업대출(microcredit)",[http://dic.hankyung.com/apps/economy.view?seq=5437], 금융위원회 금융용어사전, "마이크로크레딧(무보증소액창업대출)",
    [http://www.fsc.go.kr/know/wrd_list.jsp?menu=7420000&dn_no=2767]
415) Richard Rosenberg, Does Microcredit Really Help Poor People?, *CGAP Focus-Note* No.59, Jan. 2010, p.1.
416) Bernd Balkenhol and Camille Guézennec, "Microcredit in France:What impact does it have on employment?", *ILO(International Labour Organization) Working paper* No.65, 2013, p.3.

하는데, 이는 소액대출이 소비자 개인의 경제활동에 사용될 수 있기 때문이다.417) 국내는 유럽처럼 소액대출의 기준을 정하고 있지 않아 창업 자금 지원으로 소액대출기관마다 2천만 원에서부터 7천만 원까지 다양한 상품들이 있다.418)

소액대출사업은 고객들이 이용하면서 홍보가 되기 때문에 광고를 할 필요가 없으며419), 높은 상환율을 보여 금융기관의 예금 기반 확대에 도움을 준다. 사람들은 대출금 상환에 있어 높은 신뢰성을 기반으로 상환하게 되는데, 담보가 없기 때문에 계속하여 대출을 이용할 수 있는 것 자체가 차입자에게 가장 가치 있는 혜택이다.420) 이는 단순히 저금리 대출 등에 의해서가 아니라 제도권 금융에서 소외받은 고객들이 이용할 수 있는 대출이 많지 않기 때문에 지속적인 대출상품을 이용하기 위해서 상환율은 자연스럽게 높아진다.421)

고객은 소액대출상품을 이용·유지하는 것이 중요하기 때문에 저축에 대한 수익을 최소한으로 받거나 받지 않는 경우라도 대출을 받을 수 있는 자격 조건이 되면 사금융보다 대출금리가 낮은 소액대출기관을 선호하게 된다.422) 또한 대출금의 규모보다 대출로 인해 발생하는 부수적인 비용에 대한 감소가 금융소외계층에게는 큰 유인을 이끈다. 소액대출은 다양한 계층으로부터 예금을 공급받을 수 있어 자금 제공의 위험을 분산할 수 있고 소액대출이용자들은 금융위기 시에도 고액예금자에 비해 예금을 그대로

---

417) European Commission, The Regulation of Microcredit in Europe, Expert Group Report, Apr.2007., p.7.
418) 사회연대은행, 서민금융진흥원, 신나는조합 등 1천만 원에서부터 7천만 원까지 다양한 창업 및 시설개선 자금 지원을 하고 있다. 사회연대은행의 경우 1억 원까지 사회적 가치 기업에게 대출을 지원하는데 이는 소액대출로 보기는 어렵다. (사회연대은행 홈페이지,
[http://www.bss.or.kr/load.asp?subPage=112&cate=work100&cate2=]
419) Richard Rosenberg, Ibid, p.3.
420) Ibid, p.4.
421) 사회적 금융에 중점을 둔 사회적 책임 투자자를 위한 업계 최고의 데이터 분석 운영체계인 MIX market의 10년의 데이터에서는 연간 대출손실률이 전체 기간 동안 운용계획안(portfolio)의 2.5% 이하로 평균화되었다는 보고가 있다(Ibid, p.4.). 이는 매우 높은 상환율인데 어려운 시기에 계속하여 소액대출과 기타 금융혜택에 접근할 필요가 있기 때문이다.
422) Ibid, p.4.

유지하는 경향이 높아 은행의 재무적 안정성을 확보할 수 있어[423] 수익을 창출할 수 있다. 그러나 소액대출이 차입자의 사업자금을 지원하여 빈곤에서 탈출하게 하는 것이 목적인데, 차입자가 일상적 소비와 구매에 대출자금을 사용할 경우 채무를 상환하지 못하고 더 큰 부채를 부담하는 문제가 발생할 수 있다.[424]

Ⅳ. 사회적 금융의 국내 현황

아래에서는 사회적금융의 그동안의 현황과 함께 최근 국내에서 대통령 직속 국민통합위원회에서 운영한 포용금융특별위원회에 대해 이야기해보고자 한다.

1. 정부의 사회적 금융에 대한 확대 노력

국내는 사회적 금융보다 사회적 기업이라는 명칭에 보다 익숙해져 있는데, 이는 2004년도부터 노동부(현, 고용노동부)가 '사회적일자리 창출사업'을 시행하였고, '사회적 일자리 창출사업 참여기관'이 확대되어 2007년 「사회적기업 육성법」의 제정으로 연결되었기 때문이다. 이후 사회적기업이라는 용어는 대중화되었으나 사회적경제, 사회적금융이라는 용어는 다소 생소하였다. 또한 사회적기업은 고용노동부 사업으로 출범하면서 소관부처가 고용노동부이다보니 경제 및 금융정책이 활발히 논의되지는 않고 있었다. 본격적으로 사회적경제, 사회적금융에 대한 관심이 급증하게 된 것은 문재인 정부가 출범하면서 100대 국정과제로 '사회적경제 활성화' 정책을 추진하였고, 이에 따라 2017년 10월 관계부처 합동으로 '사회적 경제 활성화 방안'을 발표하였다. 사회적경제 활성화 방안에 따라 13개 부처에서 88개 세부정책과제를 선정하고 추진하기로 합의하였으며,

---

423) Julia Abakaeva & Jasmina Glisovic-Mezieres, "Are Deposits a Stable Source of Funding for Microfinance Institutions?" CGAP Brief, Jun.2009, pp.1-2.
424) 김창수, 「사람을 위한 금융」, 한올출판사, 2018.4, 23면.

사회적 경제 기업의 가장 큰 애로중 하나인 금융부문에 대하여 관계부처·전문가 등 집중논의를 거쳐 종합 지원방안을 마련하기로 하였다.[425] 이에 따라 2018년 2월 총리 주재 국정현안점검조정회의를 통해 '사회적 금융 활성화 방안'을 확정하였다.

사회적 금융 활성화 방안에서는 사회적금융시장 조성 지원과 정부·공공부문의 사회적 금융 공급 확대, 사회적 금융 인프라 확충을 골자로 하여 구체적인 정책 방안을 제안하였다. 방안에서 사회적 금융시장 조성을 위해 도매자금 공급기관인 사회가치기금 설립을 추진하였고, 정부, 사회적경제 협의체, 사회적 금융 관련기관, 금융전문가 등이 참여하여 '사회가치연대기금 설립 추진단'을 구성하였다. 이후 2018년 창립 이사회를 구성하여 2019년 1월 '한국사회가치연대기금'이 마련되었다.

사회적 금융 생태계 구축을 위해 아래 표의 방안처럼 정부 주도하에 사회적 금융의 양적 확대가 이루어졌다. 금융위원회는 '사회적 금융 활성화 방안'에서 발표한 사항들에 대해 관계기관의 추진 상황을 점검하고 추진과정에서의 애로사항 등을 청취하고자 2018년부터 2021년 12월까지 '사회적금융협의회'를 연간 3회 개최하여 총 12회 운영하였다.[426] 정책이 적극적으로 추진되면서 공공부문을 중심으로 사회적경제기업에 대한 자금공급을 지속적으로 확대하였다. 다만 2021년 12월 이후에는 사회적금융협의회가 개최되지 않았으며, 금융위원회에 마련되었던 사회적금융팀도 현재는 조직도에서 찾을 수 없는 상황이다. 이에 따라 2018년부터 2021년까지의 사회적금융의 공급 확대 현황을 살펴보고자 한다.

---

425) 금융위원회 보도자료, "사회적금융 활성화 방안", 2018.2.8., 2면.
426) 금융위원회 보도자료, "금융위원장, 제1차 사회적금융협의회 개최", 2018.4.4., 1면.

[그림 32] 사회적 금융 생태계 구축 방안

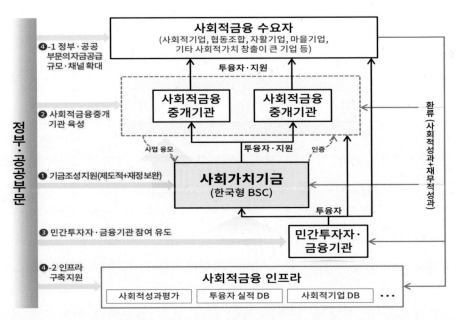

출처 : 금융위원회 보도자료, "사회적 금융 활성화 방안", 2018.2.8., 3면.

대출부문에서는 서민금융진흥원과 증소벤처기업진흥공단, 소상공인시장진흥공단, 신협, 새마을금고가 참여하였고,427) 보증 부문에서는 신용보증기금과 지역신용보증재단, 기술보증기금이 참여하였다.428) 투자 부문에서는 한국성장금융과 한국벤처투자가 참여하였다. 이에 따라 2018년부터 사회적경제기업 등에 대한 자금공급을 지속적으로 확대하였는데, 2018년에는 1,937억원, 2019년에는 4,625억원, 2020년에는 5,700억원이 공급되었으며, 2021년 10월까지 2,508개사에 5,586억원의 자금을 공급하였다.429)

---

427) 초기 사회적금융협의회에 공공부문 자금공급 대출 부문에는 신협과 새마을금고가 포함되지 않았으나, 신협·새마을금고도 사회적경제기업 대상 대출상품을 출시하면서 2019년부터 함께 포함되어 자금공급 실적이 공개되었다.

428) 초기 사회적금융협의회 공공부문 자금공급 보증 부문에는 기술보증기금은 포함되지 않았으나 2019년부터 함께 실적에 포함되었다.

429) 금융위원회 보도자료, "'21년 제1차 사회적금융협의회 개최", 2021.4.22., 금융위원회 보도자료, "'21년 제3차 사회적금융협의회 개최", 2021.12.16.

[표 64] 공공부문 사회적금융 추진 공급 실적

(단위 : 억원(기업수))

유형	공급기관	2018년 11월말	2019년 1-3분기	2020년 10월 말	2021년 10월말
대출	소계	434(281)	758(515)	1,350 (970)	1,666(1,108)
	서민금융진흥원	14(27)	35(60)	46(71)	64(103)
	중소벤처기업진흥공단	385(183)	489(219)	787(387)	999(445)
	소상공인시장진흥공단	35(71)	48(86)	53(150)	104(252)
	신협	-	156(128)	349(342)	344(243)
	새마을금고	-	30(22)	115 (20)	155(65)
보증	소계	1167(967)	1,945(997)	2,808 (1,300)	3,110(1,314)
	신용보증기금	1,032(648)	1,061(592)	1,483(721)	1589(712)
	지역신용보증재단	135(319)	104(223)	142(275)	152(310)
	기술보증기금	-	780(182)	1,183(304)	1,369(292)
투자	소계	204(17)	626(66)	784 (96)	810(86)
	한국성장금융	141(11)	210(22)	219(23)	332(23)
	한국벤처투자	63(6)	416(44)	565(73)	478(63) (2021년 9월말 기준)
총계	-	1,805	3,329	4,942	5,586

출처 : 금융위원회에서 공개하고 있는 사회적금융협의회 보도자료 4개년치를 참고하여 재구성함

은행별로도 은행권 사회적금융 추진 실적 평가 요소로 사회적경제기업의 대출 지원실적을 평가하였다. 2018년부터 지속적으로 증가하여 2021년 9월 말에는 7,504개의 사회적경제기업에 1조 2,612억원을 대출해주었다.

[표 65] 기업유형별 사회적경제기업 은행의 대출 실적

(단위 : 건, 억원)

구분	2017년		2018년		2019년		2020년		2021년 9월말	
	건수	금액	건수	금액	건수	잔액	건수	잔액	건수	잔액
사회적기업	1,808	2,008	2,499	2,987	4,284	6,295	5,767	8,810	5,713	10,016
협동조합	168	329	185	278	987	2,020	1,460	2,138	1,347	2,250
마을기업	161	156	188	138	212	145	307	209	326	295
자활기업	167	34	114	21	87	38	140	57	118	51
소계	2,304	2,527	2,986	3,424	5,570	8,498	7,674	11,213	7,504	12,612

출처 : 금융위원회에서 공개하고 있는 사회적금융협의회 보도자료 4개년치를 참고하여 재구성함

은행권은 정부의 정책에 따라 후속조치로 「사회적금융 활성화를 위한 모범규준」을 마련하였다. 지속가능한 사회적금융시장을 조성하고, 상대적으로 신용도가 낮거나 담보가 부족한 사회적경제기업의 사회적 가치 추구 활동에 금융자원이 배분되도록 사회적경제기업의 금융 애로 해소와 은행의 자발적인 사회적금융 참여 확대에 참고할 수 있는 내용을 규정하는 것을 목적으로 설립된 모범규준에는 사회적 가치 정보의 활용, 사회적금융 수행을 위한 은행의 역할 등을 규정하고 있다. 특히 정성적 평가가 반영될 수 밖에 없는 현실을 고려해 사회적금융 취급 직원에 대해 면책근거가 마련되었다.

이렇게 정부의 적극적인 정책 집행으로 공공부문과 시중은행에서는 4년이 가까운 기간 동안 사회적 경제의 자금 공급을 확대하였으나 정책에 따른 공급이다 보니 사회적경제기업은 장기적인 경영계획을 수립하기에 한계가 있었을 것이다. 뿐만 아니라 결국 정책의 변경으로 인해 현재는 사회적금융의 현황에 대해서도 명확하게 파악하기 어려운 실정이다. 이를 통해 사회적금융이 정부주도의 정책으로 진행될 경우 정책 추진 시기에는 적극적인 자금공급이 이루어지나 정책이 변경될 경우 자금 공급이 중단될 수 있어 사회적경제기업의 안정적인 금융접근성을 담보하지 못한다는 것을 알 수 있다.

2. 국회의 사회적 금융을 위한 움직임

국회에서는 2014년 4월 유승민의원 등 67인이 최초로 「사회적경제기본법안」을 제출하였고, 10월 신계륜의원 등 65인, 11월 박원석의원 등 10인이 동일한 이름으로 「사회적경제기본법안」을 국회에 제출하였다. 임기만료로 폐기됨에 따라 2016년 8월 윤호중의원 등 27인이 「사회적경제기본법안」을 제출하였고, 10월 유승민의원 등 15인 역시 「사회적경제기본법안」을 발의하였다. 2019년 3월 6일 다시 강병원의원 등 10인이 「사회적경제기본법안」을 제출하였고 2020년에는 6개의 「사회적경제기본법안」이 제출되었으나 모두 임기만료로 폐기 되었다. 2024년 7월 11일 황명선

의원 등 14인이 제안한 「사회적경제기본법안」이 현재 소관위 접수상태이다.

법안에서 사회적금융 내용을 위주로 살펴보면 정부는 사회적경제조직의 육성과 지원에 필요한 사회적경제발전기금을 중앙과 지방에 별도로 조성하도록 하고 기금과 운영분리원칙에 따라 기금조성 및 운영감독은 기획재정부가 총괄하고, 운영은 사회적금융기관등을 지정하여 수행하도록 하고 있다. 또한 사회적경제 발전과 관련한 국가정책마련 및 이행을 위해 대통령 소속의 사회적경제발전위원회를 두도록 하고 있으며, 사회적경제발전위원회는 사회적금융 제도 정비 및 사회적경제발전기금 조성과 운영에 관한 사항을 심의·의결할 수 있도록 정하고 있다. 별도로 "제4장 사회적금융과 사회적경제 발전기금"에서 사회적금융에 대한 구체적인 사항들을 규정하고 있는데, 제26조부터 제32조까지 규정하고 있는 내용을 보면 정부와 지방자치단체는 사회적경제의 금융기반 조성을 위해 사회적경제의 원리에 적합한 금융제도를 정비하고, 재원을 확보하기 위하여 노력하여야 한다. 이를 위해 국가와 지방자치단체는 사회적금융을 조달하기 위한 민간 사회적금융기관을 지정·육성하도록 하고 있다. 또한 사회적경제 관련 정책 개발 지원기관으로 "한국사회적경제원" 설립을 정하며, 한국사회적경제원이 사회적경제공제기금 조성 등 자조적인 사회적금융 조성사업을 추진하여 사회적경제가 활성화되도록 노력하여야 한다고 하고 있다.

국가 및 지방자치단체는 사회적금융기관에 기부·출연하거나 투자하는 일반의 기업·법인·단체에 대하여 행정상의 편의와 세제상의 혜택을 부여할 수 있도록 정하고 있다.

3. 포용금융 특별위원회

대통령 직속 국민통합위원회는 2024년을 "지속가능한 포용금융 원년"으로 정하고 2024년 1월 17일 「**포용금융으로 다가서기**」 특별위원회를 출범하였다. 특별위원회는 각 분야의 13인의 전문가로 구성하여 소상공인과 취약계층과 함께 가는 따뜻하고 든든한 포용금융 실현을 목표로 삼고 이를 실현하기 위한 정책 대안 마련을 목표로 운영하였다.[430] 특별위원회는 금융접근성 제고, 민간의 포용금융 역할 강화, 금융소비자보호, 포용금융 기반 강화 등 4가지 부문 전략 분야 아래 실천 가능한 정책과제를 발굴하고자 하였다. 여기에서의 포용금융은 광의의 포용금융이라 할 수 있다.

[표 66] 초기 포용금융특별위원회가 제안한 정책 과제

금융접근성 제고	• 취약계층과 소상공인 정책금융 채널 확대 • 정책금융 상품 개선 • 점포폐쇄에 대한 대안 마련
민간의 포용금융 역할 강화	• 은행 등 민간의 정책금융 역할 강화를 위한 • 인센티브 체계 마련 • 포용금융 평가 방안 발굴
금융소비자보호	• 소상공인 채무조정 지원 • 불법사금융 피해 구제 • 금융사기 예방 강화
포용금융 기반 강화	• 금융교육 내실화(금융역량 강화) • 핀테크를 활용한 포용금융 • 임팩트투자 활성화를 위한 제도 개선

출처 : 대통령직속 국민통합위원회 보도자료, "국민통합위, 「포용금융으로 다가서기」 특별위원회 출범", 2024.01.17.을 참고하여 표로 구성

소상공인 채무조정지원, 불법 사금융 피해구제, 금융사기 예방강화 등 금융소비자 보호를 위한 제도도 함께 모색하면서 소상공인과 취약계층이 소외당하지 않고 성장할 수 있게 따뜻하고 든든한 포용금융 정책 방안을 도출하는 것을 목표로 운영되었다. 이를 위해 소상공인의 자생력 강화와 취약계층의 자립을 돕는 지속가능한 포용금융 기반을 마련하기 위한 정책 제안을 논의해 왔다.

이에 따라 특별위원회는 소상공인 금융을 체계적으로 지원하기 위한 소상공인 정책금융기관의 필요성을 논의하는 한편, 대안신용평가 모델 개발 등 포용금융과 관련된 핀테크 육성 방안을 모색하기 위해 2024년 4월 16일 '소상공인과 취약계층을 위한 지속가능한 포용금융 실현'이라는 주제로 토론회를 개최하였다.[431] 토론회에서는 소상공인 대출이 코로나 팬더

---

430) 대통령직속 국민통합위원회 보도자료, "국민통합위, 「포용금융으로 다가서기」 특별위원회 출범", 2024.01.17.
431) 대통령직속 국민통합위원회 보도자료, "국민통합위, 「포용금융으로 다가서기」 특별위원회 토론회 개최", 2024.04.15.

믹을 기준으로 계속해서 증가하고 있는 것을 지적하며 주요 업종 신용공여 잔액추이를 언급하였다. 토론회에서는 주요 업종 신용공여 잔액추이를 보면 도소매업은 2019년 1월 대비 2024년 1월 중소개인 신용공여 증가액이 71조 3,000억 원에 달하였으며, 그 중 45.5%가 제2금융권에 해당하였고, 숙박음식업은 같은 기간 중소개인 신용공여 증가액이 57조9000억 원으로 그 중 50.3%가 제2금융권에 해당하였다고 지적하였다.432) 이처럼 제2금융권에 신용공여가 증가함에 따라 포용금융특별위원회는 소상공인 전문 금융기관의 당위성과 설립 대안에 대해 토론을 진행하였다. 또한 포용금융의 활성화를 위해 핀테크의 필요성에 대해 언급하였는데, 최종적으로 성과보고회에서 이러한 사항들을 담아 방안을 제시하였다.

초기 정책과제를 기반으로 최종적으로 정책금융의 지속가능 기반 강화, 금융서비스 사각지대 해소, 민간의 포용금융 역할 강화, 포용금융 혁신 생태계 조성이라는 4가지 방향에서 아래와 같이 정책을 제안하였다.

[표 67] 포용금융특별위원회의 정책 제안

전략 분야	제안 과제
지속가능한 정책금융 기반 강화	① 소상공인 정책금융기관 설립 로드맵 마련 ② 소상공인 종합지원 플랫폼 구축 ③ 정책금융 성과분석 체계화 ④ 정책금융 성실상환자 이자페이백 제공
금융서비스 사각지대 해소	⑤ 은행 간 공동 ATM 확대 ⑥ 우체국의 점포망을 활용한 금융서비스 확대 ⑦ 불법사금융 피해 근절 ⑧ 초·중·고 경제금융 교육 강화
민간의 포용금융 역할 강화	⑨ 소상공인 특화 제4인터넷전문은행 설립 ⑩ 인터넷전문은행의 중저신용자 지원 지속 유도 ⑪ 대환대출인프라 대상 확대 추진 ⑫ 소상공인과 중소기업의 원활한 재기 지원 ⑬ 우수 포용금융 기관 인센티브 체계 마련
포용금융 혁신 생태계 조성	⑭ 포용금융 핀테크 투자 확대 유도 ⑮ 지자체 주도 포용금융 기금 확산

출처 : 대통령직속 국민통합위원회 보도자료, "국민통합위, 서민을 위협하는 불법사금융 엄정 대응 추진한다", 2024.7.18., 3면을 재구성

---

432) 스카이데일리, ""제2금융권으로 몰리는 소상공인"… 소상공인 정책금융기관 설립 필요", 2024.4.17., [https://www.skyedaily.com/news/news_view.html?ID=228615]

구체적으로 금융상품을 한 눈에 조회하고 비대면으로도 편리하게 거래할 수 있는 소상공인 종합지원 플랫폼을 구축하고 정책금융 부실율을 줄이고 성실상환을 유도하기 위해 연체 없이 전액 상환한 경우 이자 일부를 돌려주는 이자페이백 제공을 제안하였다.433) 또한 은행점포와 ATM 수가 빠르게 감소하고 있는 가운데 취약계층의 금융서비스 사각지대를 해소하기 위해 전국 2,500개 점포망을 보유한 우체국에서 입출금, 잔액조회 등 단순업무 뿐 아니라 예금 가입 등 다양한 은행업무가 가능하도록 은행대리업 도입을 추진해야 한다고 제안하였다.434) 특히 최근 2019년에 비해 2배 이상 증가한 불법사금융 피해 관련 금융감독원 민원을 언급하며, 불법사금융 피해는 서민의 생계와 신변까지 위협하는 사회악인 만큼 범정부적 엄정 대응이 필요하다고 강조하였다.435)

이를 위해 대부업체의 정보제공 확대, 관리 사각지대에 있는 지방자치단체 등록 대부업체 실태조사 강화 등 사전예방 노력과 함께 미등록대부업자, 온라인 중개업자의 불법행위 등에 대한 처벌수준을 대폭 강화할 것을 제안하였다.436) 마지막으로 민간의 역할을 강화하고 포용금융 혁신 생태계를 조성하기 위해 소상공인 지원 기능을 강화한 제4 인터넷전문은행 설립 및 포용금융 우수 은행에 대한 인센티브 방안을 제시하였고, 포용금융 가치를 창출하는 핀테크에 대한 지원 방안을 제안하였다.437) 구체적으로 인터넷전문은행의 중저신용자 대출 확대를 중저신용자 대출 비중 평가기준을 신규취급액까지 확대하자고 권고했는데, 현재 평균잔액만 표기하는 평가기준에 신규취급액을 병기(부차 표기)해 인터넷은행의 포용금융 역할 강화를 이끌어내고자 하였다. 또한 제4인터넷 전문은행 설립 허가를 내어줄 때는 소상공인의 신용대출 비중을 설정 여부와 소상공인 신용모델을 고도화, 창업·수출지원전략 등에 가점을 주라고 밝혔다.438)

---

433) 대통령직속 국민통합위원회 보도자료, "국민통합위, 서민을 위협하는 불법사금융 엄정 대응 추진한다", 2024.7.18., 1면.
434) 위의 보도자료, 1면.
435) 위의 보도자료, 2면.
436) 위의 보도자료, 2면.
437) 위의 보도자료, 2면.

4. 국내 사회적 금융 기관

국내는 상호금융기관, 소액대출 형태의 마이크로크레딧으로 처음 사회적 금융이 시작되면서 소액대출사업기관이 다른 사회적금융기관보다 활성화되어 있다. 사회적금융기관들은 대부분 비영리법인의 형태로 운영중에 있으며, 일부만 대부업 인가를 얻어 운영중에 있다. 비영리법인은 금융소외계층에 대해 소액신용대출사업이 가능하여 대출 관련 별도의 인허가, 등록없이 소액신용대출사업을 영위하고 있다. 비영리법인 형태로는 '신나는조합', '사회연대은행', '아름다운 재단' 등이 있는데, 이들은 단순 소액대출을 넘어 사전·사후 창업 지원 혜택까지 종합적으로 제공하고 있다. 하지만 사회적금융에는 지속가능한 금융의 선순환 구조를 위한 사회적 가치 투자, 사회적 성과보상채권 또한 매우 중요하다. 아래에서는 국내의 주요 사회적금융기관들을 살펴보고자 한다.

가. 사회적가치투자기관, 재단법인 한국사회투자

소액신용대출사업 외에도 사회적 가치 기업 및 사업에 투·융자를 전문적으로 진행하는 사회적금융기관도 있다. 대표적인 기관으로는 **재단법인 한국사회투자**가 있다. 한국사회투자는 UN SDGs를 기반으로 사회적 가치를 추구하는 기업 또는 사업을 발굴하여 투·융자를 진행하고 있으며, 사회문제를 해결하는 다양한 사업 조직을 대상으로 경영 컨설팅, 투자, 액셀러레이팅을 진행하고 있다. 2012년 12월에 설립되어 중소벤처기업부에 등록된 액셀러레이터로 서울·전라에 지부를 가지고 있다.[439) 소액대출기관과는 달리 사회적가치투자기관으로 기업 위주의 투·융자를 진행하고 있으며, **중소벤처기업부, 서울시, 경기도, 한국사회적기업진흥원에 등록된 컨설팅 기관**이다.

---

438) 파이낸셜 뉴스, "포용금융특위, 인뱅 중저신용자에 '대출 늘려라' 권고", 2024.7.28., [https://www.fnnews.com/news/202407281505280409]

439) 한국사회투자 홈페이지 [http://www.social-investment.kr/sub01/foundation.php], 한국사회투자, 한국사회투자 기관소개서, 2024.2, 10면.

2023년 12월 말 기준 누적 투·융자금액이 662억 원, 누적 지원기업 수가 484개, 글로벌 진출 지원기업 수가 83개에 달하며, 8개 국가의 세계적으로 진출해있다.[440] 한국사회투자는 공공과 민간의 참여형 펀드 확대를 통해 사회적가치투자 생태계 활성화를 위해 노력하고 있으며, 사업모델 및 성장단계에 맞춘 투자를 통해 사회혁신조직의 성장기반을 조성하고자 노력하고 있다.[441] 또한 회수된 투자금을 반복적으로 재투자하여 사회적 가치 확산의 선순환 구조를 개발하여 운영하고 있다. 사회적가치기업은 일대일 경영진단으로 자기 설계 맞춤형 멘토링을 받게 되는데, 기업의 수요에 따라 테크, 법률, 보안, 판로개척 등을 지원하고, 자금조달 전략을 진단받을 수 있다. 또한 경영컨설팅을 통해 사회적 가치를 산출하고 관리하고 있다. 최근 ESG에 대한 부상으로 기업의 CSR과 ESG를 활용한 기업 파트너십 전략을 수립하고, 기존 금융기관과 연계하여 사회적 가치 펀드를 마련하여 협력하고 있다.

나. 국내 최초 소액대출사업 기관, 신나는 조합

신나는 조합은 2000년에 설립된 국내 최초 소액대출사업 기관이다. 신나는조합은 방글라데시의 그라민 은행 한국지부로 그라민 은행과 대출금 50,000달러를 계약하면서 시작되었고, 2000년부터 그라민뱅크 방식의 그룹 대출을 시작하여 빈곤층 자활자립을 위한 소액대출 활성화를 위해 노력하였다. 이후 고용노동부 사회적일자리 창출 사업을 위탁받았고, 2004년에는 보건복지부 자활공동체(자활기업) 창업자금 지원 사업 위탁기관으로 선정되었다.[442]

2008년에는 소액서민금융재단 복지사업자로 선정되어 대출사업을 진행하였고, 한국토지공사의 빈곤취약계층 집수리 사업, 보건복지부 희망키움뱅크 사업, 서울시 희망드림뱅크 사업 등 국가가 진행하는 소액대출 사업을 주도적으로 진행하였고, 2012년에는 고용노동부 부처형 예비사회적기

---

440) 한국사회투자, "한국사회투자 기관소개서", 2024.2, 5면.
441) 위의 기관소개서, 13면.
442) 신나는조합 홈페이지, [https://joyfulunion.or.kr/org/history]

업 전문지원기관으로 선정되어 사회적기업 활성화를 위한 사업을 운영하고 있다. 이처럼 소액대출 및 사회적기업 활성화 외에도 사회적금융생태계 조성을 위한 사회적금융 중개기관을 육성하고 사회적경제기업의 금융접근성 향상을 위한 '사회적금융활성화 지원사업'을 위탁 운영하기도 하였다. 지속가능한 기업운영 및 사회가치 창출 확산을 위해 다양한 정부와 민간의 자원을 확보하여 금융지원, 공공구매 판로지원, 전문컨설팅과 교육 등 사회적금융 활성화를 위한 전문기관으로 현재까지도 왕성하게 활동하고 있다.

다. 사단법인 함께만드는 세상, 사회연대은행

2002년 보건복지부 인가로 설립된 **사회연대은행**은 창업기획부터 경영기술 자문, 사회적 기업 지원, 대학생 학자금 지원 등 기부금 및 정부 사업을 재원으로 사업을 운영하고 있다. 2005년에는 보건복지부가 매 해 20억 원으로 총 170여개 자활공동체 지원사업을 **사회연대은행**과 함께 하였다. 2009년 '희망키움뱅크'로 본격적인 소액금융 사업을 시작하였는데, 제도권 금융에서 소외받던 이들에게 무담보·무보증 창업자금 대출과 성공적 창업을 위한 창업교육·경영지원 등 종합적인 혜택을 제공하고 자립을 지원하였다.443) 그러나 이후 **미소금융중앙재단**이 출범함에 따라 소액금융 사업이 미소금융재단으로 통합되어 보건복지부의 저소득층 지원 사업은 폐지되었다.444) 이에 따라 자체적으로 재원을 지원받아 금융지원, 성장지원, 교육·복지 관련 사업을 소상공인, 청년, 사회적경제 등에 경제활동을 지원하고 있다.

사회연대은행은 사회적 자본을 조성하여 사회취약계층의 자립을 지원하고 사회혁신기업가 및 사회적 가치 추구 기업들을 위한 다양한 사업에 투·융자하고 있다.445) 단순히 개인에 대한 금융이 아닌 기업들을 위한

---

443) 보건복지부 보도자료, "희망키움뱅크(마이크로크레딧) 사업 개시", 2009.3.10., 1-3면.
444) 보건복지부 보도자료, "희망키움뱅크 지원 3차 사업 개시", 2009.11.17., 2면.
445) 사회연대은행 홈페이지, [http://www.bss.or.kr/]

금융지원도 하고 있으며, 사회적경제조직의 육성 및 지속가능한 성장을 위한 사회적경제기금 지원을 하고 있다. 사회적경제조직의 제품과 서비스를 알리는 등 성장 지원을 위한 크라우드펀딩 모금도 지원하는 등 사회적경제 활성화를 위해 적극적으로 앞서고 있다.

개인들을 위한 금융지원으로는 자립의지는 있으나 저신용, 담보부족 등의 이유로 제도권 금융을 이용할 수 없는 사회적 취약계층에게 저리 자금 대출을 통해 경제활동 및 자립을 지원하는 마이크로크레딧, 일시적 운영비, 생계비, 의료비 등 긴급자금이 필요한 소상공인을 지원하는 긴급자금대출이 있으며, 그 외 청년들을 위한 주거자금대출 및 전환대출이 있다. 이 중 소상공인을 위한 '마이크로크레딧' 사업의 경우 자립의지는 있으나 저신용, 담보부족 등의 이유로 제도권 금융을 이용할 수 없는 사회적 취약계층에게 저리 자금 대출을 지원하고 있다.446) 저소득 금융소외계층 중 예비창업자와 개인사업자를 위해 경제활동 및 자립을 지원하는 소액대출로 2천만 원 내외로 연 2% 내외의 대출 금리를 제공하며 4년의 대출 기간 동안 원리금 균등분할상환을 요구한다.447)

그 외에도 **한부모여성 창업자금대출지원사업, 사회혁신 청년창업가 양성 사업, 자립준비청년 창업지원사업, 청년 신용회복지원 사업, 외식창업 지원사업, 시니어 사회공헌활동 지원사업, 소상공인 경영환경개선 지원사업** 등 적극적인 사회적 가치 활동으로 다양한 기업들과 협업하여 경제지원을 하고 있다.

라. 사회적협동조합의 소액대출

비영리법인 중에는 「협동조합기본법」 제94조(조합원에 대한 소액대출 및 상호부조)에 따라 **사회적협동조합**을 설립하여 조합원을 대상으로 소규모 소액대출을 진행할 수 있다.448) 국내에서는 사회적협동조합 형태로 소

---

446) 사회연대은행 홈페이지,
[http://www.bss.or.kr/load.asp?subPage=111&cate=work100&cate2=]
447) 위의 홈페이지.
448) 협동조합 기본법[시행 2021. 1. 5.] [법률 제17818호, 2021. 1. 5., 일부개정]
　　제94조(조합원에 대한 소액대출 및 상호부조) ① 사회적협동조합은 제93조제4항에서 준용하는 제45조제3항에도 불구하고 상호복리 증진을 위하여 주 사업 이외의 사업으로 정

액대출을 진행하여 자조적으로 연대하여 사회적 가치를 실현하는 소액대출기관들도 있다.

청년연대은행 토닥은 협동조합형태로 청년들의 협동을 통해 현실 문제를 해결하고 경제적 자립과 구체적인 꿈을 실현해가는 청년금융생활네트워크를 형성하고 있다.449) 조합원들이 매달 납부하는 출자금(최소 10,000원)을 모아 조성한 기금으로 기금사용이 필요한 조합원들에게 일대일 재무상담을 통해 자율이자를 받고 소액대출을 진행한다. **키다리은행**은 대학 내 자조금융으로 소액대출을 최대 30만원으로 시행하며, 조합비도 가입 시 1회만 내거나 매월 1천원으로 낮은 수준으로 운영한다.

대학가를 중심으로 2015년에서 2016년 사이 6곳까지 늘었으나 현재 활동 중인 곳은 1곳으로 구성원들이 취업을 준비하거나 졸업하면서 활력이 떨어지고 운영진 재생산에 어려움을 겪으면서 대부분 활동이 중단되었다. **희년은행**은 종교(교회)를 기준으로 시작되어 고금리부채로 고통 받는 청년들에게 재무 상담 및 교육과 무이자 전환대출을 지원하고 있다.450) 협동조합의 형태로 개인 형태의 기본조합원과 단체조합원으로 구성되어 있는데, 기본조합원은 저축금액에 따라 무이자대출이 가능하다. 그 외에도 **고금리, 중금리 전환대출 상품, 주거지원대출, 기본조합원 대출, 긴급생활비지원 대출, 목적대출이 운영 중에 있다.**

마. 대부업 형태의 사회적금융기관

현재 주식회사 형태의 **사회적 금융중개기관**들은 대부업을 등록하여 대출산업을 진행하고 있다. 대부업은 은행, 상호저축은행에 비해 등록제에 해당하여 자기자본 등이 낮고 등록이 엄격하지 않아 사회적 금융중개기관들이 대출사업을 운영하기 위해 대부업으로 등록하여 사업을 운영중에 있다.451)

관으로 정하는 바에 따라 조합원을 대상으로 납입 출자금 총액의 한도에서 소액대출과 상호부조를 할 수 있다. 다만, 소액대출은 납입 출자금 총액의 3분의 2를 초과할 수 없다. [개정 2014. 1. 21.]
② 제1항의 사업에 따른 소액대출 이자율, 대출한도, 상호부조의 범위, 상호부조금, 상호부조계약 및 상호부조회비 등 필요한 세부 사항은 대통령령으로 정한다.
449) 청년연대은행토닥 홈페이지, [http://www.todakbank.org/]
450) 희년은행 홈페이지, [https://jubileetogether.tistory.com/]
451) 정운영·이종익·이정민, 「제주지역 사회적은행 설립 방안 연구」, 현안연구 2023-03, 제주연구원, 2023.3, 10면.

대표적으로 ㈜한국사회혁신금융과 ㈜비플러스, ㈜희망만드는사람들 등이 있다. ㈜한국사회혁신금융은 사회적기업으로 인증받은 사회적금융기관으로 융자, 컨설팅 등을 진행하고 있는데, 주식회사 형태이다보니 대부업으로 등록하여 융자를 진행하고 있다. ㈜비플러스는 초기 여신 자회사 ㈜비플러스 소셜대부를 P2P연계 대부업으로 등록하여 사회적기업 등에 투·융자를 진행하였으나, 현재는 온라인투자연계금융업 자격요건을 갖춰 두 회사를 합병한 상황이다.

V. 개선방안

사회적 금융은 사회적 가치와 함께 재무적 수익을 함께 창출하여 자금의 지속가능한 선순환을 추구하는 금융활동이다. 사회적 금융은 사회문제를 예방 및 개선하기 위해 사회적 가치 있는 사업과 기업에 투자하고 사회적 수익과 재무적 수익을 동시에 창출하며 지속가능한 금융을 추구한다. 사회적 금융은 금융의 접근성보다 자금의 선순환 및 사회적·재무적 수익창출을 우선시한다는 점이 협의의 포용금융과 차이가 있으나 사회적 가치를 실현하는 면에서 공통점이 있다.

현재 사회적 금융을 지향하는 대안 금융기관들이 있지만, 이들은 주요 재원을 민간의 기부금에 의존하고 있고 수신이 불가하기 때문에 늘 재원 부족에 시달리며 장기적인 금융 사업을 계획하기가 어렵다. 또한 기부금이기 때문에 자금공급자, 중개자, 자금수혜자 모두 도덕적 해이가 발생할 가능성이 높다. 그러므로 더 이상 정부 정책에 의한 공급 확대가 아닌 금융 중개기관의 자생적인 자금 공급 환경을 유도할 수 있는 방안이 필요하다. 그러므로 사회적 금융, 포용금융은 금융시장 내에서 자금이 선순환될 수 있기 때문에 매우 중요하다.

[사회적 금융 활성화 방안]

가. 사회적 금융 인프라 구축 : 정부와 민간이 협력하여 사회적 금융 전

용 펀드나 은행을 설립하여 자금 지원을 체계화한다. 법적 및 제도적 기반 마련: 사회적 금융기관의 설립 및 운영을 지원하고, 안정적으로 자금을 조달할 수 있도록 법적, 제도적 기반이 마련되어야 한다.

나. 사회적 금융에 대한 인센티브 제공 : 사회적 금융에 투자하는 개인이나 기업에게 세금 감면 혜택을 부여하고, 사회적 금융 상품에 대한 이자 수익을 비과세하거나 낮은 세율을 적용토록 하여야 한다. 정부의 리스크 분담: 사회적 금융기관이 사회적 기업에 대출을 제공할 때, 정부가 일정 부분 이자를 보전해주거나, 대출에 대한 보증을 서는 방식으로 리스크를 분담해 주어야 한다.

다. 사회적 금융 교육 및 홍보 강화 : 사회적 금융의 개념, 중요성, 참여 방법 등을 알리는 교육 프로그램을 운영하고 홍보 활동 강화: 미디어를 통해 사회적 금융의 성공 사례를 소개하고, 사회적 금융에 대한 긍정적인 이미지를 확산시켜야 한다.

라. 사회적 기업의 성장 지원 : 사회적 기업이 안정적으로 운영되고 성장할 수 있도록 경영 컨설팅, 기술 지원, 마케팅 지원 등의 서비스를 제공한다. 초기 자금 지원: 사회적 기업의 초기 자금 조달을 돕기 위해 스타트업 펀드를 조성하고, 초기 자본을 마련할 수 있도록 지원한다.

마. 사회적 가치 측정 및 평가 체계 도입 : 사회적 금융의 효과를 평가하기 위해 사회적 가치 측정 및 평가 체계를 도입하고, 정량적인 평가 지표를 개발한다. 정기적인 평가 및 결과 공개: 사회적 금융의 사회적 가치를 객관적으로 평가하고, 그 결과를 바탕으로 정책을 개선한다.

사회연대은행
사단법인 | 함께만드는세상

신나는조합

제2장 포용금융의 거시경제적 연구

포용금융은 경제의 토양을 기름지게 하여
모든 사람이 성장할 수 있는 씨앗이 된다.

Ⅰ. 포용금융 성과에 대한 연구

제1장에서 포용금융에 대한 사회적 기대에 대해 언급한 바 있다. 이러한 포용금융의 기대가 평가의 요소가 될 것이다. 이러한 사회적 기대에 얼마나 부응했는지는 여러 가지 방법으로 측정 가능하다. 이에 대해서 국내외의 다양한 연구가 있다. 글로벌 관점에서, 국가별 관점에서, 목표 지향적 관점에서 실증적인 분석이 필요하다.

먼저 포용금융이 경제적 안정과 성장에 미치는 영향에 대한 연구 사례를 살펴보자. 여기서 도출된 결과는 실제로 실시한 연구의 결과도 있고, 일정한 가정하에 포용적 금융 연구 방법의 방향을 제시하기 위한 가상적 결과도 있다. 어느 데이터를 이용했는가에 따라 다를 수 있다. 후자의 결과치는 가상적인 수치를 보여 준 것으로 정확성을 담보하지 않으며 향후 구체적 연구용으로 활용하기 바란다.

1. 글로벌 관점에서 포용금융이 경제성장에 미치는 영향[452]

가. 연구 개요

PLOS ONE[453]에 게재된 카불대학교 Mohammad Naim Azmi 교수의 동 연구는 금융 포용이 세계 경제 성장에 미치는 영향을 소득 수준과 지역별로 분석했다. 글로벌 관점에서 포용금융이 경제 성장에 미치는 영향을 다룬 동 연구는 포용금융의 정의와 이를 통한 경제 성장 촉진 메커니즘을

---

452) "New insights into the impact of financial inclusion on economic growth : A global perspective"
453) Public Library of Science에서 발행하는 다학제적 오픈 액세스 학술지

- 368 -

체계적으로 분석하였다. 주요 거시경제 예측 변수와 다양한 소득 수준 및 지역별 관점을 고려하여 포용금융의 효과를 분석하였으며 포용금융성이 경제 성장과 소득 불평등에 미치는 영향을 심층적으로 분석하고, 다양한 국가의 사례를 통해 이를 비교했다.454)

나. 연구 결과

2002년부터 2020년까지의 데이터를 사용하여 종합 포용금융 지수(CFII)와 경제 성장 간의 관계를 공적분 테스트, GMM 추정, 패널 인과 관계 테스트를 통해 검토했다. 우선 장기적 관계에서 금융 포용, 경제 성장, 여러 경제 변수 간에 장기적 공적분 관계가 존재함을 확인했으며, 포용금융은 전체 패널뿐만 아니라 소득 수준별, 지역별 패널에서도 경제 성장을 촉진하는 중요한 변수임을 증명하였다. 또한 포용금융과 경제 성장 간에는 양방향 인과 관계가 있으며, 민간 부문 신용, 외국인 직접 투자, 인플레이션율, 법의 지배, 학교 등록 비율, 무역 개방성 등이 경제 성장에 영향을 미치는 일방향 인과 관계를 보였다고 주장하였다.

본 연구는 인플레이션율을 통제 변수로 포함하여 종합금융 포용지수(CFII)가 성장에 미치는 영향을 조사하였다. 높은 인플레이션이 저축률을 감소시키고 원하는 금융 서비스 사용을 억제하는 영향을 이해하는 것이 중요하기 때문이다.

포용금융이 발달한 국가에서는 경제적 안정성이 강화되고, 이는 지속 가능한 경제 성장의 기초가 되면 특히 개발도상국에서는 포용금융이 경제 성장의 중요한 촉매제로 작용하며, 빈곤 감소와 소득 분배 개선에 기여한다고 하였다. 결론적으로, 금융 포용은 전 세계적으로 경제 성장을 촉진하는 효과적인 도구이며, 정책 입안자들이 이를 고려하여 금융 포용을 증진시키는 정책을 수립하는 것이 중요하다고 주장한다.

---

454) https://journals.plos.org/plosone/article?id=10.1371/journal.pone.0277730

※ 주요 데이터 및 변수 : 2004년부터 2021년까지 전 세계 218개국의 연간 관측치를 포함하며, 신뢰할 수 있는 출처에서 수집되었다. 데이터는 세계은행 분류 보고서에 의해 소득 수준 및 지역 수준 경제를 반영하는 여러 패널로 구성된다.

변수명	설명
국내총생산 성장률	연간 백분율로 표현되며 종속 변수로 사용
종합 포용금융지수	은행 침투, 금융 서비스의 가용성, 금융 서비스 사용
학교 등록 비율	중등 교육에 등록된 학생 수의 총 비율
연령 의존비율	15-65세의 노동 인구 비율
민간 부문 신용	GDP의 백분율
법의 지배	0은 법의 지배가 없음을, 100은 완전한 법의 지배
인플레이션율	인플레이션율로 연간 백분율
무역 개방성	GDP 대비 상품 및 서비스의 총 수입 비율과 총 수출 비율의 합계
지니 계수	소득 평등이 완벽한 경우 0, 소득 불평등이 완벽한 경우 100
인구 성장률	인구 성장의 연간 백분율

2. 서브 사하라 아프리카(SSA)에서의 포용금융, 금융 안정성 및 경제 성장 간의 인과관계[455]

가. 연구 개요

서브 사하라 아프리카 국가들에서 포용금융, 금융 안정성 및 경제 성장 간의 인과 관계를 분석한 연구는 ARDL 코인테그레이션 테스트와 그랜저 인과성 테스트를 통해 단기 및 장기 관계를 조사했다. 이 연구는 포용금융이 경제 성장과 금융 안정성에 미치는 상호 작용을 분석한 것이다.

나. 주요 결과

---

455) https://www.mdpi.com/2071-1050/15/2/1152, 저자는 Meshesha Demie Jima는 남 아프리카 대학(University of South Africa) 금융 및 리스크 관리 부서의 연구원이다. Patricia Lindelwa Makoni는 동일한 대학의 금융 및 리스크 관리 부서에서 활동하고 있으며, 두 사람은 공동 연구를 통해 사하라 이남 아프리카 지역의 금융 포용성에 관한 중요한 연구들을 발표해 왔다

포용금융은 경제 성장과 금융 안정성에 모두 긍정적인 영향을 미치며, 단기 및 장기적인 상호 인과 관계가 존재하며 포용금융의 확산은 금융 시스템의 안정성을 강화하고, 이는 경제 성장의 중요한 요인이 된다. 따라서 정책 입안자들은 포용금융을 촉진하여 경제 성장과 금융 안정성을 달성하기 위한 정책과 전략을 개발해야 한다.

연구 결과는 포용금융이 경제적 기회를 확대하고, 소외된 계층이 금융 서비스에 접근할 수 있도록 함으로써 사회적 불평등을 줄이는 데 기여함을 시사한다.

※ 변수 : 개별 지표를 금융 포용성의 대리 변수로 사용함으로써 발생할 수 있는 한계를 극복하고 다중공선성 가능성을 피하기 위해, 이 연구에서는 복합 지수를 개발하고 적용했다.

1) **접근성(accessibility)** : ①성인 1000명당 상업 은행 계좌 수

2) **가용성(availability)** : ②1000km² 당 ATM 수, ③1000km² 당 상업 은행 지점 수, ④성인 100,000명당 ATM 수, ⑤성인 100,000명당 상업 은행 지점의 인구 분포

3) **사용성(usage)** : ⑥GDP 대비 민간 국내 신용 비율)의 세 가지 차원에서 6개의 지표를 선택했다.

4) **경제 성장 지표** : GDP 성장률, 1인당 GDP, 실질 1인당 GDP 등이 사용되며, 본 연구에서는 1인당 GDP(GDPPc)를 경제 성장의 대리 변수로 사용했다.

3. G20 국가들의 포용금융이 경제 성장, 빈곤 감소, 지속 가능성 및 금융 효율성에 미치는 영향[456)]

가. 연구 개요

---

456) https://www.mdpi.com/2071-1050/14/19/12688

파키스탄의 IBMS대학교 Nasir Khan외 4인[457])은 G20 국가들을 대상으로 포용금융이 경제 성장, 빈곤 감소, 지속 가능성 및 금융 효율성에 미치는 영향을 분석했다. 2004년부터 2017년까지의 연간 데이터를 사용하여 포용금융 지수, 금융 지속 가능성, 금융 효율성 등을 분석하였다.

나. 주요 결과

분석 결과 단기적으로는 포용금융이 빈곤 감소와 경제 성장에 큰 영향을 미치지 않지만, 장기적으로는 유의미한 긍정적 영향을 미친다. 포용금융은 금융 안정성과 금융 효율성을 높이는 데 중요한 역할을 한다. 포용금융의 확대는 경제 성장과 지속 가능성을 촉진하고 빈곤을 감소시키는 데 기여한다. 본 연구는 포용금융이 금융 서비스의 접근성을 높이고, 이를 통해 전체 경제의 안정성과 효율성을 증대시킬 수 있음을 보여준다.

본 연구는 다음과 같은 정책적 시사점을 제시한다. 첫째, 본 연구는 G7 국가 정부가 금융 안정을 위해 포용금융을 위한 평등한 기회를 촉진해야 함을 시사한다. 모든 시민에게 동등하게 대출을 받을 수 있는 기회가 주어진다면 재정 안정이 이루어질 것이다. 둘째, 정부가 일반 대중이 이용할 수 있는 보험상품에 대한 정보를 확대해야 국가가 경제 성장할 수 있다. 셋째, 이 연구는 정부 당국이 금융 효율성의 훼손을 피하기 위해 대출에 더 높은 이자율을 부과해야 한다고 제안한다. 넷째, 이 연구는 G7 국가들이 인류 개발을 위한 형평성에 관한 재생에너지 프로젝트를 시작해야 한다고 제안한다. 마지막으로, 이 연구는 또한 정부 당국이 금융 안정성과 경제 성장을 촉진하기 위해 은행에 대한 정책을 설계해야 한다고 제안한다. 궁극적으로 경제 성장을 촉진하고 빈곤을 줄이며 금융 안정성과 재무 효율성을 개선하여 지속 가능한 발전을 달성할 수 있는 금융 서비스에 대한 리드에 액세스하는 데 필수적이다고 주장한다.

---

457) Effects of Financial Inclusion on Economic Growth, Poverty, Sustainability, and Financial Efficiency: Evidence from the G20 Countries Nasir Khan : IBMS, The University of Agriculture Peshawar, Pakistan
   Mahwish Zafar : Superior University Lahore, Pakistan
   Abiodun Funso Okunlola : University of South Africa, South Africa
   Zeman Zoltan : Hungarian National Bank
   Magda Robert : University of South Africa, South Africa

통계적 데이터

국가	포용금융 지수	GDP 성장률(%)	빈곤율 변화(%)	소득 불평등 지수
미국	85	2.3	-1.2	40
인도	70	7.5	-5.0	35
케냐	55	5.6	-4.5	45
브라질	65	1.1	-0.3	52
남아프리카	60	0.8	-0.1	58
한국	75	3.2	-1.0	29
평균	68.33	3.42	-2.02	43.17

Ⅱ. 포용금융 효과에 대한 시나리오

1. 포용금융의 지역별 차이와 경제적 영향

포용금융이 지역별로 어떻게 다르게 영향을 미치는지 분석한 연구이다. 이 연구는 포용금융성 지수가 높은 지역과 낮은 지역 간의 경제적 성과를 비교하고, 이를 통해 포용금융이 경제 성장과 안정성에 미치는 구체적인 영향을 평가한다.[458] 포용금융성이 높은 지역에서는 경제 성장률과 빈곤율 감소가 두드러지게 나타났다. 포용금융성이 낮은 지역에서는 경제적 불평등이 심화되고, 경제 성장이 더디게 진행되었다. 지역별로 포용금융성의 격차를 줄이기 위한 정책적 노력이 필요하다는 결론에 이른다.

통계적 데이터(가상)

지역	포용금융 지수	GDP 성장률(%)	빈곤율 변화(%)	소득불평등 지수
고포용금융지역	80	4.5	-3.0	35
저포용금융지역	50	1.5	-0.5	55

458) https://journals.plos.org/plosone/article?id=10.1371/journal.pone.0277730
Sarma Mandira, Jesim Pais, Financial Inclusion and Economic Growth: Evidence from Developing Countries, Journal of International Development, 2011
Neaime Simon, Gaysset Isabelle, "Financial Inclusion and Income Inequality: Evidence from BRICS Countries", International Journal of Development Issues, 2018
  - 연구 내용: 이 연구는 BRICS 국가들(브라질, 러시아, 인도, 중국, 남아프리카공화국)을 대상으로 금융 포용성과 소득 불평등 간의 관계를 분석. 연구 결과, 고포용금융지역에서는 소득 불평등지수가 낮아지고, 전반적인 경제 성장이 더 빠르게 이루어짐. 반면, 저금융포용지역에서는 소득 불평등이 심화되는 경향이 관찰

2. 포용금융의 디지털화와 경제적 영향

디지털 포용금융이 경제에 미치는 영향을 분석한 연구이다. 이 연구는 디지털 금융 서비스가 경제적 포용성을 어떻게 향상시키는지, 그리고 이를 통해 경제 성장과 금융 안정성을 어떻게 촉진하는지 평가했다.[459][460] 디지털 포용금융은 전통적 금융 서비스보다 더 넓은 범위의 인구에 금융 서비스를 제공할 수 있다. 디지털 금융 서비스의 확산은 경제적 기회를 확대하고 소득 불평등을 줄이는 데 기여한다. 디지털 금융 기술은 비용을 절감하고 금융 서비스의 효율성을 높이는 데 중요한 역할을 한다.

통계적 데이터(가상)[461]

국가	포용금융 지수	GDP 성장률(%)	빈곤율 변화(%)	소득불평등 지수
미국	90	2.5	-1.5	38
인도	75	7.8	-5.5	32
케냐	65	6.0	-4.8	42
브라질	70	1.3	-0.4	50
남아프리카	65	1.0	-0.2	55
한국	85	3.5	-1.2	27
평균	75	3.77	-2.93	40.67

3. 포용금융의 장기적 경제적 효과

포용금융이 장기적으로 경제에 미치는 효과를 분석한 연구이다. 이 연

---

459) https://www.mdpi.com/2071-1050/15/2/1152
460) https://www.mdpi.com/2071-1050/14/19/12688
461) 위 통계는 다양한 국제 금융 및 경제 기구 발표자료를 기초하여 AI가 가상적으로 산출한 데이터이다.
1. 세계은행 (World Bank) : 세계은행은 포용금융 지수와 관련된 데이터를 제공하며, GDP 성장률, 빈곤율 변화, 소득 불평등 지수에 대한 다양한 보고서를 발행한다.
2. 국제통화기금 (IMF, International Monetary Fund) : IMF는 GDP 성장률 및 경제 지표에 대한 데이터베이스를 운영하며, 각국의 경제 성과를 분석한다.
3. OECD (Organization for Economic Co-operation and Development) : OECD는 소득 불평등 지수와 관련된 데이터를 포함하여 다양한 경제 및 사회적 지표를 분석한다.
4. 국제연합 (United Nations) : UN은 빈곤율 변화와 관련된 다양한 사회적 지표를 추적하고 보고서를 발행한다.

구는 포용금융이 지속 가능한 경제 성장과 경제적 안정성을 어떻게 보장하는지, 그리고 이를 통해 사회적 포용성을 높이는 방법을 평가했다.462) 장기적으로 포용금융은 경제 성장률을 높이고 빈곤율을 감소시키는 데 기여한다. 포용금융은 경제적 충격에 대한 회복력을 높이고, 금융 시스템의 안정성을 강화한다. 포용금융정책은 지속 가능한 경제 성장을 위한 필수 요소로 작용한다.

통계적 데이터(가상)463)

국가	포용금융 지수	장기 GDP성장률(%)	빈곤율 변화(%)	소득 불평등지수
미국	85	2.5	-1.5	38
인도	70	7.8	-5.5	32
케냐	55	6.0	-4.8	42
브라질	65	1.3	-0.4	50
남아프리카	60	1.0	-0.2	55
한국	75	3.5	-1.2	27
평균	68.33	3.77	-2.93	40.67

이와 같은 연구들은 포용금융이 경제적 안정과 성장을 촉진하는 데 중요한 역할을 한다는 것을 입증하고 있으며, 이를 통해 사회 전반의 포용성을 강화하고 지속 가능한 발전을 도모할 수 있다는 점을 강조하고 있다. 포용금융은 경제적 불평등을 줄이고, 더 많은 사람들이 경제 활동에 참여할 수 있도록 하여 전반적인 경제 성장을 촉진하는 데 중요한 요소로 작용하고 있다.

---

462) https://www.mdpi.com/2071-1050/14/19/12688
463) 위 통계는 다양한 국제 금융 및 경제 기구 발표자료를 기초하여 AI가 가상적으로 산출한 데이터이다.
1. 세계은행 (World Bank) : 세계은행은 포용금융 지수와 관련된 데이터를 제공하며, GDP 성장률, 빈곤율 변화, 소득 불평등 지수에 대한 다양한 보고서를 발행한다.
2. 국제통화기금 (IMF, International Monetary Fund) : IMF는 GDP 성장률 및 경제 지표에 대한 데이터베이스를 운영하며, 각국의 경제 성과를 분석한다.
3. OECD (Organization for Economic Co-operation and Development) : OECD는 소득 불평등 지수와 관련된 데이터를 포함하여 다양한 경제 및 사회적 지표를 분석한다.
4. 국제연합 (United Nations) : UN은 빈곤율 변화와 관련된 다양한 사회적 지표를 추적하고 보고서를 발행한다.

4. 포용금융과 금융 안정성

포용금융이 금융 안정성에 미치는 영향을 분석한 연구이다. 이 연구는 포용금융이 금융 시스템의 안정성을 어떻게 강화하는지, 그리고 이를 통해 경제 전반의 안정성을 높이는 방법을 평가했다.[464] 포용금융은 금융 시스템의 포용성을 높여 금융 위기 발생 시 회복력을 강화한다. 금융 서비스에 대한 접근성이 높아지면 금융 시스템의 리스크가 분산되어 안정성이 강화된다. 포용금융은 금융 안정성을 강화함으로써 경제적 충격에 대한 회복력을 높이는 데 기여한다. 결론적으로 포용금융 지수와 금융 안정성 지수 간의 상관 관계 분석 결과, 포용금융 지수가 높을수록 금융 안정성 지수가 높아지는 경향이 나타났다.

통계적 데이터(가상)[465]

국가	포용금융 지수	금융 안정성 지수
미국	85	80
인도	70	65
케냐	55	50
브라질	65	55
남아프리카	60	45
한국	75	70
평균	68.33	60.83

5. 가상의 조사를 통해서 얻은 시사점

이들 국가의 사례를 통해 우리는 금융 포용성을 증진시키기 위한 몇 가지 중요

---

464) https://www.mdpi.com/2071-1050/15/2/1152
465) 위 통계는 다양한 국제 금융 및 경제 기구 발표자료를 기초하여 AI가 가상적으로 산출한 데이터이다.
1. 세계은행 (World Bank) : 세계은행은 포용금융 지수와 관련된 데이터를 제공하며, GDP 성장률, 빈곤율 변화, 소득 불평등 지수에 대한 다양한 보고서를 발행한다.
2. 국제통화기금 (IMF, International Monetary Fund) : IMF는 GDP 성장률 및 경제 지표에 대한 데이터베이스를 운영하며, 각국의 경제 성과를 분석한다.
3. OECD (Organization for Economic Co-operation and Development) : OECD는 소득 불평등 지수와 관련된 데이터를 포함하여 다양한 경제 및 사회적 지표를 분석한다.
4. 국제연합 (United Nations) : UN은 빈곤율 변화와 관련된 다양한 사회적 지표를 추적하고 보고서를 발행한다.

한 전략을 도출할 수 있다. 첫째, 법적 및 규제적 기반을 강화하여 금융기관이 사회적 책임을 다하도록 유도하는 것이 중요하다. 둘째, 정부와 민간 부문이 협력하여 다양한 금융 상품과 서비스를 제공함으로써 금융 서비스의 접근성을 높여야 한다. 셋째, 지역 사회 기반의 금융기관을 육성하여 지역 사회의 특성과 필요에 맞춘 금융 서비스를 제공하는 것이 필요하다.

결론적으로, 포용금융성은 경제적 기회를 확대하고 사회적 안전망을 강화하는 데 중요한 역할을 한다. 주요국의 포용금융 제도와 모범 사례를 통해 얻은 교훈을 바탕으로, 우리는 금융 포용성을 높이는 데 효과적인 정책과 전략을 개발하고 실행함으로써, 더 많은 사람들이 금융 서비스를 이용할 수 있도록 해야 한다. 이를 통해 경제적 성장과 사회적 안정성을 동시에 달성할 수 있을 것이다. 포용금융성의 증진은 단순히 경제적 이익을 넘어서, 사회적 공정성과 평등을 실현하는 데 있어서도 중요한 의미를 지닌다.

6. 한국의 포용금융 연구 사례[466]

한국의 포용금융 연구는 주로 디지털 금융 기술을 활용하여 금융 서비스의 접근성을 높이고 경제적 포용성을 강화하는 데 중점을 두고 있다. 이러한 연구들은 포용금융이 소상공인 및 저소득층의 경제적 자립을 돕고 사회적 불평등을 줄이는 데 중요한 역할을 한다고 강조한다.[467] [468]. 포용금융은 소상공인과 자영업자들이 안정적인 자금을 확보하여 경제 활동을

---

466) 이지은, 박성균, "포용금융과 경제성장 : 한국의 경험과 시사점",금융경제연구, 2019년, 제36권 제4호, pp. 211-235

김영민, "포용금융의 경제적 효과와 정책적 시사점 : 한국의 사례",사회경제평론, 2020년, 제32권 제2호, pp. 145-167

최정호, 박지영, "포용금융과 금융 안정성 : 한국의 정책적 접근",한국금융학회 학술지, 2018년, 제45권 제3호, pp. 102-128

송민수, "포용금융과 지속 가능한 경제성장 : 정책적 시사점", 경제발전연구, 2017년, 제23권 제1호, pp. 77-104

이정우, 김수연, "한국의 포용금융 정책 평가와 향후 과제", 공공정책연구, 2021년, 제31권 제2호, pp. 45-72

467) https://www.newspim.com/news/view/20191120000274

468) https://www.nbnnews.co.kr/news/articleView.html?idxno=343255

지속할 수 있도록 돕는다. 디지털 포용금융은 농촌 지역과 저소득층의 경제적 기회를 확대하고 소득 격차를 줄이는 데 기여한다. 금융 감독 기관은 포용금융의 확산을 통해 금융 안정성을 높이고, 이를 통해 전체 경제의 지속 가능한 성장을 도모할 수 있다. 포용금융정책은 경제적 약자들이 금융 서비스를 통해 경제 활동에 참여할 수 있도록 하는 다양한 방안을 제안하고 있으며, 이를 통해 사회 전반의 경제적 안정성을 높이고 있다.

이와 같은 연구들은 포용금융이 경제적 안정과 성장을 촉진하는 데 중요한 역할을 한다는 것을 입증하고 있으며, 이를 통해 사회 전반의 포용성을 강화하고 지속 가능한 발전을 도모할 수 있다는 점을 강조하고 있다. 포용금융은 경제적 불평등을 줄이고, 더 많은 사람들이 경제 활동에 참여할 수 있도록 하여 전반적인 경제 성장을 촉진하는 데 중요한 요소로 작용하고 있다

Ⅲ. 포용금융 연구의 활성화 방안

서민금융은 경제적 약자를 지원하고 포용적 성장을 촉진하는 중요한 수단이다. 그러나 서민금융이 경제 전반에 미치는 영향을 체계적으로 연구하고 평가하는 작업은 충분하지 않다. 서민금융의 지속가능 경제에 대한 영향을 연구함으로써 서민금융정책의 효과를 극대화하고, 장기적인 경제 성장을 도모할 수 있는 방안을 마련할 필요가 있다. 이의 개선방안으로

가. 서민금융의 경제적 영향 연구 : 서민금융이 경제에 미치는 영향을 체계적으로 연구하여 직접적 및 간접적 효과를 분석한다. 예를 들어, 서민금융 대출이 소상공인 창업과 고용 창출에 미치는 영향을 분석하고, 서민금융이 가계 재정 안정성에 미치는 효과를 평가한다.

나. 장기적 경제 성장과의 연관성 연구 : 서민금융이 장기적인 경제 성장과 어떻게 연관되는지 연구한다. 이를 통해 서민금융이 경제 성장률, 소득 분배, 빈곤 감소 등에 미치는 영향을 분석하고, 중소기업의 성장과

혁신에 미치는 영향을 도출한다.

다. 사회적 경제와의 연계 연구 : 서민금융이 사회적 경제에 미치는 영향을 연구하여 사회적 기업, 협동조합, 비영리 단체 등 사회적 경제 주체들과의 상호작용을 분석한다. 이를 통해 사회적 가치 창출을 도모한다.

라. 정책 효과성 평가 : 서민금융정책의 효과성을 평가하고, 이를 기반으로 정책을 개선한다. 다양한 연구 방법론을 활용하여 서민금융의 성과를 정량적으로 분석한다. 서민금융정책이 서민들의 경제적 안정을 이루고 있는지 평가하고, 필요한 경우 정책을 수정 및 보완한다.

마. 국제 사례 비교 연구 : 국제 비교: 해외의 서민금융 사례를 연구하고, 이를 한국과 비교하여 정책적 시사점을 도출한다. 글로벌 모범 사례를 벤치마킹하여 한국의 서민금융정책에 적용할 수 있는 방안을 모색한다. 예를 들어, 미국의 마이크로파이낸스 모델이나 유럽의 사회적 금융 사례를 연구하여 한국의 정책 개선에 반영한다.

바. 서민금융의 지속 가능성 연구 : 서민금융의 지속 가능성을 연구하여 장기적인 운영 방안을 마련한다. 서민금융기관의 재정 건전성, 운영 효율성, 리스크 관리 등을 분석하여 지속 가능한 운영 모델을 개발한다.

사. 포괄적 연구 접근법 적용 : 경제학, 사회학, 경영학 등 다양한 학문적 접근을 통해 서민금융의 영향을 종합적으로 연구한다. 이를 통해 서민금융의 다면적인 영향을 분석하고, 종합적인 정책 방안을 마련한다. 예를 들어, 서민금융이 사회적 이동성, 교육 기회, 건강 상태 등에 미치는 영향을 분석한다.

아. 서민금융 이용자의 경험 연구 : 서민금융 이용자의 경험을 연구하여 서민금융이 실제로 어떤 영향을 미치는지 파악한다. 서민금융 이용자들을 대상으로 설문조사, 인터뷰 등을 실시하여 정성적 데이터를 수집한다. 예를 들어, 서민금융 대출이 가계 재정 관리에 어떤 변화를 가져왔는지, 사업 운영에 어떤 영향을 미쳤는지 등을 분석한다.

자. 서민금융과 디지털 금융의 융합 연구 : 디지털 금융 기술이 서민금융에 미치는 영향을 연구한다. 핀테크, 블록체인, 인공지능 등 첨단 기술

이 서민금융의 접근성과 효율성을 어떻게 개선할 수 있는지 분석한다. 예를 들어, 디지털 대출 플랫폼이 서민금융 대출의 접근성을 어떻게 높이는지, 블록체인이 서민금융의 투명성을 어떻게 강화하는지 연구한다.

자. 정책 제언 및 실행 : 연구 결과를 바탕으로 서민금융정책에 대한 구체적인 제언을 마련하고, 이를 실행에 옮깁니다. 연구 결과를 정부, 금융기관, 사회적 기업 등과 공유하여 정책적 실행력을 높인다. 예를 들어, 연구 결과를 토대로 서민금융 대출 한도 상향, 대출 조건 완화, 신규 서민금융 상품 개발 등의 정책을 제안한다.

제3장 따뜻한 금융, 착한 금융, 기부문화 확산

포용금융은 따뜻한 담요같이
차가운 시장에서 모두를 보듬는다.

Ⅰ. "더불어사는 사람들" 설립

"묻지도 따지지도 않고 보험을 가입해 준다"는 광고를 가끔 접하게 된다. 과연 **손해보는 금융, 밑지는 금융**이 가능할까? 전통적 은행에서는 쉽게 상상하기 어렵다. 보험사고가 나면 계약에 따라 보험료의 몇 배인 보험금을 줘야 하는데 보험사가 밑지는 장사를 할까? 실제 내막을 들여다보면 그렇지 않다는 것을 단번에 알 수 있다. 금융은 차갑고 이성적이며 합리적이다. 금융회사는 공적인 기관이지만 주식회사이고 이익을 쫓을 수밖에 없다. 포용금융의 한계이다. 제도권의 금융을 보완해 주는 사회적 포용 시스템이 있을수록 그 사회는 보다 안정적인 사회가 된다. 통상적인 금융의 관념을 깨고 무이자·무담보·무보증·비대면 대출이 이루어지는 곳이 있다.

착한대출, 따뜻한 금융을 표방하며 태동한 "더불어사는사람들"은 저

소득층에게 무이자로 최대 100만 원을 지원하는 착한 대출을 제공하는 기관이다. 창업 자금이 필요한 분들을 위한 저금리 창업 대출을 제공하며, 신용등급을 따지지 않고 대출을 지원한다.

"더불어사는사람들" 은 저소득층의 자립 지원을 목표로 2011년 8월에 창립되었다. 신협 동우, 키르키스스탄에서 마이크로뱅크를 운영하고 있는 졸다쉬뱅크 운영자 및 공인회계사, 세무사, 기타 관심을 가지고 있는 지인들 중심으로 출발하였다.

더불어사는사람들 창립총회(www.mfk.or.kr)   창립 발기인대회_ '12.4.13

Ⅱ. 착한 대출의 특징

1. 무이자·무담보·무보증대출

보건복지부와 지자체가 지원하는 지역 자활센터의 센터장으로부터 2012년 1월에 연락이 왔다. ○○시에서 택배업을 운영하는 한 자영업자의 어려운 상황을 전해주었다. 그는 현재 채무불이행 상태로 제도권 금융권에서 대출을 받을 수 없는 상황이었지만, 새로운 택배사업에 대한 열정은 매우 컸다. 택배사업을 위해 소형 트럭이 필요하다는 이야기를 듣고, 우리는 직접 현장을 방문해 자세한 이야기를 나누었다.

그의 열정과 계획을 들은 후, 우리는 그 자영업자에게 작지만 100만 원을 대출해 주기로 결정했다. 이로 인해 그는 희망을 얻고 소형 트럭을 구입할 수 있었다. 또한, 다른 관련 혜택도 제공해주었다. 이렇게 '착한대출'이 처음으로 실행되었다.

그 자영업자는 첫 번째 대출인 100만 원을 성실히 상환한 후, 후원자가 되었다. 이후 자금 사정으로 인해 2023년부터 대출 한도는 1인당 50만 원으로 줄었지만, 처음 소액 대출을 성실히 상환하면 대출 금액을 늘려주는 방식으로 제도가 발전해왔다.

2. 얼굴도 안 보는 비대면대출

2012년 6월, 동아일보와 SBS-TV 모닝와이드에서 이러한 사실이 보도되면서 전국적으로 큰 주목을 받았다. 이로 인해 대출 문의와 홈페이지 접속이 폭주하여 일시적으로 홈페이지가 다운되는 상황까지 발생했다. 이를 통해 많은 사람들이 어려운 이웃을 돕고자 하는 마음을 가지고 있다는 것을 실감할 수 있었다.

제도권 금융회사와 달리 특정 점포나 장소가 없기 때문에 자금이 필요한 분들을 직접 초대하거나, 우리가 원하는 지역으로 방문하는 것이 쉽지 않은 상황이었다. 요즘 비대면화가 진전되긴 했지만, 제도권 신용대출은 대면 절차를 거쳐 이루어져도 100% 상환되는 것은 아니다. 이에 반해 무이자 신용대출은 대면 없이 홈페이지 사연과 전화 통화를 통해 비대면으로 진행되었으며, 이는 우리나라 대출 역사에서 비대면 대출의 시작이자 원조라고 생각한다.

대출 문의는 더불어사는사람들(www.mfk.or.kr)의 착한대출 문의 게시판에 사연을 올리거나, 전화로 어려운 사정을 이야기하면 된다. 이후 나이, 가족 구성, 직업, 대출 용도, 금액, 상환 계획 등을 종합적으로 검토한 후, 전화 목소리만으로도 대출 여부를 결정한다. 2024년 8월 31일 현재 누적된 대출 문의글은 789,072건에 달하며, 최근 경기 상황이 좋지 않아 2023년 가을부터 대출 문의가 증가 추세를 보이고 있다. 특히 2024년 7월과 8월에는 각각 1만 건의 문의가 급증했다. (그림 참조)

　이러한 대출 형태는 신용사회를 만들어 가는 출발점이 되었다고 자부한다. 예전에 동네마다 편의점이 생기기 전에는 외상이라는 것이 있었다. 가게주인과 동네 분이 서로 알고 있었기 때문에 믿고 외상을 주고 갚곤했다. 편의점이 들어선 후에는 외상은 없고 현금이나 신용카드만 사용할 수 있다. 예전보다 신용사회가 더 멀어진 현실이다. 더불어사는사람들이 하는 비대면 무이자 대출은 신용사회를 만들어가는 환경을 조성한다고 생각된다. 기본적으로 30만원에서 최대300만원 까지 무이자로 대출해 주고 필요시 몇 만원도 대출을 한다.

　현재 이용자가 약 7,200여명으로 상환율은 90%가 넘는다. 신규대출에서 약 70~80%가 상환하면 신규대출에서 기존 대출로 이어져 이용자는 약 90%가 넘은 높은 상환율이며 신용사회를 만들어가고 있다는 징표이다. 신용조회도 없는 비대면대출이 지속가능한 것은 본인들이 힘들고 어려울 때 믿어주고 인정해 주는 고마운 무이자 착한대출의 성실한 상환이 신용사회를 만들어 가기 때문이다. 이용자가 10만명, 100만명으로 이어진다면 분명히 사회적 신용은 깊어지리라 생각된다.

3. 금융과 복지의 연계

　우리의 일상에서 돈은 생산, 분배, 소비의 매개 수단이다. 돈이 우리의 경제생활과 밀접한 관련성이 있으며, 금융생활과 일상 경제생활이 결코

접속 통계 관리

전체현황	2024-09-03 📅
Visitor 789,969 / Pageview : 12,160,037	Visitor : 260 / Pageview : 1,016

총 10174건

번호	제목	글쓴이
공지	당 게시판은 작성자 본인 이외의 글은 열람이 불가능 합니다. 대출문의사항에 글을 남긴다고 대출이 전부 되는것은 아닙니다. 기금부족으로 모든분의 대출을 다해드리못하여 죄송합니다	더불어
10174	안녕하세요...다시 또 오게 되었습니다 🔒	안○○대
10173	안녕하세요 대출문의드립니다.. 🔒	허○
10172	안녕하세요. 대출이 필요해서 연락드리게 되었습니다. 🔒	도○
10171	안녕하세요..	○iㄱ
10170	대출문의사항	○
10169	살고싶어요..ㅠㅠ도와주세요🙏🙏	○주
10168	아이셋 아빠입니다. 문의드립니다.	아빠입니다
10167	둘딸아빠입니다.	둘딸

시간대별   일별   **월별**   연도별

월	
1 월	6,919(12.04%)
2 월	5,806(10.10%)
3 월	5,846(10.17%)
4 월	4,940(8.60%)
5 월	6,386(11.11%)
6 월	5,365(9.34%)
7 월	10,549(18.36%)
8 월	10,754(18.71%)
9 월	897(1.56%)

분리될 수 없다. 금융 문제를 해결하려면 일상의 생활이 해결되어야 하며 일상의 문제가 해결되면 금융 문제가 자연히 해결된다. 따라서 두 분야는 밀접한 연관성을 지닌다. 금융과 일상에서의 어려운 문제의 연결고리를 끊으면 다른 부분으로의 어려움 전이가 끊어진다. 더불어사는사람들이 금융문제에 앞서 일상의 문제에 관심을 갖는 이유가 여기에 있다. 이에 더불어사는사람들은 일상의 문제에 부딪친 서민들의 문제도 적극적으로 연결의 힘을 활용하여 해결하고 있다. 이는 대출과 복지를 연결하는 이유에 대한 답변이다.

어려운 분일수록 건강이 좋지 않은 경우가 많다. 제때 치료를 받지 못해 병을 더 키우는 경우가 많다 치과, MRI, 가발, 안경, 에어컨, 생활용품, 입시교육, 법률, 재무상담 등 이용자 눈높이에 맞게 도와주려고 노력하고 있다. 우리가 아는 곳보다 모르는 곳이 훨씬 많다. 조금만 더 부지런하고 관심을 기울이면 연결의 힘으로 많은 분들을 도와줄 수 있다. 더불어사는 사람들은 인터넷 연결, 플랫폼 등을 통해 비대면으로 연결하는 것이 아니라, 직접 대면하여 수요자와 공급자를 연결하는 일을 금전대출과 함께 해결하려고 한다. 이것이 금융과 복지의 실천이라 할 수 있다. 이용자 요구에 다할 수는 없지만 하나씩 해결해 나가고 있다.

최근에는 서울 이웃린치과에서 치과치료를 도와주었으며 희망의 러브하우스에서 에어컨설치로 무더운 여름을 시원하게 지낼 수 있게 해 주었다. 이용자 상황에 맞게끔 도와 주려고 노력 하고 있다. 어느 40대 여성이 서민금융진흥원을 통해 대출 문의를 해와 대출을 해드렸으며, 건강 문제로 가발을 착용해야 하는데 생활이 어려워 스카프에 모자로 대신하고 있다는 이야기를 들어 한국서비스산업진흥원에 연결하여 가발을 지원받아 새로운 삶의 활력을 주었다. 양육비를 받지 못하는 한부모 가정에 어린아이가 시력 문제로 정기적으로 안경을 교체하야 했는데, 생활고로 안경을 맞출 엄두를 못내고 있을 때 지인을 통해서 안경을 맞춰 주었다. 또 대구. 구미. 충주에는 위기가정에 신협사회공헌재단을 통하여 병원비를 지원해 주었고, 공공임대주택에 관리비 미납으로 퇴거 위기에 처한 가정에게 보금자리를 지켜 주었다. 이외에도 많은 사례가 있지만 모두 소개하기가 어려워 몇 가지만 언급한다.

무이자 대출이용자에 욕구(소원)을 다 들어주면 좋겠지만, 하나씩 해결해 나가다 보면 더 많은 사람에게 혜택이 받을 수 있다. 금전적 기부나 복지혜택을 주신 모든 분께 이 글을 통해 감사 인사를 드린다. 아직도 세상에는 따뜻한 분들이 많다는 것을 실감하며, 정부의 지원과 많은 분들의 참여를 기대한다.

4. 업무메뉴얼은 사랑과 실천

더불어사는사람들의 활동에 대해 의아해 하는 분들이 많다. 어떤 기준으로 대출 여부를 결정해 주고 복지를 연결해 주는가에 대한 의문이다. 더불어사는사람들의 업무방법은 글자나 문자로된 매뉴얼이 아니라 마음과 진심의 매뉴얼이다. 그러한 마음가짐이 있다면 방법은 자연스럽게 생긴다. 연결의 힘이고 실천의 힘이다. 매뉴얼이 있다고 실천하는 것이 아니라, 사랑하는 마음을 가지고 있으면 실천으로 옮기게 된다. 아는 것보다 실천이 더 중요하다는 생각을 우리 회원들은 몸소 실행하고 있다.

5. 무이자대출 불가사의한 지속가능성

금융권과 차별한 운영으로 무이자 대출이 지속 가능한 것은 이용자 편에서 운영되고 있기 때문이다. 후원자의 기금을 저비용, 고효율로 운영하며 대출시 얼굴도 안보고 신용조사도 없이 홈페이지 내용과 전화로 무이자 대출을 한다. 흔히 말도 안되는 이야기라고 생각되지만 이러한 일들이 13년째 지속적으로 이어오고 있다. 아쉬운 점은 무이자대출 문의는 고금리, 고물가로 점점 더 어려워 지고 있다는 점이다. 우리 홈페이지 접속자 수를 보면 알 수 있다. 무이자대출은 신규대출과 기존대출 두 종류로 이루어지며, 신규에서 성실 상환을 하면 기존 대출로 이어지며 문자로 대출 신청서를 받고 대출이 진행된다.

신규대출에서 약 20~30%가 미상환, 연락 두절이 되고 있다. 어려움에 처하고 있지만 도덕적 해이도 있는 것도 사실이다. 월 1만이라도 상환할 수 있는데 아쉬움이 남는다. 제 생각에는 무이자대출 이용자를 금융전산망에 연결하고, 성실 상환시 신용 점수가 올라가고 미상환시 신용 점수가 하락하여 금융 전산망에 등록될 수 있다면 보다 더 많은 사람들이 혜택을 볼 수 있을 것이다.

[표 68] 더불어사는사람들 '12~'24.8 기간중 대출 실적

대출년도	명	대출금액	상환(회수)금액	대손금액 (대출5년경과)	잔액
2024년 8월	869	518,295,000	483,614,020		336,454,867
2023년	1,217	663,316,170	601,369,934		320,136,647
2022년	988	490,845,000	444,849,626		258,190,411
2021년	955	371,635,000	336,535,632		234,681,539
2020년	873	312,880,000	275,775,378		213,251,771
2019년	808	259,420,780	212,706,417		192,484,559
2018년	540	174,680,180	149,046,343	18,362,760	160,622,377
2017년	513	153,891,652	111,388,750	22,486,502	144,913,279
2016년	329	101,931,600	77,157,060	13,669,600	107,321,727
2015년	157	68,959,410	51,911,900	16,337,410	82,547,187
2014년	277	92,966,922	62,041,991	14,852,181	65,499,677
2013년	164	60,300,000	42,489,557	9,924,739	34,574,746
2012년	36	30,300,000	13,535,697	4,911,350	16,764,303
합계	7,726	3,299,421,714	2,862,422,305	100,544,542	336,454,867

(1인당 평균대출금 약42만원 최대 300만원까지, 상환기간 1년)   (단위:원)

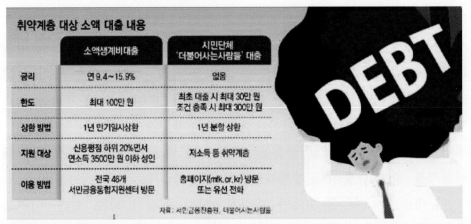

더불어사는사람들 무이자대출과 서민금융진흥원 저신용자 생계비대출 비교(동아일보 2023. 7. 3)

Ⅲ. 더불어사람들 미래

1. 후원자의 선한 영향력

2011년부터 후원자에게 감동과 보람과 긍지를 가질 수 있게 하여야 후원이 들어온다고 생각하고 있다. 신문과 방송을 통해 얼굴도 모르는 후원천사들이 나타나 무이자 대출을 받는 극저신용자들에게는 가뭄의 단비와 같은 도움을 주고 있다. 이들은 제도권 금융에 접근하지 못하는 어려운 상황에서 일시적인 위기를 탈출하고 생활에 생활에 유익한 도움을 받고 있다. 후원자의 소중한 마음과 정성, 손길이 무이자 대출기금의 원동력이며 선한 영향력의 핵심이다. 현재 어려움에 직면하고 있는 대한민국에는 더 높은 기부문화의 확산과 이를 장려하기 위한 정부의 지원과 투명성 확보가 절실히 필요하다.

2. 지속가능성에 대한 견해

2020년 경기도에서 극저신용자(당시 신용등급 700점이하)에게 5년 만기 연 1%에 50~300원까지 대출하는 사업을 시행한 바 있다. 3년간 1,372억원을 지원하다가 중단되었다. 이유는 운영 부실이었다. 처음 지자체에서 포용금융을 실시한다는 취지는 좋았으나, 5년 동안 이자만 내고 5년 뒤에 갚는다는 것은 현실적으로 서민금융시장 실태를 잘 이해하지 못한 결과라고 볼 수 있다. 지속 가능한 대출로 이어지기 위해서는 전략이 필요하다.

2023년 3월부터 서민금융진흥원은 불법사금융 피해지원을 위한 생계비 대출을 시행한 바 있다. 50만원, 100만원 두 가지 상품이 있으며, 대출이자 연 15.9%로 성실 상환하고 금융교육을 이수하면 최대 9.4%까지 금리를 낮춰주고 필요시 상환기간을 1년 연장할 수 있다. 실제 신용등급이 700점 이상이라고 하더라도 기초생활수급자, 차상위자, 한부모 가족일 수 있다. 그러나 이 제도는 이들이 신용등급이 700점이 넘는다는 이유만으로 소외될 가능성이 있다. 금리도 결코 낮다고 할 수 없다. 서민금융의 회수 구조에서 원금에 대한 차주의 노력을 간과해서는 안 된다. 만약 생계비 대출 1천억원을 12개월로 균등 상환하도록 제도를 운용하였다면, 회수된 금액을 재대출의 재원으로 활용될 수 있어 상품의 지속가능성을 높힐 수 있다.

	75%상환	50%상환	25%상환
매달상환예정금	62억	41억	20억
50만원이용자(명)	12,400	8,200	4,100

더불어사는사람들의 착한 대출이 무이자 대출이라도 차주와 지속적인 연락과 관심이 필요하다. 1년 후에 만기 일시상환을 기대하기는 서민금융의 현실상 어려움이 있다. 우리의 바램은 가난의 대물림이 없으며 무이자 대출이 필요 없는 세상이 오는 것이다. 유토피아 같은 생각이지만, 이를 위해 가정. 학교. 사회. 경제, 국가가 혼연일체가 되어 모두가 잘사는 나라가 되어야 한다고 생각한다.

더불어사는사람들의 전현직 임원으로 활동하신 이사는 전양수, 배순호, 소병기, 전도웅, 손영배, 이승열, 김근화, 장석기, 최학식, 이창호 이상오, 강영종, 안성용, 황 룡, 김영배, 임상묵, 감사는 노규환, 이호진, 안진환, 김상백, 요시모토 코지, 배원기, 이수용, 고문. 자문위원 등 관심을 가지고 계신 분들이 노고와 헌신에 감사드리며 소중한 마음을 모아 정성을 보내주신 후원자, 성실상환자분에게 감사인사를 보내드린다.

Ⅳ. 기부문화(차갑게 벌어도 뜨겁게 쓰는 사회)

현대 자본주의 사회에서 경제적 효율성은 필수적인 요소이다. 그러나 경제적 효율성만을 추구하다 보면 인간의 존엄성과 사회적 가치가 소외될 수 있다. 따라서 돈을 벌 때는 효율적으로, 차갑게 벌되, 쓸 때는 따뜻하게, 뜨겁게 쓰는 것이 중요하다. 이는 경제적 효율성과 인간적 가치를 조화롭게 실현하는 길이다. 차갑게 벌고 뜨겁게 쓰는 원칙은 돈이 수단일 뿐이며, 사람이 주인이 되는 세상을 만드는 데 중요한 역할을 한다. 이는 경제적 효율성과 인간적 가치를 조화롭게 실현하는 길이다. 이제 우리는 이 원칙을 통해 더 나은 세상을 꿈꾸며, 그 꿈을 현실로 만들어 가야 한다.

돈을 뜨겁게 쓴다는 것은 단순히 돈을 많이 쓰는 것이 아니라, 그 돈이 사람들에게 실질적인 도움과 행복을 줄 수 있도록 사용되어 지는 것을 의미한다. 이는 기부, 사회적 투자, 직원 복지 등 다양한 형태로 실현될 수 있다. 돈을 뜨겁게 쓴다는 것은 단순한 소비를 넘어, 사회적 가치를 창출하는 데 사용되는 것을 의미한다. 이는 기부, 사회적 투자, 직원 복지 등 다양한 형태로 실현될 수 있다. 세계적인 투자자 워런 버핏은 자신의 재산 대부분을 기부하기로 약속했다. 그의 행동으로 추론해 볼 때 "재산을 모으는 것은 차갑게 벌어야 하지만, 사용하는 것은 뜨겁게 해야 한다"고 생각한다.[469] 버핏의 이러한 철학은 그의 기부 활동을 통해 잘 드러나며, 수많은 사람들에게 영감을 주고 있다.[470]

[주요 기부지수(Philanthropy Index) 발표 기관]

기부와 자선 활동을 촉진하고, 다양한 나라와 지역의 기부 문화를 비교 분석함으로써 전 세계의 박애정신을 증진시키고자 한다. 대표적인 기관을 살펴 보면,

1. CAF (Charities Aid Foundation) : 매년 전 세계 기부 행태를 분석하여 세계 기부지수((World Giving Index)를 발표한다. 이 지수는 기 부금, 자원봉사, 이웃 돕기 등의 요소를 포함하여 각국의 기부 문화와 박애정신을 평가한다.

2. 블룸버그 (Bloomberg) : 다양한 글로벌 기부지수를 포함한 필란트로피 스코어카드(Bloomberg Philanthropy Scorecard)를 발표한다. 이는 기업과 개인의 자선 활동을 평가하여 다양한 필란트로피 지표를 제공한다.

3. UBS : 자산 관리 고객을 위한 기부지수와 자선 활동 보고서(UBS Philanthropy Services)를 발표한다. 이는 고액 자산가들의 기부 활동을 분석하여 자선 문화에 대한 통찰을 제공한다.

4. 포브스 (Forbes) : 매년 세계에서 가장 많은 기부를 한 억만장자들의 리스트와 함께 필란트로피 스코어(Forbes Philanthropy Score)를 발표한다. 이는 기부금액과 자선 활동의 영향을 평가한다.

5. Global Philanthropy Tracker : 이 네트워크는 전 세계 기부 동향을 추적하고 보고서를 발표한다. 기부와 자선 활동의 글로벌 트렌드를 분석하여 기부지수를 제공한다.

[세계 기부지수(World Giving Index)]

---

469) 앙드레 코스톨라니 "돈, 뜨겁게 벌어서 차갑게 관리하라"
470)https://www.azquotes.com/author/2136-Warren_Buffett
https://www.ruleoneinvesting.com/blog/how-to-invest/warren-buffett-quotes-on-investing-success/
https://wisdomquotes.com/warren-buffett-quotes/

2023년 Charities Aid Foundation (CAF)에서 발표한 세계 기부지수(World Giving Index)에 따르면, 한국의 기부지수 순위는 **전 세계에서 88위**를 차지했다.[471] 이 지수는 세 가지 주요 지표를 기준으로 측정된다. **첫째가 낯선 사람을 도왔는가? 둘째 자선단체에 돈을 기부했는가? 셋째가 자원봉사 활동에 참여했는가? 이다.**

이러한 기준을 통해 각국의 기부 행태와 사회적 연대 수준을 평가한다. 한국의 순위는 다양한 사회적, 경제적 요인으로 인해 기부 문화가 다른 나라에 비해 낮은 편이지만, 기부와 자선 활동을 장려하는 정책과 프로그램을 통해 개선될 수 있다. 기부문화 확산을 위한 교육, 기부금에 대한 세제 혜택, 공익 캠페인 등이 효과적인 방안이 될 수 있다.

Ⅴ. 기부문화 확산과 착한금융 장려책 마련

기부문화와 착한금융은 사회적 책임을 강조하고, 경제적 불평등을 해소하는 중요한 수단이다. 기부문화의 확산은 사회적 약자와 소외 계층을 지원하며, 착한금융은 윤리적이고 지속 가능한 금융을 지향한다. 그러나 현재 한국에서는 기부문화가 충분히 확산되지 않았고, 착한금융에 대한 인식과 실천이 미흡한 상황이다. 이를 개선하기 위해 다양한 정책적 노력이 필요하다. 기부문화와 착한금융이 활성화되면, 사회적 책임을 다하는 문화가 확산되고, 경제적 불평등을 해소하며, 포용적 경제 성장을 이루는 데 기여할 수 있을 것이다.

어떻게 하면 기부문화가 확산될 것인가? 어려운 일이지만 다음과 같은 방안을 생각해 보았다. 첫째 기부금에 대한 소득공제 비율을 높이고, 세금 감면 혜택을 확대하여 개인과 기업이 더 많은 기부를 할 수 있도록 유도하며 기부자의 부담을 줄여 기부문화 확산에 기여한다. 둘째 기부금의 사용 내역을 투명하게 공개하고, 기부금의 사용 내역을 정기적으로 보고하는 시스템을 구축한다. 또한 기부단체의 재정 투명성을 강화하고, 신뢰할 수 있는 기부 플랫폼을 운영하여 기부자가 안심하고 기부할 수 있도록 하여야 한다. 셋째 학교, 직장, 지역사회 등 다양한 곳에서 기부의 가치를

---

471) https://www.cafonline.org/about-us/research/caf-world-giving-index
https://www.cafonline.org/docs/default-source/about-us-research/caf_world_giving_index_2022_210922-final.pdf

교육하고, 기부 참여를 독려하며 미디어를 통해 기부의 긍정적인 사례를 소개하고, 기부문화 확산을 위한 홍보 활동을 강화하여야 한다. 넷째 온라인 플랫폼 구축과 모바일 앱을 통해 간편하게 기부할 수 있도록 하고, 다양한 기부 옵션을 제공하여 투명한 기부 내역을 확인하고, 기부금의 사용 현황을 투명하게 볼 수 있도록 하여야 한다. 기타 착한금융 상품 개발(SRI, ESG BOND)[472], 인센티브 제공, 사회적 기업 지원, 성과 평가, 국제 협력, 지역사회 중심의 확산 등의 종합적인 방안이 필요하다. 착한금융 인센티브 제공, 사회적 기업 및 공익 단체 지원하는 방법들이 있으며 무엇보다 지역사회 중심의 기부문화 확산이 중요하다.

치과 나들이

올 5월에 긴급생활비로 서민금융진흥원에서 소액생계비대출(대출이자 최대 15.9% 성실상환시 9.5%)을 받았다. 서금원 상담 직원의 소개로 "더불어사는 사람들"을 알게 되었고 더불어에 전화상담 후 비대면으로 추가로 무이자 소액대출을 받아 필요한 곳에 요긴하게 쓸 수 있어 좋았다. 더불어 대표님의 배려로 "서울 이웃린치과"에서 무료로 스케일링과 레진치료를 받을 수 있었다. (중략) 어렵고 소외된 사람들을 돕는 사단법인 "더불어사는 사람들"의 사회적 관심과 배려 무한한 발전을 빌겠다. 더불어사는사람들은 대출기금 조성이 부족하여 많은 분들에게 해드리지 못하여 안타까운 실정이다.

컴퓨터 고장으로 도움요청하자 즉시 도움을 주셔서 너무 감사드립니다.

작년에 컴퓨터가 필요했을 때 중고 컴퓨터를 보내주셔서 지금까지 잘 사용해왔다. 그런데 몇일 전에 갑자기 부팅이 안되서 고장상태가 되었는데, 컴퓨터 작업을 해야할 것이 있던 상황이고 여유자금이 많지 않아서 컴퓨터를 살 형편도 못되어서 급하게 도움을 요청하니 다음날 즉시 컴퓨터를 보내주시겠다고 하셔서 안심할 수 있었다. (중략)컴퓨터를 보내 주신 후에 잘 받았는지 확인까지 해주시고 저의 사정을 하나 하나 헤아려 주시는 말씀들에 더욱 감동까지 받게 되었다. 다시 한번 어려운 상황에 놓인 사람들을 위해 애쓰시는 더불어사는 사람들에 깊은 감사의 마음을 전한다. 감사한다.

---

472) 윤리적 금융 상품 개발: 사회적 책임투자 펀드, 환경·사회·지배구조 채권 등 윤리적이고 지속 가능한 금융 상품. 착한금융 상품의 장점을 홍보하여, 투자자들이 윤리적이고 사회적으로 책임 있는 투자를 할 수 있도록 유도

사단법인 더불어사는사람들

"함께 한 13년(2024), 함께 할 100년(2111)"

창립일: 2011.8.30 www.mfk.or.kr ☎02-3275-7080 서울특별시 마포구 대흥로28길8, 2층
사단법인승인: 2011. 12. 22.(서울시 허가제: 2011-112호)
법원등기: 2011.12.30. 법인등록번호 270121-0030112 사업자등록번호:105-82-71811
기부금 지정단체:(기획재정부공고 제2018-17호 재지정받음 2차 2018-2023년)
설립목적:취약·빈곤계층의 자립지원
비   전: 나눔, 신용, 협동사회를 만드는 금융복지 실천
사   업:"무이자 착한대출", 창업(운영)대출, 복지지원, 일자리 지원, 긴급지원,
         협동조합, 경영지원 및 눈높이상담 기타
경영철학:섬김과 헌신, 사랑과 봉사, 원칙과 투명, 열정과 긍정으로 지속가능 경영추구
구성원 : 후원자.이용자.봉사자.자문위원.고문.임원
업무매뉴얼:사랑과 실천 기금조성: 후원금, 상환금, 적립금, 위탁금
2024년 8월 31일 기준
지원내용:"세상엔 이런 착한대출도 있답니다" 내가 힘들고 어려울 때, 나를 믿어주고
         인정해 주는 고마운 무이자 착한대출" 최대300만원
         (무이자, 무보증, 무담보, 비대면+복지지원+전국대상)
향후 계획:금융복지확대 및 신용점수 반영추진
1)무이자 대출누적실적:7,726명 대출32.9억원, 상환금2.8억원, 대손상각 1억원, 잔액3.3억원
  상환율약90%,(수탁별도-온누리교회행복기금/한우리교회이웃살핌기금)
2)창업(운영)수탁대출실적별도: 81명 대출금33.2억원,상환금13.9억원 잔액19.2억원 상환율97%
복지지원:긴급지원비, 의료(치과,MRI,기타), 주거비, 생필품, 학자금, 난방비, 교육, 비타민,
         의류, 신발, 안경, 법률, PC, 각종 상담 및 정보제공, 자원 연계
언론보도: KBS-TV,MBC-TV,SBS-TV,CBS-TV,tvN,YTN-TV,연합뉴스-TV,한국정책방송-TV,
         동아일보, 경향신문, 한국일보, 국민일보, 오마이뉴스, 조선일보, 주간조선외 다수
기   타: 2018서민금융박람회 참가,영국경제학회 저널지 등재,국민신문고,서울특별시,
         금융감독원,서민금융연구원,서민금융진흥원,신용회복위원회,한국금융연구원,
         기획재정부·신협중앙회,한국경제학회 공식블로그 등재.기타등등
         -도움의 주고 계시는 기관(개인 후원자는 지면관계상표기 생략)-
CJ나눔재단,한국소비자금융협의회,청주새롬내과의원,서울이웃린치과,신협사회공헌재단,예천동서한의원,
서민금융연구원,아틀리에건설㈜,기름의작은손,Hyon mi delgado.희망의러브하우스.에코캐피탈,
매나테크코리아,(주)영일전업,(주)핸디소프트,(주)숨비,(주)구르미,(주)엘리트 프랜즈,(주)바탕색 이엔지,
(주)에이알컴즈,(주)크레파스솔루션,한국서비스산업진흥원,(주)봄봄유통,백운호수장수촌,(주)더블유포지션
(주)핸섬피쉬,신세계서울병원,비타민앨젤스(주),고산의료재단,화이버,성천건업,법률사무소심제,영진봉제,
㈜에스엠씨의료기,머릿돌교회,길벗교회,한우리교회,온누리교회외 다수
         원 : 세상   어깨동무 : 함께

7가지색 : 무지개는 희망   빛살무늬 : 어둠속에 광명

제5편

마무리

제1장 포용금융 성과평가와 성과지표

포용금융은 성과의 아틀라스를 펼치듯,
지도 위에 금융의 진로를 그리며 의지를 모은다.

Ⅰ. 포용금융 성과평가의 필요성

포용금융 평가는 금융 서비스가 사회의 모든 구성원에게 공정하고 차별 없이 제공되는지 확인하는 것이고, 정부와 금융기관이 시행하는 포용금융 정책의 효과를 측정하기 위함이다. 또한 부족한 부분을 식별하고 이를 개선하기 위한 전략을 수립할 수 있으며, 마지막으로 금융기관에 대한 신뢰도를 높이고 지속 가능한 금융 환경을 조성하는 데 있다.

평가기준으로 정량적, 정성적 평가지표가 동시에 필요하다. 정량적 평가지표는 수치화된 데이터를 제공함으로써 포용금융의 현황을 명확하게 이해하고 변화를 추적할 수 있게 한다. 또한, 이러한 지표는 시간에 따른 변화나 다른 국가, 기관과의 비교가 가능하게 하며, 금융서비스 이용률, 대출 승인율, 금융서비스 접근성 등 숫자로 표현 가능한 지표를 통해 쉽게 측정할 수 있다. 예를 들어, 금융 서비스 이용자 수, 대출 승인 건수, 소외계층의 금융 접근성 비율 등이 포함될 수 있다.

반면, 정성적 평가지표는 수치로 표현하기 어려운 금융 서비스 이용자의 경험, 만족도, 서비스 품질 등을 평가하여 심층적인 이해를 제공한다. 이는 특정 수치의 배경이나 이유를 이해하는 데 도움을 주며, 정량적 데이터의 해석을 보완한다. 또한, 서비스 제공자의 태도, 고객 응대, 금융 교육 프로그램의 효과 등 정성적인 측면에서의 개선 방향을 도출할 수 있다. 예를 들어, 고객 만족도 조사, 사용자 인터뷰, 사례이와 같이 포용금융 평가는 금융 서비스의 포괄성과 접근성을 향상시키기 위한 중요한 도구이며, 정량적 및 정성적 평가지표는 이를 구체적이고 실질적으로 측정하고 개선하는 데 필수적이다.

Ⅱ. 해외의 포용성 성과평가 체제

[World Bank 포용성 평가][473]

[**평가기준**] : 금융 접근성(Financial Access), 금융 서비스 이용(Use of Financial Services), 금융 웰빙(Financial Well-Being)이 근간을 이룬다.

1. 금융 접근성(Financial Access)

1.1 계좌보유(Account ownership)
- 은행 계좌 보유 비율: 정식 금융기관(은행, 신용협동조합, 우체국 등)에 계좌를 보유한 성인의 비율.
- 모바일 머니 계좌 보유 비율: 모바일 머니 서비스에 등록된 계좌를 보유한 성인의 비율.
- 계좌 보유 이유: 계좌를 개설한 주요 이유(저축, 대출, 급여 수령 등).

1.2 활성화 환경을 통한 계좌보유 증대 기회(Opportunities to increase account ownership through an enabling environment)
- 신분증 보유 비율: 계좌 개설을 위한 신분증 보유 성인의 비율.
- 인터넷 및 모바일 서비스 접근성: 인터넷 및 모바일 서비스 이용 비율.
- 금융 교육 프로그램 참여율: 금융 교육 프로그램에 참여한 성인의 비율.

2. 금융 서비스 이용(Use of Financial Services)

2.1 디지털 결제(Digital payments)
- 디지털 결제 사용 비율: 디지털 결제 수단(모바일 머니, 인터넷 뱅킹, 신용카드 등)을 이용한 성인의 비율.

---

473) https://datatopics.worldbank.org/g20fidata
https://documents.worldbank.org/en/publication/documents-reports/documentdetail/4036114931
34249446/financial-inclusion-and-inclusive-growth-a-review-of-recent-empirical-evidence

- 온라인 쇼핑 및 송금: 온라인 쇼핑을 위해 디지털 결제를 사용하거나, 국내외 송금을 위해 디지털 결제를 사용하는 비율.

2.2 저축(Savings)
- 정식 금융기관을 통한 저축 비율: 은행, 신용협동조합, 마이크로파이낸스 기관 등을 통해 저축하는 성인의 비율.
- 비공식 저축 비율: 가족, 친구, 비공식 저축 그룹 등을 통해 저축하는 비율.

2.3 차입(Borrowing)
- 정식 금융기관에서의 대출 비율: 은행, 신용협동조합, 마이크로파이낸스 기관 등에서 대출을 받은 성인의 비율.
- 비공식 대출 비율: 가족, 친구, 비공식 대출 제공자로부터 대출을 받은 비율.

2.4 금융생태계(The financial ecosystem)
- ATM 사용 비율: ATM을 사용하여 금융 거래를 수행한 성인의 비율.
- 은행 지점 이용 비율: 은행 지점을 방문하여 금융 거래를 수행한 성인의 비율.
- 핀테크 사용 비율: 핀테크 서비스를 이용한 성인의 비율.

2.5 계좌사용 확대기회(Opportunities for expanding the use of accounts)
- 급여 및 정부 혜택 수령: 급여 또는 정부 혜택을 계좌를 통해 수령하는 비율.
- 자동 이체 및 정기 결제: 자동 이체나 정기 결제를 계좌를 통해 수행하는 비율.

2.6 결제 디지털화를 통한 비은행권의 계좌보유 증대 기회(Opportunities for increasing account ownership for the unbanked through digitalizing payments)

- 디지털 결제를 통한 계좌 개설: 디지털 결제를 사용함으로써 비은행
  권이 계좌를 개설하는 비율.
- 모바일 결제 서비스 사용: 모바일 결제 서비스를 이용하는 비은행권 성
  인의 비율.

3. 금융 웰빙(Financial Well-Being)

3.1 재무적 회복력(Financial resilience)
- 비상시 자금 마련 능력: 예상치 못한 지출이나 비상 상황에서 자금을
  마련할 수 있는 비율.
- 비상 저축 계좌 보유 비율: 비상시에 사용할 수 있는 저축 계좌를 보
  유한 비율.

3.2 재무적 우려(Financial worrying)
- 금융 스트레스 경험: 최근 금융 스트레스를 경험한 비율.
- 경제적 불안감: 경제적 불안감과 관련된 주관적 지표.

3.3 금융시스템을 통해 금융을 잘 지원할 수 있는 기회(Opportunities to support financial well-being through the financial system)
- 금융 교육 및 상담 서비스 참여율: 금융 교육 프로그램에 참여한 비율.
- 금융 상담 서비스 이용: 금융 상담 서비스를 이용한 비율.
- 금융 상품의 다양성 접근: 다양한 금융 상품에 접근할 수 있는 비율.

[FINDEX(Global Financial Inclusion Database]

1. 특징 및 기능

FINDEX는 Global Financial Inclusion Database의 약자로, 세계은행
(World Bank)에서 주관하는 글로벌 금융 포용성 데이터베이스를 의미한
다. FINDEX는 전 세계 여러 국가의 금융 포용성 상태를 평가하고 모니터

링하기 위해 설계된 중요한 데이터 소스이다. FINDEX는 데이터를 통해 각국의 금융 포용성 수준을 비교하고, 금융 서비스에 대한 접근성을 확대하는 데 있어 주요 과제를 파악하는 데 도움을 준다. 이 데이터는 정책 결정자, 연구자, 금융 기관 등이 금융 포용성 개선을 위한 전략을 수립하는 데 널리 사용된다. FINDEX 데이터는 일반적으로 3년마다 업데이트되며, 글로벌 금융 환경의 변화와 관련된 통찰을 제공한다.

가. 데이터 수집 및 범위 : 글로벌 핀덱스는 3년 주기로 전 세계 약 140개국에서 약 15만 명 이상의 성인을 대상으로 설문조사를 통해 데이터를 수집한다. 데이터는 금융 계좌 보유, 예금 및 대출 활동, 디지털 결제 사용, 저축 및 보험 등 다양한 금융 활동을 포괄한다.

나. 금융 포괄성 : 금융 계좌 보유율, 계좌 유형(은행 계좌, 모바일 머니 계좌 등) 등을 통해 각국의 금융 접근성을 평가할 수 있다. 성별, 연령, 교육 수준 등 인구 통계학적 요인에 따른 금융 서비스 접근성의 차이를 분석할 수 있다.

다. 디지털 금융 : 디지털 결제 사용 여부, 모바일 금융 서비스 활용도, 인터넷 뱅킹 사용 현황 등을 통해 디지털 금융 기술의 확산을 평가할 수 있다. 전통적 금융 서비스와 디지털 금융 서비스 간의 관계를 분석할 수 있다.

라. 금융 행태 및 태도 : 사람들이 돈을 어떻게 저축하고, 어디에 투자하며, 어떤 방식으로 돈을 빌리거나 빌려주는지를 조사한다. 금융 교육 및 지식 수준에 대한 데이터를 제공하여, 금융 이해력(financial literacy) 향상을 위한 정책 수립에 기여할 수 있다.

마. 정책 수립 및 평가 : 각국의 정부, 비영리 단체, 금융기관 등이 금융 포괄성을 증진하기 위한 정책을 수립하고, 그 효과를 평가하는 데 유용한 정보를 제공한다. 빈곤 감소, 경제적 기회 확대, 성평등 증진 등의 목표 달성에 기여할 수 있다.

2. 활용 대상

정부에게는 금융 포괄성을 높이기 위한 정책을 설계하고, 금융 서비스 접근성을 확대하기 위한 인프라를 구축하는 데 활용하며 연구자에게는 금융 서비스 이용 패턴과 경제 발전 간의 상관관계를 연구하거나, 특정 인구 집단의 금융 행동을 분석하는 데 사용한다. 비영리 단체에게는 저소득층이나 금융 소외 계층을 대상으로 한 프로그램을 기획하고, 그 성과를 평가하는 데 참고할 수 있으며 금융기관에게는 새로운 금융 상품을 개발하고, 고객 기반을 확장하는 데 필요한 시장 정보를 얻는 데 활용할 수 있다.

3. 활용 방안

가. 금융 계좌 보유율 : 성인이 은행 계좌나 모바일 머니 계좌를 보유하고 있는 비율이며 특정 국가나 지역의 금융 서비스 접근성을 평가하고, 금융 포괄성 정책의 효과를 측정할 수 있다.

나. 디지털 결제 사용률 : 성인이 지난 12개월 동안 디지털 결제를 사용한 비율로서 디지털 금융 기술의 보급 정도와 디지털 경제로의 전환을 평가하는 데 사용된다.

다. 저축 활동 : 성인이 공식 금융기관을 통해 저축하는 비율이며 금융 이해력 향상 프로그램의 효과성을 평가하고, 저축 촉진 정책의 성과를 분석할 수 있다.

라. 대출 활동 ; 성인이 지난 12개월 동안 공식 금융기관을 통해 대출을 받은 비율이며 소액대출 프로그램이나 중소기업 지원 정책의 효과를 평가하는 데 유용한다.

마. 보험 가입률 : 성인이 생명보험, 건강보험, 재산보험 등의 보험 상품을 보유하고 있는 비율로서 .사회 안전망 강화 정책의 효과를 평가하고, 보험 접근성을 증진시키기 위한 전략을 수립하는 데 사용된다.

바. 금융 서비스 이용의 성별 격차 : 남성과 여성 간의 금융 서비스 이용 격차로서 성 평등을 증진하기 위한 금융 포괄성 정책의 필요성과 효과성을 평가한다.

사. 금융 서비스 이용의 지역 격차 : 도시와 농촌 간의 금융 서비스 접근성 및 이용 격차로서 지역 간 격차 해소를 위한 맞춤형 정책을 설계하고

평가하는 데 유용한다.

아. 금융 서비스에 대한 신뢰도 : 금융기관에 대한 신뢰도 조사 결과로서 금융 시스템의 안정성과 신뢰도를 높이기 위한 정책 개발에 활용할 수 있다.

자. 비공식 금융 서비스 이용률 : 비공식적인 방식(친구, 가족, 사채 등)으로 금융 서비스를 이용하는 비율로 공식 금융 서비스의 접근성을 높이고 일반적으로 고금리인 비공식 금융 서비스의 위험성을 줄이기 위한 정책 수립에 활용된다.

4. FINDEX의 한계

글로벌 핀덱스 데이터베이스는 금융 포괄성에 관한 중요한 데이터를 제공하지만, 저신용자에 대한 차별화된 금융 포용율을 파악하는 데에는 한계가 있다 첫째 구체적인 저신용자 데이터는 부족하다. 핀덱스는 금융 계좌 보유율, 대출 활동 등 일반적인 금융 활동 데이터를 제공하지만, 저신용자에 대한 구체적인 대출 접근성이나 금융 포용율에 대한 데이터는 포함하지 않는다. 둘째 세부적인 신용 점수, 신용 기록, 연체 이력 등의 세부적인 신용 정보가 포함되어 있지 않아, 저신용자에 대한 금융 접근성 평가가 어렵다. 셋째 불법사금융 이용 비율이나 전자금융사기율에 대한 구체적인 데이터가 포함되지 않아, 이러한 요소들이 금융 포용성에 미치는 영향을 평가하기 어렵다. 마지막으로 국가별 특성의 반영이 어렵다. 즉 국가별로 금융 시스템과 규제 환경이 다르기 때문에, 글로벌 핀덱스 데이터베이스만으로는 특정 국가의 저신용자 상황을 정확히 반영하기 어려울 수 있다.

5. FINDEX 보완 활용

이러한 한계가 있으므로 보다 정확한 분석을 위하여는 각국의 중앙은행, 금융감독원 등에서 제공하는 저신용자 관련 데이터를 수집하고 분석하거나 신용평가기관에서 제공하는 신용 점수와 관련된 데이터를 활용하여 저신용자의 금융 접근성을 보완적으로 활용하여야 한다. 또한 저신용자 대출 접근성, 소상공인 대출비율 및 접근성, 저신용자 구제프로그램의 완벽성, 불법사금융 비율, 전자금융사기율 등 구체적인 지표에 대해서는 직접적으로 해당 지표가 포함되어 있지 않을 수 있으므로 저신용자를 대상으로 한 추가적인 인터뷰나 설문조사를 실시하여, 금융 서비스 이용 현황과 어려움을 직접 파악하거나 저신용자와 소상공인을 대상으로 인터뷰를 진행하여, 구체적인 금융 포용성 문제를 도출할 수 있다. 서민금융연구원의 매년 실시하고 있는 대부업 및 불법사금융 이동 설문조사가 그 좋은 사례이다.

이와 같은 보완 방안을 통해 FINDEX 데이터베이스의 한계를 극복하고, 저신용자와 소상공인의 금융 포용성을 더 정확하게 평가하고 증진할 수 있다.

[가상평가 예시]

FINDEX를 이용하여 OECD 국가별 금융접근성, 금융서비스 가용성, 회복탄력성, 금융역량을 다음 특정 변수로 한정하여 가상적으로 점수를 산출해 보았다.

금융 접근성 = 계좌 보유율(%)
서비스 가용성 = 디지털 결제 사용 비율(%)
회복탄력성 = 비상시 자금 마련 가능 비율(%)
금융역량 = 기본 금융 지식 보유 비율(%)로 가정하여 산출해 보면

[표 69] FINDEX 보완 활용예시

국가	금융 접근성	서비스 가용성	회복탄력성	금융역량
미국	95	92	85	82
캐나다	98	94	88	85
영국	97	93	87	84
독일	99	95	90	87
프랑스	97	93	88	85
일본	98	94	86	83
한국	96	92	87	84

※ 이 표는 각 국가의 포용금융성과 관련된 주요 지표들을 비교한 것으로, 금융 접근성, 서비스 가용성, 회복탄력성, 금융역량을 종합적으로 평가할 수 있다. 가상의 데이터이며 실제 데이터는 세계은행의 FINDEX 데이터베이스를 통해 확인할 수 있다.

FINDEX와 UN, OECD 등 자료를 AI가 종합적으로 탐색하여 한국의 연도별 포용금융지수를 접근성, 가용성, 이용성, 회복탄력성, 금융역량을 시험적으로 산출해 보았다. 정확성보다는 향후 어떻게 포용금융지수를 산출할 것인가에 대한 방법을 제시하기 위한 시도이다. 향후 지속적인 후속 연구를 기대한다.

[표 70] FINDEX 등을 이용한 한국의 포용점수(가정)

연도	접근성	가용성	이용성	회복탄력성	금융역량	종합
2011	25.5	17.50	17.50	15.00	10.0	85.50
2014	27.0	18.75	18.75	16.25	12.0	92.75
2017	27.9	21.25	21.25	18.75	14.0	103.15
2021	28.8	23.00	23.00	21.75	16.8	113.35

[G20 Financial Inclusion Indicators 체계]

G20 Financial Inclusion Indicators는 G20 국가들을 대상으로 포용금융성의 현황을 평가하고 분석하기 위한 지표 체계이다. 이 지표는 금융 서비스의 접근성, 사용성, 및 질적 요소를 종합적으로 평가하여 포용금융성이 경제 성장과 사회적 포용성에 미치는 영향을 분석한다. 아래는 주요 지표와 그 체계에 대한 설명이다. 주요 지표로는

1. 접근성 지표(Access Indicators)

 - 계좌 보유율 (Account ownership) : 금융 계좌를 보유한 15세 이상 성인의 비율을 나타내며, 이는 포용금융성의 기본적인 척도로 사용된다.
 - 금융 서비스 제공자의 접근성 (Access points of financial service providers) :
   · 인구 100,000명 당 은행 지점의 수로, 물리적 접근성을 평가한다.
   · 인구 100,000명 당 ATM의 수로, 접근성의 또 다른 측면을 측정한다.

2. 사용성 지표(Usage Indicators)

- **저축 및 대출 활동 (Savings and Borrowing activities)** : 금융기관을 통한 저축 및 대출 활동에 참여하는 성인의 비율을 측정한다. 이는 '지난 1년 동안 금융기관에서 대출을 받은 성인의 비율', '지난 1년 동안 디지털 결제를 사용한 성인의 비율', '금융기관에 저축한 성인의 비율'을 측정한다.
- **디지털 금융 서비스 사용(Use of digital financial services)** : 모바일 뱅킹, 인터넷 뱅킹 등 디지털 금융 서비스 사용 비율을 평가한다. 이는 '금융 지식, 이해력, 금융 계획 능력'을 포함한 종합 점수로, 0에서 3까지의 점수로 평가하고 동시에 '금융 소비자 보호를 위한 규제 프레임워크의 유효성'을 평가하는 지표로, 0에서 1까지의 점수로 나타낸다.

3. 질적 지표(Quality Indicators)

- **금융 지식 및 이해도((Financial literacy)**를 측정하여 금융 서비스 이용자의 금융 이해력을, 금융 소비자를 보호하기 위한 법적 및 규제적 장치(Consumer protection and regulatory framework)의 효과성을 평가한다.

G20 Financial Inclusion Indicators는 금융 포용성의 현황을 종합적으로 파악하여, 각국의 정책 입안자들이 포용금융성을 촉진하기 위한 정책을 개발하고 평가하는 데 중요한 도구로 사용될 수 있다. 이 체계는 포용금융성이 경제 성장과 빈곤 감소에 미치는 긍정적인 영향을 분석하는 데 중요한 역할을 하며, 특히 디지털 금융 서비스의 확대와 관련된 다양한 지표를 포함하여 현대 금융 환경에서의 변화를 반영하고 있다.

Ⅲ. 한국의 포용금융 성과평가

포용금융이란 금융 서비스의 접근성과 이용 가능성을 모든 사회 계층에게 확대하여 경제적 불평등을 줄이고 사회적 포용성을 강화하는 수단이다. 포용금융을 성공적으로 실행하기 위해서는 국가의 경제적 상황, 금융 인프라, 디지털화 수준, 금융 이해력(literacy), 문화적 차이 등 다양한 요인을 고려하여 맞춤형 접근을 해야 한다. 이러한 요인들은 각 국가의 고유한 특성과 연관되기 때문에, 포용금융정책은 일률적으로 적용될 수 없으며, 다음과 같은 면에서 각국의 특수성을 반영해야 한다.

1. 고려사항

가. 경제적 수준과 금융 인프라 : 한국은 경제적으로 선진국에 속하며, 금융 인프라도 비교적 잘 갖추어져 있다. 하지만 일부 소외 계층은 여전히 금융 서비스 접근에 어려움을 겪고 있다. 따라서 정책 방향은 저소득층, 청년층, 노년층 등 취약계층 지원을 대상으로 한 맞춤형 금융 상품 개발, 소상공인과 자영업자에게 저리 대출과 지원 프로그램 제공을 우선시하여야 할 것이며 그 실행 방안으로 신용등급이 낮은 사람들을 위한 소액 대출 프로그램 강화 금융 서비스 접근성 확대, 농어촌 지역과 소외 계층이 많은 지역에 금융 서비스 접근성 개선이 우선되어야 할 것이다.

나. 디지털화 진전도 : 한국은 세계적으로 높은 수준의 디지털 인프라를 갖추고 있다. 따라서 디지털 금융 서비스의 활용이 포용금융정책의 중요한 부분이 될 수 있다. 따라서 정책 방향은 모바일 뱅킹, 인터넷 뱅킹 등 디지털 금융 서비스의 확대와 혁신과 핀테크 기업의 성장을 지원하여 다양한 금융 서비스를 제공이 될 것이며 그 실행 방안으로는 디지털 금융 서비스 이용에 대한 교육 프로그램 제공, 비대면 대출, 온라인 금융 상담 서비스 등 디지털 접근성의 확대에 정책적 우선 순위를 두어야 할 것이다.

다. 금융 이해력(literacy) 수준 : 한국의 금융 이해력(literacy) 수준은 다른 선진국에 비해 다소 낮은 편이다. 따라서 금융 교육 강화가 필요하다. 정책 방향으로는 모든 연령대 특히 느린 학습자 및 시니어를 대상으로 한 금융 교육 프로그램 강화와 초·중·고등학교 등 학교내 금융 교육 과정을 대상으로 온라인을 통한 금융 교육 콘텐츠 제공하고 지역 사회와 협력하여 커뮤니티 프로그램및 금융교육 워크숍 개최해야 하는 것이 효과적이다.

라. 문화적 특성 : 한국은 전통적으로 가족 중심의 경제 구조와 강한 사회적 연대감을 가지고 있다. 이러한 문화적 특성을 고려하여 금융 서비스를 설계해야 한다. 이에 정책 방향으로는 가족 단위의 금융 상품과 서비스 개발, 사회적 기업과 협력하여 사회적 금융 서비스를 확대하고 그 실행 방안으로는 가족 단위의 재무 상담 서비스 제공, 사회적 기업에 투자하는 사회적 투자펀드 등의 조성을 장려할 필요가 있다.

2. 지수 추진 전략

포용금융 성과를 평가할 때 정량적 평가와 정성적 평가를 모두 고려하여야 한다.

포용금융은 단순히 금융 서비스의 접근성 확대뿐만 아니라, 사회적 영향력, 경제적 평등의 증진 등 복합적인 목표를 가지고 있다. **정량적 평가**는 금융 서비스 제공 범위, 고객 수, 대출액 등의 수치로 성과를 명확히 측정할 수 있다. 그러나 금융 서비스가 실제로 사람들의 삶에 어떤 긍정적인 영향을 미쳤는지, 사회적 취약 계층의 경제적 자립을 도왔는지 등의 측면은 정성적 평가를 통해 더 깊이 이해할 수 있다.

포용금융의 성과는 장기적으로 나타날 수 있다. 예를 들어, 소액 대출이 지역 경제 활성화에 미치는 영향이나, 금융 교육이 개인의 재정 건전성에 기여하는 정도는 정량적으로 즉각적으로 측정하기 어려울 수 있다. 정성적 평가는 이러한 장기적인 변화를 조기에 인식하고 평가할 수 있도록 돕는다.

또한 정량적 평가를 통해 얻은 데이터는 포용금융의 운영 효율성이나 목표 달성 여부를 판단하는 데 유용하다. 반면, **정성적 평가**는 고객의 목소리, 현장의 피드백, 사회적 인식을 바탕으로 정책 및 전략을 개선하는 데 중요한 통찰을 제공한다. 이를 통해 포용금융의 지속 가능성을 높이고, 더 나은 사회적 가치를 창출할 수 있는 방안을 모색할 수 있다.

포용금융은 정부, 금융기관, 비영리단체, 지역사회 등 다양한 이해관계자가 참여하는 분야이다. 정량적 평가만으로는 모든 이해관계자의 요구와 기대를 반영하기 어려울 수 있다. 정성적 평가는 이러한 다양한 관점을 통합하여 보다 균형 잡힌 평가를 가능하게 한다.

일반적으로 포용금융 성과 평가는 **정량적 기준**으로는 금융 서비스 이용율, 포용금융 지수, 소득격차 감소율, 금융서비스 접근성 지표, 저소득층 및 취약계층 대상 프로그램 참여율 등이 있다. **정성적 기준**으로는 고객 만족도, 금융 이해력(literacy) 수준, 사회 경제적 효과, 금융 교육 프로그램 효과, 사회적 포용성 등이 있다.

금융위원회에서 금융회사를 상대로 금융소비자보호 실태를 평가하는 것도 성과평가의 한 방법이다. 은행, 저축은행, 캐피탈, 카드사, 상호금융, 대부업 등 권역별이나 서민금융회사(저축은행, 상호금융 등의 권역군별 트랜드 등)을 다음과 같은 계략 비계량으로 나누어 평가하고 있다.

[표 38] 금융위원회 금융소비자보호 실태평가 평가항목

구분		평가항목
계량 지표	I	민원 처리노력 및 금융소비자 대상 소송사항
	II	금융사고 및 휴면금융자산 찾아주기
비계 량 지표	III	금융소비자 내부통제체계 구축 및 이의 운영을 위한 전담조직·인력
	IV	금융상품 개발 단계에서 준수하여야 할 기준 및 절차
	V	금융상품 판매 단계에서 준수하여야 할 기준 및 절차
	VI	금융상품 판매후 단계에서 준수하여야 할 기준 및 절차와 민원관리
	VII	임직원에 대한 금융소비자보호 교육 및 보상체계 운영
	VIII	기타 금융소비자 정보제공 및 취약계층 등의 피해방지 관련 사항

3. 포용금융특위의 우수 포용금융기관 평가 체계(안)

윤석열 정부의 **포용금융특별위원회(포용금융특위)**는 2024년 1월 17일에 발족되었다. 이 특별위원회는 대통령 직속 국민통합위원회 산하에 설립되었으며, 포용금융을 통해 경제적 약자들을 지원하고 사회적 포용성을 높이기 위한 정책을 마련하는 것을 목적으로 하고 있다.

포용금융특위의 주요 목적은 금융 서비스에 대한 접근성을 확대하고, 소상공인 및 자영업자와 같은 취약계층이 경제적 위기를 극복할 수 있도록 지원하는 것이다. 이를 위해 취약계층의 금융 접근성 제고, 민간 금융

기관의 포용금융 역할 강화, 금융소비자 보호, 그리고 포용금융의 기반 강화를 주요 전략으로 삼고 있다.

현재 포용금융특위는 다양한 정책을 제안하고 있으며, 특히 소상공인과 취약계층이 금융 서비스를 보다 쉽게 이용할 수 있도록 지원하는 방안을 모색하고 있다. 또한, 금융교육 강화 및 불법 사금융 피해 구제와 같은 소비자 보호 방안도 함께 추진하고 있다.[474]

금융회사의 포용금융 지원 확대를 유도하기 위해 포용금융 공급 규모 뿐 아니라 금융접근성, 신용도 개선 등 수혜자 측면에서 측정 가능한 포용금융 성과 지표를 수립할 필요가 있고 기업의 사회적가치 창출, 평판리스크 관리가 중요해지면서 포용금융 우수 기관을 선정하고 금융기관의 IR에 활용할 필요가 있다. 포용특위는 국내외 포용금융 지표를 참고[475]하여 민간 금융기관 대상 포용금융 성과지표를 개발하였다.

[표 71] 포용금융 성과지표(안)

구 분		상세 지표
양적 평가	공급규모	취약계층, 소상공인의 대출공급 건수, 금액
	접근성	(수도권 제외) 지방의 점포 및 ATM 수
		취약계층, 소상공인 고객 중 비대면 금융채널 이용 비율
질적 평가	접근성 제고	취약계층 대상 신용평가 고도화 노력
		간편모드 앱 등 취약계층 이용자환경 개선 노력
		취약계층 대상 금융교육 내실화 노력 등
	대출 건전성	취약계층 연체율 감소, 대출 상환율 증가
	재무개선 지원	취약계층의 신용 개선, 자산 증대 등을 위한 서비스 제공
	소비자 보호	보이스피싱 방지 등 취약계층의 금융안전망 구축 등

포용특위는 포용금융 우수 금융기관을 선정하고 금융기관의 포용금융 성과 공시 의무화하여 포용금융 성과지표 활용하여 금융업권별로 포용금융 우수 금융기관을 주기적으로 선정하고 대국민 홍보할 것을 권고하였다.[476]

---

474) https://korea.kr/briefing/policyBriefingView.do?newsId=156611058
https://www.newspim.com/news/view/20240117000353

475) (UN)지속가능발전 목표, (G20)기본 포용금융지표, (미국)지역재투자법 평가 지표, (미국) SASB지표(Sustainability Accounting Standards Board), (국내)미소금융 사업 재정 지표 등

[표 72] 기술금융 평가 지표[477]

구 분		내 용
정량 평가	기술신용대출 공급 규모	·기술신용대출 평가액, 기술신용대출 차주 수
	기술대출 기업 지원	·기술신용대출 중 신용대출
		·IP 등 동산담보대출, 창업기업대출 등
	기술기반 투자 확대	·기술평가 기반 투자액 등
정성 평가	지원 역량	·기술금융 역량 강화, 관리체계 구축, 품질 강화
		·통합여신모형 도입 강화 등

출처 : 금융위원회

4. 파이낸셜 뉴스 서민금융대상 평가지표

서민금융대상은 파이낸셜 뉴스가 2012년부터 서민금융 발전에 기여한 기관·기업 및 지자체(지역신용보증재단 포함)에 대하여 기획재정부, 금융위원회, 금융감독원, 서민금융진흥원, 각종 협회의 후원으로 2024년 13회 실시하였으며 시상 기관과 수상기관과 수상자를 계속 늘려가고 있다. 서민금융대상 평가지표는 내용은 다음과 같다.

[표 73] 서민금융대상 평가지표

기관용	개인용
지표1: 상품 개발	지표1: 구체적 적용 사례
지표2: 대출 실적	지표2: 서민금융 지원활동
지표3: 지원 활동	지표3: 상품 제안 등
지표4: 고객 만족도 등	

5. 서민금융연구원 포용금융의 성과 평가

우선 시장원리에 의해 자금 공급기능이 원활하게 작동되는지 여부이며 원활하지 못한 부분이 있다면 그 원인, 더 나아가 취약계층에 대한 배려 등 금융회사 포용적 기능의 현재 상황와 미래 계획을 종합 평가하여야 한다. 그 평가 기준은 크게 4가지로 구분될 수 있다.

---

476)매년 2회 기술금융 우수은행을 선정, 발표(대형, 소형은행별 1~2위)

477) 기업의 사회적가치 창출을 중시하는 투자환경 변화에 대응하여 포용금융 우수 기관을 선정함으로써 민간 금융기관의 적극적인 포용금융 지원 확대를 유도

가. 금융의 접근성 : 고객들이 쉽게 금융 서비스에 접근하고 이용할 수 있는지
 - 지역적 접근성 : 고객에게 접근하기 쉬운 오피스/지점의 수 및 위치
 - 모바일앱, 웹사이트 등을 통한 디지털 금융서비스의 이용성과 다양성
 - 취약계층 및 새로운 고객들을 위한 기반 시설과 프로그램 제공여부

나. 금융의 가용성 : 다양한 상품과 서비스를 제공함으로써 고객들에게 다양한 선택의 폭을 제공하거나 원하는 만큼의 금융서비스를 받았는지 여부
 - 다양한 금융상품과 서비스의 보편적 접근성
 - 금융상품의 비용 및 이자율, 수수료 등을 투명하게 안내하는지 여부
 - 고객의 신용도나 거주지 요건에 따른 제한이 없는 상품 및 서비스 제공 여부
 - 원하는 만큼의 금융서비스를 받았는지 여부

다. 금융의 회복탄력성 : 위기상황에서도 고객을 보호하고 회복할 수 있도록 도와주고 있는지
 - 금융위기나 재난 상황 시 고객보호를 위한 대응이 적절한지 여부
 - 위기대응 정책과 실제 실행의 일관성 및 적절성
 - 금융소비자가 연체 등 취약상태 발생 시 채무조정, 신용회복 등 금융소비자 회복을 위해 얼마나 노력하고 있는지

라. 소비자 역량강화 노력 : 소비자들이 건전하게 금융상품을 이용하고 자금관리 능력을 향상시킬 수 있도록 서비스를 제공하는 지 여부
 - 금융교육 프로그램 개발 및 제공 여부
 - 소비자 대상 금융정보 제공 정책 수립 및 이행
 - 적절한 금융조언과 고객의 금융역량 개발을 위한 지원 여부

Ⅳ. 서민금융 성과지표 도입 및 인센티브

서민금융 활성화는 경제적 약자를 지원하고 금융 포용성을 증대시키기 위해 필수적이다. 그러나 현재 서민금융정책의 효과를 체계적으로 평가할 수 있는 성과지표가 부족하다. 성과지표를 통해 정책의 효과를 객관적으

로 평가하고, 이를 기반으로 한 정책적 인센티브를 제공하여 서민금융을 활성화할 필요가 있다.

가. 성과지표 개발 및 도입 : 서민금융정책의 성과를 평가할 수 있는 객관적이고 정량적·정성적인 지표를 개발한다. 지표로는 서민금융 이용률, 대출 상환율, 금융 접근성 향상 정도, 고객 만족도, 금융 교육 참여율 등이 있다. 또한 매년 서민금융정책의 성과를 평가하여 정책의 강점과 약점을 파악하고, 필요한 개선 방안을 도출한다.

나. 정책적 인센티브 제공 : 성과지표를 바탕으로 서민금융을 적극적으로 지원하는 금융기관과 지역 사회에 대해 세제 혜택, 정부 지원금, 인증 제도 등을 통해 보상한다. 예를 들어, 서민금융 대출 비율이 높은 금융기관에게는 세제 감면 혜택을 제공하고, 우수한 성과를 보인 지역에는 추가적인 정부 지원금을 배정한다.

다. 서민금융기관의 역량 강화 : 서민금융기관에 대한 재정적 지원, 인력 양성, 기술 지원 등을 통해 역량을 강화한다. 서민금융기관 직원들을 대상으로 금융 교육 및 상담 역량 강화 프로그램을 운영하고, 최신 금융 기술을 도입하여 업무 효율성을 높인다.

라. 성과지표의 투명성 및 공개 : 성과지표와 평가 결과를 투명하게 공개하여 정책의 신뢰성을 높인다. 정부 웹사이트나 보고서를 통해 성과지표와 평가 결과를 정기적으로 공개한다.

마. 지역 맞춤형 정책 적용 : 지역별로 서민금융정책의 성과를 평가하고, 지역 특성에 맞는 맞춤형 정책을 시행한다. 예를 들어, 농촌 지역에는 농업 관련 대출 프로그램을, 도시 지역에는 소상공인 지원 대출 프로그램을 강화한다.

바. 민간 금융기관과의 협력 강화 : 정부와 민간 금융기관이 공동으로 서민금융 프로그램을 운영하고, 성과지표를 통해 성과를 평가한다. 공동으로 서민금융 펀드를 조성하고, 이를 통해 서민금융 대출을 확대한다.

사. 국제 사례 벤치마킹 및 도입 : 해외의 성공적인 서민금융 성과지표와 정책 사례를 벤치마킹하여 한국에 도입한다. 예를 들어, 그라민 은행의 마이크로크레딧 성과지표와 같은 해외 사례를 연구하여 한국의 서민금융정책에 적용한다.

종합적으로, 포용금융은 단순한 금융 서비스의 제공을 넘어, 사회적, 경제적 포용을 촉진하는 포괄적인 접근이 필요하다. 이를 통해 모든 개인이 경제적 기회를 공평하게 이용할 수 있으며, 그 결과로 개인의 삶의 질이 향상되고, 전체 사회가 더욱 건강하고 지속 가능한 방향으로 나아갈 수 있다. 이러한 노력이 계속되어야만, 포괄적인 경제 성장과 함께 사회의 모든 구성원이 보다 평등하고 공정한 혜택을 누릴 수 있는 미래를 만들어 갈 수 있다. 포용금융의 진전을 위해서는 정책적 지원과 공공의 관심이 지속적으로 필요하다. 정부, 비영리 조직, 기업 등 다양한 이해관계자들이 협력하여 금융 접근성을 높이고 금융 서비스의 질을 개선하는 정책을 수립하고 실행해야 한다. 이 과정에서 정책 입안자들은 금융 포용을 위한 법적 및 규제적 프레임워크를 마련하고, 이를 지속적으로 모니터링하며 필요에 따라 조정해야 한다.

서민금융 성과지표를 통한 정책 시행과 정부의 인센티브 제공은 서민금융의 효과성을 높이고, 경제적 약자를 지원하는 중요한 전략이다. 성과지표 개발 및 도입, 정기적인 성과 평가, 정책적 인센티브 제공, 서민금융기관의 역량 강화, 성과지표의 투명성 및 공개, 지역 맞춤형 정책 적용, 민간 금융기관과의 협력 강화, 금융 교육 및 상담 서비스 강화, 성과 기반의 서민금융 지원 확대, 국제 사례 벤치마킹 및 도입 등의 종합적인 방안을 통해 서민금융을 활성화할 수 있다. 이를 통해 서민들의 금융 접근성을 높이고, 경제적 불평등을 해소하며, 포용적 경제 성장을 이루는 데 기여할 수 있을 것이다.

제2장 맺는 말

포용금융의 내일은 함께 심은
희망의 씨앗을 꽃피울 것입니다.

현재 한국은 코로나19 이후 경제적, 사회적, 환경적으로 심각한 어려움에 직면해 있으며, 그 부담이 점점 가중되고 있다. 이러한 문제를 해결하기 위해 전 정부는 포용국가론을 제시했고, 현 정부는 포용금융특별위원회를 조직해 국민에게 다가가고자 노력하고 있다. 그러나 그 효과는 아직 뚜렷하게 나타나지 않은 상황이다. 이에 서민금융연구원은 융합적인 포용금융 전략을 해결책으로 제시한다.

그 방법으로 첫째로 융합적인 포용금융 전략의 실천 주체로서 정부, 금융회사, 비영리국가단체(NGO) 및 지역사회의 협력을 강조하였고, 둘째 경제적, 사회적, 환경적 문제를 해결하기 위해 광의의 포용금융 개념으로 범주화하였다. 그 이유는 '서민금융', '상생금융', '사회적 금융', '녹색금융', 'ESG 경영', '사회공헌활동(CSR)' 등 모든 활동들이 사회적 가치를 강조하는 공통점이 있으나, 연대하여 실천할 때, 더 큰 가치를 창출할 수 있다는 것이다. 이 책은 이러한 활동을 위한 '앎의 플랫폼'이 되고자 한다. 알아야 실천할 수 있기에 관련 정보를 집적하여 제시한 것이다.

포용금융을 실현하기 위해서는 다양한 이해관계자들, 정부, 금융기관, 비정부기구(NGO), 지역사회의 협력이 중요하다는 의미에서 추진 주체별 역할을 정리해 본다. 다만 체계를 잡기 위해 편의사 구분이며 포용금융의 효과적 실현을 위해서는 타 주체와 연대가 필수적이라는 것은 두 말할 나위가 없다.

I. 정부의 역할

정부는 포용금융을 촉진하기 위한 정책적, 제도적 기반을 마련해야 한다. 특히, 금융 접근성이 낮은 계층을 위한 맞춤형 정책을 통해 포용금융을 실현할 수 있다.

1. **정책적 지원과 제도적 기반 강화** : 정부는 금융 소외 계층을 대상으로 한 정책적 지원을 확대해야 한다. 예를 들어, 저소득층과 청년층을 대상으로 한 특별 대출 프로그램을 도입하거나, 중소기업을 위한 보증제도를 강화하여 금융 접근성을 높일 수 있다. 중소벤처기업부의 '신용보증기금' 제도, 사회적 가치 평가 시스템은 이러한 정책의 좋은 사례이다.

2. **디지털 금융 인프라 확충** : 대한민국은 세계적인 수준의 IT 인프라를 보유하고 있다. 이를 적극 활용하여 디지털 금융 서비스를 통해 원격지나 소외 지역에 금융 서비스를 제공하는 것이 중요하다. 2022년 기준 대한민국의 인터넷 보급률은 96%에 달하며, 이를 바탕으로 디지털 금융 접근성을 높이는 것이 필요하다. 정부는 디지털 인프라를 더욱 확충하고, 디지털 금융 서비스의 접근성을 높이기 위한 정책적 지원을 강화해야 한다. 예를 들어, 원격지와 농어촌 지역의 디지털 인프라 구축을 위해 공공 자금을 투입하고, 이러한 지역에서의 금융 서비스 이용을 장려하는 프로그램을 운영할 수 있다.

3. **금융 교육 프로그램 지원** : 금융 교육은 금융 이해력(literacy)를 향상시켜, 사람들이 금융 상품을 올바르게 이해하고 활용할 수 있도록 돕는다. 정부는 금융 교육 프로그램을 통해 금융 이해력(literacy)를 높이고, 특히 취약 계층을 대상으로 한 맞춤형 교육을 지원해야 한다. 예를 들어, 학교 교육과정에 금융 교육을 포함시키고, 지역사회 기반의 금융 교육 프로그램을 운영하여 다양한 계층이 금융에 대한 이해를 높일 수 있도록 해야 한다.

Ⅱ. 금융기관의 역할

금융기관은 포용금융의 주요 실행 주체로서, 다양한 계층을 대상으로

한 맞춤형 금융 상품을 개발하고 제공하는 역할을 한다. 금융기관은 포용금융을 통해 사회적 책임을 다하면서도 새로운 시장을 개척할 수 있다. 특히 서민금융기관이 본연의 역할을 할 수 있도록 제도적 뒷받침을 할 필요가 있다.

1. 맞춤형 금융 상품 개발 : 금융기관은 저소득층, 고령층, 중소기업 등을 위한 맞춤형 금융 상품을 개발해야 한다. 예를 들어, 서민금융 대표 상품인 '햇살론'은 저소득층이 저리로 대출을 받을 수 있게 해주는 대표적인 사례이다. 이러한 상품을 더욱 다양화하고 접근성을 강화할 필요가 있다. 또한, 저축은행이나 신협 등 지역 기반 금융기관과 협력하여 지역 특성에 맞는 금융 상품을 개발하는 것도 중요하다.

2. 금융 기술(핀테크) 활용 : 핀테크 기술을 활용하여 금융 서비스를 더욱 효율적으로 제공할 수 있다. 예를 들어, 모바일 뱅킹과 같은 디지털 금융 서비스는 전통적인 금융 접근이 어려운 지역이나 계층에도 쉽게 금융 서비스를 제공할 수 있는 효과적인 수단이다. 이를 통해 금융기관은 더욱 많은 사람들에게 금융 서비스를 제공하고, 포용금융의 목표를 달성할 수 있다.

다. 사회적 가치 창출 : 금융기관은 포용금융을 통해 사회적 가치를 창출할 수 있다3 이는 금융기관의 사회적 책임을 다하는 동시에, 장기적으로 금융기관의 평판과 신뢰도를 높이는 데 기여할 수 있다. 금융기관은 포용금융을 통해 지역사회에 기여하고, 이를 통해 경제적 불평등을 해소하는 데 중요한 역할을 할 수 있다.

Ⅲ. 비정부기구(NGO)와 지역 사회의 역할

비정부기구(NGO)와 지역 사회는 금융 서비스 접근성이 낮은 지역에서 중요한 역할을 할 수 있다. 이들은 현지의 금융 접근성 문제를 이해하고, 이를 해결하기 위한 다양한 프로그램을 실행할 수 있다.

1. 지역 특화 금융 서비스 제공 : NGO와 지역 사회는 특정 지역의 특성에 맞춘 금융 서비스를 제공할 수 있다. 예를 들어, 농어촌 지역의 주민

들을 대상으로 한 맞춤형 금융 서비스나 교육 프로그램을 제공하여, 이들이 금융 서비스에 쉽게 접근할 수 있도록 지원해야 한다. 이를 통해 지역 사회가 자립하고 발전할 수 있는 기반을 마련할 수 있다.

2. 기술 혁신 활용 : 기술 혁신을 통해 금융 접근성을 개선하는 것은 매우 중요한 방법론이다. 모바일 금융 서비스나 블록체인 기술을 활용하여 원격지나 소외 지역에서도 쉽게 금융 서비스를 이용할 수 있도록 해야 한다. 예를 들어, 모바일 금융 플랫폼을 활용한 소액 대출이나 저축 프로그램은 농어촌 지역에서 경제적 자립을 촉진하는 데 큰 도움이 될 수 있다.

3. 커뮤니티 기반 금융 교육 : 지역 사회에서 직접적으로 이루어지는 커뮤니티 기반 금융 교육은 금융 접근성이 낮은 계층에게 효과적인 접근법이다. 예를 들어, 농어촌 지역이나 도시 저소득층 밀집 지역에서 커뮤니티 기반의 금융 교육 프로그램을 운영하여 금융 이해력(literacy)를 향상시킬 수 있다. 이러한 프로그램은 지역 사회의 경제적 자립을 돕고, 포용금융의 효과를 극대화하는 데 기여할 수 있다.

포용금융은 단순히 경제적 약자들에게 금융 서비스를 제공하는 것을 넘어, 우리 사회 전체의 경제적 포용과 지속 가능한 발전을 실현하는 중요한 도구이다. 이를 통해 모든 계층이 경제적 기회를 공평하게 누릴 수 있도록 하는 것이 포용금융의 핵심 목표이다. 앞으로 한국에서 포용금융은 정부, 금융기관, 비정부기구, 지역 사회의 협력을 바탕으로 더욱 발전해 나갈 것이다. 기술 혁신으로 디지털 금융 서비스의 접근성이 확대되고, 이를 통해 더 많은 사람들이 금융 서비스에 접근할 수 있을 것이다. 또한, 지속 가능한 발전과 금융 포용 사이의 상호작용을 이해하고, 이를 지원하는 정책과 프로그램이 강화될 것이다. 포용금융의 여정은 우리가 함께 걸어가야 할 길이며, 이 길을 통해 더 나은 한국의 미래를 만들어 나갈 수 있을 것이다. 모든 이해관계자들이 손을 맞잡고, 더 나은 미래를 향해 함께 나아가야 할 때이다.

참고문헌

[제 1 편]

[논문 및 보고서]

대한민국정책브리핑(2024.01.17.). 국민통합위원회 포용금융 특위 출범식 사전브리핑, 남유선·김정주(2013,). 포용금융의 관점에서 바라본 국내 자본시장 재편정책의 바람직한 추진방향, 금융소비자연구 제3권 제2호, 한국금융소비자학회, 52면, 54면.

이건범(2012.12,). 포용금융과 서민금융정책 개선방안, 경제와사회 제96호, 비판사회학회, 143-144면.

금융위원회(2021.12.22.,), 2022년 금융위원회 업무계획. 5면.

한국농촌경제연구원92022.10.), 농촌의 포용성장과 사회혁신을 위한 사회적 경제 전략지역 단위 사회적 금융 활성화 방안 연구

한국지방행정연구원(2020.12.). 사회적경제 활성화를 위한 지역금융기관의 역할 새마을금고를 중심으로

신의수, 한재경(2023.01). 금융상품의 그린워싱 규제에 관한 연구, 법학논총 제55호, 숭실대학교 법학연구소

윤상용(2022.12), 서민금융기관의 지점수 감소가 지역의 포용금융과 기관의 경영효율에 미치는 영향., 지역개발연구 제54권 제3호, 지역개발연구소

정준혁(2022.12). ESG와 금융법의 과제. 증권법연구 제23권 제3호. 한국증권법학회

윤상용, 김진희, 박순홍(2022.12). 지역 포용금융 수준이 새마을금고의 경영지표에 미치는 영향, 아태비즈니스연구 제13권 제4호. 경영경제연구소.

황정훈(2022.12). ESG 경영을 활용한 핀테크 기업의 포용금융 강화방안에 대한 검토-코로나 팬데믹 이후 심화된 소득불균형에 대한 개선방안을 중심으로. 지급결제학회지 제14권 제2호, 한국지급결제학회

최유경, 조아영(2022.01). 유럽연합의 ESG 법제화 현황 및 쟁점. 법학연구 제30권 제1호. 경상국립대학교 법학연구소

이우식(2021.12). EU의 ESG 관련 법제화와 은행의 대응 방향. 경제법연구 제20권 제3호. 한국경제법학회

이정민(2021.12). 사회적 금융 전문 거래시장 활성화를 위한 사회적 금융 전문 증권거래소 설립 검토. 법학논총 제45권 제4호. 단국대학교 법학연구소

이숙현, 석희정(2021.11). 효과적인 서민금융상품 개발을 위한 탐색적 연구 : 이해당사자 집단심층면접(FGI)을 중심으로. GRI연구논총 제23권 제4호. 재단법인 경기연구원

안수현(2021.08). ESG(Environmental, Social and Governance)경영관련 국내 법제 현황 분석과 향후 과제 21대 국회 상정법안을 소재로. 경제법연구 제20권 제2호, 한국경제법학회

차상휘(2021.08). 금융소비자 보호를 위한 금융연체채무자의 방어권 강화에 관한 연구. 소비자문제연구 제52권 제2호. 한국소비자원

이정민(2020.12). 사회적 금융 전문 금융기관 설립을 위한 법적 검토. 원광법학 제36권 제4호. 원광대학교 법학연구소

최철(2020.12.). 포용금융과 최고금리 규제의 역설. 소비자문제연구 제51권 제3호. 한국소비자원

OECD(2018). Financial inclusion and consumer empowerment in Southeast Asia, p.9.

GPFI(2015,), G20 Financial Inclusion Action Plan Progress Report 2010-2014, 2 Mar. p.2.

GPFI(2020.10.), G20 Financial Inclusion Action Plan,

World Bank Group(2022.), Poverty and Shared Prosperity 2022: Correcting Course,

[보도자료]

https://www.woorifg.com/kor/pr/news/view.do?seq=509&f=&q=%EC%83%81%EC%83%9D%EA%B8%88%EC%9C%B5. 우리금융그룹 보도자료(2023.03.30), 전체 고객 연간 2,050억원 금융비용 줄어든다.

http://www.efnews.co.kr/news/articleView.html?idxno=102081 KB국민은행, 상생 금융확대 방안 마련, 금감원장 "고객과 상생 노력 필요", 2023.03.09.

http://www.ftoday.co.kr/news/articleView.html?idxno=252687, 세계일보, 하나은행, 중소기업과의 상생 위해 총 2300억원 규모 금융지원 실시 , 2023.01.27.,

https://www.segye.com/newsView/20230126507197?OutUrl=naver 한국금융, 시중은행장들, 포용금융 방점 취약층 지원 앞장 [은행 상생경영 방향은], 2023.03.27.

[기사검색]

https://finca.org/blogs/what-is-financial-exclusion

https://www.un.org/esa/ffd/topics/inclusive-local-finance/inclusive-finance.html

https://www.bok.or.kr/portal/bbs/B0000218/view.do?nttId=10017499&menuNo=200147

https://www.worldbank.org/en/topic/financialinclusion/overview

https://www.cgap.org/about CGAP 홈페이지,

https://m.fntimes.com/html/view.php?ud=20230325201855386 7dd55077bc2_18

https://www.korea.kr/briefing/policyBriefingView.do?newsId=156611058&pWise=mSub&pWiseSub=C&goList

https://www.gpfi.org/about-gpfi GPFI

[제 2 편]

[논문 및 보고서]

김시월(2020.4). 사회초년생의 대출경험에 따른 금융이해력 차이와 금융교육 필요성 연구. 소비자문제연구 51권 1호. 한국소비자원.

김정희(2022.12). 고령소비자의 디지털 정보격차 문제와 디지털 역량 강화 방안 모색. 소비자문제연구 53권 3호.

노형식(2013.3). 금융포용, 금융소비자보호, 그리고 책임금융. 금주의 논단 . 한국금융연구원.

박세영(2023.3). 중장년 여성학습자의 금융이해력 향상을 위한 요구탐색- 금융행위를 중심으로. 성인계속교육연구 14권 1호. 한국성인계속교육학회.

박소정(2024.1). 디지털 금융이해력 (digital financial literacy)에 관한 연구. 보험연구원보고서 2024권 1호. 보험연구원.

송하연, 이충헌(2023.4). 노년층의 디지털 역량을 고려한 UI/UX 디자인 및 기술개발. OSIA S&TR Journal 36권 1호. 한국컴퓨터통신연구회.

윤희정, 김흥배(2021.4). 금융이해력 결정요인에 기초한 성인 금융교육의 방향. 학습자중심교과교육연구 21권 8호. 학습자중심교과교육학회.

김소영, 김상균(2020년). 한국의 소득 불평등 변화와 요인 분석, 한국경제학회 경제학연구, 제68권 제3호, pp. 203-232

김용하(2018년). 금융화와 소득불평등, 사회경제평론, 제30권 제1호, pp. 101-125

이경민(2019년). 한국의 소득 불평등 결정 요인, 경제발전연구, 제24권 제2호, pp. 77-105

이승현, 박정훈(2017년). 금융 자산 격차와 자산소득의 불평등, 금융경제연구, 제34권 제4호, pp. 155-180

정우성(2021년). 가계 부채와 금융 불평등, 사회과학연구, 제39권 제1호, pp. 45-70

이지은, 박성균(2019년,). 포용금융과 경제성장 : 한국의 경험과 시사점, 금융경제연구, 제36권 제4호, pp. 211-235

김영민(2020년,). 포용금융의 경제적 효과와 정책적 시사점 : 한국의 사례 ,사회경제평론, 제32권 제2호, pp. 145-167

최정호, 박지영(2018년,). 포용금융과 금융 안정성 : 한국의 정책적 접근, 한국금융학회 학술지, 제45권 제3호, pp. 102-128

송민수(2017년,). 포용금융과 지속 가능한 경제성장 : 정책적 시사점, 경제발전연구, 제23권 제1호, pp. 77-104

이정우, 김수연(2021년,). 한국의 포용금융 정책 평가와 향후 과제, 공공정책연구, 제31권 제2호, pp. 45-72

박소정(2024). 디지털금융이해력(Digital Financial Literacy)에 관한 연구. 보험연구원

한선이, 김예진, 박규태, 정민지. (2024). 디지털금융을 통한 아프리카 금융포용성 개선방안 연구. 대외경제정책연구원.

최진용, 김길선. (2019).글로벌 융복합 핀테크혁신과 국내금융규제에 대한 사례연구: Forbes선정 스타트업(Start-up)을 중심으로. Korea Business Review, 23(3).

과학기술정보통신부(202). 2023 인터넷 이용실태 조사

김두진(2019).-서병호2023. 디지털~~인용된건데..쳐기 참고문헌에 없음. 뺄까.

김보영(2023). 주요국의 고령층 금융사기 피해 방지 노력. 자본시장포커스 2023-07호. 1-6

김소연, 주소현, 한지형, 김종승(2021). 금융소비자 권익 증진의 관점에서 불완전판매, 금융민원, 부당한 불만행동 소비자의 개념적 고찰. 금융소비자연구 11(3) 41-72.

김승례(2022). 데이터경제시대의 데이터 소유권 개념 정립과 개인정보 보호 관련 법제 검토, 법학연구 22(3) 1-32.

김은비, 정익래(2023). 비대면 금융거래 사용자 확인 개선방안 연구메신저피싱 사례를 중심으로. 정보보호학회논문지 33(2) 353-362

김자봉(2022). 디지털 금융법제의 체계적인 구축 필요성과 과제. 금융연구원 금융브리프 31(28) 3-11

박소정(2024). 디지털 금융이해력에 관한 연구. 보험연구원.

변혜원.(2023)디지털 금융서비스의 위험요소와 소비자보호. KIRI 리포트 이슈분석 7-9

서병호(2023). 디지털 금융소비자 보호 이슈 및 과제. 한국금융연구원 분석보고서 2023-07.

장성철(2020). 금융소비자보호 강화를 위한 법제도 및 금융기관의 금융소비자보호 평가방법에 관한 연구. 성신여자대학교 박사학위논문.

장주성(2022). 금융소비자 보호를 위한 보이스피싱 대응방안 연구. 금융감독연구 9(1) 125-155

이건범(2012.12.). 포용금융과 서민금융정책 개선방안. 경제와 사회 재 96호 비판사회학회. 143-144면)

이규복(2019). 취약 금융소비자 대상확대 및 보호강화방안. 금융브리프 28(7)

윤지훈(2023). 디지털 금융환경 하에서 금융소비자 보호법제 개선방안-무권한 전

자금융거래와 개인정보유출을 중심으로. 고려대학교 대학원 박사학위논문.

한국소비자원(2021). 다크패턴(눈속임 설계) 실태조사.

한국정보화진흥원(2018)의 국가정보화백서

정세창(2021.12). 국내 금융교육의 현황과 문제점 및 개선방안. 경영교육연구 36권6호. 한국경영교육학회.

OECD(2017). G20/OECD INFE Report on ensuring financial education and consumer protection for all in the digital age

Miah, M. (2023). The role of fintech in bridging the divide for economic empowerment. Economics and Business, 37.

Karangara, R. (2023). Examining the Role of Fintech in Financial Inclusion and its Impact on Financial Services to Underbanked Population in India. International Journal for Multidisciplinary Research (IJFMR), 5(5).

Maina, C.E., & Nyamasege, D. (2024). Financial Technology and Financial Inclusion in the Banking industry in Kenya. East African Scholars Journal of Economics, Business and Management.

Ahmad, A. H., Green, C., & Jiang, F. (2020). Mobile money, financial inclusion and development: A review with reference to African experience. Journal of Economic Surveys, 34(4).

Allen, F., Carletti, E., Cull, R., Qian, J., Senbet, L., & Valenzuela, P. (2018). The African financial development and financial inclusion gaps. Journal of African Economies, 27(1).

Kumaralalita, & Larastri (2023). The Role of Peer-to-Poeer Lending Platform on Financial The Role of Peer-to-Poeer Lending Platform on Financial Inclusion: Evidence from the Microfinance in Rural Indonesia Inclusion: Evidence from the Microfinance in Rural Indonesia.

Ministry of Finance. (2023). Nine years of Pradhan Mantri Jan-Dhan Yojana (PMJDY). Press Information Bureau, Government of India.

Johnson, M., & Joy, V. S. (2024). Empowering financial inclusion: The crucial role of public sector banks in implementing Pradhan Mantri Jan-Dhan Yojana (PMJDY). International Journal for Research in Applied Science & Engineering Technology, 12(4).

Schwittay, A. F. (2014). Making poverty into a financial problem: from global poverty lines to kiva. org. Journal of International Development, 26(4).

Morgan Stanley. Pacific Community Ventures,

Dhingra, S. (2024). Fintech innovations and the future of financial services. Inte rnational Journal of Social Science & Economic Research. pp.1-17.

Geetha, K. S., & Kalaiselv, S. (2023). Impact of fintech innovations expanding ac cess and empowering communities. International Journal for Multidisciplinary Res earch, 5(5).

Mulumba, Y., & Schmidt, K. (2021). Financial Technology: The Key to Achieving Financial Inclusion in Developing Countries Post COVID-19 from an East African Perspective.

Sharma, D. (2016). Nexus between financial inclusion and economic growth: Evide nce from the emerging Indian economy. Journal of Financial Economic Policy, 8.

Liao, C., & Chen, C. (2020). Financial literacy and mobile payment behaviors. Jo urnal of Accounting and Finance, 20(7).

Organisation for Economic Co-operation and Development.(2020). Financial Consumer Protection and Ageing Populations.

LIU QINGSHUANG(2023). 코로나 19에서 고령자의 디지털 정보활용 능력이 삶의 만족에 미치는 영향-사회적지지의 조절효과를 중심으로. 경희대학교 대학원.

[보도자료]

금융감독원 보도자료(2023.3.30.). 2022 전국민 금융이해력조사결과.
금융감독원 보도자료(2024.3.8.). 023년 보이스피싱 피해현황분석.
금융위원회(2022.12). 생애주기별 금융역량 강화를 위한 2023년 금융교육 추진방향.
통계청 보도자료 (2024.7.30.). 2024년 5월 경제활동인구조사 고령층 부가조사 결과.
공정거래위원회 (2023.7.31.) 온라인 다크패턴 자율관리 가이드라인 제정 보도자료.
공정거래위원회(2024.4.24). 금융회사의 소비자보호 체계 강화를 위해 금융소비자 보호 실태경가 제도를 대폭 개선하였다. 보도자료.

[기사검색]

경남은행 https://www.cnbnews.com/news/article.html?no=651108
광주은행
https://www.g-enews.com/ko-kr/news/article/news_all/202310112259572993dl148eefd_1/a rticle.html
국가평생교육진흥원 금융문해교육 교과서 링크
https://www.le.or.kr/edu/livEbook2Fi.do
국민은행 https://www.youtube.com/watch?v=OH_a6neaOAU

농협은행 https://www.shinailbo.co.kr/news/articleView.html?idxno=1891712
대구은행 https://www.tbc.co.kr/news/view?pno=20240118144445AE08468&id=184267
부산은행 https://www.yna.co.kr/view/PYH20240614115100051?input=1196m
-------- https://www.pennmike.com/news/articleView.html?idxno=79409
산업은행 https://www.pinpointnews.co.kr/news/articleView.html?idxno=187412
수협은행 https://www.dailian.co.kr/news/view/1381507/?sc=Naver

[제 3 편]

[논문 및 보고서]

노형식(2013.3), "금융포용, 금융소비자보호, 그리고 책임금융", 주간 금융브리프 22권 12호, 금융연구원.
정유성, 김유정(2012.12), 금융소비자 보호를 위한 금융소비자보호법 제정 관련 주요내용, 법과 기업 연구 제2권 제2호, 서강대학교 법학연구소.
경찰청(2023.12). 2023 경찰백서
과학기술정보통신부(2024.3). 2023 인터넷 이용실태 조사
김두진(2019).-서병호2023. 디지털~~인용된건데..쳐기 참고문헌에 없음. 뺄까.
곽민주(2023.8). 금융투자상품 피해 경험자의 특성과 불만호소행동 유형 및 결정요인에 관한 연구. Financial Planning Review 16(3) 119-144
김보영(2024.9). 주요국의 고령층 금융사기 피해 방지 노력. 자본시장포커스 2024-18호.
김소연, 주소현, 한지형, 김종승(2021.12). 금융소비자 권익 증진의 관점에서 불완전판매, 금융민원, 부당한 불만행동 소비자의 개념적 고찰. 금융소비자연구 11(3) 41-72.
김승례(2022.9). 데이터경제시대의 데이터 소유권 개념 정립과 개인정보 보호 관련 법제 검토, 법학연구 22(3) 1-32.
김은비, 정익래(2023.4). 비대면 금융거래 사용자 확인 개선방안 연구- 메신저피싱 사례를 중심으로. 정보보호학회논문지 33(2) 353-362
김자봉(2022.12). 디지털 금융법제의 체계적인 구축 필요성과 과제. 금융연구원 금융브리프 31(28) 3-11
박소정(2024.1). 디지털 금융이해력에 관한 연구. 보험연구원.

변혜원(2023.2) 디지털 금융서비스의 위험요소와 소비자보호. KIRI 리포트 이슈분석 7-9

서병호(2023.12). 디지털 금융소비자 보호 이슈 및 과제. 한국금융연구원 분석보고서 2023-07.

장성철(2020.4). 금융소비자보호 강화를 위한 법제도 및 금융기관의 금융소비자보호 평가방법에 관한 연구. 성신여자대학교 박사학위논문.

장주성(2022.9). 금융소비자 보호를 위한 보이스피싱 대응방안 연구. 금융감독연구 9(1) 125-155

윤지훈(2023.8). 디지털 금융환경 하에서 금융소비자 보호법제 개선방안-무권한 전자금융거래와 개인정보유출을 중심으로. 고려대학교 대학원 박사학위논문.

이건범(2012.12). 금융포용과 서민금융정책 개선방안. 경제와 사회 96호 비판사회학회. 143-144

이규복(2019.4). 취약 금융소비자 대상확대 및 보호강화방안. 금융브리프 28(7)

정운영, 조성목, 장동성, 안준석 (2023.4). 국내 전기통신금융사기 실태 및 현황분석-전기통신금융사기 피해액 발생 여부의 결정요인을 중심으로- 경제교육연구 30(1) 77-106.

한국소비자원(2021.6). 다크패턴(눈속임 설계) 실태조사.

한국정보화진흥원(2018.12). 2018 국가지능정보화백서

권태율·고동원(2023), 내재화금융(Embedded Finance)에 대한 규제상 주요 과제 , 성균관법학 제35권 제3호.

석정훈·한석만(2021), 투자자의 군집행동과 P2P 온라인 대출의 채무불이행 위험 , 한국증권학회지 제50권 3호.

안태준(2022), 핀테크업체의 새로운 신용 기반 지급결제방법으로서의 후불결제(BNPL)서비스에 대한 연구 , 상사법연구 제41권 제4호, 한국상사법학회.

임정하 (2019), P2P 대출의 법제화를 위한 과제 - 금융포용과 투자자보호를 중심으로 , 금융소비자연구 제9권 제1호.

한선이·김예진·박규태·정민지(2023), 디지털금융을 통한 아프리카 금융포용성 개방안 연구, 대외경제정책연구원.

김원규· 최현경, 2017; Banerieeand Hofmann, 2018; 송단비 외, 2021 등

김민석·김지연(2022), 「자영업자 고용보험 적용에 대한 분석과 정책방향」, KDI.

경청(2022), 중소기업 대상 공정성 인식 및 현황 조사

European Commission Press Releases(24 May. 2023.), Capital Markets Union: Commission proposes new rules to protect and empower retail investors in the EU.

FCA(26 Mar. 2024.), Finalised guidance on financial promotions on social media.

Marshall, J Neil(2004), Financial institutions in disadvantaged areas : a comparative analysis of policies encouraging financial inclusion in Britain and the United States, *Environment and Planning A* 2004 Vol.36.

World Bank Group(2023), The Global State of Financial Inclusion & Consumer Protection.

Andolfatto, D. (2020). Assessing the impact of central bank digital currency on private banks. Federal Reserve Bank of St. Louis Working Paper.

Awaliyah, T., Safitri, N., Hartaty, S., Felani, F., & Judijanto, L. (2023). The Impact of Financial Technology Innovation on Banking Service Transformation: A Case Study in the FinTech Industry. Global International Journal of Innovative Research. Cevik, S. (2024). Promise (un)kept? Fintech and financial inclusion (IMF Working Paper No. 2024/131). International Monetary Fund.

Chung, S., Kim, K., Lee, C.H., & Oh, W. (2023). Interdependence between online peer-to-peer lending and cryptocurrency markets and its effects on financial inclusion. Production and Operations Management, 32.

Cornelli, G., Frost, J., Gambacorta, L., & Jagtiani, J. (2022). The impact of fintech lending on credit access for U.S. small businesses. BIS Working Papers (No. 1041). Monetary and Economic Department.

Datta, M. D. (2023). The future of financial inclusion through fintech: A conceptual study in post pandemic India. Sachetas: An International, POpen Access & Multidisciplinary Journal, 2(1).

Dhingra, S. (2024). Fintech innovations and the future of financial services. International Journal of Social Science & Economic Research.

Economist Impact(2021). Rethinking the global microscope for financial inclusion: 2021 key findings report.

Hughes, H. (2021). The Complex Implications of Fintech for Financial Inclusion. LSN: Law & Finance: Theoretical (Topic).

Kamara, A. K. (2024). The impact of financial inclusion on economic growth and poverty reduction: Empirical evidence from sub-Saharan Africa. International Journal of Science and Business (IJSAB International), 32(1), pp.16-33.

Maina, C.E., & Nyamasege, D. (2024). Financial Technology and Financial Inclusion in the Banking industry in Kenya. East African Scholars Journal of Economics, Business and Management.

Mehrotra, A. (2019). Financial Inclusion Through FinTech – A Case of Lost

Focus. 2019 International Conference on Automation, Computational and Technology Management (ICACTM).

Miah, M. (2023). The role of fintech in bridging the divide for economic empowerment. Economics and Business, 37.

Mittal, S., Tayal, A., Singhal, S., & Gupta, M. (2024). Fintech's transformative influence on traditional banking strategies and its role in enhancing financial inclusion. Journal of Informatics Education and Research, 4(2).

Nanda, S., & Ameliana, Y. (2024). Understanding financial inclusion through fintech: A qualitative inquiry into the role of technology in shaping financial landscapes. Golden Ratio of Finance Management, 4(1).

Niaz, M. U. (2021). Socio-Economic development and sustainable development goals: a roadmap from vulnerability to sustainability through financial inclusion. Economic Research-Ekonomska Istraživanja, 35(1).

Ohnishi, M. (2021). Ohnishi M. New digital financial services offer the prospect of high customer retention-expectations for the growing trend of Embedded Finance-, Mitsui & Co. Global Strategic Studies Institute Monthly Report.

Rhanoui, S. (2023). Enhancing financial inclusion using fintech: Development scenario for the bank card. International Business Research, 16(5).

Singh, A., & Sharma, L. M. (2023). Fintech and financial inclusion: Transforming underserved access to financial services. International Journal of Tourism and Hotel Management, 5(2).

OECD(2017). G20/OECD INFE Report on ensuring financial education and consumer protection for all in the digital age

[보도자료]

금융위원회 · 금융감독원(2021.7.14.), 「금융상품 설명의무의 합리적 이행을 위한 가이드라인」

_____보도자료(2021.6.8.), 금융소비자의 광고 피해가 없도록 금융업권 협회와 함께 블로거 · 유튜버의 뒷광고(hidden ad)까지도 확인하겠습니다.

금융위원회 보도자료(2022.12.22.), 금융소비자의 금융웰빙(Financial Wellbeing) 증진을 위한 "생애주기별 맞춤형 금융교육" 추진.

_____보도자료(2024.6.26.), '청년, 금융을 나답게' 금융교육 캠페인 추진

금융감독원 보도자료(2024.4.23.). 금융회사의 소비자보호 체계 강화를 위해 금융

소비자보호 실태평가 제도를 대폭개선하였습니다.

금융감독원 보도자료(2022.1.7.). 21년도 금융소비자보호 실태평가 결과.

금융감독원 보도자료(2022.4.20.) 21년 보이스피싱 피해현황 분석.

금융위원회 보도자료(2022.8.12.) 온라인 판매에 효과적인 금융상품 설명방안 마련

금융감독원 보도자료(2022.12.27.). 22년도 금융소비자보호 실태평가 결과.

금융감독원 보도자료(2023.11.22.). 23년도 금융소비자보호 실태평가 결과.

금융감독원 보도자료(2024.3.8.). 작년 보이스피싱 피해자 1인당 1,700만원 피해, 전년比 1.5배↑-2023년 보이스피싱 피해현황 분석-

금융감독원 보도자료(2024.4.23.). 2023년 금융민원 및 상담동향.

금융감독원 보도자료(2024.4.24.). 금융회사의 소비자보호 체계 강화를 위해 금융소비자보호 실태평가 제도를 대폭 개선하였습니다.

금융위원회(2022.8.12.) 온라인 판매에 효과적인 금융상품 설명방안 마련 보도자료

공정거래위원회 보도자료(2023.7.31.) 온라인 다크패턴 자율관리 가이드라인 제정.

[기사검색]

금융감독원 홈페이지, [https://www.fss.or.kr/]

금융위원회 홈페이지, [https://www.fsc.go.kr/]

World Bank 홈페이지, [https://www.worldbank.org/]

https://www.fss.or.kr/ 금융감독원 홈페이지,

https://www.fsc.go.kr/ 금융위원회 홈페이지,

개인정보침해 상담센터 자료

https://www.index.go.kr/unity/potal/main/EachDtlPageDetail.do?idx_cd=1366#

개인정보분쟁조정위원회. 2023년 분쟁조정사건 통계. https://www.kopico.go.kr/

국내 '스미싱·개인정보 유출' 위험 커진다…비대면금융민낯(글로벌이코노믹. (2023.9.27.)

https://www.g-enews.com/ko-kr/news/article/news_all/202309261641368025e30fcb1ba8_1/article.html

보이스피싱 '배상책임분담' 시행 코앞인데···속타는 은행들 (서울파이낸스, 2023.12.27.) https://www.seoulfn.com/news/articleView.html?idxno=505625

사이버보안업계, 보이스피싱 금융사고 책임분담제 실효성 없어… 예방책 중요 (전자신문, 2024.1.22.) https://www.etnews.com/20240122000077

앱으로 손쉽게"…토스뱅크, 은행권 금융사기 피해 고객 대상 '안심보상제' 업그레이드 (비즈니스플러스, 2024.7.15.)

https://www.businessplus.kr/news/articleView.html?idxno=65058

https://www.index.go.kr/unity/potal/main/EachDtlPageDetail.do?idx_cd=1366 개인정보침해 상담센터 자료.
2023.12.27.)

[제 4 편]

[논문 및 보고서]

서울특별시 사회적경제지원센터(2016.12), 서울 사회적경제 아카데미 2016 : 사회적금융론 교안.

이병기 · 고경훈(2017), 사회성과연계채권 도입방안, 정책연구 2017-13, 한국지방행정연구원.

이정민(2019.8), 사회적 금융의 활성화를 위한 법제도적 연구, 성균관대학교 박사학위 논문.

이준호(2015), 사회적금융의 법제화 방안 연구, 한국법제연구원.

정운영,이종익,이정민(2023.3), 제주지역 사회적은행 설립 방안 연구, 현안연구 2023-03, 제주연구원.

조영현(2019.1), 금융발전과 소득불평등에 대한 연구, KIRI리포트, 보험연구원.

한국사회투자(2024.2), 한국사회투자 기관소개서

행정안전부(2017.10), 사회성과보상사업 추진 안내서.

김선민(2015), 해외 사회적 은행(Social Bank)의 운영 현황, CGS Report 5권 8호, 산업은행.

김용덕(2018.3), 사회적금융(Social Finance), IBK경제브리프 552호, IBK경제연구소.

Abakaeva, Julia, Glisovic-Mezieres, Jasmina(2009), Are Deposits a Stable Source of Funding for Microfinance Institutions? CGAP Brief.

Barclay, Lisa, Symons, Tom(2013), Technical Guide to Developing Social Impact Bonds, Social finance.

Bernd. Balkenhol, Camille. Guézennec, Frédéric. Lainé and Louis. Nouaille-Degorce(2013), Microcredit in France:What impact does it have on employment?, ILO(International Labour Organization) Working paper No.65.

Benedikter, Roland(2012), Social Banking and Social Finance: Answers to the

Economic Crisis, Springer.

European Commission(2007), The Regulation of Microcredit in Europe, Expert Group Report.

Global Alliance for Banking on Values(2018), Annual Report 2017.

Hammer, Janet, Pivo, Gary(2016), The Triple Bottom Line and Sustainable Economic Development Theory and Practice, SAGE.

Howard, Elli(2012), Challenges and opportunities in social finance in the UK, Cicero Marketing and Content Unit, 3.

K.C.Chakrabarty(2012), Social banking and finance - opportunities in inclusion, Session keynote address at the 2nd FT-YES Bank International Banking Summit, Mumbai.

OECD(2019), Social Impact Investment : The Impact Imperative for Sustainable Development.

OECD(2019), Social Impact Investment 2019.

Rosenberg, Richard(2010), Does Microcredit Really Help Poor People?, CGAP Focus-Note No.59.

Weber, Olaf(2014), Social banking: Concept, definitions and practice, Global Social Policy Vol. 14(2).

Effects of Financial Inclusion on Economic Growth, Poverty, Sustainability, and Financial Efficiency: Evidence from the G20 CountriesNasir Khan : IBMS, The University of Agriculture Peshawar, Pakistan

Sarma Mandira, Jesim Pais, Financial Inclusion and Economic Growth: Evidence from Developing Countries, Journal of International Development, 2011

Neaime Simon, Gaysset Isabelle, Financial Inclusion and Income Inequality: Evidence from BRICS Countries , International Journal of Development Issues, 2018

Thomas, L., Crook, J., Edelman, D., 2017, Credit Scoring and Its Applications. Society for Industrial and Applied Mathematics.

Mester, L. J., 1997, What s the Point of Credit Scoring?. Business Review, 3(Sep/Oct), pp. 3-16.

Robinson, D., Yu, H., 2014, Knowing the Score: New Data, Underwriting, and Marketing in the Consumer Credit Marketplace. A Guide for Financial Inclusion Stakeholders, pp.1-34.

[보도자료]

관계부처 합동 보도자료(2018.2.8.), 사회적 금융 활성화 방안.

금융위원회 보도자료(2018.2.8.), 사회적금융 활성화 방안.

_____ 보도자료(2018.4.4.), 금융위원장, 제1차 사회적금융협의회 개최.

_____ 보도자료(2021.4.22.), '21년 제1차 사회적금융협의회 개최.

_____ 보도자료(2021.12.16.), '21년 제3차 사회적금융협의회 개최.

대통령직속 국민통합위원회 보도자료(2024.1.17.), 국민통합위, 「포용금융으로 다가서기」 특별위원회 출범.

_____ 보도자료(2024.4.15.), 국민통합위, 「포용금융으로 다가서기」 특별위원회 토론회 개최.

_____ 보도자료(2024.7.18.), 국민통합위, 서민을 위협하는 불법사금융 엄정 대응 추진한다.

문진수(2013), 해외 사회적 금융 사례로 본 신협의 사회경제적 역할 제고 방안 연구 – 협동조합 금융기관을 중심으로-, 신협연구 제61호.

백종호(2018.8), 금융발전과 금융양극화 심화, Bi-Weekly Hana Financial Focus 제8권 제16호, KEB하나은행 하나금융경영연구소.

보건복지부 보도자료(2009.3.10.), 희망키움뱅크(마이크로크레딧) 사업 개시

_____ 보도자료(2009.11.17.), 희망키움뱅크 지원 3차 사업 개시

[기사검색]

스카이데일리(2024.4.17.), "제2금융권으로 몰리는 소상공인" … 소상공인 정책금융기관 설립 필요,
[https://www.skyedaily.com/news/news_view.html?ID=228615]

파이낸셜 뉴스(2024.7.28.), 포용금융특위, 인뱅 중저신용자에 '대출 늘려라' 권고,
[https://www.fnnews.com/news/202407281505280409]

사회연대은행 홈페이지, [http://www.bss.or.kr/]

신나는조합 홈페이지, [https://joyfulunion.or.kr/org/history]

희년은행 홈페이지, [https://jubileetogether.tistory.com/]

[제 5 편]

[논문 및 보고서]

이지은, 박성균(2019년,). 포용금융과 경제성장 : 한국의 경험과 시사점, 금융경

제연구, 제36권 제4호, pp. 211-235

김영민(2020년,). 포용금융의 경제적 효과와 정책적 시사점 : 한국의 사례 ,사회경제평론, 제32권 제2호, pp. 145-167

최정호, 박지영(2018년,). 포용금융과 금융 안정성 : 한국의 정책적 접근, 한국금융학회 학술지, 제45권 제3호, pp. 102-128

송민수(2017년,). 포용금융과 지속 가능한 경제성장 : 정책적 시사점, 경제발전연구, 제23권 제1호, pp. 77-104

이정우, 김수연(2021년,). 한국의 포용금융 정책 평가와 향후 과제, 공공정책연구, 제31권 제2호, pp. 45-72

Mohammad Naim Azmi(2022.11). New insights into the impact of financial inclusion on economic growth : A global perspective. PLOS ONE

Meshesha Demie Jima, Patricia Lindelwa Makoni(2023). Causality between Financial Inclusion, Financial Stability and Economic Growth in Sub-Saharan Africa. Sustainability 2023,

Nasir Khan, Mahwish Zafar, Abiodun Funso Okunlola, Zeman Zoltan, Magda Robert(22.9). Effects of Financial Inclusion on Economic Growth, Poverty, Sustainability, and Financial Efficiency: Evidence from the G20 Countries, Sustainability 2022

[보도자료]

대통령직속 국민통합위원회 보도자료(2024.1.17.), 국민통합위, 「포용금융으로 다가서기」 특별위원회 출범.
_____ 보도자료(2024.4.15.), 국민통합위, 「포용금융으로 다가서기」 특별위원회 토론회 개최.
_____ 보도자료(2024.7.18.), 국민통합위, 서민을 위협하는 불법사금융 엄정 대응 추진한다.

[기사검색]

https://journals.plos.org/plosone/article?id=10.1371/journal.pone.0277730
https://www.mdpi.com/2071-1050/15/2/1152,
https://www.mdpi.com/2071-1050/14/19/12688
https://www.newspim.com/news/view/20191120000274
https://www.nbnnews.co.kr/news/articleView.html?idxno=343255

https://datatopics.worldbank.org/g20fidata

https://documents.worldbank.org/en/publication/documents-reports/documentdetail/403611493134249446/financial-inclusion-and-inclusive-growth-a-review-of-recent-empirical-evidence

https://korea.kr/briefing/policyBriefingView.do?newsId=156611058

https://www.newspim.com/news/view/20240117000353

https://biz.newdaily.co.kr/site/data/html/2020/12/31/2020123100158.html

https://www.azquotes.com/author/2136-Warren_Buffett

https://www.ruleoneinvesting.com/blog/how-to-invest/warren-buffett-quotes-on-investing-success/

https://wisdomquotes.com/warren-buffett-quotes/.

https://www.cafonline.org/about-us/research/caf-world-giving-index

https://www.cafonline.org/docs/default-source/about-us-research/caf_world_giving_index_2022_210922-final.pdf

----

부 록 : 포용금융 지원 기관·단체

> 그동안 정부와 제도권 금융회사는 다양한 형식으로 포용금융을 기획하고 실행해 왔습니다. 이번 책자의 부록에서는 소개한 단체들은 그동안 포용금융을 실천하거나 성공 사례로 소개할 수 있는 단체와 사업들을 중심으로 수록하였습니다. 정보 부족으로 인해 미처 포함되지 못한 단체나 사업이 있을 수 있으며, 이는 향후 보완하여 포용금융이라는 공통된 목적를 위해 협력하고자 합니다. 내용에 오류가 있거나 소개를 원하지 않으시는 경우에는 서민금융연구원(전화번호 : 02-491-0221)으로 연락해 주시기 바랍니다.

【포용금융 지원 공공/금융기관】

[전국은행연합회] '은행 사회공헌협의회'를 통하여 다양한 분야에서 체계적이고 지속적인 사회공헌활동을 수행하는 은행 연합체입니다. www.kfb.or.kr

[저축은행중앙회] 서민과 중소기업의 금융편의를 도모하기 위하여 설립된 서민금융기관인 저축은행의 연합체이다. www.fsb.or.kr

[서민금융진흥원] 저소득층 및 금융 취약계층의 경제적 자립을 지원하고 금융 포용을 증진하기 위한 정부 기관입니다. www.kinfa.or.kr

[신용회복위원회] 개인채무자에 대한 채무조정과 서민의 경제적 회생에 필요한 사항을 지원하고 개인 신용관리에 관한 상담과 교육을 통해 올바른 신용관리문화를 육성하고 서민생활의 안정과 경제사회의 균형있는 발전에 이바지하고 있는 기관입니다. www.ccrs.or.kr

[자산관리공사] 가계·기업·공공자산의 사회·경제적 가치를 높이는 공적자산관리 전문으로 금융회사 부실채권인수, 정리 및 기업구조조정업무, 금융취약계층의 재기지원, 국유재산관리 및 체납조세정리 업무를 수행하는 기관입니다. www.kamco.or.kr

[신용보증재단중앙회] 중소기업 및 소상공인에 대한 금융 지원을 목적으로 설립된 17개 신용보증재단에 대한 재보증 업무 및 개인에 의한 신용보증 수행을 통해 지역경제발전 및 서민생활 안정에 기여하고 있는 비영리 공공기관입니다. www.koreg.or.kr

[국민행복기금] 제도권 금융의 소외된 계층에 대해 재정적 회복과 사회적 복귀을

위해 연체채권, 채무조정, 햇살론15, 자활프로그램 제공 및 복지지원을 위한 종합 신용회복 지원기관입니다. www.happyfund.or.kr

[미소금융재단] 저소득층과 소상공인들에게 소액대출을 제공하여 경제적 자립을 지원하는 비영리 금융기관입니다. www.kinfa.or.kr/counselingSupport/centerSmileFind.do

[대한법률구조공단] 법적·경제적 소외계층과 사회적 약자에게 법률상담, 변호사에 의한 소송대리 및 형사변호 등의 법률적으로 지원하고 있는 공공기관입니다. https://www.klac.or.kr/

【포용금융 지원 단체】

[사회연대은행] 소외된 계층을 대상으로 금융 지원 및 사회적 경제 활성화를 목적으로 설립된 비영리 기관입니다. www.bss.or.kr

[서민금융연구원] 서민금융 발전을 위한 효과적인 서민금융정책 수립을 지원하기 위해 설립된 서민금융 종합연구기관입니다. www.krifi.or.kr

[금융과행복네트워크] 금융 소외 계층의 금융 접근성을 개선하고 금융 교육을 통해 개인의 금융 문해력을 높이기 위한 목적으로 설립된 비영리 단체입니다. www.금행넷.org

[FPSB] 개인재무설계의 표준과 자격 기준 제정하는 국제기구입니다. www.fpsbkorea.org

[한국사회가치연대기금] 경제적 어려움을 겪는 사람들을 지원하고 사회적 연대를 강화하기 위해 설립된 비영리 기금입니다. www.svsfund.org

[더불어사는사람들] 사회적 약자와 소외 계층을 지원하고, 공동체의 연대감을 강화하기 위해 설립된 비영리 단체입니다. www.mfk.or.kr/

[금융산업공익재단] 금융산업의 사회적 책임을 실현하고 금융의 공익적 가치를 확산하기 위해 설립된 재단입니다. www.kfif.or.kr

[신용카드사회공헌재단] 신용카드 산업의 사회적 책임을 실현하고 공익적 가치를 증진하기 위해 설립된 재단입니다. www.ccfd.or.kr

[생명보험사회공헌재단] 생명보험 업계의 사회적 책임을 실천하고 국민의 복지 향상에 기여하기 위해 설립된 비영리 단체입니다. www.lif.or.kr

[희망제작소] 사회적 문제 해결을 위해 설립된 비영리 싱크탱크로, 다양한 연구와 프로젝트를 통해 지역 사회와 사회 전반의 발전을 추구하는 기관입니다. www.makehope.org

[희망동행] 소외된 계층의 삶의 질 개선과 사회적 연대를 실현하기 위한 비영리 단체입니다. www.hope1088.modoo.at

[희망만드는사람들] 가계부채로 힘들어하는 사람들에게 희망이 되고자 하는 사람들이 모인 비영리 단체입니다. www.hopemaker.kr

[한국공인신용상담사회] 신용 상담 분야의 전문성과 신뢰성을 높이기 위해 설립된 기관입니다. www.kacpcc.or.kr

[청년지갑트레이닝센터] 청년 부채문제를 해소하고 생활경제 생태계 변화를 통해 청년들의 경제적 존엄성을 회복하기 위해 설립된 사회적 협동조합입니다. www.youthmoneyhabit.modoo.at

[전국퇴직금융인협회] 퇴직한 금융인들의 권익을 보호하고, 이들의 전문성을 활용하여 사회에 기여하는 활동을 지원하는 단체입니다. www.korfa.or.kr

[한국청년스타트업협회] 청년스타트업들의 지속적인 성장을 이끌어내고, 청년 창업 기업의 공동 이익을 대변하기 위하여 설립되었습니다. www.korstartup.org

[신나는조합] 사회문제를 해결하고, 취약계층을 돕는 사회적경제 핵심적인 플랫폼입니다. www.joyfulunion.or.kr

【디지털 포용금융 지원 단체】

[크레파스 솔루션] 전통적인 신용평가 방식의 한계를 넘어서 다양한 데이터를 활용하여 개인의 신용도를 평가하는 대안신용평가기관입니다. www.crepass.com

[EQUAL : 통신대안평가] 전통적인 신용평가 방법의 한계를 극복하고자 다양한 데이터 소스를 통합하여 개인의 신용도를 평가하고 있습니다. www.equal.co.kr

[더치트] 금융시장에서 발생하는 다양한 사기와 부정행위를 방지하고, 피해를 최소화하기 위해 설계된 금융사기방지서비스 플랫폼입니다. www.thecheat.co.kr

[에버스핀] 보이스피싱과 불법금융사기 등의 금융 범죄를 탐지하고 예방하는데 중점을 둔 서비스입니다. www.everspin.global

[한국지능정보사회진흥원] 인공지능 등 디지털 기술들이 국가사회에 미치는 영향을 최소화하면서 사회 전반의 활용성과 편의성을 높이고자 설립되었습니다. www.nia.or.kr

[한국핀테크지원센터] 글로벌 핀테크 허브를 통해 금융소비자의 편익을 제고하고 금융산업 발전에 기여하고자 설립되었습니다. www.fintech.or.kr

[한국사회적기업진흥원] 사회적 기업과 협동조합을 위한 금융 지원을 통해 경제적 포용성을 높이는 단체입니다. https://www.socialenterprise.or.kr

[한국신용정보원] 신용정보를 관리하고 분석하여 금융 소비자와 금융기관의 신용 위험을 줄여주고 있습니다. www.kcredit.or.kr

[한국과학기술연구원] 과학기술 연구와 함께 디지털 금융 기술 개발을 지원하고 있습니다. www.kist.re.kr/ko

[한국인터넷진흥원] 디지털 보안과 인터넷 안전을 위한 다양한 프로그램을 운영합니다. www.kisa.or.kr

[한국디지털융합진흥원] 디지털 융합 기술을 활용하여 금융 포용성을 높이고 디지털 금융 교육과 솔루션 제공을 통해 금융 서비스 접근성을 개선시키고 있습니다. www.kidico.or.kr

【복지단체】

[사랑의 열매] 대한민국의 대표적인 사회복지 공동모금회로, 다양한 사회복지 사업을 지원하여 국내외 취약계층의 삶의 질을 향상시키는 데 기여하고 있습니다. www.chest.or.kr

[한국사회복지사협회] 사회복지사들의 전문성 강화와 권익 증진시키고 효과적인 업무 수행을 위한 다양한 지원 활동을 하고 있습니다. www.welfare.net

[행복나눔재단] 다양한 사회적 문제를 해결하고 지역 사회의 복지를 향상시키기 위한 비영리 기관입니다. www.career.skhappiness.org

[굿네이버스] 세계 어린이들의 권리를 보호하고 개선하기 위해 활동하는 국제 비영리 단체입니다. www.goodneighbors.kr

[다음세대재단] 청소년 및 젊은 세대의 교육과 복지 향상을 목표로 활동하는 비영리 재단입니다. www.daumfoundation.org

[나눔과미래] 국내외 취약계층을 지원하고, 지속 가능한 발전을 위한 다양한 사회적, 환경적 프로젝트를 진행하는 비영리 단체입니다. www.yesnanum.org

[밥일꿈] 사회적 취약계층, 특히 노숙인과 저소득층을 대상으로 식사 제공과 일자리 창출을 통해 이들의 자립을 지원하는 비영리 사단법인입니다. www.bapilkkum.or.kr

[해피월드 복지재단] 사회적 약자를 지원하고 복지 향상을 목표로 하는 비영리 기관입니다. www.happyworld.asia

[아름다운재단] 기부와 자원봉사를 기반으로 다양한 사회적 문제에 대응하고, 소외된 이웃에게 실질적인 도움을 제공하는 비영리 기관입니다. www.beautifulfund.org

[한국전직지원협회] 개인의 경력 전환을 지원하고, 조직의 인적 자원 관리를 효율적으로 돕는 역할을 합니다. cafe.naver.com/inmac119

[사회적협동조합 혜민서] 자주적·자립적·자치적인 조합활동을 통하여 우리 역사속에 자리해 온 혜민서의 위민상생 정신을 실천하기 설립된 단체입니다. www.hyeminseo.org

【포용금융 지원 국제기구·단체】

[포용금융 연합/AFI]국가, 지역의 금융 서비스에 접근하지 못하는 저소득층과 취약계층에 대하 국제수준에서 포용금융성을 증진하기 위해 설립되었다. www.afi-global.org

[빌 & 멜린다 게이츠 재단] 디지털 금융 서비스에 대한 접근성을 확대하여 전 세계 최저 소득 지역사회의 사람들이 자신과 가족, 지역사회를 위한 안전과 번영을 구축하고자 설립되었다. www.gatesfoundation.org

[세계은행 그룹/WBG] 살기 좋은 지구에서 빈곤없는 세상을 만들고자 설립된 국제금융기관입니다. www.worldbank.org

[국제금융공사/IFC] 세계은행그룹의 일원으로, 개발도상국의 민간 부문 발전에 중점을 둔 세계최대 개발기구입니다. www.ifc.org

[마스터카드 포용적 성장센터] 포용적 경제 성장을 촉진하고, 저소득층과 소외 계층의 금융 접근성을 개선하기 위해 설립되었다. www.globalinclusivegrowthsummit.com

[Microcredit Summit Campaign] 빈곤 퇴치와 경제적 자립을 촉진하기 위해 소액금융의 확산을 목표로 하는 글로벌 이니셔티브입니다. https://www.results.org

[포용금융을 위한 글로벌 파트너십 /GPFI] G20 국가들이 포용금융실행계획의 이행을 포함하여 포용금융에 대한 활동을 수행하기 위해 2010년에 설립한 포용적 플랫폼입니다.www.gpfi.org

[유엔자본개발기금 / UNCDF] 저소득 및 개발도상국에서 경제적 발전과 포용금융을 촉진하기 위해 설립된 기구입니다. www.uncdf.org

[유럽 마이크로파이낸스 네트워크(EMN)] 유럽 내에서 제도권 금융에 소외된 자영업과 소기업의 창업을 지원을 통해 포용금융과 마이크로파이낸스를 촉진하는 것을 목표로 하고 있습니다. www.european-microfinance.org

[아시아 태평양 경제 협력체(APEC)] 회원국 간 경제적 연계 강화와 지속 가능한 발전을 촉진을 목표로 합니다. www.apec.org

[빈곤 퇴치를 위한 협의체(CGAP)] 금융 포용을 통해 빈곤층, 특히 여성의 삶을 향상시키기 위해 노력하는 30개 이상의 주요 개발 조직입니다. www.cgap.org

[유엔개발계획(UNDP)] 빈곤 근절과 불평등을 줄이기 위해 지속적으로 노력하고 있는 국제기구입니다. www.undp.org

[세계 경제 포럼(WEF)] 글로벌 경제 문제를 논의하고 해결책을 모색하는 민관협력을 위한 국제기구입니다. www.weforum.org

[국제 통화 기금(IMF)] 지능한 성장과 번영을 달성하고자 설립된 글로벌 조직입니다. www.imf.org

[액시온(Accion)] 전 세계 수 많은 소외계층에 도움을 줄 수 있는 잠재력을 갖춘 혁신적인 기업을 찾아서 설립하고, 자본을 투자하고 전략적으로 지원하는 비영리 조직입니다. www.accion.org

[그라민 재단(Grameen Foundation)] 가난이 없는 세상 특히 여성들이 가난과 배고

품이 없는 세상을 만드는데 도움이 되고자 설립된 비영리 조직입니다. www.grameenfoundation.org

[여성 세계은행 /Women's World Banking] 저소득 여성들이 직면한 불평등을 지원하는 데 전념하는 글로벌 비영리 조직으로 설립되었다. www.womensworldbanking.org

[해비타트의 테르윌리거 주거 혁신 센터] 저소득층의 주거 문제를 해결하기 위해 설립된 조직입니다. www.habitat.org

[오퍼튜니티 인터내셔널] 기업가가 사업을 시작하고, 어린이가 학교에 갈 수 있으며, 농부가 지역 사회에 식량을 공급하고, 가족이 세대 간 빈곤의 악순환을 끊을 수 있는 기회를 창출하고 있습니다. www.opportunity.org

[오미디야 네트워크(Omidyar Network)] 사회적 영향력을 증대시키고 경제적 포용을 촉진하기 위해 설립된 투자 및 자선 조직입니다. https://omidyar.com

[리스폰스어빌리티 인베스트먼트 AG] 개발도상국의 포용금융과 지속 가능한 발전을 지원하기 위해 설립된 임팩트 투자 회사입니다. https://www.responsability.com

[트리플 점프(Triple Jump)] 개발도상국의 저소득층과 소규모 기업을 지원하기 위해 임팩트 투자 관리자입니다. https://triplejump.eu

[글로벌 여성 은행 연합(GBA)] 여성의 경제적 권한 강화를 목표로 하는 금융기관들의 글로벌 네트워크입니다. https://www.worldbank.org

[스마트 캠페인(Smart Campaign)] 마이크로파이낸스와 포용금융 부문에서 고객 보호 표준을 강화하기 위해 설립된 글로벌 이니셔티브입니다. https://www.smartcampaign.org

[핀카 임팩트 파이낸스(FINCA Impact Finance)] 전세계 저소득 고객에게 책임있는 금융 서비스를 제공하는 글로벌 마이크로파이낸스 네트워크이다. https://www.fincaimpact.com

[키바(Kiva)] 소외된 지역사회가 번영할 수 있도록 금융접근성을 확대하는 사명을 가진 비영리 조직입니다. https://www.kiva.org

[빈곤퇴치를 위한 혁신(IPA)] 증거 기반 솔루션을 통해 수억 명의 사람들의 삶에 영향을 비친 연구기관으로 빈곤 감소와 경제적 포용을 목표로 실험적 연구를 통해 빈곤 문제에 대한 효과적인 해결책을 찾고 있습니다. https://poverty-action.org

[옥스팜] 영국 옥스퍼드 학술위원회에서 시작된 세계 최대 국제구호개발기구 입니다. https://www.oxfam.or.kr

[INFE] 금융 교육과 관련된 국제적 협력을 촉진하고 금융 리터러시를 향상시키는 데 목적을 두고 있습니다. https://www.oecd.org/en/networks/infe.html

【복지단체】

[유니세프] 전 세계 어린이들의 생존, 보호, 발달을 지원하는 데 중점을 두고 있습니다. https://un-rok.org   https://www.unicef.or.kr

[구세군] 전 세계에서 가장 취약한 사람들을 돕는 다양한 복지 및 긴급 구호 활동을 펼치고 있습니다. http://salvationarmy.or.kr

[월드비전] 기독교 인도주의적 단체로, 아동, 가정, 지역 사회의 복지 향상을 목표로 활동하고 있습니다. https://www.worldvision.or.kr

[세이브더칠드런] 제1차 세계대전 이후 굶주리던 패전국의 아이들을 구하기 위해 세계 최초로 아동 구호 활동을 시작, 전 세계 어린이들의 권리 보호와 복지 향상을 위해 노력하는 국제 비영리 단체입니다. https://www.sc.or.kr

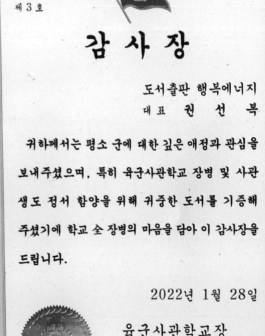